古代歷史文化 研究輯刊

十五編

王明蓀 主編

第 14 冊

北宋武將研究（續編）（中）

何冠環 著

國家圖書館出版品預行編目資料

北宋武將研究（續編）（中）／何冠環 著 — 初版 — 新北市：
花木蘭文化出版社，2016〔民105〕
目 2+224 面；19×26 公分
（古代歷史文化研究輯刊 十五編；第14冊）
ISBN 978-986-404-611-9（精裝）
1. 軍人 2. 傳記 3. 北宋
618   105002221

ISBN-978-986-404-611-9

9 789864 046119

古代歷史文化研究輯刊
十五編　第十四冊　　　　　　　ISBN：978-986-404-611-9

北宋武將研究（續編）（中）

作　　者　何冠環
主　　編　王明蓀
總 編 輯　杜潔祥
副總編輯　楊嘉樂
編　　輯　許郁翎
出　　版　花木蘭文化出版社
社　　長　高小娟
聯絡地址　235 新北市中和區中安街七二號十三樓
　　　　　電話：02-2923-1455／傳眞：02-2923-1452
網　　址　http://www.huamulan.tw 信箱 hml 810518@gmail.com
印　　刷　普羅文化出版廣告事業
初　　版　2016 年 3 月
全書字數　698211 字
定　　價　十五編 23 冊（精裝）台幣 45,000 元

北宋武將研究（續編）（中）

何冠環　著

目
次

北宋中後期外戚子弟李端懿、李端愿、李端慤、李評事蹟考述

一、導　言

　　本文是筆者研究另一北宋潞州上黨外戚將門的續篇，此一將門由太祖開國功臣、官至樞密使的李崇矩（924～988）起家，第二代李繼昌（948～1019）紹繼將業，到李繼昌子李遵勗（988～1038）尚太宗（939～997，976～997在位）幼女、眞宗（968～1022，997～1022在位）幼妹獻穆大長公主（988～1051）而成爲外戚將門。筆者去年（2013）曾撰〈北宋公主之楷模：李遵勗妻獻穆大長公主〉一文考論此一李氏將門在眞宗、仁宗（1010～1063，1022～1063在位）朝成爲外戚的經過（見本書上篇），並析述李遵勗夫妻的生平事蹟，兼述其子李端懿（字元伯，1013～1060）、李端愿（字公謹，？～1091）、李端慤（字守道，？～1098）早年事蹟。本文即續論在皇祐三年（1051）三月獻穆大長公主歿後，李端懿兄弟及其子姪後人包括第五代的李誡（？～1085後）、李諒（？～1101後）、李評（字持正，1032～1083）兄弟在仁宗、英宗（1032～1067，1063～1067在位）及神宗（1048～1085，1067～1085在位）朝繼續備受重用及寵信的緣故，從另一角度探索外戚子弟在北宋中後期政治所扮演的角色。

　　李端懿和李端愿是公主所出，是仁宗的至親表弟，故仁宗對二人寵信有嘉，一直想委以重任，但在文臣的強烈反對下，加上李端懿於嘉祐五年（1060）英年早逝，是故李氏外戚在仁宗之世始終無法進入權力核心。因李端懿、端愿兄弟支持仁宗立英宗爲儲，而英宗繼位後，李端愿又支持英宗親政，故李氏族人深得英宗寵信。李端愿召還後，英宗諮以國政興革，本來準備委他入

樞府；卻被以首相韓琦（1008～1075）爲首的文臣集團強烈反對，英宗只好罷休。神宗繼位後，李端愿雖以目疾致仕，但他的次子李評卻成爲有望中興李氏的人物。李評有治事才幹，又是神宗雙重的親戚，故深得神宗信任，委以樞密都承旨的要職。整個熙寧時期，李評以神宗的心腹近臣，除了在閤門及樞密院爲神宗把關外，曾三番使遼，特別在河東議界的事上以副使身份執行神宗的意旨。不過，他不知收斂的待人氣焰，和教人側目的權勢，和乃父一樣，深觸文臣集團之忌。受神宗倚重，賴以推行新政的首相王安石（1021～1086），爲了防止李評在神宗前作出對他不利的小報告，就不惜使用一切手段，迫神宗將李評逐出朝廷，爲此，李評就像父親一樣，無法進入樞府成爲執政。王安石在罷相後，李評大概因健康問題，無法東山復出。他在元豐六年（1083）病卒後，李氏外戚將門已無可以中興家門的領軍人物，而慢慢走向衰落。李端愿的庶弟李端慤，以及長子李諒雖仍獲神宗的恩待，但限於才具，始終無法出人頭地。李端愿及李端慤在哲宗（1077～1100，1085～1100在位）朝相繼去世後，只餘下李諒一人續在邊廷擔任邊將，他既不爲文臣所喜，也多次犯錯，無法得到宣仁高太后（1032～1093）或哲宗的青睞。雖然李氏族人一直與宗室及名卿通婚，但在政治上已無多大影響力。到徽宗（1082～1135，1100～1125在位）之世，李氏子弟凋零，他們的外戚身份日漸減弱，不再爲趙宋王室所重用。靖康之難中，李氏的第六代子弟李涓（字浩然，1126～1126）勤王殉難，算爲北宋李氏外戚將門的終結寫上一個差強人意的句號。宋室南渡後，代代篤信佛法的李氏外戚將門，終於開花結果，成就了本門子弟一代佛門大師濟顚濟公（法名道濟，1150～1209），這是另一番因緣，留待研究宋代佛教史的同道探索。

二、李端慤兄弟在仁宗朝後期的事蹟

　　李端慤、李端愿是仁宗的嫡親表弟，獻穆大長公主的親子，太宗的外孫、眞宗的親外甥，在戚里中尊貴無比。而李端慤和其長姊延安郡主（1010～1052）更是仁宗童年時青梅竹馬的玩伴，感情深厚；仁宗與獻穆大長公主更情如母子，故李氏兄弟一直爲仁宗所寵信，視爲心腹親信。朝中有重望的大臣如歐陽修（1007～1072）、蔡襄（1012～1067）及蘇頌（1020～1101）等均與他們兄弟交好。他們也禮賢下士，兼雅好文藝，故頗得朝臣的好評。只是他們無動無勞，朝臣對於仁宗擢用他們出掌要職，一直有所保留。

　　因大長公主不許子孫以戚里關係出任高職，故仁宗在皇祐三年三月公主

歿後，才以恩典擢陞李端懿自華州觀察使爲鎮國軍節度觀察留後，李端愨自越州觀察使爲鎮東軍節度觀察留後，李端愨自西京左藏庫使、資州刺史領陵州團練使。公主諸孫李諒從內殿承制爲供備庫副使，李評、李說並從內殿崇班陞爲內殿承制。李氏兄弟的姊夫東上閤門使、貴州團練使錢晦（？～1063後）領忠州防禦使。另外，仁宗又將表妹延安郡主的月俸錢由六萬增至十萬。〔註1〕

〔註1〕 李燾（1115～1184）：《續資治通鑑長編》（以下簡稱《長編》）（北京：中華書局點校本，1979年8月至1995年4月），卷一百七十，皇祐三年三月丙子條，頁4085～4087；四月丙戌條，頁4088；卷三百一，元豐二年十一月丁卯條，頁7319；卷四百五十七，元祐六年四月丁酉條，頁10940；徐松（1781～1848）（輯），劉琳、刁忠民、舒大剛、尹波等（校點）：《宋會要輯稿》（上海：上海古籍出版社，2014年6月），第三冊，〈禮三十五·請舉樂〉，頁1531；〈禮四十一·發哀·皇姑〉，頁1632；〈禮四十一·臨奠〉，頁1643；〈禮四十一·報朝·皇姑〉，頁1650；第四冊，〈禮五十七·乾元節〉，頁2009；脫脫（1314～1355）：《宋史》（北京：中華書局點校本，1977年11月），卷十二〈仁宗紀四〉，頁230；卷四百六十四〈外戚傳中·李遵勗附李端懿、李端愿、李端愨、李評〉，頁13569～13572；歐陽修（撰），李逸安（點校）：《歐陽修全集》（北京：中華書局，2001年3月），第二冊，卷三十三〈鎮潼軍節度觀察留後李公（端懿）墓誌銘〉，頁491～493；蔡襄（1012～1067）（著），吳以寧（點校）：《蔡襄集》（上海：上海古籍出版社，1996年8月），《蔡忠惠集》，卷三十九〈墓誌銘二·延安郡主李氏墓誌銘〉，頁709；范祖禹（1040～1098）：《范太史集》，文淵閣《四庫全書》本，卷五十二〈吉州刺史本州防禦使贈崇信軍節度使譙國公墓誌銘〉，葉十五上至十六下；韓元吉（1118～1187）：《南澗甲乙稿》，文淵閣《四庫全書》本，卷二十二〈太恭人李氏墓誌銘〉，葉二十八上至三十一下；洪邁（1123～1202）：《容齋隨筆》（上海：上海古籍出版社，1978年7月），下冊，《容齋三筆》，卷四〈舊官銜冗贅〉，頁460；劉摯（撰），裴汝誠、陳曉平（點校）：《忠肅集》（北京：中華書局，2002年9月），〈附錄一·劉摯日記〉，頁635。考李端懿三弟李端愨當是庶出，故名位上不如二兄。又考李端懿在慶曆八年（1048）閏正月平定王則之叛後，因查明沒有失職放走妖人李教，恢復爲汝州防禦使滑州兵馬鈐轄，遷蔡州觀察使。仁宗在皇祐二年（1050）九月祀天地於明堂，他獲推恩徙領華州觀察使。在大長公主卒後，就起復爲鎮國軍留後。李端懿堅辭，願終喪制。仁宗不許他辭讓新職，許他終喪而仍給他全俸。到他服除後，就復拜鎮潼軍（即鎮國軍改名）留後。至於李端愿在皇祐元年三月以過自邢州觀察使奪一官後，到皇祐三年三月已回陞爲越州觀察使。李端懿有子五人，分別是李詵、李譚、李詢、李諄和李訢，這次加恩，他們都不在名單上，可能年紀尚幼。據《長編》和《宋史·李端愿傳》所記，李諒與李評都是李端愿的兒子，故獲得特恩。按《長編》四百五十七，元祐六年丁酉條小注所引《劉摯日記》的記錄云：「諒端愿，予昔曾諭以險薄」一句，顯然標點及校對有誤，應該讀爲：「（李）諒，端愿子，昔曾諭以險薄。」（按：亦可能漏了「子」一字，而本應作「諒，端愿子，予昔

　　值得一提的是，胡宿（996～1067）的文集保留了李評陞任內殿承制的制
文。這是李評獲授官的最早制文。制文特別提到「和文」（李遵勗）和「貴主」
（獻穆大長公主）的遺澤，制文云：

> 敕某。夫外戚之地，多徇紛華，而和文之庭，雅尚名教。以爾承祖
> 德之茂，習父教之忠，不雜貴游，克蹈訓行。近緣貴主之請，稍進
> 禁塗之聯，俾漸爾於戚顏，益遷承於音制，往修勝業，以對襃章。
> 〔註2〕

李端懿兄弟甫喪母，不久又喪姊。大長公主病逝後，延安郡主哀戚甚，不再
穿戴金玉飾物，日夜涕泣思念亡母，於是容神癯悴。仁宗憐其同齡的表妹，
就特加她的月俸錢。這年除夕，延安郡主返娘家拜祭亡母，感觸新歲將至而
母不復見，號慟咽絕，左右更相勸慰而不能止。半夜氣潹於胸，第二天返家
而病甚。臨終前力戒二子自強以立門戶，又遺命殯葬效法大長公主以簡約。
到皇祐四年（1052）正月辛亥（初四）卒，得年才四十三。仁宗聞之惻悼不
已，輟視朝一天，命中使護葬事。又仁宗又以大長公主之故，封延安郡主之

曾諭以險薄」）。（又按：劉摯《忠肅集》中華點校本的點校者曾輯錄了載於《長
編》的《劉摯日記》，但在這一條有關李諒的記載中，卻沒有注意到「諒端愿」
的句讀有誤）。另同書卷三百一，元豐二年十一月丁卯條的記載，李諒稱李端
懿爲伯父，亦旁證他是李端愿的兒子。又據此條所記，李諒的生母是開國元
勳韓王趙普（922～992）曾孫女，李評是否與他同一母所出，史所不詳。他
們獲得加恩陞官，當是他們既是最年長的孫輩，又是獻穆大長公主的嫡孫。
眞實的情況如何，暫難以確定。又李諒又是宗室吉州刺史贈譙國公崇信軍節
度使世采（1040～1089）的女婿。至於李說的事蹟，據他的曾孫女太恭人李
氏（1104～1177）的墓誌銘所記，他最後贈官爲感德軍節度使，他其中一個
兒子叫李宗（？～1126後），官至奉直大夫直徽猷閣，其妻恭人王氏爲王安石
弟集賢校理王安國（1028～1074）女。太恭人李氏就是他們的女兒。墓誌記
李說是李端懿的兒子，但墓誌記李端懿的最後官職爲鎮國軍節度留後贈侍
中，按鎮國軍在皇祐中已改爲鎮潼軍，據洪邁所記，他得到皇祐中李端「愿」
（應是李端懿）所書的「雪竇山」三大字，其左云：「鎮潼軍節度觀察留後、
金紫光祿大夫、檢校刑部尚書、使持節華州諸軍事、華州刺史、兼御史大夫、
上柱國」，與歐陽修後來爲李端懿所撰的墓誌銘所列李的最後官職相合，而據
墓誌銘，他的五個兒子並不包括李說。疑墓誌銘的作者韓元吉所記有誤，李
說很有可能也是李端愿的兒子。

〔註2〕考胡宿早已爲李評之父李端愿及伯父李端懿遷官越州團練使及華州觀察使時
撰寫制文。參見胡宿：《文恭集》，文淵閣《四庫全書》本，卷十三〈李評可
內殿承制〉，葉三下至四上；卷十七〈李端懿可華州觀察使加食邑李端愿可
檢校工部尚書越州刺史充本州團練使加食邑五百戶實封二百戶〉，葉四下至五
上。

女錢氏爲壽安縣君。〔註3〕

李端懿可說是家門不幸，他的元配汾陽夫人仁壽郡君郭氏（？～1052）也於是年卒，仁宗贈她太原郡夫人。與李家交好、爲李端懿妳撰寫墓誌銘的朝臣蔡襄，曾爲李端懿妻撰寫挽詞二首，可能是應李的要求寫的。挽詞且提及李、郭戚里聯姻的情況，詞云：

> 福偶天家出，賢名戚里推。朱顏不待老，萬事卻成悲。
>
> 宿露霑新隴，秋風過舊帷。誰歌均一德，傳繼召南詩。（其一）
>
> 借有百年在，都如一夢迴。幻生還復滅，仙去不重來。
>
> 樂色聞宵院，衣香秘夜臺。行人知令淑，哭送侍兒哀。（其二）〔註4〕

這年五月乙巳（初一），廣南的儂智高（1025～1055）攻破邕州（今廣西南寧市），舉兵叛宋。此時，外戚中地位最尊、長期擔任樞密使的鎮海節度使兼侍中王貽永（986～1056）以疾求罷職，但仁宗不允，是月丁未（初三），只聽他的要求罷侍中，但仍改彰信節度使同平章事，仍留任樞密使。應付南方的軍務。〔註5〕此後半年，仁宗調兵遣將，應付來勢洶洶的儂智高，值得注意的是，李氏外戚子弟並沒有受到起用，仁宗大概明白，他的幾個表弟早已沒有乃祖上沙場禦敵的本事。

愛屋及烏，仁宗又在皇祐五年（1053）四月壬午（十三）以大長公主遺奏，詔李端愿子李評以供備庫副使召試學士院，考賦、詩、論共四篇。試畢，宋廷據他的成績將他從武階官的供備庫副使改爲文階的殿中丞。與他們李家素有交情的知制誥蔡襄撰寫制文，爲他美言數句：「惟爾評，生於貴戚，早聞善訓，綴學屬文，特然有立。」不過，李評卻不領情，不滿意所改之官而推辭不就，仍擔任武官。〔註6〕

〔註3〕　《蔡襄集》，《蔡忠惠集》，卷三十九〈墓誌銘二·延安郡主李氏墓誌銘〉，頁709。

〔註4〕　《歐陽修全集》，卷三十三〈鎮潼軍節度觀察留後李公（端懿）墓誌銘〉，頁492；《蔡襄集》，《蔡忠惠集》，卷六〈律詩三·汾陽夫人挽詞二首·其夫李留後端懿國甥〉，頁106～107；《長編》，卷一百十七，景祐二年十一月戊子條，頁2762。郭氏是仁宗郭皇后（1012～1035）兄西京左藏庫使、昌州團練使郭中和（？～1035後）之女，李端懿墓誌銘只記她早其夫九年卒，考李端懿卒於嘉祐五年（1060），則郭氏當卒於皇祐四年。惟郭氏得年多少不載，故不知她的生年。按李端懿大概在十八、九歲，即天聖末年及明道初年成婚，她大概比李年輕一點。李端懿娶郭皇后姪女爲妻，不知是否大長公主之意還是李遵勖之意。李端懿有子五人，女四人，何人出於郭氏不詳。

〔註5〕　《長編》，卷一百七十二，皇祐四年五月己巳條，頁4142；丁未條，頁4144。

〔註6〕　在《五百家播芳大全文粹》收有蔡襄所撰的一帖〈致李觀察帖〉，很有可能是

仁宗對他的親表弟妹們是寵信有嘉，九月庚午（初四），仁宗委任錢晦自東上閤門使、忠州團練使出知河中府（今山西運城市永濟市西）。仁宗賜他飛白「安民」二字，又戒他說：「陝西兵方解，民困久矣，卿爲朕愛撫，無縱酒作樂，使人謂爲貴戚子弟。」錢晦頓首叩謝，他後來沒有辜負仁宗對他的委任。〔註7〕同月壬午（十六），大概是李端懿、李端愿兄弟將眞宗在大中祥符三年十二月御製賜大長公主的「園林詩」呈上仁宗，仁宗加上題跋仍賜給他們依舊家藏。〔註8〕

李氏子弟卻不全是謹愼爲官的，這年十一月，李端愿原本受命自鎮東留後出知越州（今浙江紹興市），但未赴任前，他的從人卻毆人致死。御史俞希孟劾奏他沒有好好管束家人，不過仁宗仍沒有怎樣處分他，只在是月丁亥（廿二），將他改知襄州（今湖北襄樊市），稍後徙知郢州（今湖北鍾祥市）。本路轉運使因獻上羨餘之財數十萬而被賞，李端愿卻奏上仁宗，指在本路常賦三番折變，部民不堪。仁宗得報大怒，奪該轉運使之賞，並重申禁止賦稅折變。李端愿作爲郡守，因有「通天」的本領，倒反過頭來監察了本路的監司。〔註9〕

蔡襄在皇祐三年三月前寫給當時尚爲觀察使的李端懿或李端愿的。帖云：「昨日蒙手教見招，乃素所願。然前朝暴暖，省中解衣，晚爲風邪所侵，至今猶未甚解。夜來并服餌，明日料可出來得，且那時可否。惜此春物已闌，私心殊不快也。」蔡襄與李氏一家早有交情，故樂於爲李評撰寫制文。參見《長編》，卷三百三十五，元豐六年六月戊申條，頁8076；《宋會要輯稿》，第十冊，〈選舉三十一‧召試〉，頁5848；《宋史》，卷四百六十四〈外戚傳中‧李遵勗傳附李評傳〉，頁13572；《蔡襄集》，《蔡忠惠集》，卷十一〈制誥二‧供備庫副使李評可朝散大夫殿中丞秘書丞宋敏修可太常博士守監簿楊愷可太祝奉禮郎制‧逐人學士試到，奉聖旨與轉官〉，頁210；《蔡忠惠集外集》，〈二‧軼文〉〈致李觀察帖〉，頁769。

〔註7〕　《長編》，卷一百七十，皇祐三年六月戊子條，頁4093；卷一百七十五，皇祐五年九月庚午條，頁4232。考仁宗秉承眞宗的做法，不輕易委任外戚爲郡守。好像在皇祐三年六月，章惠楊太后（984～1036）之弟、汝州（今河南平頂山市汝州市）部署楊景宗（？～1054）求爲郡，但仁宗以他性貪虐，老而益甚，不允所請。

〔註8〕　周必大（1126～1204）：《文忠集》，文淵閣《四庫全書》本，卷一百八十〈記觀秘閣御書〉，葉九下至十上。

〔註9〕　李端愿從襄州徙知郢州的年月不詳。他到嘉祐二年（1057）再徙知廬州。考與他有交的蘇頌曾撰〈送襄州李觀察〉七律一首，詩云：「半符雙節鎮關東，漢沔從來地望雄。帕首諸侯趨道左，題襟群彥寄邦中。江魴鱠玉殽盤貴，霜橘堆金燕豆豐。心厭紛華欣吏職，當時朝議寵民功。」按是詩第一句夾有「鎮東」兩字，合李端愿鎮東留後的身份，雖然李的留後比觀察高一級，惟節度

　　翌年（1054）正月壬申（初七），外戚建寧軍留後楊景宗卒，仁宗雖然不喜他，仍贈他武安軍節度使兼太尉，諡武定。〔註10〕然楊死後翌日（初八），仁宗寵冠六宮的張貴妃（1024～1054）卻病逝，仁宗悲痛莫名，不理朝臣物議，將張貴妃追冊為溫成皇后，以皇后禮儀殯葬。並擢陞其親屬多人官職。〔註11〕三月己巳（初五），地位最尊的外戚王貽永以疾罷樞密使，仁宗鑑於張貴妃叔父張堯佐（987～1058）備受朝臣物議，而另一外戚李昭亮（993～1063）也威望不足，不敢貿然擢用代掌樞府。於是以宿將河陽三城節度使同平章事判鄭州（今河南鄭州市）王德用（980～1058）代為樞密使。李端懿雖是仁宗寵信之人，但尚未到大用之時。不過，仁宗在是月辛未（初七），仍特命李端懿與翰林學士曾公亮（999～1078）一同試入內醫官，表示委用之意。仁宗在同月庚辰（十六）改元至和。〔註12〕六月乙巳（十三），仁宗追封曹皇后（1016～1079）父曹玘為東海郡王，溫成張皇后父張堯封為清河郡王，母曹氏為齊國夫人。〔註13〕仁宗追封曹皇后父為王不過是陪襯，他追念張皇后才是真。朝臣對仁宗追封已死的張堯封夫婦並不計較，若擢用張堯佐就不行。

　　值得一記的是，據南宋人王銍（？～1144）《默記》所載，剛在是年六月返京的歐陽修，大概在是年七月曾應約赴「李都尉家會，至五鼓，傳呼呵殿而歸。至內前，禁中訝趨朝之早，呼歐公官，使人密覘之，知赴李氏集方歸。明日，出知同州。執政留之甚力，以修《唐書》為言，方不行。」〔註14〕考

　　　　觀察留後稱為觀察也可以。疑此詩是蘇送給出知襄州的李端愿的。參見《長編》，卷一百七十五，皇祐五年十一月丁亥條，頁4239；《宋史》，卷四百六十四〈外戚傳中・李遵勗傳附李端愿傳〉，頁13570；蘇頌（撰），王同策等（點校）：《蘇魏公集》（北京：中華書局，1988年9月），上冊，卷七〈送襄州李觀察〉，頁77。關於蘇頌與李端懿兄弟的交情，可參見註20，113及300。
〔註10〕《長編》，卷一百七十六，至和元年正月壬申條，頁4248。
〔註11〕《長編》，卷一百七十六，至和元年正月癸酉至己丑條，頁4249～4251。
〔註12〕仁宗以王貽永罷樞密使的恩例，本來訂下貽永子王道卿可於兩年後除閤門使。不過，到這年的十一月癸未（廿四），王道卿又上奏援引其母大長公主的子孫多數歷官橫班使臣，請仁宗施恩。仁宗厚待外戚，就提前將王道卿從諸司使臣的西京作坊使遷為橫班使臣最低一階的西上閤門使。參見《長編》，卷一百七十六，至和元年三月己巳至庚辰條，頁4254～4256；卷一百七十七，至和元年十一月癸未條，頁4292。
〔註13〕《長編》，卷一百七十六，至和元年六月乙巳條，頁4263。
〔註14〕據《歐陽修年譜》所考，歐陽修在至和元年六月返京，乞求外郡不許。七月權判流內銓，方六日因讒言而罷，命知同州（今陝西渭南市大荔縣）。執政吳

李都尉家當然是李遵勗之駙馬府，當時李端懿、李端愿兄弟在外郡，李家集會的主人就是李端慤。歐陽修到李家飲宴到五鼓才回，他與李家的交情可見。

至和二年（1055）四月，李家另一素有往來的權知開封府、龍圖閣直學士蔡襄，屢請補外郡，得到仁宗的批准。他獲准出守原籍的泉州（今福建泉州市）以照顧年老的母親後，致書李端懿，多謝他的關心，而且稍後登門拜謝。也許李端懿曾在仁宗前替他說過話。另外蔡襄也致書李端愿及相贈禮物，多謝他來信關懷及所贈詩集。〔註15〕

六月甲辰（十七），輪到李端懿離開京師，出守大郡。因原知鄆州（今山東荷澤市鄆城縣）的前任宰相觀文殿大學士、戶部侍郎龐籍（988～1063）加昭德軍節度使徙知永興軍（即京兆府，今陝西西安市），仁宗就特別委任李端懿自鎮潼軍（按：即鎮國軍）節度觀察留後代知鄆州兼京東西路安撫使，李端懿是年四十三歲。仁宗除了賜玉帶外，還特別賜詩李端懿，詩云：

> 魯館名家子，皇家外弟親。詩書謀帥舊，金竹剖符新；
> 九郡提封遠，一圻甘澤均。純誠宜報國，撫士愛吾民。〔註16〕

充（1021～1080）、范鎮（1008～1088）、劉沆（995～1060）等請留下他。八月，宋廷詔歐陽修修《唐書》。按《年譜》作者亦引《默記》此一條記載。參見王銍（撰），朱杰人（點校）：《默記》（與《燕翼詒謀錄》合本）（北京：中華書局，1981年9月），卷下，頁48；嚴杰：《歐陽修年譜》（南京：南京出版社，1993年11月），頁180～181。

〔註15〕蔡襄致李端懿、李端愿前後三通書啟見於岳珂（1183～1243）的《寶眞齋法書贊》卷九〈書簡帖〉。蔡致李端懿的第一通書啟云：「襄啟：請補外郡，仍被朝恩。數年留都，無禪萬一。今緣私便，復爾遄陛。感慚之懷，何可言也！承問多荷，俟朝謝罷，即告謁。不一一。襄再拜元伯太尉閣下。送路之童，應須踐言也，呵呵！」《寶眞齋法書贊》在此通書啟後，收有蔡覆李端愿的書啟。書云：「襄啟：兩日支體不快，今日開眼粗適。蒙手誨并石本，拙詩詞翰無取，但欲寄名壁間，以爲榮耀耳。謹奉啟。陳謝不一一。襄再拜公謹座右。蓮花香合附納宣州白蜜一簍并鴨腳寄上。」這兩通書啟之後是寫於四月二十四日致杜衍的「致政太保」的書啟，據蔣維鋑的考證，蔡襄致李端懿的書啟當撰於至和二年四月後，蔡獲准出知泉州時。參見《蔡襄集》，《蔡忠惠集外集》，〈二・軼文〉〈致元伯太尉書〉，頁756～757；蔣維鋑：《蔡襄年譜》（廈門：廈門大學出版社，2000年12月），頁125～126；岳珂：《寶眞齋法書贊》，文淵閣《四庫全書》本，卷九〈蔡忠惠書簡帖〉，葉十八下至十九下。

〔註16〕《長編》，卷一百七十五，皇祐五年閏七月壬申條，頁4223；十月甲子條，頁4238；卷一百八十，至和二年六月甲辰至乙卯條，頁4354～4355；吳曾（？～1162後）：《能改齋漫錄》（上海：上海古籍出版社，1979年11月新一版），卷十一〈記詩・仁宗賜李良（定）詩〉，頁328。按龐籍在皇祐五年閏七月壬申（初五）罷相出知鄆州，不到兩年便徙知永興軍。稍後又徙知并州（今山

仁宗帶頭贈詩，朝臣自然紛紛效尤。與李端懿兄弟素有交情，後來爲他撰寫墓誌銘的歐陽修大概在李出守鄆州前後撰寫七律兩首送給他，其一〈李留後家聞箏坐上作，余少時嘗聞一鈞容老樂工箏聲，與時人所彈絕異，云是前朝教坊舊聲，其後不復聞，至此始復一聞也〉大概是李出守前作，詩云：

> 不聽哀箏二十年，忽逢纖指弄鳴絃。
>
> 綿蠻巧轉花間舌，鳴咽交流冰下泉。
>
> 常謂此聲今已絕，問渠從小自誰傳。
>
> 樽前笑我聞彈罷，白髮蕭然涕泫然。

其二〈送鄆州李留後〉當是李出守鄆州後所作，詩云：

> 北州遺頌藹嘉聲，東土還聞政有成。
>
> 組甲光寒圍夜帳，綵旗風暖看春耕。
>
> 金釵墜鬢分行立，玉塵高談四坐傾。
>
> 富貴常情誰不羨，愛君風韻有餘清。[註17]

除歐陽修外，已出守泉州的蔡襄也有書相賀，大大歌頌李的功德：

> 竊審榮加使節，出鎮侯藩。明命載傳，僉圖允協。恭以知府太尉長才經遠，敏識通微。世濟美於大忠，家聯華於近侍。早更中外之寄，夙藹縉紳之稱。吳國撫封，久思於留務；漢壇授將，初建於齊牙。

西太原市）。又鎮潼軍即李端懿原本遙領的鎮國軍（即華州，今陝西渭南市華縣），皇祐五年十月甲子（廿九）避神寶名改。另據《玉海》所記，仁宗以李端懿曾在他爲太子時入侍，解方玉帶以賜。仁宗賜玉帶的年月不詳，有可能在李出知鄆州仁宗賜詩的同時。參見王應麟（1223～1296）：《玉海》，文淵閣《四庫全書》本，卷八十六〈建隆賜玉帶〉，葉二十三上。

[註17] 《歐陽修全集》，第二冊，卷十二，《居士集》卷十二〈律詩五十六首〉〈李留後家聞箏坐上作，余少時嘗聞一鈞容老樂工箏聲，與時人所彈絕異，云是前朝教坊舊聲，其後不復聞，至此始復一聞也〉、〈送鄆州李留後〉，頁204～205；第六冊，卷一百四十七〈書簡卷四〉，〈與李留後公謹八通〉，頁2413～2416。考此二詩前一首〈送渭州王龍圖〉注云至和二年前，後一首〈子華學士俾直未滿遽出館伴病夫遂當輪宿輒成拙句奉呈〉則注作於嘉祐二年。從內容分析，此二詩當作於至和二年後。第二首〈送鄆州李留後〉，說到春耕，可能是作於嘉祐元年（1056）春或嘉祐二年春。而照李之亮的意見，此二詩均是歐陽修在嘉祐元年京師所作。參見歐陽修（撰），李之亮（箋注）：《歐陽修集編年箋注》（成都：巴蜀書社，2007年12月），第一冊，卷十二《居士集》卷十二〈律詩〉，頁491～493。又考李端懿弟李端愿亦官鎮東軍節度觀察留後，歐陽修與他亦極交好，歐陽修集收有與他通信，從至和元年到嘉祐三年八通。故第一首所提到的「李留後」究是李端懿抑其弟李端愿，暫難確定，筆者這裡暫定爲李端懿。

仍殿重邦，併光優偓。元戎十乘，已宣連帥之威；泰階六符，即正

熒煌之座。方聞殊拜，增拼鄙懷。其諸瞻祈，難以文論。〔註18〕

朝臣劉敞（1019～1068）亦有詩〈送李留後守東平〉相送，詩云：

少壯去人如水流，似君那作侍祠侯。

高談每及功名際，出守眞寬聖主憂。

麾下百城包海岱，道傍千騎擁貔犴。

家聲時論俱輝赫，世將寧爲好時羞。〔註19〕

劉敞在詩中稱揚李端懿是「世將」，又說他家聲顯赫，說他出守名城就令仁宗

心寬，自然是溢美之言。送詩的尚有與他們兄弟有舊的朝臣蘇頌，他有詩〈送

李留後赴鎮天平〉，同樣是稱道李之出守鄆州，是朝廷之良選，詩云：

出擁朱轓就鎮雄，須句封國濟亭東。

干旄光動奎躔外，閫節權并魯分中。

兩綬鵰鷹紋異繡，半符魚符佩兼銅。

朝廷愼重惟良選，定有能聲愜帝衷。〔註20〕

不過，殿中侍御史趙抃（1008～1084）卻對李端懿及另一外戚、曹皇后弟曹

佾（1018～1089）獲知青州（今山東濰坊市青州市）之任命提出異議，他在

十月丙戌（初二）上奏仁宗，請收回李、曹二人知鄆州、青州及兼京東西路

安撫使之任。他提出：

京東路青、鄆二州知州，各帶安撫使。其地控山并海，兵民一有失

所，易爲作過，近年悉差兩制及前兩府臣僚以鎮撫之。今曹佾知青

州，李端懿知鄆州，素匪勳舊，俱緣戚里，威名未著，勢力且輕。

萬一屬部不有不測事宜，則人心動搖，何所倚賴？兼亦曾有臺官上

〔註18〕 考蔡襄此通書啓未繫年月，但他所賀的「李太尉」，從書啓的內容去看，當是
他素有往來的李端懿。書啓引用「漢壇授將，初建於齊牙」典故，似乎指李
端懿出鎮屬於齊地的鄆州。參見《蔡襄集》，《蔡忠惠集》，卷三十〈啓一・賀
李太尉啓〉，頁532～533。

〔註19〕 劉敞：《公是集》，文淵閣《四庫全書》本，卷二十四〈送李留後守東平〉，葉
三上下。按東平是鄆州的郡名。

〔註20〕 按鄆州軍號爲天平軍。考蘇頌在元祐六年（1091）所作的李端愿挽辭第二首
的自注所記，他在景祐中隨其父蘇紳（999～1046）在京師，因其父而認識李
端愿，蘇頌以晚輩身份向李拜挹。據此，蘇頌父子很早便與李端懿兄弟交往。
參見蘇頌：《蘇魏公集》，上冊，卷七〈律詩・送李留後赴鎮天平〉，頁71；卷
十四〈挽辭・太子太保致仕李公二首〉，頁198～199。

言，謂其不便。臣欲乞聖旨特賜檢會，改差青、鄆二州安撫使，選
有才謀、經任使兩制以上臣僚充之，以安京東人心。〔註21〕

然而，仁宗只將趙抃之奏抄付給李端懿及曹佾觀看，而不肯收回成命。李端
懿在鄆州的政績如何，據歐陽修所記，這年京東大水，李端懿建造房舍，收
容災民，又大發倉廩之糧以賑饑民。外地流人至者如歸家，賴以存活者眾。
他在災荒時不忘守備，又置弓馬手，教以馬鬥，練得如精兵。他又治汶陽隄
百餘里以卻水患，鄆州人免卻水患，均以為便。〔註22〕又據宋人筆記所載，
他在鄆州之日，每年春天大閱戰士，他必定詣孔廟延講經書，宴飲諸生，然
後才犒賞武士。他這樣的做法，博得士人的讚美，說他做法得體。〔註23〕至
於他的將略如何，就罕有人提及。

仁宗除了委李端懿重任外，又再度召其姪李評赴學士院試，他表現還是
一般，仁宗只好依例遷他一官，他不識好歹，甚至上書論辨一番。他不知進
退的脾性，幸而為仁宗包容，沒有追究。〔註24〕而與他一家有交的強至（1022
～1076），在嘉祐六年（1061）於京師失意之時，已遷文思使的李評，紆尊
降貴與他交結，邀他到家，並邀他參加詩社，還有詩相贈。強至因依韻相和
的一首七言古詩裡，不但提起李兩試學士院的舊事，還誇獎他不接仁宗給他
遷官，當然，強至更誠摯地感激李評對他的禮遇。在這裡，我們看到李評秉
承家風，喜交結士人的另一面。詩云：

我心炯炯君應識，萬事都慵獨吟癖。二年客眼看京華，可見無媒進無
益。勢門所喜在倖豪，直語空拳無一憚。愛君挺拔生貴家，不學庸兒

〔註21〕曹佾在至和元年六月壬寅（初十）從澶州徙知青州。按趙抃上奏的日期，《長
編》及《宋會要》均作十月丙戌（初二），惟文淵閣《四庫全書》本之《清獻
集》則以趙抃上書在六月乙卯（廿八）。疑《清獻集》所記有誤，現從《長編》
及《宋會要》之說。參見趙抃：《清獻集》，文淵閣《四庫全書》本，卷七〈乞
改差青鄆二州安撫使狀·至和二年六月二十八日〉，葉二十九上下；《長編》，
卷一百七十六，至和元年六月壬寅條，頁4263；卷一百八十一，至和二年十
月丙戌條，頁4378；《宋會要輯稿》，第七冊，〈職官四十一·安撫使〉，頁4045。
〔註22〕《長編》，卷一百八十，至和二年六月乙卯條，頁4355；《歐陽修全集》，卷三
十三〈鎮潼軍節度觀察留後李公（端懿）墓誌銘〉，頁492。按李燾注明此條
記載採自歐陽修所撰之李端懿墓誌。
〔註23〕吳曾：《能改齋漫錄》，卷十二〈記事·李定公好儒學〉，頁346。
〔註24〕《長編》，卷三百三十五，元豐六年六月戊申條，頁8076；《宋史》，卷四百六
十四〈外戚傳中·李遵勗附李評傳〉，頁13572。按《宋史》只記李評在首次
召試學士院後兩年再召試，即至和二年，但月日不詳。

醉朱碧。兩提試筆賦翰林，落落金聲天上擲。改丞殿省頭不回，直把
群經重研摭。相逢憐我猶滯濡，四十金閨未通籍。勢門宜不容此身，
賴有君家好扳跡。書齋延坐開新編，光熖文章追祖白。更邀詩社同襟
期，脫略形骸一疏戚。公侯必復君勿遲，志士由來輕尺璧。〔註25〕

至和二年（九月辛卯改元嘉祐，1056）正月甲寅朔（初一），仁宗「暴感風眩」，
健康出了問題。仁宗在同月戊午（初五）宴遼使者於紫宸殿，已開始說話不
清。翌日（初六）遼使入辭，仁宗更言語失控，賴宰相文彥博（1006～1097）
好言安撫遼使，才沒有鬧出外交風波。庚申（初七），文彥博率臣下往內東門
小殿問仁宗安，仁宗卻從禁中大呼而出，稱曹皇后與他素所不喜的內臣張茂
則（？～1085 後）謀大逆。仁宗神智不清而言語極為紛錯。幸而文彥博與富
弼（1004～1083）鎮定行事，凡事由兩府合議定由仁宗之名發出。又嚴令入
內副都知史志聰、鄧保吉（？～1067）肅整內廷，以安定人心。同月壬戌（初
九），仁宗心疾稍為好轉，文彥博等請他出御崇政殿以安人心。癸亥（初十），
在文彥博與富弼嚴詞斥責下，入內副都知史志聰等不敢不讓文彥博等兩府大
臣入寢殿向仁宗奏事。文彥博且令兩制、近臣每日往內東門問起居，而百官
就五日一入。在文彥博等的主持下，為時近兩個月的一場重大的政治危機隨
著仁宗於二月甲辰（廿二）健康稍愈後得以暫時化解。〔註26〕

　　仁宗有病不能視朝近兩月，卻無子嗣，文彥博、劉沆（995～1060）及富
弼等三相均曾勸仁宗早立王嗣，仁宗在病中也曾口頭同意。文彥博等知道仁
宗屬意立幼養在宮，仁宗及曹皇后視為己出的左千牛衛大將軍宗實（即英
宗），就定議請立宗實為嗣。本來已寫好奏稿，未及上奏而仁宗病愈，此事就
中輟。到五月甲申（初三），知諫院范鎮（1008～1089）在沒有知會文彥博等
情況下，冒險上奏請仁宗立儲。仁宗對范的上奏卻沒有任何的表示。六月庚
午（二十），范鎮的好友殿中丞、集賢校理通判并州司馬光（1019～1086）再

〔註25〕 強至此詩撰寫的年月不詳，按詩中說他「四十金閨未通籍」。他生於乾興元年
　　　　（1022），嘉祐六年（1061）年四十，以此推之，此詩大概是嘉祐六年或以後
　　　　寫的。詩題作「依韻和李評文思」，則李評當時的官職當是文思副使或文思使。
　　　　按李評在至和二年官供備庫副使，到六年後的嘉祐六年，他遷為諸司正使的
　　　　文思使機會較高。參見強至：《祠部集》，文淵閣《四庫全書》本，卷三〈依
　　　　韻和李評文思〉，葉二下至三上。

〔註26〕 《長編》，卷一百八十二，嘉祐元年正月甲寅朔至二月丙午壬申條，頁 4394
　　　　～4397。考仁宗的病狀當是小中風，他的父親真宗晚年也有神智不清的情況。
　　　　不知是否遺傳病。

上疏，支持范鎮的建議。京師從五月以來就大雨不止，六月己卯（廿九），范鎮趁著仁宗詔群臣實封言時政得失的機會，再上奏請仁宗立儲。〔註 27〕七月丙戌（初六），翰林學士歐陽修也以雨災爲由，上疏請立儲。然而教人料不到，歐陽修在立儲之事上既譏刺樞密使王德用無見識，更進而以危詞攻擊另一樞密使狄青（1008～1057），主張將狄青罷免，以防範患事於未然。歐陽修奏再上，另知制誥吳奎（1010～1067）及殿中侍御史呂景初也上奏附和歐陽修之議，幸而仁宗留中不發，沒有理會他們節外生枝之言。〔註 28〕

司馬光在八月庚戌朔（初一）以日蝕又上疏重申前議，同月癸丑（初四）及丁巳（初八），范鎮又兩番上言，支持司馬光之議。大概欣賞范鎮的忠心，仁宗在同月庚申（十一）將范鎮擢爲戶部員外郎兼侍御史知雜事。惟范拒而不受而再上一疏重申前議。最後仁宗將他復職爲起居舍人充集賢殿修撰。〔註 29〕

仁宗得疾然後群臣請立王嗣之後果，是眾文臣借此排擠打擊樞密院兩員有功無過的宿將樞密使狄青和王德用。首先是狄青遭殃，在八月癸亥（十四）被罷樞密使，大概文臣們於心有愧，就補償地授狄青使相空銜，加他同平章事判陳州（今河南周口市淮陽縣）。而以三司使工部尚書韓琦代爲樞密使。至於王德用，狄青被罷後，他被御史多次攻擊，就知情識趣地累次上表求去。十一月辛巳（初三），仁宗罷他樞使職，仍優加他忠武節度使同平章事之使相身份。代爲樞密使的是前任宰相山南東道節度使兼侍中判大名府（今河北邯鄲市大名縣）賈昌朝（998～1065）。迫走了兩員宿將勳臣，接任的卻是不孚眾望的文臣賈昌朝，歐陽修看到賈的任命，即上奏極力反對；但反對無效，歐陽修可說是弄巧反拙。〔註 30〕

〔註 27〕《長編》，卷一百八十二，嘉祐二年五月甲申至丙午條，頁 4406～4409；六月庚午至己卯條，頁 4412～4416。考外戚的尊長王貽永在五月丙午（廿五）病逝。仁宗以病初復，不及臨喪，詔二府及宗室往奠。大概李氏族人在京的會臨奠的。

〔註 28〕《長編》，卷一百八十三，嘉祐元年七月丙戌條，頁 4424～4429。

〔註 29〕《長編》，卷一百八十三，嘉祐元年八月庚戌至庚申條，頁 4430～4434；癸亥條，頁 4436～4437；卷一百八十四，嘉祐元年九月壬午條，頁 4445～4446；十一月辛巳至己丑條，頁 4454。司馬光在是年九月壬午（初三）又上一奏附和范鎮。而范到是年十一月仍不斷上奏請辭所除官，仍堅持前議。

〔註 30〕當狄青被罷退時，文臣中少數派的次相劉沆反對歐陽修等的做法，曾上奏仁宗，力陳「御史去陛下將相，削陛下爪牙，殆將有不測之謀。」但他鬥不過以御史中丞張昪（992～1077）爲首的言官，在同年十二月壬子（初五）自請罷相，仁宗於是將他出爲工部尚書觀文殿大學士知應天府（今河南商丘市）。

　　仁宗對文臣們借辭迫走他信任的兩員武臣樞密使，暫時採忍讓態度。他在是年十一月己丑（十一），將外戚中的最尊的宣徽南院使、彰信節度使判成德軍（即鎮州，今河北石家莊市正定縣）李昭亮，加同平章事的使相銜判大名府，代替入朝爲樞密使的賈昌朝。仁宗以塗金紋羅書曰：「李昭亮親賢勳舊」，命其子閤門祗候李惟賓（？～1075後）持以賜之。仁宗在這時將李昭亮移鎮並加使相，動機爲何？筆者以爲仁宗準備在必要時召李入朝擔任樞密使，替他把守樞府，爲他制衡文臣集團。〔註31〕

　　與仁宗份屬親表兄弟的李端懿、端愿兄弟，在仁宗病倒，群臣紛紛上言立儲及狄青兩員武臣被逐出樞府的變局有何反應？他們兄弟二人雖然不在京師，一個在鄆州，一個先後在襄州及郢州，但他們的三弟李端愨這時正擔任仁宗近臣的東上閤門使幹辦三班院，朝局的變化他必會盡快密告二兄。而李端愿從至和元年（1054）到嘉祐三年（1058）就和在京的歐陽修不斷互通消息，他們兄弟對朝廷的氣氛及仁宗的眞實想法，當不會一無所知。據歐陽修在嘉祐五年（1060）底爲李端懿所撰的墓誌銘曾記「公既薨，得其遺稿之未上者，言宗室事甚詳。」這裡所說的「宗室」，顯然就指英宗。據《宋史·李端懿傳》的記載，李端懿曾在「嘉祐時」密請建儲，而「人無知者」。後來他的三弟李端愨在神宗元豐二年（1079）六月壬子（十五）因進對，「袖其舊章以聞」，神宗看後的反應是讚嘆李端愨爲「近世之賢戚」。很明顯李端懿的密奏是支持仁宗立英宗爲嗣的。宜乎英宗父子後來對李家兄弟子姪寵信不替。〔註32〕

被罷樞的王德用先在嘉祐二年二月壬戌（十六）病卒於京師，一個多月後，在三月庚子（廿四），狄青亦卒於陳州。接任樞密使的賈昌朝，據蘇軾（1037～1101）所記，賈刻意交結張貴妃的乳母賈氏，稱她爲「姑姑」。他靠走賈氏的門路，獲得推薦拜相，事爲臺諫所知而對他嚴劾。仁宗也對臣下承認賈氏實曾薦賈昌朝。參見《長編》，卷一百八十三，嘉祐元年八月癸亥條，頁4435；卷一百八十四，嘉祐元年十一月辛巳條，頁4451～4454；十二月壬子條，頁4459～4460；卷一百八十五，嘉祐二年二月壬戌條，頁4469；三月庚子條，頁4473～4474；蘇軾（撰），王松齡（點校）：《東坡志林》（北京：中華書局，1981年9月），卷三〈賈婆婆薦昌朝〉，頁68～69。

〔註31〕《長編》，卷一百八十四，嘉祐元年十一月己丑條，頁4454。關於仁宗在嘉祐元年底寵信和委用李昭亮的背景，可參見何冠環：《攀龍附鳳：北宋潞州上黨李氏外戚將門研究》（香港：中華書局，2013年5月），第五章〈三代爲將：北宋上黨李氏外戚將門第三代傳人李昭亮事蹟考述——兼論宋仁宗重用外戚〉，頁369～370。

〔註32〕歐陽修寫給李端愿的八封信，第一封寫於至和元年，第二、三封寫於嘉祐二年，第四至第八封均寫於嘉祐三年。從這八封書信的內容去看，李端愿與歐

　　嘉祐二年（1057）五月庚辰（初五），并代鈐轄管勾麟府軍馬郭恩（？～1057）與夏人戰於斷道塢，因輕敵而兵敗身死。李端懿的二女婿夏倚（？～1072 後）時任麟州（今陝西榆林市神木縣）通判，與知麟州六宅使武勘一同被劾在屈野河西修堡措置不當。七月壬寅（廿八），武勘坐與夏人戰於斷道塢時棄軍先入麟州城，責除名江州（今江西九江市）編管。八月癸亥（十九），因知并州龐籍的奏劾，前知麟州西上閤門使張希一及六宅使王守忠均被降職。後來龐籍也被劾力主修堡不當而被移知青州，夏倚也被責降充監當官。龐籍的僚屬并州通判司馬光稍後即上奏爲龐籍及夏倚申理，指修堡之事責在他，不在龐、夏等人，但宋廷不納。值得注意的是，李端懿一直沒有運用他的影響力爲女婿復職。他行事謹慎和知避嫌，於此可見一斑。〔註33〕

陽修交情不淺，雖然這八封信均沒有透露甚麼政治機密，但誰能確定歐陽修在沒有保存下來致李氏兄弟的信中（可能是歐陽修自行毀掉）暗中傳遞消息。又《長編》記是李端愿在嘉祐間曾經乞立太子，而後來李端愨所進呈給神宗的，也是李端愿的舊章，而不是《宋史》所記的李端懿。筆者認爲向仁宗請立太子的，似乎是與仁宗有總角之交且是李氏長子的李端懿較爲合理。考早年受知於李端懿的劉摯（1030～1097）在元祐元年（1086）十月壬寅（十八），以御史中丞與侍御史王巖叟（1043～1093）向垂簾聽政的高太后（1032～1093）查詢英宗當日立爲皇子始末時，高太后回答是韓琦力贊仁宗立英宗。到元祐二年（1087）二月丁亥（初四）奏上高太后，對英宗被立爲皇儲之事，確認韓琦居功至偉，而歐陽修也用司馬光的奏疏向仁宗啓奏，協助韓琦促成其事。最後高太后內批，指雖有人奏立皇儲，但不及韓琦之議的明確，以至成事，她以韓琦功莫比，令詳具始末付《實錄》。從元祐諸臣對此事的議論，可證英宗之立爲皇儲，出於韓琦和歐陽修的推動，歐陽修是韓琦外最重要的知情者，他與李氏兄弟交情匪淺，李端懿向仁宗密奏立英宗之事，他很有可能知道，甚至是他慫恿李進言，以收裡應外合之效。參見《宋史》，卷四百六十四〈外戚傳中・李遵勖傳附李端愨傳〉，頁 13571；《歐陽修全集》，第二冊，卷三十三〈鎮潼軍節度觀察留後李公（端懿）墓誌銘〉，頁 491～492；第六冊，卷一百四十七〈書簡卷四〉〈與李留後公謹八通〉，頁 2413～2416；《長編》，卷二百九十八，元豐二年六月壬子條，頁 7256；卷三百九十，元祐元年十月壬寅條，頁 9484～9485；卷三百九十五，元祐二年二月丁亥條，頁 9616～9625。

〔註33〕夏倚字中立，亦作公立，家世及里籍不詳。他最早的仕宦記載，是在皇祐四年四月，以光祿寺丞簽署成德軍節度判官廳公事，當時知成德軍宋祁（998～1061）派他往北嶽致祭。他篤信佛教，黃庭堅（1045～1105）記他「雅意禪宗」，因楊傑的啓示，他就往章江問道於黃龍祖心禪師（1025～1100）。他的信仰與岳家李氏很一致。又據周必大的記載，他在熙寧元年（1068）七月，曾親訪得陸羽《茶經》第一水，是見他與姻親李端愿又有相同的品味（見下文）。參見《長編》，卷一百八十五，嘉祐二年五月庚辰條，頁 4476～4478；卷一百八十六，嘉祐二年七月壬寅條，頁 4486；八月癸亥條，頁 4488；《歐

　　李端懿兄弟知情識趣，自然簡在帝心，仁宗只是等待有利時機。八月戊申（初四）仁宗長女袞國公主（即福康公主，1048～1070）出降仁宗親舅父李用和（989～1050）次子李瑋（1035～1093）。〔註34〕這次仁宗嫁女大喜慶，在京中的宗室戚里自然參加一連串的典禮和宴會，而身爲仁宗至親表弟的李家兄弟大概也被召回京，參加慶典。仁宗大概會對他們勉勵一番，仁宗也許密告他們，因言官反對聲音尙大，現在尙未是起用他們的時候。〔註35〕

　　李家兄弟當然明白，要仁宗起用他們，除了有一點功績外，一定要得到朝臣之人望，教他們不反對。朝臣之中，與他們關係最密切的是歐陽修。李端愿在嘉祐二年從鄆州改知廬州（今安徽合肥市）。他移知廬州後，宰相富弼向他詢問，何以廬州之政減於他在襄陽之政？他回答說：「初官喜事，飾廚傳

陽修全集》，第二冊，卷三十三〈鎮潼軍節度觀察留後李公（端懿）墓誌銘〉，頁493；《司馬光集》，第一冊，卷十七〈章奏二・論屈野河西修堡第二狀〉，頁514；第二冊，卷二十四〈章奏九・奏乞復夏倚差遣箚子・嘉祐七年九月十七日上〉，頁630～631；卷五十九〈書啓二・與夏秘丞倚，字中立書〉、〈別紙〉，頁1239～1242；宋祁：《景文集》，文淵閣《四庫全書》本，卷四十八〈北嶽謝雨文〉，葉十六下；黃庭堅（撰），劉琳、李勇先、王蓉貴（校點）：《黃庭堅全集》，（成都：四川大學出版社，2001年5月），第二冊，《宋黃文節公全集》，正集卷第三十二〈黃龍心禪師塔銘〉，頁851～852；釋惠洪（1071～1128）：《林間錄》，文淵閣《四庫全書》本，卷上，葉二十九上下；釋惠洪：《禪林僧寶傳》，文淵閣《四庫全書》本，卷二十三，葉二上下；僧文瑩（？～1076後）（撰），鄭世剛、楊立揚（點校）：《玉壺清話》（與《湘山野錄》合本），（北京：中華書局，1984年7月），卷三，頁27；周必大：《文忠集》，卷一百六十九〈泛舟遊山錄・起乾道丁亥十月盡是年十二月〉，葉九上。

〔註34〕《長編》，卷一百八十六，嘉祐二年六月丙寅至八月己酉條，頁4483～4487；李埴（1161～1238）（撰），燕永成（校正）：《皇宋十朝綱要校正》（北京：中華書局，2013年6月），卷四〈仁宗・嬪妃十二・貴妃苗氏〉，頁145～146。袞國公主的生母淑妃苗氏（？～1091），從景祐五年（即寶元元年，1038）自侍御、仁壽郡君爲才人。九月進美人。寶元二年（1039）進昭容。皇祐三年十月進淑妃。到嘉祐二年六月戊辰（廿三），因女兒出降，晉封賢妃。她在嘉祐七年（1062）十一月進德妃。到元豐八年（1085）四月進貴妃，元祐六年（1091）十月卒，賜諡昭節。李瑋是仁宗的親表弟，現成爲他的長婿，輩份上本來有點問題。他的兄長邢州觀察使李璋（1021～1073）同日以恩典擢爲鎮海軍節度觀察留後，其弟祁州團練使李珣（？～1098後）陞爲均州防禦使，而李瑋本人就以濮州團練使擢爲駙馬都尉均州防禦使。七月丁丑（初三），苗賢妃三代特贈爲東宮三少官。同月丁酉（廿三），公主正式冊封，百官均拜表稱賀，到八月戊申（初四）公主出降。翌日（己酉，初五），李瑋入謝，仁宗在宮中設宴慶祝。

〔註35〕仁宗表弟李璋在嘉祐二年十月庚午（廿七），因不審時度勢地求內降除節度使，爲知諫院陳旭（即陳升之，1011～1079）引用近詔所劾，被罰銅二十斤。參見《長編》，卷一百八十六，嘉祐二年十月庚午條，頁4493。

以干名，剛譽者至；更事既久，知抑豪彊、制猾吏，故毀隨之。」富弼對他的分析甚表贊同。李端愿在地方政簡刑清之餘，也不忘山水之樂。據歐陽修所記，他因遊金陵（今江蘇南京市），登蔣山，飲其水。大概在嘉祐三年初再登位於慎縣（今安徽合肥市）內南三十五里、在廬州境內的浮槎山。山上有石池，池水涓涓可愛，一如陸羽《茶經》所評說的「乳泉漫流者也」。李就飲之而甘，並考圖記，問於故老，得其事蹟。李還特別派人將浮槎山泉水送給千里之外在京師的歐陽修。歐陽修自然感謝不已，除了先後致書六通致謝外，同年二月乙丑（廿四），爲作〈浮槎山水記〉，並請李端愿三弟李端愿將此記寄上。歐陽修在記中大大讚美李端愿，說「浮槎之水，發自李侯」，又說：

> 李侯可謂賢矣。夫窮天下之物無不得其欲者，富貴者之樂也。至於
> 蔭長松，藉豐草，聽山溜之潺湲，飲石泉之滴瀝，此山林者之樂也。
> 而山林之士視天下之樂，不一動其心。或有欲於心，顧力不可得而
> 止者，乃能退而獲樂於斯。後富貴者之能致物矣，而其不可兼者，
> 惟山林之樂爾。惟富貴者而不得兼，然後貧賤之士有以自足而高世，
> 其不能兩得，亦其理與勢之然歟。今李侯生長富貴，厭於耳目，又
> 知山林之爲樂，至於攀緣上下，幽隱窮絕，人所不及者皆能得之，
> 其兼取於物者可謂多矣。李侯折節好學，喜交賢士，敏於爲政，所
> 至有能名。凡物不能自見而待人以彰者有矣，其物未必可貴而因人
> 以重者亦有矣。故予爲志其事，俾世知斯泉發自李侯始也。〔註36〕

〔註36〕歐陽修與李家兄弟往來甚密，除了與在外的李端懿、端愿書信往還外，他在嘉祐二年的燈夕（正月十五），還曾與韓三（即韓絳，1012～1088）和吳大（即吳奎）在李端懿三弟李端愿家聚會。歐陽修在給李端愿的第三、四、五、六、七、八通書書中，都提到李端愿贈他浮槎水。又富弼詢問廬州之政的年月，很有可能在嘉祐三年六月丙午（初七），富弼因文彥博罷相而依次補爲首相之後。參見《歐陽修全集》，第二冊，卷四十，《居士集》卷四十〈記八首‧浮槎山水記〉，頁583～584；第六冊，卷一百四十六〈書簡卷三‧與王懿敏公仲儀十七通‧第二通‧嘉祐二年〉，頁2386；卷一百四十七〈書簡卷四‧與李留後公謹八通〉〈第三至第八通‧嘉祐二年至三年〉，頁2414～2416；《宋史》，卷四百六十四〈外戚傳中‧李遵勖傳附李端愿傳〉，頁13570；《長編》，卷一百八十七，嘉祐三年六月丙午條，頁4511。附帶一提，有撰寫歐陽修傳記的文學史研究者，也提到李端愿從廬州託人送贈歐陽修浮槎山泉水，歐陽修因而撰寫〈浮槎山水記〉的事。不過，該書作者不考「友人李公謹」不是凡夫俗子，而是貴戚李端愿。傳記作者也沒有查考《歐陽修文集》所收李端愿之書信集。參見洪本健：《醉翁的世界：歐陽修評傳》（鄭州：中州古籍出版社，1990年6月），第十二章〈在秋聲蕭蕭的日子裡〉，頁155。

嘉祐三年二月乙巳（初四），新擢右正言諫院供職的吳及（？～1060後）又舊事重提，請擇宗子以備儲副。仁宗仍是口頭地「嘉納之」，卻沒有行動。〔註37〕是年六月丙午（初七），因首相又彥博被言官攻擊下罷職，仁宗改組兩府，次相富弼陞任首相，樞密使韓琦依次補次相。又因樞相賈昌朝為言官所劾被罷，由舊相觀文殿大學士兵部尚書宋庠（997～1066）代為樞相，樞密副使禮部侍郎田況（1005～1063）陞為樞密使，權御史中丞右諫議大夫張昪（992～1077）擢為樞密副使。至於參政王堯臣（1003～1058）、曾公亮（998～1078）及樞密副使程勘（990～1066）就增秩留任。與李氏兄弟要好的翰林學士歐陽修，在同月庚戌（十一）就獲授兼龍圖閣學士權知開封府，而原權知開封府的包拯（999～1062）就調任權御史中丞。包拯甫任新職，就上奏言立儲之事。值得注意的是，兩府大臣中無一武臣，更沒有外戚入選。〔註38〕

歐陽修就任權知開封府，在七月癸巳（廿五）上奏，稱自從李璋（1021～1073）因請內降恩典而受責後，自後罕有人敢內降以希恩賞。但他說就任開封府，未到兩月，就收到十次內降，或為府司後行，或為宮院姨媼，或為內官及干繫人吏等。他請求仁宗不再有這些內降，以破壞法紀。與他交好的李氏兄弟，自然知情識趣，不會像李璋那樣，向仁宗求甚麼恩典。〔註39〕

這年九月辛巳（十三），文臣們當年群起攻之的外戚天平節度使宣徽南院使張堯佐卒。而在同月辛卯（廿三），仁宗一意提拔的後一輩外戚子弟單州團練使劉永年（1030～1084）本來被委為齊州防禦使、高陽關部署，但臺諫官說他只緣戚里，未曾有軍功，不應陞遷。仁宗無奈，只好將劉復任為單州團練使知涇州（今甘肅平涼市涇川縣）。〔註40〕在此氣氛下，仁宗自然暫時無法重用他寵信的外戚。

李端愿大概在嘉祐四年（1059）二月前後從廬州移知潁州（今安徽阜陽市）。〔註41〕仁宗在同月又恩賞李端愿同提舉萬壽觀之祠職。〔註42〕他和兄長

〔註37〕《長編》，卷一百八十七，嘉祐三年二月乙巳條，頁4502～4503。
〔註38〕《長編》，卷一百八十七，嘉祐三年六月丙午至庚戌條，頁4511～4514；八月己未條，頁4520。按王堯臣在是年八月己未（廿一）卒於任內。
〔註39〕《長編》，卷一百八十七，嘉祐三年七月癸巳條，頁4518～4519。
〔註40〕《長編》，卷一百八十八，嘉祐三年九月辛巳至辛卯條，頁4528～4529。劉永年是章獻劉太后兄劉美（962～1021）孫。
〔註41〕考嘉祐四年三月壬子（十八），宋廷徙知揚州馮京（1021～1094）知廬州。疑李端愿即在此時之前自廬州改知潁州。參見《長編》，卷一百八十九，嘉祐四

李端懿在任上都不時貢獻地方名產給仁宗。李端懿在鄆州任上，上貢對仁宗
及其後宮大有藥用好處的山東特產阿膠，仁宗即曾特下口宣褒獎：

> 省所進奉阿膠事，藥劑所須，膠品斯在，區產云記，阿井曰佳。卿
> 守在藩條，述茲方貢，謹於熬治，協乃精良。足諒寅恭，誠增嘉尚。
> 〔註43〕

而李端愿在潁州任上，也在端午貢馬一匹。仁宗也頒下口宣稱許他「總司留
印，長治帥藩。爰困采艾之辰，乃效傾葵之志。獻之上駟，奉厥內閒，有嘉
勤恭，弗忘歎矚。」〔註44〕

李端懿和乃弟一樣，也與不少朝臣都有交往。他和在泉州的蔡襄仍書信
往還不絕。他曾致書蔡襄，「傳多麗詞，述飲宴之娛」。蔡襄在是年八月壬午
（二十）覆信，向李報告他的近況，書云：

> 襄近于遞中馳狀，當達節下，兼曾末赤石脂，藥餌之急務也。泉山
> 日得晝眠，鈴下殊無事，或讀醫書數卷而已。新傳多麗詞，述飲宴
> 之娛，使病夫舉首增歎耳。謹奉手啓，不一一。襄上元伯太尉閤下。
> 謹空。八月二十日。〔註45〕

年三月壬子條，頁4554。

〔註42〕仁宗早在皇祐元年六月已委李端愿管勾祥源觀公事。現時又給他這一份優
差。順帶一談，據宋敏求（1019～1079）的記載，李端愿起初因本官尚為觀
察使，只獲得「管勾」祥源觀的職稱。到至和初年，晏殊（991～1055）因舊
相之故而獲授觀文殿大學士提舉萬壽觀（按：晏殊卒於至和二年正月丁亥（廿
八），故他獲授觀文殿大學士當在至和元年）。李端愿這時也許已不滿意「管
勾」之職稱，但是年四月辛丑（十三）祥源觀失火，他就不好說甚麼。嘉祐
三年六月丙午（初七），當與他有深交的宋庠陞任樞密使後，他大概在稍後的
時間向宋庠陳說，於是獲改「都管勾」祥源觀的職稱。到嘉祐四年，李這時
已官留後，就獲得高一等「同提舉」萬壽觀的職稱。參見《宋會要輯稿》，第
八冊，〈職官五十四・宮觀使〉，頁4467；宋敏求（撰），誠剛（點校）：《春明
退朝錄》（與《東齋記事》合本），（北京：中華書局，1980年9月），卷上，
頁2；《長編》，卷一百七十八，至和二年正月丁亥條，頁4305；《宋史》，卷
十二〈仁宗紀四〉，頁236～237，242～243。

〔註43〕胡宿：《文恭集》，卷二十六〈賜鎮潼軍節度觀察留後知鄆州李端懿口宣〉，葉
九上。又此制撰於嘉祐何年月不詳。

〔註44〕《文恭集》，卷二十六〈賜鎮東軍節度觀察留後知潁州李端愿口宣〉，葉九下。

〔註45〕此啓亦輯自《寶真齋法書贊》卷九〈蔡忠惠書簡帖〉。此啓未繫年。蔣維錟結
合此啓和《蔡襄集》卷八〈客有至自京師言諸公春間多會於元伯園池因念昔
遊輒形篇詠〉七律一篇，並引吳曾《能改齋漫錄》卷十六〈轟冠卿多麗新詞〉，
將蔡襄一詩一文合寫為〈寄良定公書〉，認為蔡襄此啓當撰於嘉祐四年八月壬
午（二十）。惟蔣維錟失考李端懿此時不在京師，而在鄆州。所謂朝臣多會於

此外，與李評有交的強至便有信專意問候他，書云：

> 籠財北道，第日總於計文；引領東藩，遂坐疏於音尺。伏惟靜班寬詔，翕萃龐褫。恭以某官偉略濟時，純忠許國，挺生勳戚之冑，傑出沉雄之才。旋建將衙，往臨帥閫。溪堂式宴，時宣樽俎之謀；海宇所瞻，行付樞機之任。伏望上為邦社，精調寢興。〔註46〕

仁宗為何要派親信的表弟出守大藩？強至這道書簡可說一言道破，仁宗是希望李端懿累積資望，然後召回付予「樞機之任」。這是仁宗一貫寵用外戚的手段。當李端懿及李端愿兄弟均任外職時，他們的三弟李端愨就在朝擔任仁宗的近臣西上閤門使領陵州團練使。八月己卯（十七），李端愨即以閤門使的身份上言宗室外戚上朝的班次。李端愨熟習朝儀，仁宗最後採納他的意見。〔註47〕

　　十一月庚子（初九），與仁宗關係親密之堂兄、判大宗正司、英宗生父汝南郡王允讓（995～1059）卒，仁宗罷朝五日，贈太尉、中書令，追封濮王，

李端懿園池，只是指原屬於李遵勗及獻穆大長公主的園池，而今成為李端懿兄弟的產業而已。李端懿捎書給蔡襄，當自至鄆州，而非蔣氏所想的京師來客。參見《蔡襄集》，《蔡忠惠集》，卷八〈律詩五‧客有至自京師言諸公春間多會於元伯園池因念昔遊輒形篇詠〉，頁141；《蔡忠惠集外集》〈二〉〈軼文〉〈又致元伯太尉書〉，頁757；〈致李良定公書〉，頁763；岳珂：《寶真齋法書贊》，卷九〈蔡忠惠書簡帖〉，葉十九下；《蔡襄年譜》，頁153～154；吳曾：《能改齋漫錄》，卷十六〈轟冠卿多麗新詞〉，頁469～470。

〔註46〕強至：《祠部集》，卷二十九〈問候鄆州李太尉書〉，葉九上。
〔註47〕嘉祐四年六月己巳（初七），宋廷詔仁宗長婿、觀察使駙馬都尉李瑋可依柴宗慶和李遵勗例，綴節度使班次起居，於宗旦之前別作一班。李端愨就在八月己卯（十七）奏上宋廷，以最近升的班位，而綴節度使班位。為此，閤門已具奏申明，惟現時又見宗室帶觀察留後官以上的人也綴親王班起居。他認為如據舊制，合班座次盡當綴親王稍後位置。現時未有親王，但宗室郡王使相比親王，禮數不完全在親王使相之間。他奏稱曾檢索舊例，宗室安化軍觀察留後允弼（1008～1069）、彰化軍觀察留後守節（？～1039）先任觀察留後，因援允寧（？～1034）之例，方得綴節度使班。他詢問是否今後凡官至觀察留後的便可綴親王班。他請下閤門取索紀錄，據目前宗室升班座次之文字加以釐正。閤門稍後上言，先前令節度使允初（1028～1064）、觀察留後承簡綴允良（？～1067）班，其座次自來各依本官班座，今既升李瑋班綴節度使，若依其父李遵勗之舊儀班次，合綴節度使稍退之位。仁宗詔閤門與李端愨同詳定以聞。閤門檢出慶曆八年（1048）七月壬子（十六）當時尚為華州觀察使允初之奏章，稱自來與承簡一班起居，欲乞依舊立班。仁宗特旨令綴允良班。金州觀察使徐國公承簡奏，乞隨允初一班。大宗正司狀為允弼先任觀察留後，方綴節度使班。參見《宋會要輯稿》，第四冊，〈儀制三‧朝儀班序〉，頁2341。

諡安懿。仁宗又擢升允讓的長姪宗諤（？～1082）為沂州防禦使進封虢國公。允讓幼養於宮中，與李端愨兄弟同是仁宗幼年的玩伴。論情理，李家兄弟當回京參加他之喪禮。〔註48〕

嘉祐五年二月甲戌（十五），大概已從鄆州代還京師多時的李端懿，獲仁宗授為寧遠軍節度使並徙知澶州（今河南濮陽市）。時任翰林學士的歐陽修在同月丁丑（十八）奉命撰寫制文，對他讚美一番，並開列了李的新官職差遣爵邑，是篇制文是現存的少數李端懿的加官制：

> 門下：至治之時，常不忘於武備；用兵之要，在先擇於將臣。《禮》、《樂》、《詩》、《書》，必資於學；智、信、嚴、勇，又兼以仁。是惟難才，豈不慎選？用諏剛日，敷告外庭。具官李端懿，器質宏深，資識敏茂。地聯近戚，無富貴之驕；世濟美材，躬儒素之行。粵從壯歲，綽有令名。學問足以與謀，忠信可以事上。而能克勵名節，靡皇宴安。每思報國以有為，嘗請治民而自效。北州之政稱最，東土之人甚思。惟留務之是居，顧歷時而頗久。俾加褒進，爰考僉同。是用寵以節旄，委之蕃翰。於戲！為政而先無擾，所以靖民；除戎以戒不虞，是宜有素。繄乃通明之略，副以東任之懷。往惟欽哉，膺此休渥。可特授依前檢校刑部尚書，充寧遠軍節度使，知澶州，加食邑七百戶，食實封三百戶，散官、勳封如故。主者施行。

李端懿熟悉朝廷禮節，歐陽修的制文一下，他馬上表示不能接受恩命。仁宗同日再命歐陽修連下兩道口宣，一定要李接受新職：

> 卿聯國懿戚，惟時美材。久居留使之權，俾委將旄之任。載嘉沖挹，思避寵榮。宜體眷懷，無煩牢讓。

> 卿世胄聯華，資材甚茂。早膺器使，頗著聲猷。俾進總於中權，式增榮於戚里。所宜祗服，以體眷懷。〔註49〕

〔註48〕《長編》，卷一百九十，嘉祐四年十一月庚子至乙卯條，頁4598～4599；《宋史》，卷二百四十五〈宗室傳二‧商王元份附允寧宗諤〉，頁8699～8700；〈宗室傳二‧濮王允讓〉，頁8708～8709。宗諤是允讓長兄允寧之子，仁宗以他襲叔父商王元份（969～1005）的爵位。

〔註49〕《長編》，卷一百八十一，至和二年十月丙戌條，頁4378；卷一百九十一，嘉祐五年二月甲戌條，頁4613；《歐陽修全集》，第二冊，卷三十三〈鎮潼軍節度觀察留後李公（端懿）墓誌銘〉，頁492；第四冊，卷八十九〈內制集卷八〉，〈除李端懿寧遠軍節度使知澶州制‧二月十八日〉、〈賜新除寧遠軍節度使李端懿讓恩命第一表不允斷來章批答口宣‧二月十八日〉、〈閤門賜新除寧遠軍

當時尙爲小官的劉摯（1030～1097）便致書相賀，書云：

> 拜恩北闕，易地東藩。戎斾十乘之容，甫聞弭節，鈴閣數人之衛，
> 已樂輕裘。寵簡上心，歡符士論，緬惟鎭撫之裕，休有福祥之歸。
> 某官剛厚稟中，輝光燭外，斾常有紀，功懋於姬庭；親賢并隆，德
> 毗於漢室。均佚勞於右輔，統連帥於東方，清照兼資，長城是倚。
> 珥戈金鉞，方重專征之權；淑斾綏章，行光入覲之錫。某里族單陋，
> 材性朴疏，惟是鄉楸之徼，實居台曜之庇。眷言天幸，獲陶沐於至
> 仁；尚以州符，阻趨承於前屏，更祈上爲廟社，下庇兵民。〔註50〕

雖然仁宗極力要李端懿接受新命，而歐陽修的三篇文字把李稱譽備至，但朝
臣仍有反對聲音。與他的三弟李端愨有交的御史中丞韓絳（1012～1088）並
未徇於情面，而上書指李端懿無功，不當授予節度使。李端懿知趣，就堅辭
節度使之官。三月乙未（初六），他仍以留後之官銜徙知澶州。〔註51〕面對文
臣的反對，仁宗雖想加恩他的表弟，也暫時無計可施。

　　李端懿出守澶州才五個月，便在同年八月乙丑（初九）得急病暴卒於澶州
任上，得年僅四十八。李端懿病危的奏報傳至，仁宗正在宮中舉行宴會，即時
下令停止奏樂，並命內臣帶同御醫前往趁視，但未及行李已死。仁宗命輟朝一
日，賻贈他的家人黃金三百兩，追贈他感德軍節度使，謚良定，並命其三弟端
愨前往澶州護其喪歸開封。相信是李端愿的交情，李家請得歐陽修爲李端懿撰
寫墓誌銘，然後將他葬於開封府開封縣褒親鄉先塋其父李遵勗墓旁。稍後李端
愿援引太宗次女蔡國公主（即徐國大長公主，？～990）子吳守禮（？～1014）
的禮例，仁宗再贈李端懿兼侍中。據歐陽修的記載，李最後的階勳爵邑分別是
金紫光祿大夫、上柱國、開國公、食邑四千四百戶、實封九百戶。〔註52〕

節度使知澶州李端懿告敕口宣・二月十八日〉，頁1300～1301。

〔註50〕 劉摯：《忠肅集》，卷八〈啓・賀鄆州李太尉啓〉，頁174～175；〈附錄四・論
劉摯及其著作（陳曉平撰）〉，頁675～678。據陳曉平所考，劉摯在二十至三
十歲期間，主要在鄆州州學受業，所以在信中他說「某里族單陋，材性朴疏，
惟是鄉楸之徼，實居台曜之庇」，攀附李端懿是他父母官。劉摯在嘉祐四年進
士及第，任冀州南宮縣令。他當在嘉祐四年後致書賀李端懿。

〔註51〕 《歐陽修全集》，第二冊，卷三十三〈鎭潼軍節度觀察留後李公（端懿）墓誌
銘〉，頁492；《長編》，卷一百九十一，嘉祐五年二月甲戌條，頁4613；曾鞏
（1019～1083）（撰），王瑞來（校證）：《隆平集校證》，（北京：中華書局，
2012年7月），卷九〈樞密・李崇矩傳附李遵勗〉，頁281。

〔註52〕 據明人的記載，李端懿的葬地褒親鄉是開封城東北的南神崗，他的墓當在其父
墓所在開封市區東北11公里，崗西村東側。考徐國大長公主在太平興國九年（即

　　據歐陽修所記，李端懿在晚年嘗對子弟說：「吾蒙國厚恩，未有以報。吾且死，宜有遺言：毋因以求恩澤。」他死後，家人子弟遵其言，沒有上書要求恩澤。

　　他有子五人，卒時長子李詵任供備庫副使，次子李諲、三子李詢任右侍禁，四子李諄和五子李訢以幼未任官。他有女四人，除了上文提到次女適文臣夏倚外，其他三人均嫁宗室爲妻：長適宗室右屯衛大將軍、吉州團練使建安郡公宗保（？～1074），第三女同安郡君（1030～1081）適宗室左領軍衛大將軍宗景（1032～1097），最幼的適宗室右監門衛將軍世逸（？～1099）。〔註53〕

雍熙元年，984）初封蔡國公主，下嫁左衛將軍吳元扆（962～1011）。淳化元年（990）改封魏國公主，同年十月卒。至道三年（997）追封燕國長公主，景祐三年（1036）進大長公主，元符（1098）初年改徐國大長公主。吳守禮是她的長子，官至六宅使、澄州刺史，卒於大中祥符七年（1014）六月，以眞宗之外甥特贈和州防禦使。故《宋會要》分別稱她爲蔡國公主和燕國長公主，《宋史》本傳就稱她爲徐國大長公主。又據時人劉敞（1019～1068）的記載，李端懿卒後，他的庶弟（當指李端愨）之母，曾向人諮問應否爲李守三年之喪。劉敞表示異議，指出：「九伯，先帝之甥，大主之子，李氏世嫡也。其喪也，國人覷焉，使庶弟之母，爲之三年，于義未安，改而從政，懼六禮之一得云。」參見《歐陽修全集》，第二冊，卷三十三〈鎭潼軍節度觀察留後李公（端懿）墓誌銘〉，頁490～492；《長編》，卷一百九十二，嘉祐五年八月乙丑條，頁4640；《宋史》，卷二百四十八〈公主傳・太宗徐國大長公主〉，頁8773；卷二百五十七〈吳廷祚傳附吳元扆傳〉，頁8952；卷四百六十四〈外戚傳中・李遵勗傳附李端愨傳〉，頁13571；《宋會要輯稿》，第三冊，〈禮四十一・報朝・公主子、節度觀察留後〉，頁1658，1666～1667；第四冊，〈儀制十・陳請封贈〉，頁2508；〈儀制十一・武臣追贈・留後〉，頁2543；李濂（1488～1566）（撰），周寶珠、程民生（點校）：《汴京遺蹟志》（北京：中華書局，1999年12月），卷九〈陵墓・李駙馬墓、李留後墓〉，頁143；劉敞：《公是集》，文淵閣《四庫全書》本，卷四十一〈妾爲君之長子三年議〉，葉八上至十上；何冠環：〈北宋公主之楷模：李遵勗妻獻穆大長公主〉，載本書上篇，頁225～226，註217，218。

〔註53〕李端懿的長女早卒，她的夫婿宗保是太宗長子楚王元佐（966～1027）第三子濮州防禦使允成（？～1025）子，仁宗時命過繼予太宗第二子昭成太子元僖（966～992），累官至代州防禦使封燕國公，熙寧七年（1074）十月戊辰（初四）卒，贈靜難軍節度使、新平郡王。從輩份而論他屬仁宗堂姪。李端懿的第三女同安郡君李氏有墓誌銘傳世，其夫婿宗景，是太宗第六子鎭王元偓（977～1018）之長子相王允弼第四子。宗景在紹聖四年（1097）十月卒時官至彰信軍節度使、開府儀同三司、濟陰郡王（按：《宋會要》作清河郡王）。卒贈太師，追贈循王，諡思。宗景輩份亦屬仁宗堂姪。而四女婿世逸是太祖次子秦王德芳（958～981）的曾孫，德芳長子惟敘（977～1011）之孫，從煦（？～1045）之子，屬仁宗的從姪孫，他在元符二年（1099）正月甲子（廿一）卒時官至耀州觀察使，宋廷贈開府儀同三司、曹國公（按：《宋會要》作惠國公）。關於李之二女婿夏倚的

仁宗在李詵請求下，稍後再贈李端懿司空兼侍中。他命知制誥王安石所撰的制書中，再對他的表弟加以肯定：

> 敕某：朕有釐事於上神，而幽顯并蒙其福。具官某父某，纘承德義，被服文儒，出入踐更，有榮爵祿，能以才業，自昭於時。壽善不兼，慶流厥子。追崇位號，尚克知歟！可。〔註54〕

李詵後來又獻上亡父的遺奏，於是仁宗又特擢他自供備庫副使超遷諸司副使前列的西京左藏庫副使。知制誥沈遘（1028～1067）撰寫制文，表達仁宗對李端懿之懷念，故晉陞李詵，制文云：

> 敕某：爾父端懿，大主之子，國之近戚，而降年不永，奄忽云亡，朕甚哀之。既以贈襚，極其禮數，又得其遺封，乃以爾為言：朕既益傷其天性之恩，豈復於爾有所愛哉？其陞序諸使之前列，以榮爾立朝之路，以慰爾考泉壤之思。可。〔註55〕

李端懿逝世，與他有交的宋廷的士大夫多有撰挽詞以悼，例如王珪（1019～1085）便有挽詩一首，表揚他辭卻節度使之官的美德，然無從建立邊功之憾：

> 悲簫忽犯曉樓鏗，樽酒應非昔餞同。家貴曾還金鉞寵，時清不見玉關功。佳城蔓草千年閉，後院繁絃一夕空。惟有平陽舊池館，依然芳樹倚春風。〔註56〕

另外劉敞也有五言律詩挽之，同樣表揚他辭卻節度使官：

出身仕歷，參見註33。參見《歐陽修全集》，第二冊，卷三十三〈鎮潼軍節度觀察留後李公（端懿）墓誌銘〉，頁493；《長編》，卷二百十二，熙寧三年六月丁丑條，頁5151～5152；卷二百十三，熙寧三年七月癸丑條，頁5182～5185；卷二百五十七，熙寧七年十月戊辰條，頁6270～6271；卷四百九十三，紹聖四年十月戊戌條，頁11687；卷五百五，元符二年正月甲子條，頁12042；《宋史》，卷二百四十五〈宗室傳二·昭成太子附宗保、鎮王元偓附允弼、宗景〉，頁8698，8702～8704；《宋會要輯稿》，第一冊，〈帝系三·追封王、追封郡王、贈使相〉，頁81～82、85；〈帝系四·宗室雜錄〉，頁110～111；〈帝系五·宗室雜錄二〉，頁139～140。關於同安郡君李氏的事蹟參看注146。

〔註54〕王安石：《臨川文集》，文淵閣《四庫全書》本，卷五十四〈供備庫副使李詵父皇任鎮潼軍節度觀察留後贈感德軍節度使兼侍中端懿贈司空兼侍中〉，葉二十二下至二十三上。

〔註55〕沈遘：《西溪集》，卷四〈供備庫副使李詵可西京左藏庫副使〉，葉十六下至十七上。

〔註56〕王珪：《華陽集》，文淵閣《四庫全書》本，卷六〈贈侍中李良定公挽詞〉，葉六下。

築壇辭將鉞，分土繼緇衣。忌滿名猶誤，宜年報尚非。離鴻哀斷續，

埋玉想光輝。冥漠金貂贈，空看鹵簿歸。〔註57〕

李端懿身後的評價如何，歐陽修在李的墓誌銘大大溢美一番，從他的貴
戚家世一直談到他的待人處事以及出仕的政績：

允矣和文，惟時顯人。蔚有士譽，匪矜帝姻。賚其子孫，列爵啟國。

惟公承之，克似其德。士起寒家，驕于滿盈。紛其利欲，敗節墮名。

公生盛族，赫奕高明。都尉之子，天子之甥。惟謹惟恭，其色不懈。

聞善如貪，在得思戒。間亦宴見，忠言告獻。學而從政，有惠三州。

享其多美，獨不遐年。高旌巨節，以賁于泉。曷又贈之？金璫附蟬。

寵渥名榮，惟有其實。刻詩同藏，其固其密。〔註58〕

歐陽修因與李家的匪淺交情而受邀撰寫李的墓誌銘，自然要隱惡揚善，
不吝筆墨地對李之平生行事歌功頌德。而誠如李之墓誌所言，李端懿和乃父
一樣，「好學不倦，折節下士，喜交名公卿」，「聞一善士，傾身下之，而賢士
大夫亦樂與之遊。以此多得名譽」，於是他在宋廷的士大夫圈子博得令名。至
於他是否真的像歐陽修所說，「而士君子皆知其非安於富貴也，及聞其喪也，
莫不痛惜焉。」就有待考證。〔註59〕然而，我們若換個角度去看，歐陽修這
些所謂「賢士大夫」其實是勢利兼雙重標準，他們當年對狄青及王德用這些
百戰功高的武臣毫不留情地攻擊，而今卻對其實並無甚麼功勳的貴戚武臣李
端懿肉麻地吹捧。他們對人物的褒貶的可信性實教人存疑。

李端懿之二弟端愿及三弟端懋在刻意交結士大夫，以博取令譽方面是一
致的。而仁宗一有機會便拔擢外戚子弟包括李氏子弟也是前後一貫的，即使
朝議以為他們無功不該擢陞，仁宗卻聽不入諫言。〔註60〕這年十一月辛丑（十

〔註57〕按劉敞在這首挽詩的序說：「君讓節旄守澶淵，其先人亦守澶淵。」參見劉敞：
《公是集》，卷二十二〈鎮潼觀察留後贈侍中李君挽詞〉，葉六下。

〔註58〕《歐陽修全集》，第二冊，卷三十三〈鎮潼軍節度觀察留後李公（端懿）墓誌
銘〉，頁493。

〔註59〕《歐陽修全集》，第二冊，卷三十三〈鎮潼軍節度觀察留後李公（端懿）墓誌
銘〉，頁491～492。

〔註60〕嘉祐五年九月庚戌（廿四），仁宗長婿李瑋與兗國公主不協，公主夜開皇城門
入訴禁中。李瑋惶恐自劾，仁宗初時責降李為和州防禦使並予外任；翌日詔
免降官，只罰銅三十斤，許留京師。仁宗知道過在公主，十月庚申（初五），
嚴懲公主宮中的內臣梁全一及梁懷吉等十人。到十一月丁亥（初二），又擢陞
李瑋兄李珣自均州防禦使為相州觀察使，另擢陞另一外戚子弟劉永年自單州
團練使為齊州防禦使。知制誥楊畋（1007～1062）反對二人的任命，封還二

六），因樞相宋庠爲殿中侍御史呂誨（1014～1071）等所嚴劾而罷職，仁宗局部改組二府。李家的密友歐陽修終於進入二府，以翰林學士兼侍讀學士、禮部侍郎知制誥、史館修撰擢爲樞密副使。〔註61〕這對李家子弟日後獲得擢用，當有一定助力。

　　仁宗在翌年（嘉祐六年，1061）十月壬辰（十二），在宰相韓琦的贊同下，確定以英宗爲嗣，先授他以泰州防禦使知宗正寺，又委用他的宮僚王獵爲宗正寺伴讀以輔助他。到十一月丁巳（初八），仁宗又接納英宗所請終其生父允讓之喪禮。群臣至此終於放下心頭大石。〔註62〕在此事上李家兄弟扮演甚麼樣的角色？從後來英宗神宗對他們寵信無間，相信他們在暗裡有所助力。

　　嘉祐七年（1062）二月癸卯（廿五），因兖國公主以死及焚燒府第來迫仁宗召還她寵信的内臣梁懷吉，仁宗不得已依從。知諫院楊畋、司馬光及龔鼎臣（1009～1086）等上奏力諫。司馬光還以李端愿兄弟之母獻穆大長公主的模楷，稱大長公主乃「太宗之子，眞宗之妹，陛下之姑，而謙恭率禮，天下稱其賢。願陛下教子以太宗爲法，公主事夫以獻穆爲法。」最後仁宗聽從曹皇后之言，詔兖國公主入内居住，將李瑋出知衛州（今河南新鄉市衛輝市），解決了公主不肯與李瑋同居一室之窘局。〔註63〕在這事上，李家兄弟又沾了亡母的光。

　　八月己卯（初五），仁宗聽從韓琦、歐陽修等的意見，正式下詔以以英宗爲皇子。辛巳（初七）仁宗盡召宗室入宮諭以立皇子之意。癸子（初九），仁宗賜英宗名曙。考李端懋早在是年五月前已以陵州團練使、西上閤門使勾當軍頭引見司，在這次等同立儲的大事中，他以近戚兼近臣的身份參預，而他

人制書的詞頭；但仁宗不聽，改命其他舍人草制。到翰林學士范鎮進言支持楊畋的意見，仁宗仍內批不從。後來范鎮一再上奏論列此事，仁宗才收回成命。參見《長編》，卷一百九十二，嘉祐五年九月庚戌至十一月丁亥條，頁4646～4648。

〔註61〕《長編》，卷一百九十二，嘉祐五年十一月辛丑條，頁4651。按呂誨劾宋庠其中一條罪狀，說他阿公主之意，而欲陷李瑋以深罪，而賴仁宗明察，不行其進言。呂誨之言反映了仁宗對母家外戚加以維護的態度。

〔註62〕《長編》，卷一百九十五，嘉祐六年十月壬辰至癸巳條，頁4727～4728；十一月丁巳條，頁4729。

〔註63〕《長編》，卷一百九十六，嘉祐七年二月癸卯至三月壬子條，頁4741～4743。按李瑋兄李璋後來請求仁宗許其弟與公主離異。仁宗答應並安撫了李家一番，而在形式上落李瑋駙馬都尉銜，將他降爲建州觀察使，也從司馬光之言，將兖國公主降爲沂國公主。

的二兄李端愿相信從歐陽修及乃弟的渠道獲悉朝廷的動向。〔註64〕

因英宗被冊封皇子並晉爵鉅鹿郡公，仁宗隨即在九月辛亥（初七）大饗明堂而大赦天下，文武官員均獲晉官。值得注意的是，司馬光在是月辛酉（十七）為李端懿二女婿夏倚申訴，稱許他在麟州通判任上「通敏恪勤，勇於忠義，苟利公家，不為身謀」，提到當初是他與夏共議在屈野河西修堡，以防止西夏侵耕。而夏曾致書他，說管勾軍馬司公事的郭恩恃勇輕敵，恐他出師必敗。到郭恩覆師時，夏又收撫散兵，孤城才獲安。司馬光說夏其實有功無罪。當他與眾人一例獲罪，降充監當官後，到現在已五年，其間兩遇大赦，當時受累而罪稍輕的人都已恢復舊差遣，惟有夏只合入知縣資敘，實在不公平。司馬光力稱當年夏早知郭恩必敗，只是力不能制，郭之敗實與他無關。司馬光推許他「其人公忠材智，誠有可稱」，請求恢復他通判差遣。考夏倚在治平三年（1066）十二月以屯田員外郎而獲韓琦等薦為館職（事見下文），相信宋廷最後接受司馬光的上言，給夏復職。按仁宗廣施皇恩之下，連帶先前被落駙馬都尉的李瑋，也在是年十一月己巳（廿六）復駙馬名號及安州觀察使，公主也晉為岐國公主。〔註65〕李端愨大概也在此時以此恩典遷東上閤門使。曾為李端懿、李訦父子寫過制文的知制誥王安石，再奉命撰寫制文，對他的能力表揚一番，特別強調他於「朝廷有詳練之實，於戚里有茂勉之聲。非專為恩，以致此位。積功久次，當得右遷」：

> 敕：閤門置使，官盛地親，非有嘉績令名，不能勝其任也。具官某，於朝廷有詳練之實，於戚里有茂勉之聲。非專為恩，以致此位。積功久次，當得右遷。其愈勵哉，往共厥服！可。〔註66〕

仁宗對這位隨侍在朝的表弟寵信有嘉，除了命他幹辦三班院外，於是年十二月丙申（廿三），仁宗召輔臣、近侍、三司副使、臺諫官、皇子、宗室、

〔註64〕《長編》，卷一百九十七，嘉祐七年八月丙子至癸未條，頁4772～4774；《宋會要輯稿》，第四冊，〈儀制三·朝儀班序〉，頁2344。

〔註65〕司馬光與夏倚有交，在他的集中即收有他在嘉祐二年從并州回京後給夏的兩封書信，為夏倚獲罪抱不平，以修堡原出他之議，自己無事卻連累夏倚等獲罪，大感不安。他稱夏倚「忠於朝廷，信於上司，篤於僚友」，而感嘆他「才美操堅，而橫罹此咎」。參見《長編》，卷一百九十七，嘉祐七年九月辛亥至十一月己巳條，頁4777～4784；《司馬光集》，第二冊，卷二十四〈章奏九·奏乞復夏倚差遣箚子·嘉祐七年九月十七日上〉，頁630～631；卷五十九〈書啟二·與夏秘丞倚，字中立書〉、〈別紙〉，頁1239～1242。

〔註66〕王安石：《臨川文集》，卷五十三〈李端愨東上閤門使制〉，葉三下。

駙馬都尉、管軍幸龍圖、天章閣觀祖宗御書，又幸寶文閣，為飛白書分賜從臣。又作〈觀書詩〉。然後宴群臣於群玉殿。庚子（廿七），仁宗再會侍臣於天章閣觀瑞物，復宴群玉殿，賜臣下禁中花、金盤和香藥。仁宗又召宰相韓琦至御榻前，別賜酒一巵。李端愨兩度侍宴，仁宗獨賜他珠花、飛白字，時人以他「寵顧特異」。〔註67〕

　　嘉祐八年（1063）二月癸未（十一），仁宗不豫。翌日（十二）下詔降天下罪囚一等，徒罪以下釋之，以恩赦祈福。因醫官宋安道等療治無效，宋廷特詔以醫術有名前郾州觀察推官孫兆及邠州司戶參軍單驤（？～1082後）入京診治。起初似乎有好的效果，仁宗在三月癸丑（十一）御內東門幄殿，到甲子（廿二），還御延和殿，親賜進士許將（1037～1111）等一百二十七人及第。群臣見仁宗能親自主持掄才大典，在翌日（乙丑，廿三）還由宰臣韓琦帶頭往東上閣門拜表稱賀。卻想不到在六天後（辛未，廿九），仁宗在半夜忽然暴卒於福寧殿。在曹皇后及韓琦的主持下，四月壬申朔（初一）召入英宗，告以仁宗駕崩，並使之即位於仁宗靈柩前。〔註68〕英宗即位後，首先為仁宗

〔註67〕《長編》，卷一百九十七，嘉祐七年十二月丙申至庚子條，頁4785；《宋史》，卷四百六十四〈外戚傳中‧李遵勖傳附李端愨〉，頁13571。按結合《宋史‧李端愨傳》及《長編》的記載，李端愨兩度侍宴，分別獲得飛白書和禁中花之賜。

〔註68〕關於仁宗在嘉祐八年正月初不豫的事，歐陽修在治平二年（1065）六月，因替蔡襄辨白沒有反對英宗立為儲君而所上的表奏，提到仁宗在嘉祐八年正月以後的身體狀況。歐陽修說仁宗在正月初已覺體中不佳。於是在正月丙辰（十四）沒有如往年一樣晨早遊幸諸宮寺，只在當晚略往慈孝寺和相國寺，並御端門，賜從臣酒三行而止。以後仁宗就是視事前後殿，但已寢睡不佳。這時宮中傳言仁宗在嘉祐七年十二月幸一宮婢韓蟲兒，而韓女稍後自稱有娠。仁宗於正月己巳（廿七）、庚午（廿八）在延和殿見群臣奏事時，首次需要在殿中設爐火禦寒。自此，仁宗越來越不豫，至於「大漸」。至於孫兆及單驤均為兩府大臣所薦，因醫治仁宗有效，在三月壬戌（二十）擢孫兆為殿中丞，單驤為中都令，並命二人校正醫書，同日貶宋安道等官。仁宗除加封神醫扁鵲為神應公外，又加封仁宗夢中所見翊衛他之三個神人唐將軍、萬將軍及周將軍為道化真君、護志真君和定志真君。據蘇軾所記，單驤是蜀人，因舉進士不第，然後以通醫術聞。蘇軾說其術雖本於《難經》、《素問》，卻別出新意，往往能巧發而奇中，但未能真的完全有效。初時他與孫兆醫治有效，獲得許多賞賜，最終仁宗不治，本來二人坐誅，幸而曹太后察非其罪，只將他們罷廢多年。蘇軾說在元豐五年（1082）三月時，單驤已復職為朝官，孫兆卻已死。蘇軾稱許單驤不以賄謝為急，又頗博物及通古今。參見《歐陽修全集》，卷一百十九〈奏事錄〉〈又三事〉，頁1840～1841；《長編》，卷一百九十八，嘉祐八年二月癸未至四月癸酉條，頁4790～4795；蘇軾：《東坡志林》，卷三

舉哀。是月癸酉（初二），當時正在京師的李端愿，與仁宗另外兩位表弟殿前副都指揮使李璋和同州觀察使李瑋，以外戚身份請求隨宗室別班赴臨仁宗喪禮。英宗詔李璋以管軍身份應同百官入，而李端愿和李瑋就從所請隨宗室別班入赴。〔註69〕值得一提的是，因地位最尊的外戚李昭亮早在同年三月甲寅（十二）卒，〔註70〕李端愿、李瑋以及曹皇后弟曹佾等這時成為地位最尊的外戚。英宗繼位後，三人中又以李端愿最受英宗寵信。

三、李端愿兄弟父子在英宗朝的事蹟

英宗在毫無心理準備的情況下，給曹皇后及韓琦扶上寶座。他在即位初對輔臣奏事必詳問本末，然後裁決，而且皆合理。對於如何處分醫治仁宗的醫官孫兆及單驤等，也有自己的主意。然而，一場政治危機卻在他即位的第四天（乙亥，初四）晚上爆發：英宗好端端的忽然得病，不知人事並且言語失序。因原本醫治仁宗的孫兆及單驤被貶，韓琦等只好復召已責降的醫官宋安道等四人入侍。英宗本來在戊寅（初七）詔許群臣所請聽政，但最終以疾而不果。宋廷在己卯（初八）為仁宗舉行大殮，英宗力疾親臨，忽然發病，在群臣前號呼奔走，不能成禮。韓琦馬上投杖褰簾，將英宗緊抱，並呼召內臣加意看護英宗，然後馬上與其他宰執大臣入稟曹太后，請太后下旨，即時由她代替英宗權同處分政事。〔註71〕這一場變故不免讓人有所猜疑：仁宗在三月辛未（廿九）晚暴卒，英宗在四月壬申（初一）即位後，又在初四晚上

〔單驤孫兆〕，頁62～63。

〔註69〕《長編》，卷一百九十八，嘉祐八年四月癸酉條，頁4794；《宋會要輯稿》，第四冊，〈儀制三・朝儀班序〉，頁2345。

〔註70〕《長編》，卷一百九十八，嘉祐八年三月甲寅條，頁4791；《宋史》，卷四百六十四〈外戚傳中・曹佾〉，頁13572。按李端愿當時所帶官為鎮東軍節度觀察留後，他大概在嘉祐八年初已自廬州代還京師。李瑋以武勝軍節度使為殿前副都指揮使，在官位及權位都在李端愿之上。曹佾在仁宗崩時的官位大概是殿前都虞候安化軍留後，也在李端愿之上。

〔註71〕《長編》，卷一百九十八，嘉祐八年四月壬申朔至己卯條，頁4792～4796。按英宗在四月丙子（初五）尊曹皇后為皇太后。翌日，群臣上奏請英宗聽政。關於曹太后與仁宗及英宗的關係，以及她聽政的始末及引發的爭論，研究宋代婦女史的張明華博士在十多年前發表了一篇對曹太后一生充滿同情的短文。她以曹太后是「道德自虐」，認為宋文臣對她的褒獎是她「以犧牲感情、人格和尊嚴為代價的」。按曹太后的研究仍可以深化，特別她對神宗朝政治的影響。參見張明華：〈從曹皇后的道德自虐看北宋中期儒學復興對宮廷女姓的負面影響〉，《浙江萬里學院學報》，第十七卷第一期（2004年2月），頁13～16。

忽得狂疾。這是不幸的巧合？還是在宋宮隱藏著重大的陰謀？英宗即位才四天便不能視事，被迫由曹太后垂簾聽政，這是英宗所不情願的。知諫院司馬光看出不妥，在曹太后於四月壬午（十一）正式垂簾聽政後兩天（甲申，十三），便上奏曹太后，請她在英宗康復後馬上還政，而且列舉章獻劉太后（970～1033，1022～1033 攝政）攝政時之弊端，告誡她不要重蹈覆轍。翰林學士王珪在同月丁亥（十六）再上言，以英宗已康復，請曹太后罷權同聽政。曹太后即命王珪草還政詔書，但最終沒有實行，曹太后聽政如故。〔註72〕也許曹太后以爲英宗龍體未復，她理應繼續權同聽政，但她沒有想到英宗有不同的想法。她一念之誤，結果造成她與英宗後來不解的心結。

英宗即位而大權旁落，作爲近戚而一直贊成以英宗爲儲的李端愿兄弟，自然是傾向英宗的。值得注意的是，仁宗一系的外戚，同爲仁宗的親表弟的李璋與李端愿，英宗信任的程度卻很不同：他不喜曾官居殿帥的李璋，而厚待李端愿兄弟。〔註73〕英宗即位不久，李端愿自鎮東留後遷寧海留後，並授同提舉在京諸司庫務。而李端愨亦加一遙領官，從陵州團練使遷眉州防禦使。王安石再奉詔撰寫制文時表揚他「清明敏達，和愼祗修。奉侍先帝，陟降左右，厥勤茂矣，其可忘哉？」據周必大所記，李端愨在是年以閤門使身

〔註72〕《長編》，卷一百九十八，嘉祐八年四月壬午至丁亥條，頁 4797～4802。

〔註73〕從血緣而論，英宗是太宗的曾孫，而李端愿是太宗的外孫，二人有血緣之親。李璋是仁宗母舅李用和長子，是仁宗的親表弟，卻與英宗並無血緣關係。李璋在英宗即位時，曾在殿帥的任上做出果斷的措施，安定了軍心，但英宗隨即解除他殿帥之職。據宋人筆記所載，英宗即位後不久，很不滿戚里之奢僭。這時有人舉報李璋家犯銷金。英宗即日令將此案下有司，要從嚴審治。知開封府沈遘從容回奏，提醒英宗李璋是仁宗舅家，而英宗出繼仁宗。英宗聞言，覺得這樣處置李璋會招人說話，就吩咐沈遘將此事化解。沈遘返開封府，召見眾匠人，問他們李璋家那件衣服是銷金抑是銷銅。眾匠人識得利害，眾口一詞說那是銷銅。沈遘即命人將此件衣服燒掉，不留痕跡。此事可見英宗對李璋一家之態度，若非沈遘善言化解，只怕李璋會獲罪。後來英宗將李璋以武成軍節度使出知鄆州，後徙知鄧州。稍後坐失舉，謫官鄆州，召還而卒於道。他在英宗朝未受到重用。又李璋解殿帥的年月不詳，考郝質（？～1083）於治平元年八月已自馬帥陞任殿帥，李璋可能在是年八月前已解職。參見魏泰（1050～1110）（撰），李裕民（點校）：《東軒筆錄》（北京：中華書局，1983年10月），卷十，頁 114；卷十一，頁 129；《宋史》，卷四百六十四〈外戚傳中‧李用和附李璋〉，頁 13566；《長編》，卷二百三，治平元年十月庚子條，頁 4911；周應合（？～1275 後）（纂），王曉波（點校）：《景定建康志》，收入《宋元珍稀地方志叢刊‧甲編》，第二冊（成都：四川大學出版社，2007年6月），卷二十六〈侍衛馬軍司題名記〉，頁 1244。

份曾上奏，以近年閤門祗候以上領在京差遣的，不理資任，於是各圖外任。他請定下制度，以上的使臣只許一任在京，一任在外。他的合理意見得到宋廷的接納。李家兄弟受英宗寵眷，見英宗以疾拱默，任由曹太后攝政，李端愿就請入對，並對英宗直言：「陛下當躬攬權綱，以係人心，不宜退託，失天下望。」他又上書懇切敷陳再三。〔註 74〕英宗自然以他爲忠梗。

李端愿的好友蔡襄在還朝多年後，在是年八月遷給事中拜三司使。他在十一月還扈從英宗至仁宗永昭陵，歸城中時且有信給李端愿。〔註 75〕治平元年（1064）二月，李端愿又邀他遊其家園池，蔡在園中題詩〈甲辰寒日遊公謹園池〉七律一首，蔡是當時譽滿天下的大書家，李端愿就把其詩刻在石壁。有感李端愿的盛意，蔡襄就覆信致謝，並送上禮品。〔註 76〕

李端愿及蔡襄在交遊之餘，相信也留意著朝政，只是不宣於詩文而已。這年三月己酉（十三），時任知諫院的司馬光看出英宗的心結，就趁著群臣奉詔議論仁宗當受何等配享之時，而英宗已「聖體甚安」，就上奏力陳曹太后於

〔註 74〕《長編》將李端愿這番上言繫於治平二年七月壬戌條，但記那是當「上未親政」時李求對時所說，並記他「上書敷陳懇切」。據此，李端愿上書當是在英宗即位初期，曹太后攝政之時。又李端慤加官的制文云：「敕：朕初嗣位，奉行故事，以勞天下。具官某，清明敏達，和愼祗修。奉侍先帝，陟降左右，厥勤茂矣，其可忘哉？膺服寵榮，往欽乃服！可。」參見《長編》，卷二百五，治平二年七月壬戌條，頁 4978；《宋史》，卷四百六十四〈外戚傳中・李遵勗附李端愿〉，頁 13570；王安石：《臨川文集》，卷五十二〈東上閤門使陵州團練使李端慤眉州防禦使制〉，葉二十三上下；周必大：《文忠集》，卷一百四十六《奉詔錄》，卷一〈宋亮等差除御筆回奏・淳熙十年七月七日〉，葉十一上下。

〔註 75〕蔣維錟考證蔡襄擢三司使在嘉祐八年八月，又他從北京故宮博物院藏蔡襄墨跡《扈從帖》，考得蔡在是年十月致書同在京師的李端愿。帖云：「襄拜，今日扈從徑歸，風寒侵入，偃臥至晡。蒙惠新萌，珍感珍感！帶胯數日前見數條，殊不佳，候有好者，即馳去也。襄上公謹太尉閣下」。又蔣維錟以《蔡襄集》卷三十〈啓一・賀李太尉啓〉當是賀李端愿拜武康軍節度使知相州之時。疑有誤，參見本文注 18 之考證。參見《蔡襄年譜》，頁 186，189。

〔註 76〕《蔡襄集》，《蔡忠惠集》，卷七〈律詩四・甲辰寒日遊公謹園池〉，頁 119；《蔡忠惠集外集》，〈二〉〈軼文〉〈致公謹書〉，頁 756；《蔡襄年譜》，頁 191。考甲辰年即治平元年，詩云：「二月名園蓊鬱青，爲憐佳節此閒行。偶因觴詠心還適，暫離塵埃眼倍明。風靜落花深一寸，日遲啼鳥度千聲。主公高意何須道，芳物於人自有情。」據蔣維錟所考，蔡撰寫此詩後，又致書李端愿致謝，該啓亦收於《寶眞齋法書贊》卷九〈致公謹書〉。書云：「襄啓：兩日支體不快，今日閒眠粗適，蒙手誨，并石本拙詩。詞翰無取，但欲寄名壁間，以爲榮耀耳。謹奉啓陳謝，不一一。襄再拜公謹座右。蓮花香合附納。宣州白蜜一篓并鴨腳寄上」。

英宗有莫大之德三，故英宗應向太后盡孝，他特別指出「若萬一有無識小人，以細末之事離間陛下母子，不顧國家傾覆之憂，而欲自營一身之行者」，他主張將這些進讒之人「付之有司，明正其罪。使天下曉然知陛下聖明仁孝，不負大恩，而讒佞不能間也。」司馬光見進言無效，稍後再上言痛陳利害，稱「皇太后母也，陛下子也。皇太后母儀天下已三十年，陛下新自藩邸入承大統，若萬一兩宮有隙，陛下以為誰逆誰順，誰得誰失？」司馬光又提醒英宗，若他上失歡於曹太后，下失百姓之望，他的大位也難以安。但英宗仍然聽不進司馬光之話。同知諫院呂誨也上奏力陳利害，嘗試調協兩宮的關係，坦率地指出英宗的心結，說「陛下恭默無語，皆有謂乎，必以皇太后尊臨，避讓不敢當其事耶？將威福之柄，未得其尊而有所猜忌耶？」呂誨並且上奏曹太后，請她宜只在東殿簾幃五七日一御，咨詢大臣，而逐步還政英宗。然而曹太后對司馬光等之忠言似乎聽而不聞。〔註77〕

曹太后捨不得權力，歸政於已康復的英宗的事實，也怪不得英宗及他的親信竊竊私議。李端愿向英宗表忠的進言，難免給當政的文臣自首相韓琦以下忌憚，甚至視他為司馬光筆下離間兩宮的「無識小人」。

是年五月戊申（十三），曹太后在台諫一再上奏，以及韓琦面見時不惜以罷相交換她還政之情態下，終於答允還政英宗，且在當日即不再處分軍國事。韓琦怕她改變主意，當她一離席即命儀鸞司撤去東殿之簾幃。英宗在閒居一年多後，終於在是月庚戌（十五）親政。韓琦的果斷和智計，化解了英宗與曹太后爭權的重大政治危機；不過，調任樞密使的富弼卻以韓琦在這大事上從不與他商議而怨怪韓。〔註78〕

英宗親政，為了向曹太后示好，除了上曹太后宮殿曰「慈壽」外，在是月丙辰（廿一）加封曹太后親弟曹佾自宣徽北院使、保平節度使判鄆州為同平章事，位列使相。英宗詢問韓琦的意見，韓得體地說英宗「推恩元舅，非私外戚也。」英宗再問富弼，富回奏如韓。曹太后初時怕人議論（也許亦是作態）而不肯接受英宗對她親弟之加恩，到英宗一再求請，她就接受了。〔註79〕英宗對

〔註77〕《長編》，卷二百，治平元年三月己酉條，頁4853～4858。

〔註78〕《長編》，卷二百一，治平元年五月戊申至庚戌條，頁4865～4867；五月癸亥條，頁4877～4878。考上奏請曹太后還政的台諫官還有侍御史知雜事龔鼎臣和殿中侍御史裏行傅堯俞（1024～1091）。

〔註79〕《長編》，卷二百一，治平元年五月丙辰條，頁4871～4872；卷二百二，治平元年六月戊午條，頁4893。據李燾所記，曹佾拜使相，其實是曹太后的主意，

曹太后親族加恩後，稍後便對他的外戚加恩，當然李端愿兄弟是受益者。

韓琦體察英宗的心事，是月癸亥（廿八），就上奏請英宗下詔有司，議定英宗生父濮安懿王允讓、嫡母及生母譙國太夫人王氏、襄國太夫人韓氏及仙遊縣君任氏所合行之典禮。英宗自然准奏，只是下詔待仁宗大祥後才議之。〔註80〕

曹太后被迫還政，但仍遲遲不歸還御寶。她顯然心中仍對英宗不滿，而據司馬光所說，她還遷怒於高皇后。司馬光苦口婆心地上奏曹太后，陳說他聽道路之人傳言，英宗與高皇后奉事曹太后，比往昔更加恭敬，但曹太后卻對他們「遇之太嚴，接之太簡」。帝后進謁，太后雖賜座，但如待疏客，說不了幾句話就遣走帝后。司馬光直言「如此，母子之恩如何得達，婦姑之禮如何得施，所以使之疑惑恐懼，不敢自親者。」司馬光懷疑英宗得疾時，在宮省內廷內，「必有讒邪之人造飾言語，互相間諜」，以詐效小忠來討好曹太后。司馬光認為這些以內臣為主的小人，本身自知過失眾多，畏懼英宗嚴明，會懲處他們。於是拾取英宗纖微的過失，離間兩宮關係。除了司馬光上奏外，呂誨和侍御史知雜事襲鼎臣、殿中侍御史裏行傅堯俞（1024～1091）也上奏太后力諫。〔註81〕

另一方面，富弼在閏五月辛未（初六），借上表辭卻同月戊辰（初三）加官之機會，極力為曹太后垂簾之事解釋，力陳曹太后不過應大臣之要求權宜地聽政，並無攬權之意，他又力陳曹太后當年保護英宗和力贊他繼位之大恩，希望英宗能盡孝。〔註82〕可惜，曹太后與英宗的心結並未因群臣的力諫而得到化解。

英宗在六月己亥（初五），進封長子忠武節度使同平章事淮陽郡王頊（即神宗）為潁王。神宗聽從宮僚韓維（1017～1098）的意見，對祖母曹太后曲盡孝道。為此，英宗與曹太后的嫌隙稍得彌縫，曹太后曾對輔臣公開稱許神宗，說「皇子近日殊有禮，皆卿等善擇宮僚所致。」命韓琦召韓維等至中書褒諭之，並加以優遷。〔註83〕

她使神宗傳意旨予韓琦等。神宗的宮僚韓維及孫思恭都不贊成這樣近於干政的做法，但神宗為了逢迎祖母，仍派另一宮僚王陶（1020～1080）傳話。韓琦及富弼為了調協兩宮，自然無異議。

〔註80〕《長編》，卷二百一，治平元年五月癸亥條，頁4872。
〔註81〕《長編》，卷二百一，治平元年五月癸亥條，頁4872～4878。
〔註82〕《長編》，卷二百一，治平元年閏五月戊辰至辛未條，頁4878～4883。
〔註83〕《長編》，卷二百二，治平元年六月己亥至戊午條，頁4889～4893。王陶在六

　　八月丙辰（廿三），因司馬光、呂誨等嚴劾，被指爲挑撥兩宮的罪魁禍首、首席內臣宣政使、入內都知任守忠（990～1068），自安靜軍留後重貶爲保信節度副使，逐出京師，蘄州（今湖北蘄春市）安置。〔註 84〕韓琦等重懲任守忠，自然有殺一儆百之用意。李端愿是聰明人，加上他的至交歐陽修仍任參政，有甚麼風吹草動，他自然倍加小心，不招朝臣之話柄。〔註 85〕

　　英宗在治平二年（1065）正月丁卯（初七），不理司馬光的反對，擢用他在藩邸時賞識的編排中書諸房文字、屯田員外郎王廣淵（？～1075）爲直集賢院。〔註 86〕二月辛丑（十一），英宗又以三司使給事中蔡襄當日曾反對他爲儲的謠言，將他罷爲端明殿學士禮部侍郎出知杭州（今浙江杭州市）。韓琦、曾公亮及歐陽修等極力爲他辨解，但英宗不聽。改以他在藩邸時已欣賞的呂公弼（1007～1073）繼爲權三司使。〔註 87〕李端愿有否和歐陽修一同爲他的好友蔡襄辨白？惜文獻無徵。

　　英宗於五月癸亥（初四），一方面不納呂誨的諫言，擢用不孚人望的資政殿學士禮部侍郎陳旭（即陳升之，1011～1079）爲樞密副使，代替在二月

　　　　月戊午（廿四）自淮陽郡王府翊善遷潁王府翊善，賜金紫。韓維亦自淮陽府記室參軍爲直集賢院、諸王府記室參軍。孫思恭自侍講爲直集賢院、諸王府侍講。
〔註 84〕　《長編》，卷二百二，治平元年八月丙辰條，頁 4897～4901。
〔註 85〕　按歐陽修在治平元年閏五月戊辰，以英宗親政恩典，遷吏部侍郎留任。參見《長編》，卷二百一，治平元年閏五月戊辰條，頁 4878。
〔註 86〕　《長編》，卷二百四，治平二年正月丁卯條，頁 4934～4935。
〔註 87〕　《歐陽修全集》，卷一百十九〈奏事錄〉〈辨蔡襄異議〉，頁 1834；〈又三事〉，頁 1837～1843；魏泰：《東軒筆錄》，卷十，頁 114；《長編》，卷二百四，治平二年二月辛丑條，頁 4946～4947。按英宗對蔡襄起疑，與及他堅持罷蔡三司使，而韓琦、曾公亮及歐陽修極力爲他申辯之始末，詳見於歐陽修所撰之兩篇奏事記，而〈又三事〉所記尤詳細，李逸民疑此篇是〈辨蔡襄異議〉的初稿本。魏泰《東軒筆錄》所記當是轉錄歐陽修所記而加以刪削，而《長編》則據二人之記改寫並繫年月。據歐陽修所記，有人傳言蔡襄對英宗被立爲儲有異議，故英宗親政後，「每語及三司事，便有忿然不樂之色」。蔡在英宗即位後仍任三司使，因仁宗山陵用度很大，而財用初甚窘迫，蔡襄夙夜經營才僅能足夠。英宗卻一再批評他的工作，又指他常請告。他知道幹不下去，就請出知杭州，英宗馬上應允。韓琦、曾公亮爲他上言，稱蔡襄所謂有異議的事出於流言，難以盡信。而歐陽修又問英宗是否見過蔡襄反對英宗立儲的文字紀錄？英宗說沒見到，但仍堅持沒有文字不等於沒有其事。韓琦又爲蔡婉轉地說話，說從來兩制請求外郡，須請兩三次才獲准，今次蔡襄一請就允許，禮數似乎太簡。英宗卻說若蔡襄不再請外放怎辦？並且警告韓等三人不要再說話，韓琦等只好妥協。英宗對蔡襄成見甚深，看來就是李端愿肯爲蔡說話，英宗也不一定聽從。當然，蔡襄也當會選擇退下來。

病卒的王疇（1007～1065）。另一方面又擢用他在藩邸相識的故人兵部員外郎秘閣校理蔡抗（1008～1067）兼起居舍人充史館修撰、同知諫院。〔註88〕六月癸巳（初五），英宗以侍衛司闕帥，就親自點將，擢用他在藩邸時已認識的絳州團練使楊遂（？～1080）為登州（今山東蓬萊市）團練使、步軍都虞候。〔註89〕這時的英宗，就如當日李端愿所請的「躬攬權綱」。

七月壬戌（初四），看到曹太后撤簾而英宗親政後，李端愿以目疾，求辭去提舉在京諸司庫務之職務。英宗為酬答李一直的忠心，特別為他親政所作的努力，就將李從寧海軍節度留後，建節為武康軍節度使（即洋州，今陝西漢中市洋縣）出知相州（即彰德軍，今河南安陽市）。〔註90〕英宗命翰林學士王珪撰寫制文，讚揚他雖出於戚里之家，卻無紈綺子弟之習氣，而且在英宗親政之初，屢進忠言：

> 門下。秉鉞臨戎，式長萬夫之政；分符作屏，聿圖四國之寧。我得沈雄之英，實出勳戚之緒。肅申褒律，誕布治朝。具官某，氣和而弗流，體強而不倚。趨庭聞訓，早從詩禮之游。累組承榮，獨遠綺紈之習。自居留務，寖易年華，肆予親政之初，間有納忠之益。且平陽故館，每念音徽之邈；而隴右名門，終緣氣俗之勇。是用按邊之鎮，稽地之圖，付洋川之整軍；擇彰德之便鎮，就領將牙之重。往專閫制之雄，加食戶田，併推異數。於戲！胡予轉恤，戒祈父之靡聰；雖不學兵，佇嫖姚之前略。益肩壯慮，以稱茂遷。可。〔註91〕

英宗同時命王珪撰寫一道口宣給李端愿：

〔註88〕《長編》，卷二百四，治平二年二月癸卯條，頁4948；卷二百五，治平二年五月癸亥條，4963～4964。

〔註89〕《長編》，卷二百五，治平二年六月癸巳條，頁4968。楊遂為英宗所識，緣於他曾任新城巡檢，並撲救過濮王宮火。又英宗大概在同時，擢用楊家將第三代傳人楊文廣（？～1074）為龍神衛四廂都指揮使，位次楊遂。關於楊文廣被擢用的年月背景考論，可參見何冠環：〈北宋楊家將第三代傳人楊文廣（？～1074）事蹟新考〉，載何著：《北宋武將研究》（香港：中華書局，2003年6月），頁416～420。

〔註90〕《長編》，卷二百五，治平二年六月甲寅條，頁4971；七月壬戌條，頁4978。按是年六月甲寅（廿六），兩浙轉運使韓縝（1019～1097）上言，以提舉諸司庫務近年常用顯官，頗為不便。英宗於是命刑部郎中張師顏同提舉在京諸司庫務。可能也因李端愿提出要辭掉這份差事，故英宗先命張師顏為其佐，分擔工作。

〔註91〕《華陽集》，文淵閣《四庫全書》本，卷三十七〈李端愿授武康軍節度知相州加食邑實封制〉，葉六下至七上。

有敕：卿望華戚苑，機洞戎韜。宜錫鉞於齋場，更剖符於朔鎮。往
欽茂命，益勵壯猷。〔註92〕

英宗同時向武康軍將吏、僧道及百姓頒下敕書，諭示任李端愿爲本鎮節
度使，這道詔書也由王珪撰寫，再表揚李是「外戚之英」：

敕：朕以李端愿襲重侯之序，惟外戚之英，比頒綍以告廷，遂擁旄
而作鎮。瞻言封壤之奧，固有士民之蕃。久被化風，諒均輿慰。今
特授李端愿依前檢校刑部尚書、使持節洋州諸軍事、洋州刺史、兼
御史大夫，充武康軍節度、洋州管內觀察處置等使、知相州軍州事、
司群牧兼管內勸農使，加食邑七百戶、食實封二百戶，散官、勳、
封如故。〔註93〕

李端愿循例辭卻建節的任命，英宗再命王珪頒下批答，不允李之請求，
並特別指出李是太宗之孫，獻穆大長公主之子，英宗那可不授給特恩：

有敕：卿大主之子，太宗之孫。不領將旄之榮，何敦戚苑之愛？往
祗成命，式獎素勤。〔註94〕

李端愿雖有歐陽修的支持，而韓琦也沒有反對他的任命，但他仍再上表
辭謝任命。英宗又再命王珪傳旨，不允所請：

省表，具之。卿出重闈之緒，承外館之華。有溫故之學，而不流世
胧；有邁倫之資，而自躋賢表。俾健師牙之盛，且旄戚苑之英。乃
抗志以露章，欲辭榮而就第。夫峻傑者，人之所望；名器者，朕安
敢私？往肩忠圖，宜略撝節，所免宜不允，仍斷來章。〔註95〕

另李端愿大概又致書宰執，辭免節度使之任。韋驤（1033～1105）即代
宰執撰寫一道謝啓狀，回覆李端愿的辭謝啓，又大大的稱許李的德行：

伏審光膺制命，榮授節旄，伏惟慶慰。恭以某官性資沖厚，器業宏
深，行學不回，養心有術。繇親賢而當選尚，素富貴而守謙虛。優
游方冊之間，澹泊軒裳之際，歷歲華而彌劭，動天眷以愈隆。重鎮
推褒，渙若宸恩之異；廣廷有告，猶然士論之歸。某瞻德積勤，望
風馳喜，造門闌而展慶，方念拘文；拜緘翰之遜言，敢期辱賜。悚

〔註92〕《華陽集》，卷二十九〈賜武康軍節度使李端愿告敕口宣〉，葉三上。
〔註93〕《華陽集》，卷二十四〈賜武康軍將吏僧道百姓等除李端愿爲本鎮節度使示諭
敕書〉，葉二下至三上。
〔註94〕《華陽集》，卷二十九〈賜知相州李端愿免恩命第一表不允口宣〉，葉四下。
〔註95〕《華陽集》，卷二十六〈賜知相州李端愿免恩命第二表不允批答〉，葉六上。

慚已甚，敷敘奚殫。〔註96〕

李端愿風風光光地建節出守相州，然在他出朝前，宋廷卻無端爆發了一場史稱「濮議」的政爭：本來只是事涉如何崇奉英宗生父濮王的典禮小事，卻因部份言官不識大體演成極大的爭議。〔註97〕他與同日罷樞出判河陽（今河南焦作市孟州市）的富弼，可說走得及時。〔註98〕據說本來英宗、韓琦和曾公亮都想擢用歐陽修為樞密使，但他堅辭不就。最後英宗在是月庚辰（廿二）復用當年支持他立為皇儲的前任宰相文彥博為樞密使。〔註99〕

從八月庚寅（初三）開始，京師因大雨而水淹多處。英宗乃於乙未（初八）下詔許臣僚上奏言事。司馬光就舊事重提，批評英宗不應因為讒言相間，而沒有尊禮曹太后及善待仁宗幾位公主，他直言「就使皇太后有不慈於陛下，陛下為人之子，安可較量曲直，遂生忿恨，而於愛恭之心有所不備乎？」而呂誨、同知諫院蔡抗、秘書丞范百祿（1029～1094）等又再將「濮議」之事重提，矛頭隱指韓琦等大臣。〔註100〕

十一月壬申（十六），英宗祀天地於圓丘，以太祖配，大赦天下，並正式冊立高皇后。〔註101〕十二月甲辰（十九），當郊祀事完畢，呂誨再申前議，早正濮王崇奉之禮，他連番上奏卻不為宋廷所納，於是上奏嚴劾韓琦，將他比為權臣，請英宗將他罷免。〔註102〕

治平三年正月壬申（十七），歐陽修等將濮議事上逆其意的翰林學士范鎮出知陳州，但呂誨就聯同侍御史范純仁（1027～1011）、監察御史裏行呂大防

〔註96〕 韋驤：《錢塘文集》，文淵閣《四庫全書》本，卷十四〈謝李太尉授節鉞謝啓狀〉，葉二上下。考韋驤是杭州人，皇祐五年進士，有詩名，歷官主客郎中。他的集中多有代人撰寫的謝啓或賀啓。該謝啓狀沒有說明「李太尉」是誰，但從啓中所說的內容推測，甚有可能就是既屬「親賢」又是「富貴而守謙和，優游方冊之間」的李端愿，至於託韋驤寫謝啓的，較有可能是宰相曾公亮。韓琦不喜李端愿，大概不會找韋驤代寫。

〔註97〕 《長編》，卷二百五，治平二年六月甲寅條至，頁4971～4976。

〔註98〕 《長編》，卷二百五，治平二年七月癸亥條，頁4976～4978。

〔註99〕 《長編》，卷二百五，治平二年七月庚辰辛巳條，頁4979。考當初文彥博自洛陽入見時，英宗就對他說「朕在此位，公之力也」，又稱「備聞此議，公於朕蓋有恩者」。當樞密使張昇一直請求罷樞，英宗就從永興軍召還文彥博代為首樞。辛巳（廿三），英宗又擢權三司使龍圖閣學士工部侍郎呂公弼為樞密副使，而以端明殿學士戶部侍郎權知開封府韓絳為權三司使。

〔註100〕《長編》，卷二百六，治平二年八月庚寅至九月甲戌條，頁4984～5000。

〔註101〕《長編》，卷二百六，治平二年十一月壬申條，頁5007。

〔註102〕《長編》，卷二百六，治平二年十二月甲辰條，頁5010～5013。

（1027～1097）合奏，將矛頭轉向歐陽修，劾他「首開邪議，妄引經據，以枉道悅人主，以近利負先帝，欲累濮王以不正之號，將陷陛下於過舉之議。」另外也批評韓琦「初不深慮，固欲飾非，傅會其辭，誑誤上聽」。並劾曾公亮及趙概「依違其間，曾不辨正，亦非大臣輔弼之體」。韓琦等被迫上奏英宗自辨，並透過內臣高居簡（？～1081）、蘇利涉（1019～1082）請曹太后下手書，按他們之意見尊濮王為皇，三位夫人為后，皇帝稱親。當曹太后依議照辦時，呂誨卻不肯妥協，再上奏請解職。而司馬光、范純仁也上奏附和，痛劾韓琦與歐陽修。此場風波到是月壬午（廿七），才由英宗下詔罷尚書省集議濮安懿王典禮，並罷呂誨、范純仁、呂大防御史職才告終。〔註103〕

在這場執政與言官的爭執中，李端愿兄弟倒是置身事外，李端愿出守相州，而李端愨當時仍留任東上閤門使，耳聞目睹他們文臣中的至交的歐陽修備受言官的攻擊，暫不知他們有否暗中加以奧援；不過，據宋人文集所載，李端愿一如以往，與朝中文臣多有往來。與他們父子兄弟有舊的強至便代人兩度回賀李端愿，在信中大大稱道李端愿，其一云：

> 恭惟某官茂略濟時，純忠衛社。出臨藩閫，繫寬詔之奉行，進陟樞廷，佇壯猷之施設。伏望為國自輔，副時所瞻。

其二云：

> 恭以某官傑才高邁，偉略沈雄，履親賢之所兼，享富貴而能守。詩書結客，莫非天下之英；弓劍絕人，固有山西之氣。繇廉車之茂秩，啟齊鉞之壯猷。出擁戎壝，環萬兵而開府；坐紆守綬，屏四國以為蕃。寧閟制之久勞，即殿廷之驟選。〔註104〕

〔註103〕《長編》，卷二百七，治平三年正月壬申至壬午條，頁 5020～5039。英宗面對兩難局面，御史們要他罷免韓琦等，歐陽修等又表示若以他們無罪，就不能留下御史。雖然知制誥韓維力陳罷御史不可，英宗衡量利害後，最後還是將三御史罷職出守外郡。

〔註104〕強至：《祠部集》，卷二十七〈代回相州李太尉賀正書〉，葉五上下；〈代沈兵部回賀相州李太尉禮上書〉，葉二十三上。考強至這兩通書信撰於何時不詳，但致信的人均「相州李太尉」，而其信中所說的均與李端愿的身份吻合，可知受信人當是李端愿。而此書當是李端愿從治平二年七月至治平三年三月出守相州時。第二通書信委託強至覆信李端愿的沈兵部，當是後來官至右諫議大夫提舉崇禧觀的沈立（1009？～1078）。沈立從嘉祐末年到治平年間官兵部郎中，故強至稱他為沈兵部。為他撰寫兩道遷官制文的王安石及韓維正是在嘉祐末年到治平年間擔任知制誥，與強至所寫的信時間吻合。他卒於元豐元年（1078）正月甲寅（初八）。他的生平可見《宋史》，卷三百三十三〈沈立傳〉，

　　治平三年三月壬戌（初八），英宗爲神宗娶故相向敏中（949～1020）的
曾孫女（即神宗向皇后，1046～1101）爲妻，辛未（十七）封安國夫人。值得
注意的是，向氏與李端愿一家有親屬關係。〔註105〕是月壬午（廿八），因李端
愿上書疏論政事，英宗驛召他回朝面奏，並命王珪分別撰寫制書及口宣：

> 敕：卿參華戚苑，奉寄侯藩，載惟問俗之勞，得亡存闕之念？宜往
> 傳於迅召，佇還對於嘉謀。屬在睠懷，尤深馳想。宜交割職分公事
> 與以次官員權管勾訖，乘遞馬疾速發來赴闕。

> 有敕：朕總維群艾，振輯丕機。有懷肺腑之良，尚滯藩符之守，方
> 圖親倚，宜即召還。〔註106〕

　　李端愿回朝面見英宗時，針對同月庚午（十六）彗星出現之警兆，他向
英宗說了一番深得帝心的話，指「彗所以除舊布新也，今官冗士僞，費廣兵
驕，非大更張不可塞異，如或不然，安知不有大掃除者乎？」〔註107〕英宗在
濮議之事受了朝臣之氣，李端愿所說「官冗士僞」可說正中英宗心事；不過，
李端愿借彗星的出現而對朝政的批評，只怕觸犯了韓琦等執政大臣之忌諱。
考兩個月後，即同年五月乙丑（十二），彗星行至張而沒。當彗星仍出現時，

　　　　頁 10698～10699；及楊傑（？～1090 後）《無爲集》，文淵閣《四庫全書》本，
　　　　卷十二〈右諫議大夫沈公神道碑〉，葉八上至十二下；另參見王安石：《臨川
　　　　文集》，卷四十九〈兵部郎中沈立可依前充三司戶部判官制〉，葉九上下；韓
　　　　維：《南陽集》，卷十七〈河北轉運使兵部郎中沈立可太常少卿差遣如故〉，葉
　　　　三上下；《長編》，卷二百八十七，元豐元年正月甲寅條，頁 7011。
〔註105〕據沈括（1031～1095）的記載，向皇后母李氏是李遵勗兄李文旦女，與李端
　　　　懿、端愿兄弟爲堂兄妹，而向皇后父向經（1023～1076）則份屬李遵勗和獻
　　　　穆大長公主的姪婿。考慶曆三年十月，向經即以大長公主的表奏，獲授秘書
　　　　省正字出身。至於向皇后本人，從輩份而言正是李端愿的堂外甥女，故她以
　　　　甥舅稱李端愿。參見沈括（撰），楊渭生（新編）：《沈括全集》（杭州：浙江
　　　　大學出版社，2011 年 5 月），上冊，《長興集十六》（原《長興集》卷二十八）
　　　　〈定國軍節度觀察留後光祿大夫檢校工部尚書使持節同州刺史兼御史大夫知
　　　　青州兼管內隄堰橋道勸農使充京東路安撫使兼本州兵馬都總管上柱國河間郡
　　　　開國侯食邑一千一百戶實封二百戶贈侍中向公墓誌銘·熙寧九年七月〉（以下
　　　　簡稱〈向經墓誌銘〉），頁 120～123；《長編》，卷一百四十四，慶曆三年十月
　　　　癸亥條，頁 3486；卷二百七，治平三年三月壬戌條，頁 5042～5043；《宋史》，
　　　　卷四百六十四〈外戚傳中·李遵勗附李端愿〉，頁 13571。
〔註106〕《長編》，卷二百七，治平三年三月壬午條，頁 5044；《華陽集》，卷二十二
　　　　〈賜武康軍節度使知相州李端愿赴闕詔〉，葉一上；卷二十九〈賜武康軍節度
　　　　使李端愿赴闕口宣〉，葉九上。
〔註107〕《長編》，卷二百七，治平三年三月庚午、壬午條，頁 5043～5044。

言者多以為憂。有人告訴韓琦他們的憂慮，但韓琦卻說：「借使復有一星出，欲何為乎？」〔註108〕韓琦顯然不喜歡朝臣拿彗星之出現大做文章，批評朝政。李端愿以近戚上言，顯然不是韓琦所願見的事。

英宗召還李端愿，本意是將他擢置樞密院，為他執掌兵符。據載英宗對韓琦等說，樞密院當用一武臣，而屬意李端愿；但韓琦強烈反對李端愿的任命，也不想擢用英宗屬意的翰林學士承旨張方平（1007～1091）。在英宗的催促下，四月庚戌（廿七），他寧可建議擢用資望在李端愿下的殿前都虞候、容州觀察使郭逵（1022～1088）為檢校太保同簽書樞密院事。英宗接受他的建議，但負責撰寫郭逵出任樞臣制文的知制誥邵必（1005～1069）一開始就表示異議，以郭逵「武力之士，不可置廟堂」，要求收回成命並重議人選，但韓琦不聽。到郭逵入樞府後，朝臣言官多不服而埋怨韓琦時，韓就說出心內話：「吾非不知逵望輕也，故事，西府當用一武臣，上欲命李端愿，吾知端愿傾邪，故以逵當之。」〔註109〕

值得一提的是，負有時望的張方平在仁宗朝與李端愿兄長李端懿有交，李端懿在仁宗朝出守冀州，他曾有詩相贈。他又是李宅的常客，在他的詩集裡，收有三首遊李宅園池的五律三首，第二首題為〈李太尉園池‧魏國獻穆大長公主子〉，顯然就是寫給李端愿的，詩云：

> 驃騎子侯第，長門大主園。煙波二宮賜，仁宗初，章獻皇太后稱二宮，賜主宅東廣池榭，宸翰四朝恩。四朝所賜御箚，刊石在第。禪客常搖拂，先都尉好延禪僧，名流必解軒。朝之名勝必集君第。春風與秋月，好景不空樽。

〔註110〕

〔註108〕《長編》，卷二百八，治平三年五月乙丑條，頁5053。
〔註109〕蘇轍（1039～1112）（撰），俞宗憲（點校）：《龍川別志》（與《龍川略志》合本）（北京：中華書局，1982年4月），卷下，頁92；《長編》，卷二百八，治平三年四月庚戌條，頁5051；七月甲寅條，頁5057。按李燾此則記載，全據蘇轍的說法。據蘇轍的另一說法，英宗本來想用翰林學士承旨張方平入樞府，但韓琦以張方平與他意見不合，就向英宗提到樞密院久不用武臣，應該恢復參用武臣之制以阻張方平。英宗問韓琦當用何人，韓一時答不出來，就隨口提了郭逵。當郭逵入樞府後，知諫院邵亢（1014～1074）、御史吳申（？～1067後）、呂景交章彈奏，以祖宗參用武臣入樞府，如曹彬（931～999）、曹瑋（973～1030）、馬知節（955～1019）、王德用及狄青，勳勞為天下所稱則可，他們以郭逵是黠佞小才，豈堪大用？但英宗不報。考吳申在是年七月甲寅（初二）由屯田員外郎擢為殿中侍御史，則他論奏郭逵之事當在七月後。
〔註110〕張方平（撰），鄭涵（點校）：《張方平集》（鄭州：中州古籍出版社，1992年

而據王鞏（1048～1117）所撰的〈張方平行狀〉，在治平三年，當英宗深患官冗時，張方平就提出具體的意見，深受英宗的欣賞。當諫官李受（994～1073）請對，論冗官之弊時，英宗就說此議原屬張方平，若李受別有意見，可以告訴張，擇所長而處理之。這時李端愿入對，也提出與張方平相同的意見。英宗即命李端愿至學士院宣示他剛才一番話。〔註111〕這則記載也旁證李端愿與張方平的交情。

為何韓琦如此評價李端愿？值得注意的是，韓琦與李端愿其實不是全無淵源。李端愿在寶元二年（1039）除西上閣門使時，韓琦正好當制，奉命為李撰寫一篇不錯的制文，稱讚李端愿「操尚沖約，業履淳篤。襲世資而動守禮法，居戚苑而行同寒素。勤辦乃事，孝聞於家」。〔註112〕李端愿一直交結士大夫，做人行事都很安份謹慎，歐陽修等對他稱譽不已。筆者以為他的外戚身份，特別與英宗的親近關係，大招韓琦等主政文臣之忌。從仁宗朝以來，文臣集團一直抵制和反對外戚掌兵及執政，李端愿雖然與許多文臣交好，但韓琦等可以接受他獲授節度使之虛銜，當英宗要委李端愿入掌樞府，韓琦等就無法妥協。因為李端愿一旦入樞密院，以他官居節度使的名位，他一定擔任樞密使，而加上他與英宗的關係，韓是不能駕馭他的。另外，李與張方平交好，也許亦為韓琦所忌。在這事上，連一向與李端愿交好的歐陽修也只能依從韓之意，不能為李說話。韓琦在扶立英宗繼位及支持英宗親政的事上，立下大功，他在任用李端愿之事上持異議，英宗只能妥協，再等機會。考蘇頌在元祐六年（1091）李端愿病逝後所作之挽辭二首第一首的自注云：「治平中，公自相臺被召，將有進用，以疾而止。」〔註113〕可見當時人都清楚英宗想擢李端愿入樞府，所謂李以目疾而不受，不過是託辭而已。

五月丁丑（廿四），英宗長女德寧公主（即陳國長公主，？～1085）出降太祖開國功臣王審琦（925～974）的玄孫、太祖長婿王承衍（947～998）曾

10月），《樂全集》卷一〈律詩·送冀州李太傅〉，頁6；卷三〈律詩·初春游李太尉宅東池〉，頁31；〈律詩·李太尉園池·魏國獻穆大長公主子〉，頁36；〈律詩·芭蕉李都尉宅金淵閣分題得淵字·吳僧新寄〉，頁49。按〈初春游李太尉宅東池〉一詩，有研究蘇軾的學者認為是蘇所作（參見本文注292）。
〔註111〕《張方平集》，〈狀誌傳記〉〈張方平行狀〉，頁802。考王鞏在這裡也間接說韓琦反對英宗擢用張方平為樞密副使，代替出知杭州的原樞密副胡宿。
〔註112〕韓琦（撰），李之亮、徐正英（箋注）：《安陽集編年箋注》（成都：巴蜀書社，2000年10月），下冊，卷四十〈制詞·李端愿除西上閣門使制〉，頁1256～1257。
〔註113〕《蘇魏公集》，卷十四〈挽辭·太子太保致仕李公二首〉，頁198～199。

孫王師約（原名孝莊，1044～1102）。王師約授左衛將軍、駙馬都尉，而德寧公主進封徐國公主。王師約雖出於外戚將門，但他和李端愿之父李遵勗一樣，已和文士無異，他與其父屯田員外郎王克臣（1014～1089）均以進士為業，以文臣之途仕進。〔註114〕繼為神宗娶婦，英宗再為長女覓得佳婿。作為宋室近女外戚，仍在京師的李端愿自然參加英宗選婿的盛宴。

是年八月，李端愿又得到英宗加恩兼醴泉觀使，大概作為李不克入樞府的一點補償。這次韓琦等就沒有異議。〔註115〕

九月癸丑（初二），殿中侍御史吳申上奏，提出節度使、觀察留後以下防禦、團練、刺史三班宜合為一，並重行異位。英宗詔依所定。位居武康軍節度使的李端愿這時上言，稱使相亦當合為一班，不當獨行尊異。英宗於是詔下閤門再議。閤門覆奏英宗，以根據儀制，前議為是。但李端愿仍申前議，不過卻自劾妄言。英宗尊重他的意見，於是再詔太常禮院與御史台同詳定。不過，禮院回奏參詳常朝起居，班次是依據祖宗舊制而訂的，請求不將之合併。英宗從之。〔註116〕

李端愿這次上奏論儀制，說來不過是小事一件；不過，一方面看出他對宮廷制度的熟悉與關注，也看到英宗對他的寵信未減。

九月乙丑（十四），李端愿因召見，呈上真宗所撰而有仁宗作跋的賜獻穆

〔註114〕《長編》，卷二百八，治平三年五月丁丑條，頁 5053～5054；《宋史》，卷二百四十八〈公主傳・英宗魏楚國大長公主〉，頁 8779；卷二百五十〈王審琦傳附王承衍、王克臣、王師約傳〉，頁 8817～8820。考王克臣在景祐年間登科，甚為仁宗所賞。王師約本名孝莊，字君授，自少習進士業，英宗欲求儒生為主婿，看上了出身戚里之門而又習文的王師約，命他持所為文至宰相第，試以詩并所撰賦一篇呈御，英宗召見於清居殿，對他甚為滿意，於是賜名師約，選為主婿。諭以毋廢學，又出經籍及紙筆硯墨賜之。

〔註115〕《長編》，卷三百八十五，元祐元年八月己亥條，頁 9382；《宋史》，卷四百六十四〈外戚傳中・李遵勗附李端愿〉，頁13570；《宋會要輯稿》，第八冊，〈職官五十四・宮觀使〉，頁4467；蘇轍（撰），曾棗莊、馬德富（校點）：《欒城集》，（上海：上海古籍出版社，1987 年 8 月），中冊，卷四十〈右司諫議論時事十七首・言責降官不當帶觀察團練使狀・十四日〉，頁886。按蘇轍在元祐元年八月上奏時，便批評當年李端愿以武康軍節度使為醴泉觀使，是「恩倖一啓，自是戚里以節度居京邑不治事事，肩相磨也。」又據宋敏求的考證，宋初使相、節度使未嘗有領京師官局的。到明道中才有錢惟演領景靈宮使，而李端愿在治平中才由武康軍節度使為醴泉觀使，算得上是特恩。參見《春明退朝錄》，卷下，頁 41。

〔註116〕《宋會要輯稿》，第四冊，〈儀制三・朝儀班序〉，頁 2346；《宋史》，卷一百十八〈禮志二十一〉，頁 2783。

大長公主的園林詩給英宗，然英宗仍賜給李端愿等收藏。〔註 117〕是月宋軍在環慶經略安撫使蔡挺（1020～1079）及副都總管張玉（？～1075）指揮下，在西邊大順城（今甘肅慶陽市華池縣山莊鄉二將城遺址）及柔遠寨（今甘肅慶陽市華池縣城所在地柔遠鎮）大敗入寇的夏國主諒祚（1047～1068）大軍，諒祚且中箭受傷。英宗收到捷報，遣中使賜蔡挺等手詔慰勞。這役是英宗繼位後第一場勝仗。李端愿大概在入見之際向英宗賀喜一番。〔註 118〕

可惜好景不常，英宗在十一月戊午（初八）卻「不豫」，可能是舊病復發。宋廷隨即禱告上天於大慶殿，辛酉（十一），宋廷下詔降天下罪囚一等，流以下釋之，但無法令英宗康復。己巳（十九），徐國公主離開皇宮歸王氏時，英宗已不能親自相送，只詔高皇后、神宗及次子東陽郡王顥（最後追封吳王，1050～1096）送至第，並詔高皇后翌日始歸。〔註 119〕

英宗得病後不能說話，只能用筆批示公事。監察御史裏行劉庠（1023～1086）請立太子，英宗不悅，封其奏。韓琦此時提醒神宗，要他朝夕不離英宗左右，以防不測。十二月甲午（十四），英宗仍堅持視事，命宰相及參政舉薦才行可試館職者各五人。英宗還表示所舉之人「才行兼善者數人雖親戚世家勿避」。結果韓琦、歐陽修等舉薦了二十人，包括李端懿的二女婿屯田員外郎夏倚。夏倚是韓琦的故吏，而歐陽修也與李家交情匪淺，多半是二人推薦，英宗命召試學士院。辛丑（廿一），英宗的病加劇，在韓琦的力請下，英宗終於同意立神宗為太子。宋廷又在同月癸卯（廿三）大赦天下，賜文武官子為父後者勳一轉。乙巳（廿五），又詔來年正月戊辰（十九）正式冊立皇太子。治平四年（1067）正月庚戌朔（初一），群臣盡最後的努力為英宗求福，既上尊號，又再降天下囚罪一等，徒以下盡釋之，又蠲免京師逋麴錢；然英宗等不到神宗的冊禮，丁巳（初八）崩於福寧殿，得年才三十六。〔註 120〕宋室在

〔註 117〕周必大：《文忠集》卷一百八十，葉九下至十上。李端愿還收藏了原屬於獻穆大長公主的圖畫一面，上畫芍藥五本，為有名畫師徐崇嗣所畫的名畫「沒骨圖」，原放在公主的臥房中。據載此圖畫本是太宗賜給李遵勗的，後歸公主，現時又成為李端愿家藏之寶。參見郭若虛（？～1074 後）（撰），鄧白（注）：《圖畫見聞志》（成都：四川美術出版社，1986 年 11 月），卷六〈沒骨圖〉，頁 346～347。

〔註 118〕《長編》，卷二百八，治平三年九月庚辰條，頁 5062～5063。

〔註 119〕《長編》，卷二百八，治平三年十一月戊午至己巳條，頁 5066。

〔註 120〕夏倚在皇祐三年十二月，以大理寺丞簽署節度判官廳公事的身份，代他的上司時知定州的韓琦往北嶽致祭。夏倚就是韓琦的故吏，韓琦文集還收有在熙

短短四年連遭兩次大喪，身爲國戚的李端愿兄弟父子自然唏噓不止。所幸的是，繼位的神宗仍對他們李家優禮寵信不替。

四、李端愿兄弟子姪在神宗朝的事蹟

神宗以二十之齡繼位後，在正月戊午（初九）隨即大赦天下，並派馮行己（1008～1091）向遼國告哀。己未（初十），再尊祖母曹太后爲太皇太后，母親高皇后爲高太后。並命首相韓琦爲山陵使，經辦英宗的喪禮。辛酉（十二），再派孫坦（？～1085）等使遼告以即位事，並以英宗之遺詔賜西夏國主及西蕃唃廝囉（997～1065）。神宗至丙寅（十七）才應群臣之請，御迎陽門幄殿聽政。神宗親政後，首先貶責侍醫英宗無效的御醫，然後加恩宗室最長的東平郡王允弼（1008～1069）及襄陽郡王允良（？～1067），許他們只在朔望朝見，又以吳奎終喪，復授他樞密副使。戊辰（十九），自韓琦以下的宰執大臣均以神宗即位的恩典依次加官。外戚中地位最高的曹佾改昭慶軍節度使、檢校太傅，宗室宗諤加同平章事移鎮集慶軍節度使檢校尚書左僕射，允弼、允良並加守太保，神宗弟東陽郡王顥進封昌王、鄂國公頵（1056～1088）進封樂安郡王。百官也各進官一等，諸軍並獲得優賞。李端愿大概也在此時移鎮定國軍節度使。〔註121〕他在移鎮前曾推薦醫士齊居明試國子四門助教之職，神宗即允其請。〔註122〕

神宗在二月乙酉（初六），始御紫宸殿見群臣，退則御延和殿視事。同日冊立李端愿的堂甥女安國夫人向氏爲皇后。他的宮僚龍圖閣直學士韓維上奏陳三事，力言「執政皆兩朝顧命大臣，宜推誠加禮，每事諮詢，以盡其心」，又說「百執事各有其職，惟當責任，使盡其材，若王者代有司行事，最爲失

寧五年（1072）出判大名府時贈夏倚之詩。參見《長編》，卷二百八，治平三年十二月甲午條，頁 5064～5065；辛丑至乙巳條，頁 5068～5069；卷二百九，治平四年正月丁巳條，頁 5073；《宋會要輯稿》，第十冊，〈選舉三十一・召試除職〉，頁 5860；《宋史》，卷十三〈英宗紀〉，頁 260；韓琦：《安陽集編年箋注》，上冊，卷十七〈次韻答接伴夏倚少卿〉，頁 597；下冊，卷四十二〈北嶽謝雪文〉，頁 1315；程俱（1078～1144）：《麟臺故事》，文淵閣《四庫全書》本，卷三，葉九上至十上。

〔註121〕《宋史》，卷十四〈神宗紀一〉，頁 264；《長編》，卷二百九，治平四年正月丁巳至丙寅條，頁 5073～5076。考李端愿在熙寧元年二月以定國軍節度使太子少保致仕，他這兩個職位當是神宗即位時所加的。參見《宋會要輯稿》，第九冊，〈職官七十七・致仕上〉，頁 5164，5176。

〔註122〕韓維：《南陽集》，文淵閣《四庫全書》本，卷十七〈武康軍節度使李端愿奏醫齊居明可試國子四門助教不拘選限〉，葉十上。考此制大概是神宗剛即位時所撰，李端愿此時尚爲武康軍節度使，尚未移鎮定國軍。

體」。不過，神宗銳意興革，如何肯蕭規曹隨？他在是月壬辰（十三）便下手詔，引述英宗在世時的旨意，改變士大夫之子尚帝女而升行輩，以避行舅姑之禮之舊制。他令陳國長公主（即徐國公主）行見舅姑之禮，而王師約就不升行輩。〔註123〕

英宗大概在生前對神宗提過召見李端愿詢問興革之事，神宗即位後，就遣使往其家錄取他在英宗時所上之奏章，然後在同月乙巳（廿六），賜給李端愿一道極爲褒獎及倚任的手詔說：「卿地居近戚，忠輔先朝，累抗封章，悉陳治要，先皇帝未及有所施行，奄棄四海。當沖人嗣位之始，是王者有爲之秋，勿棄讜涼，無忘顧託，輸忠朕躬，庶先帝成業有以振舉。應當今先務，宜條陳以聞。」李端愿得神宗如此信任，自然隨即上奏論事。不過，據史臣所記，他「所陳甚疏，不能副上所望」。〔註124〕

神宗除詢問李端愿興革之意外，又擢用他的宮僚王陶（1020～1080）自樞密直學士禮部郎中爲右諫議大夫權御史中丞。當他入對時又問以時事，王陶就提出「謹聽納，明賞罰，斥佞人，任正士，復轉對以通下情，省民力以勸農桑，先儉素以風天下，限年藝以汰冗兵」；不過，王陶這些綱領式的變革主張，大概像李端愿所奏上的一樣「甚疏」，不能滿足神宗求治的願望。〔註125〕

神宗還沒有開展改革的宏圖，朝堂上又發生文臣間之傾軋。這次備受台官攻擊彈劾的正是留任參政、李端愿的至交歐陽修。原御史中丞彭思永（1000～1070）、殿中侍御史裏行蔣之奇（1031～1104）彈奏歐陽修內亂。歐陽修馬上上奏自辯，神宗以手詔密訪他的宮僚親信天章閣待制孫思恭。幸而孫極力救解，神宗才釋疑。神宗貶黜彭、劉二人，而以王陶爲權御史中丞。〔註126〕

〔註123〕《長編》，卷二百九，治平四年二月壬辰條，頁 5077；《宋史》，卷十三〈英宗紀〉，頁 261；卷十四〈神宗紀一〉，頁 265。

〔註124〕《長編》，卷二百九，治平四年二月乙巳條，頁 5078；《宋史》，卷四百六十四〈外戚傳中・李遵勗附李端愿〉，頁 13571。

〔註125〕《長編》，卷二百九，三月條，頁 5078。

〔註126〕《長編》，卷二百九，三月條，頁 5078～5080。歐陽修首先被監察御史劉庠劾他入臨福寧殿時衰服下衣紫衣。神宗沒有處分歐陽修，只命人諭他更易之。當時不少朝臣以濮王的追崇事疾恨歐陽修，都想將他打倒。而適逢歐陽修妻從弟薛良孺怨恨歐陽修不讓他以神宗繼位恩典復官，就謗告歐陽修與其長子歐陽發之妻吳氏有染。集賢校理劉瑾亦與歐陽修有仇隙，就乘機在朝臣間傳開此一謠言。彭思永聞之，就問蔣之奇意見，蔣之奇當初附和歐陽修濮議，歐陽修薦之爲御史，後來他被朝臣指爲姦邪，就想反打歐陽修以求自保。於是蔣之奇單獨上奏彈劾歐陽修，並引彭思永作證。彭思永被神宗召問，就言

歐陽修這次遭遇大麻煩，神宗有否暗中詢問李端愿，聽取他的意見？而李端愿有否為歐陽修說話？文獻無徵，一時難以確定。以神宗與李端愿的關係，他很有可能像詢問孫思恭一樣，暗中諮問李的意見；不過，歐陽修有見台官繼續攻擊他，就知機地主動上表求退。神宗在三月壬申（廿四），接受歐陽修罷政的請求，將他罷為觀文殿學士刑部尚書出知亳州（今安徽亳州市）。神宗翌日（癸酉，廿五）以樞密副使吳奎陞任參政，代歐陽修之缺。〔註127〕

　　李端愿的三弟李端愿在英宗朝的仕歷不詳，他從英宗朝到神宗即位仍留任東上閤門使，任職閤門。他一向熟悉朝儀，是年閏三月初，又奏上閤門儀制。神宗將他的奏議下太常禮院及閤門詳定。丁酉（十九），太常禮院及閤門聯合上言，認同李所建議，宰臣與親王上朝時立班，座位分左右，各為班首。神宗從之。〔註128〕

　　同月庚子（廿二），學士院奏上神宗召試的結果，李家女婿夏倚及雄武節度推官章惇（1035～1105）詩賦中等；但御史呂景及蔣之奇卻說夏倚素無學術，當年任麟州通判時在屈野河一役敗事，又批評章惇「佻薄穢濫」，說他當年以擢第不高而輒擲敕於廷，反對二人擔任館職。因舉薦章惇的歐陽修

〔註127〕　歐陽修罪當貶黜，並說歐陽修首倡濮議事犯眾怒。神宗將二人之奏付樞密院，歐陽修於是連上二奏自辯。神宗最後將彭思永降為給事中知黃州（今湖北黃岡市黃州區），蔣之奇降為太常博士監道州（今湖南永州市道縣）酒稅。劉謹是彭思永的同鄉，因彭思永力為他隱諱，得以逃過罪責。

〔註127〕　彭思永被貶後，他的副手侍御史知雜事蘇案及殿中侍御史吳申繼續論奏歐陽修，歐陽修故此三上表請罷參政之職。考《長編》以吳奎自樞密使遷參政，於理不合。參以《宋史‧神宗紀一》的記載，吳奎之前的官職是樞密副使，而非樞密使。又歐陽修罷參政所授的官職，《長編》作刑部郎中，當有誤。歐陽修本官原為尚書左丞，他自請罷政，當遷高一階的刑部尚書，《宋史》作「刑部尚書」當是。考歐陽修在三年後，即熙寧三年（1070）四月壬申（十二），即自知青州觀文殿學士、兵部尚書優遷為宣徽南院使判太原府；但歐陽修以病辭不受宣徽使的職，並上書論青苗法，又移書責王安石。王安石不覆他的信，而奏知神宗准其請。是年七月辛卯（初三），歐陽修復為觀文殿學士知蔡州。參見《長編》，卷二百九，治平四年三月壬申至癸酉條，頁5082～5083；卷二百十，熙寧三年四月壬申條，頁5099～5100；卷二百十三，熙寧三年七月辛卯條，頁5165；《宋史》，卷十四〈神宗紀一〉，頁264～265；卷一百十八〈禮志二十一〉，頁2783～2784。

〔註128〕　《宋會要輯稿》，第四冊，〈儀制三‧朝儀班序〉，頁2346；《宋史》，卷四百六十四〈外戚傳中‧李遵勗附李端愿〉，頁13571。考李端愿在英宗朝的仕歷不詳，《宋史》本傳只籠統地記他在英宗及神宗朝「知邢、冀、衛三州，至蔡州觀察使。」

已罷參政，而夏倚當是韓琦所薦，韓爲了避嫌就沒有力爭。神宗於是詔以夏倚爲江南西路轉運判官，章惇爲著作佐郎。值得注意的是，求治甚切的神宗就在同一天，詔已除喪的工部郎中知制誥王安石赴闕。宰相曾公亮對王稱譽備至，說他是眞輔相之才；參政吳奎卻有保留，說他與王安石同領群牧司時，備見他臨事迂闊，而且護前非。神宗一時沒有主意，同月癸卯（廿五），改授王安石知江寧府（今江蘇南京市）。〔註 129〕

李評在神宗即位後被派出使遼國。考神宗在是年五月派朝臣陳襄（1017～1080）使遼，向遼通報即位諸事。據陳襄使還的報告，他在六月戊午（十二）遇到比他早出發、負責送贈英宗遺物的遣留禮信使副的李評及史炤、周孟陽、李琦等人，陳襄還和他們四人會飲一番。〔註 130〕

九月戊戌（廿三），神宗擢王安石爲翰林學士。辛丑（廿六），對李端愿及王安石有偏見的韓琦罷相，出判相州，吳奎及陳升之亦罷政。神宗爲起用

〔註 129〕《長編》，卷二百九，治平四年閏三月庚子至癸卯條，頁 5086～5088；程俱：《麟臺故事》，卷三，葉十上。曾鞏（1019～1083）在熙寧二年（1069）於越州（今浙江紹興市）通判任上曾撰〈越州賀提刑夏倚狀〉，提到夏倚「祗奉詔封，榮分使節」，又稱許他「以提刑屯田抱材精敏，涵德粹溫，文章爲國之光華，治行乃時之表則。輡於朝著，處以使臺，士望藹然，時名籍甚」，似乎夏倚在熙寧二年已改授江南西路提刑按察使，仍帶屯田員外郎之官。據韓琦贈夏倚詩所記，夏在熙寧五年（1072）任伴使時官職是「少卿」，他當已從屯田員外郎遷諸寺少卿。他以後的仕歷及事蹟待考。參見註 120 及曾鞏（撰），陳杏珍、晁繼周（點校）：《曾鞏集》（北京：中華書局，1984 年 11 月），下冊，卷三十七〈啓狀二十三首·越州賀提刑夏倚狀〉，頁 518～519；李震：《曾鞏年譜》（蘇州：蘇州大學出版社，1997 年 12 月），卷三，頁 259。

〔註 130〕考《遼史·道宗紀二》記宋廷在治平四年（即遼咸雍三年）六月庚戌（初四）「遣使饋其先帝遺物」。然後在同月辛亥（初五）以神宗即位，遣陳襄來報。據《遼史》所記，奉英宗遺物以贈遼的宋使臣還早陳襄一天到達，按《遼史》沒有記奉遺物的宋使者名字。陳襄所寫的報告就列出史炤和李評等四人名字，史炤應是正使，而李評當是副使。又有份接待他們的遼官員有楊益誡（即楊遵勗），李評在熙寧八年（1075）河東劃界交涉便與他再度交手（此事參見註 201）。李評這次有份出使的事，傅樂煥半世紀前所撰的〈宋遼聘使表稿〉已據陳襄的〈神宗皇帝即位使遼語錄〉及《遼史·道宗紀二》考得其實。參見曾棗莊、劉琳（編）：《全宋文》（上海：上海辭書出版社，2006 年 8 月），第五十冊，卷一零九零〈陳襄十四·神宗皇帝即位使遼語錄〉，頁 228～235；脫脫：《遼史》（北京：中華書局點校本，1974 年 10 月），卷二十二〈道宗紀二〉，頁 266；傅樂煥（1913～1966）：〈宋遼聘使表稿〉，收入傅著：《遼史叢考》（北京：中華書局，1984 年 11 月），頁 212。

王安石消除了執政大臣的阻力。〔註131〕

　　李端愿的姪女、宗室右武衛大將軍黎州刺史世岳（1043～1081）妻安喜縣君李氏（1043～1067），在十一月戊戌（廿四）染疾而卒，得年才二十五。她是李端愿庶兄李端憲（？～1048）之女，值得注意的是，爲她撰寫墓誌銘巧是與李家後來諸多糾葛的翰林學士王安石。〔註132〕

　　神宗於翌年正月甲戌朔（初一）改元熙寧（1068），惟身爲國戚的李端愿卻以目疾屢請休退。神宗得奏，首先命王珪撰寫批答，表揚他一番後，不允他致仕之請：

　　　敕：卿獻穆之子，神德之孫，生長富貴而不自矜，出入忠義而無所顧。何意屬疾，稍闊便朝之咨；奚爲上書，欲還膚鉞之寵？竚復神明之觀，來將著定之儀。謝事之文，毋煩疊布。所乞宜不允。〔註133〕

　　當李端愿再上奏懇請致仕時，神宗再命翰林學士鄭獬（1022～1072）撰寫批示，仍不允他之請求：

　　　敕端愿：省所上箚子，具悉。卿出於貴胄，以忠義自奮，丹心炳炳，時見於嘉論。乃緣屬疾，欲上齋鉞而去。夫愷悌君子，神明之所相，顧茲微疹，安能遂困爾耶？勉近醫藥，行復大庭之朝，掛車歸第，無煩累辭也。所乞宜不允。〔註134〕

〔註131〕《宋史》，卷十四〈神宗紀一〉，頁266～267。
〔註132〕世岳是太祖長子燕王德昭（951～979）曾孫，贈武勝軍留後韓國公從藹（？～1057）第八子，他與李氏女同齡，而卒於元豐四年（1081）七月。巧合的是，他的墓誌銘撰寫人是王安石弟王安禮（1034～1095）。值得一提的是，李許弟李說之子李宗，又娶王安石另一弟王安國之女。故王家和李家又有婚姻關係。又李端憲的贈官在李氏墓誌銘爲安武軍節度使，但在世岳的墓誌銘作安化軍節度使。考安化軍即京東東路之密州（上州，今山東濰坊市諸城市），安武軍即河北東路之冀州（上州，今河北衡水市冀州市），疑李端憲在治平四年時之贈官初爲地位略低的安武軍節度使，到元豐四年時已遷爲地位略高的安化軍節度使。參見王安石：《臨川文集》，卷九十九〈右武衛大將軍黎州刺史世岳故妻安喜縣君李氏墓誌銘〉，葉十六上王十七上；王安禮：《王魏公集》，文淵閣《四庫全書》本，卷七〈宋宗室右武衛大將軍持節溫州諸軍事溫州刺史充本州團練使上柱國天水郡開國公食邑三千六百戶食實封六百戶贈徐州觀察使追贈彭城侯墓誌銘〉，葉十七上至十八上；王存（1023～1101）（撰），魏嵩山、王文楚（點校）：《元豐九域志》（北京：中華書局，1984年12月），卷一〈京東東路‧密州〉，頁10；卷二〈河北東路‧冀州〉，頁65。關於李說及李宗的事蹟，另參見註1。
〔註133〕王珪：《華陽集》，卷十八〈賜定國軍節度使李端愿乞致仕不允詔〉，葉十三下。
〔註134〕鄭獬：《鄖溪集》，文淵閣《四庫全書》本，卷九〈賜醴泉觀使定國軍節度使

然李端愿求退之意甚堅，神宗只好接受。二月己巳（廿六），特授李端愿以醴泉觀使、定國軍節度使爲太子少保致仕。舊制節度使多除上將軍致仕，神宗命檢閱唐制，優加是命。另外又特別擢陞李次子李評自皇城使爲西上閣門使。李評與他的叔父李端慤同時在閣門司供職，雙雙作爲神宗的心腹耳目。三月甲戌（初二），神宗又詔特別給李端愿節度使月俸之半。〔註135〕

李評甫任閣門近臣，便初試啼聲，他在五月丙申（廿五），上言他在後殿逐日御馬祗候時，每遇神宗雨雪御崇政殿時，便循南廊於延和殿上過，歷迎陽門、邇英閣近北面東擺立。他備言「犬馬上堂，禮經所戒，何況人主殿閣天步，經由非路馬所宜登降。欲乞每遇雨雪，祗令在崇政殿門內南邊東廊上擺立。」他這份愛君之心，自然爲神宗首肯而從其議。〔註136〕

熙寧二年（1069）二月己亥（初二），神宗以富弼同平章事。庚子（初三），擢王安石爲參知政事。甲子（廿七），命陳升之與王安石創置三司條例，議行新法。朝臣反對王安石的，從御史中丞呂誨、侍御史劉琦、御史裏行錢顗、殿中侍御史孫昌齡到同知諫院范純仁在數月內均相繼被貶。〔註137〕

李評相信在是年中自西上閣門使擢一階爲東上閣門使。知制誥蘇頌爲他撰寫制文，循例頌揚他一番，不免提到他的顯赫家世：

> 敕具官某：中闈典謁，列使橫班，陟降殿墀，導揚詞命。非素推於詳練，固靡副於咨詢。以爾世服忠純，材資敏達。向擢聯於上閣，參掌選於西銓。朝廷之儀，頗聞事舉；閭閻之課，復用最陞。特累歲之勤，就陟東藩之秩。宜益圖於遠績，期報稱於異恩。可。〔註138〕

李端愿乞致仕不允詔〉，葉四下至五上。

〔註135〕醴泉觀即京師的祥源觀，因火重修而更名，重建於仁宗至和二年（1055）十二月壬子（廿九）。又考李評之仕歷，據《宋史》本傳所記，他由東頭供奉官八遷至皇城使，惟具體年月不詳，只知他歷供備庫副使，而在嘉祐六年或稍後遷文思使，而再擢皇城使。參見《宋會要輯稿》，第八冊，〈職官五十七・俸祿雜錄上〉，頁4579；第九冊，〈職官七十七・致仕上〉，頁5164，5176；《宋史》，卷一百七十〈職官志十・致仕〉，頁4090；卷四百六十四〈外戚傳中・李遵勗附李評〉，頁13571；《長編》，卷一百八十一，至和二年十二月壬子條，頁4389；及注24。

〔註136〕《宋會要輯稿》，第四冊，〈儀制一・垂拱殿視朝〉，頁2302～2303。

〔註137〕《宋史》，卷十四〈神宗紀一〉，頁270～271。

〔註138〕蘇頌：《蘇魏公集》，卷三十三〈外制・西上閣門使李評可東上閣門使〉，頁481；附錄二〈贈司空蘇公墓誌銘〉（曾肇撰），頁1193；《長編》，卷二百十一，熙寧三年五月癸卯條，頁5123～5128。考蘇頌任知制誥，自熙寧元年（月份不詳）至熙寧三年五月癸卯（十四）。疑李評在熙寧二年中擢東上閣門使。

神宗除了重用李評外，也沒有忘記李端愿。神宗原來特許給李端愿節度使俸錢之半，舊制非前任兩府大臣不當得見錢，李端愿於是陳奏請增錢萬餘緡，作爲一點補償。神宗在十一月丙申（廿七），就特詔：「太子少保致仕李端愿，故獻穆大長公主之子，自致仕後特給節度使俸錢之半，餘人不得援例。」〔註139〕

熙寧三年（1070）四月戊辰（十三），神宗將與王安石政見不合，反對設制置三司條例司及提舉常平官的御史中丞呂公著（1018～1089）貶知潁州。而由翰林學士、權知開封府的韓維權御史中丞。〔註140〕據宋人筆記所載，呂公著之罷，多少牽涉到李評。據載韓琦在相州上章反對諸路置常平官，請常平法依舊制，不收二分之息錢。韓寫表章甚有分寸，寫得從容詳悉，並沒有傷忤神宗的地方；但皇城使、開州團練使沈惟恭（？～1071 後）不知是何居心，卻教他的門客孫棐僞作一份表章，表中有「欲興晉陽之甲，以除君側之惡」之危言。表稿寫成，沈惟恭出示李評，李評將之奪走並呈報神宗。神宗見表大駭，馬上下沈、孫二人於大理寺。據說當時呂公著因便坐奏事，卻相信孫棐僞造的表章爲眞而被貶。神宗將眞的韓表送條例司，既爲韓琦辨白，也申明韓琦並無激烈地反對新法。惟李燾考證僞造韓表並無其事，倒是沈曾使孫僞造司馬光陳五事章疏，沈出示人而爲四方館歸司官張澤得之。張出示李評，李評馬上奏告神宗，於是將沈、孫二人下獄。五月庚戌（廿一），神宗將沈惟恭流瓊州（今海南海口市），孫棐杖殺於市。從這則記載可以從側面看到神宗使用李評作爲心腹耳目，而李評在內廷耳目眾多。〔註141〕

〔註139〕《宋會要輯稿》，第八冊，〈職官五十七・俸祿雜錄上〉，頁 4581；第九冊，〈職官七十七・致仕上〉，頁 5168。

〔註140〕《長編》，卷二百十，熙寧四年四月戊辰條，頁 5095～5099。

〔註141〕按李燾在兩條的注文中引用多種宋人說法，其中有關李評奪沈惟恭僞造韓琦奏稿，採自魏泰《東軒筆錄》的說法。考沈惟恭是眞宗沈貴妃（994～1076）弟，與李評一樣份屬外戚，但他以干請恩澤不得而心生怨望，甚至對孫棐說「皇子生，必不久」。他又把他人批評神宗的說話告訴孫。孫希其意，就常詆諆時事，批評神宗。另據《司馬光日錄》的記載，沈惟恭當時任四方館使（當是知四方館事），他以孫棐所撰的奏草出示李評，「語甚激」。據載李評看後即時的反應是以此奏當是司馬光所上，他即稟告神宗。神宗立詔開封府究治此奏之由來。有人說此奏出於沈惟恭家。開封府拘拿沈、孫二人審問，當詰問孫棐時，他招供說：「主人好聞新事，故撰此悅主人耳」。開封府又問他平居與沈惟恭說甚麼？他就招認沈惟恭曾背後議論神宗種種，甚至說天人不佑，故神宗失皇子。另孫說沈也譏刺王安石「礛石似金」。考司馬光將沈除名編管瓊州、孫處死之事繫於五月戊午（廿九）條，又這則牽涉司馬光自己的事記爲李燾所採用。參見司

　　八月己卯（廿二），因原樞密都承旨、左監門衛將軍元仁政授左藏庫使、榮州團練使並除宮觀差遣，神宗就擢用李評為樞密都承旨。神宗曾問王安石擢用李評可有前例，王對李的任命並無意見。王卻沒有想到，後來李評給他甚多麻煩。〔註 142〕

　　神宗為何擢用李評？除了他的近支外戚身份外，還因他有強幹辦事的能力。《長編》及《宋史》李評本傳說他在閤門使及樞密都承旨任上「所論事頗多，往往施利」。證諸下文對他事蹟的論述，實是中肯的評語。然神宗用他，更因他「天資刻薄，招權不忌，多布耳目，采聽外事自效以為忠」，完全符合作為神宗耳目刺探外情的條件。李評後來即以樞密都承旨這一樞庭要職作為神宗的耳目，查察新法興舉的得失。當然，李評這樣的行徑，就惹來朝臣說他「僥倖進用」，而「中外側目」的惡評。〔註 143〕英宗、神宗父子為各樣緣故，無法委李端愿入樞府；但神宗很快便將李評擢為樞密都承旨，為他在樞府把關。若李評辦事稱旨，他陞任簽書樞密院事或樞密副使當是指日可待。〔註 144〕

　　李評甫任樞密都承旨，就即上奏詢問以樞密都承旨首用士人，今後樞密都承旨、副都承旨見樞密使副應行甚麼樣之禮儀？神宗在是月丙戌（廿九）手詔令編修院檢詳故事。〔註 145〕

馬光（撰），李文澤、霞紹暉（校點）：《司馬光集》（成都：四川大學出版社 2010 年 2 月），第三冊，補遺卷七〈日錄二〉，頁 1718；魏泰：《東軒筆錄》，卷六，頁 64；《長編》，卷二百十，熙寧四年四月戊辰條，頁 5099；卷二百十一，熙寧三年五月庚戌條，頁 5135〜5136；《宋史》，卷二百四十二〈后妃上・真宗沈貴妃〉，頁 8619；卷二百六十四〈沈倫附沈繼宗傳〉，頁 9116。

〔註 142〕《司馬光集》，第三冊，補遺卷七〈日錄二〉，頁 1723；《長編》，卷二百十四，熙寧三年八月己卯條，頁 5218；《宋會要輯稿》，第五冊，〈職官六・樞密院承旨司〉，頁 3157。考李燾曾在此條下云：樞密都承旨舊用閤門使以上或大將軍，其後專用樞密院吏，而更用「士人」復自李評開始。按李燾這裡所說的「士人」，並非指我們一般理解的士子文臣，而是與吏人有別的武選官。

〔註 143〕《宋史》，卷四百六十四〈外戚傳中・李遵勗附李評傳〉，頁 13571〜13572；《長編》，卷二百三十三，熙寧五年五月壬辰條，頁 5658。

〔註 144〕考在景德三年（1006）二月，真宗便擢用兩名功臣子弟韓崇訓（952〜1007）及馬知節自樞密都承旨為簽署樞密院事。而後來繼李評任樞密都承旨的文臣曾孝寬（1025〜1090）便從樞密都承旨遷陞同簽書樞密院事。參見《宋史》，卷七〈真宗紀二〉，頁 130；《長編》，卷二百七十一，熙寧八年十二月壬寅條，頁 6642。

〔註 145〕據《石林燕語》的考證，當李評為樞密都承旨時，文彥博是樞密使，文以舊制不必對李行禮，於是李評訴於神宗，神宗於是命史官檢詳故事。神宗頒詔曰：「近除東上閤門使李評充樞密都承旨，慮士人領職本院，待遇體式故事與吏人不同，可檢會先夏守贇、楊崇勳領職日體例施行。參見《長編》，卷二百

　　九月乙未（初八），神宗接受王安石及韓絳的推薦，委任皇城使、端州團練使知恩州（原貝州，今河北邢台市清河縣）李綬（？～1093 後）爲樞密副都承旨，作爲李評的副手。值得注意的是，李綬與李評不但同屬武臣，二人還有姻戚的關係。〔註 146〕爲了爭取表現，李評有機會便上奏言事。他在是月己亥（十二），便上奏請依中書檢正五房公事例，凡樞密院內官員，除了寺觀親屬職事相關外，其餘的公文均不許出入看謁。他又言樞密院諸房進卷及諸般案底文字，多有貼黃及張縫，并無印記。他請求鑄一印記，印在院文字，

十四，熙寧三年八月丙戌條，頁 5226；卷二百十五，熙寧三年九月己酉條，頁 5243；《宋會要輯稿》，第四冊，〈儀制五‧群官儀制〉，頁 2389；《司馬光集》，第三冊，補遺卷八〈日錄三〉，頁 1725；葉夢得（1077～1148）（撰），宇文紹奕（考異），侯忠義（點校）：《石林燕語》（北京：中華書局，1984 年 5 月），卷九，頁 129。

〔註 146〕考王安石與韓絳在九月戊子（初一）舉薦李綬出任樞密副都承旨。又李燾在這一條下記，用「士人」爲副都承旨自李綬始。參照注 142 李燾稱以「士人」任都承旨自李評始的說法，李評與李綬被稱爲「士人」，是指武選官，而非我們一般理解的士大夫、文臣的意思。後來獲任樞密都承旨的曾孝寬，才是文臣，而與李評、李綬以「士人」任都承旨有別。考李綬是宗室、在熙寧二年七月甲戌（初十）薨的東平郡王追贈相王允弼的長婿（按：王珪所撰之墓誌銘以允弼卒於熙寧三年七月癸酉，惟是年七月無癸酉日，《宋史‧神宗紀一》則作熙寧二年七月甲戌，而《宋史》允弼本傳亦以他卒於熙寧二年，另《宋會要輯稿》之〈帝系一、三〉及〈禮四十一〉均記允弼歿於熙寧二年七月，王珪之墓誌銘當有誤），而李評的堂姊、李端懿的第三女同安郡君李氏則是允弼第四子相州觀察使宗景之妻。李綬後來在元祐元年十二月丙午（廿三），以四方館使、嘉州防禦使獲垂簾的高太后復授爲樞密副都承旨，直至元祐七年（1092）二月丁卯（十四），才以引進使、嘉州防禦使權樞密院副都承旨罷爲隰州防禦使。他在翌年（元祐八年，1093）四月丁卯（廿一）致仕。參見《長編》，卷二百十五，熙寧三年九月乙未條，頁 5238；卷二百十六，熙寧三年十月辛酉條，頁 5231；卷三百九十三，元祐元年十二月丙午條，頁 9574；卷四百七十，元祐七年二月丁卯條，頁 11224；卷四百八十三，元祐八年四月丁卯條，頁 11486；《宋史》，卷十四〈神宗紀一〉，頁 271；卷二百四十五〈宗室傳二‧鎮王元偓附允弼〉，頁 8703；《宋會要輯稿》，第一冊，〈帝系一‧皇子諸王〉，頁 23；〈帝系三‧元偓一子〉，頁 75；第三冊，〈禮四十一‧發哀‧皇伯祖允弼〉，頁 1631；《歐陽修全集》，卷三十三〈鎮潼軍節度觀察留後李公（端懿）墓誌銘〉，頁 492～493；王珪：《華陽集》，卷五十七〈宗室推誠保順同德亮節守正佐運翊戴功臣鳳翔雄武等軍節度管內觀察處置等使開府儀同三司檢校太傅守太保兼中書令行鳳翔尹使持節泰州諸軍事泰州刺史上柱國東平郡王食邑一萬七千一百戶食實封四千八百戶贈太師尚書令兼中書令追封相王諡孝定墓誌銘〉（以下簡稱〈相王諡孝定墓誌銘〉），葉一上至六上；王安禮：《王魏公集》，卷七〈相州觀察使宗景夫人同安郡君李氏誌銘〉，葉四上至五上。

不得別用以樞密承旨司記爲文。神宗對他甚爲專業的建議均從之。〔註147〕

經過大半個月的檢詳，編修院回奏神宗，稱舊檔只記錄班著職事，沒有載李評所提出的接遇儀範。是月己酉（廿二），神宗就特降旨：樞密都、副承旨見樞密使副并如閤門使禮，又許樞密都承旨置治所，並添給值勤兵丁。仍令樞密院條奏施行。〔註148〕

大概是李評的建議，神宗在十月辛酉（初四）又確定了李綬的班位在都承旨李評後，而在宮苑使前。另舊例諸房副承旨原本可以遞遷至都承旨及副都承旨，現時二職更用士人，於是神宗定制樞密諸房副承旨遷至第一名及三期，可以授給左藏庫副使補外官，作爲補償。〔註149〕

十二月己未（初三），神宗又詔閤門，今後樞密都承旨遇上他在崇政殿坐朝時，就特許李評於上殿班後約人奏事。這是李評出任樞密都承旨前所沒有的安排，神宗對他的信任可見一斑。神宗在六天後（乙丑，初九）又破例任用另一外戚、他的姊夫駙馬都尉成州團練使王師約同管勾三班院。〔註150〕是月庚辰（廿四），李評又上奏，稱根據樞密院劄子，請求神宗批准他們所擬定樞密院人吏收補校試賞罰之法。李評聖眷正隆，神宗詔依所定施行。〔註151〕值得一提的是，就在是月丁卯（十一），還在宣撫陝西的韓絳和王安石雙雙自參政拜相，替補早在九月庚子（十三）罷相的曾公亮。神宗又擢陞二人的同年進士、翰林學士承旨王珪爲參政。王安石至此得以名正言順地以宰相身份推行新法。〔註152〕

〔註147〕《宋會要輯稿》，第五冊，〈職官六・樞密院承旨司〉，頁3157；《司馬光集》，第三冊，補遺卷八〈日錄三〉，頁1725；《長編》，卷二百十五，熙寧三年九月己亥條，頁5238。

〔註148〕《宋會要輯稿》，第四冊，〈儀制五・群官儀制〉，頁2389；《司馬光集》，第三冊，補遺卷八〈日錄三〉，頁1725；《石林燕語》，卷九，頁129。

〔註149〕《長編》，卷二百十六，熙寧三年十月辛酉條，頁5251。

〔註150〕《長編》，卷二百十八，熙寧三年十二月己未條，頁5293；乙丑條，頁5297。

〔註151〕《宋會要輯稿》，第五冊，〈職官六・樞密院承旨司〉，頁3157；《長編》，卷二百十八，熙寧三年十二月庚辰條，頁5309。

〔註152〕韓絳因先前奏西夏入寇慶州（今甘肅慶陽市慶陽縣），陝西用兵，而自請出使陝西。本來王安石也想藉出使西邊增加資歷，而神宗也同意；但韓絳以朝廷要倚靠王安石推行新法，自願出使。神宗最後同意韓絳出使，於熙寧三年九月乙未（初八），以韓自工部侍郎、參知政事爲陝西路宣撫使，而命度支外郎、直舍人院呂大防爲宣撫判官，任韓的副手。到十二月，當韓尚在陝西時，神宗即擢他爲首相，而以王安石爲次相。參見《長編》，卷二百十五，熙寧三年九月乙未至庚子條，頁5236～5239；卷二百十八，熙寧三年十二月丁卯條，

　　李評在翌年（熙寧四年，1071）二月壬申（十六），首次被神宗委派出使西邊。神宗早有拓邊西北之鴻圖，种氏將門的第二代領軍人物种諤（1027～1083），在熙寧三年九月獲得宣撫陝西的韓絳賞識，建議由綏州（今陝西榆林市綏德縣）進兵取囉兀城（後改名嗣武寨，今陝西榆林市鎮川鎮北石崖地村古城，一作榆林城南灣無定河西岸石崖地村），並建六寨以通麟州及府州（今陝西榆林市府谷縣）。种諤認為這樣，就可「包地數百里，則鄜延、河東有輔車之勢，足以制賊」。他這番話打動了神宗，命韓絳執行此一計劃。是年十二月，韓命种諤領兵往築囉兀城；但權宣撫判官、知慶州趙卨（1026～1090）極力反對此一行動。种諤於熙寧四年正月戊子（初二），領兵抵撫寧堡。翌日（己丑，初三）抵囉兀城北，以輕兵三千擊破敵兵，大小四戰，殺敵一千二百，降敵一千四百，佔據了囉兀城；韓絳等上奏為他論功，神宗詔遣使撫問。河東經略、轉運司卻上奏宋廷，指築城行動所帶來之兵糧調發，令關陝河東百姓大為騷動。神宗即派御史范育（？～1097）乘驛按視以聞。這時韓絳仍令种諤在築畢囉兀城後進兵築永樂川、賞逋嶺二寨，而命部將燕達（？～1088）、趙璞築撫寧故城。种諤築囉兀城，歷時廿九日而畢功。他分兵千五百人留副將李宗師守城後，率部還綏德城（即綏州，熙寧二年十月丙申【初三】改）；然宋廷仍繼續爭議築城的得失，神宗在二月壬戌（初六）向王安石表明他的態度：河東城寨應該修築，轉運司不應故意沮壞修城的計劃。王安石回奏應客觀地審視陝西河東帥臣的意見。因權發遣延州趙卨及內臣太原走馬承受李憲（1042～1092）繼續上言囉兀城及撫寧城不可守。神宗無奈，於是月壬申（十六），決定派人按視情況再行定奪。王安石請用親信內臣與一朝士大夫前往。神宗不以為然，他以用宰相宣撫（按：指韓絳）而令內臣審覆，於體非便。神宗與王安石、文彥博、吳充（1021～1080）及馮京眾宰執商議後，最後選上了戶部副使、司勳郎中張景憲（1015～1081）出使，神宗並提出派李評俱往，王安石等自然曉得李評是神宗的心腹親信，就沒有異議。〔註153〕

頁5301～5302。

〔註153〕种諤早在治平四年六月便向宋廷建議取綏州以取橫山。神宗不理文彥博等反對，許种出兵。當种取得綏州後，文彥博等卻以他生事而將他貶官。他在熙寧元年十二月復職秦州都監。韓絳在熙寧三年九月宣撫陝西，即召見並問計於他。他提出築城囉兀的建議而得到韓的首肯；但趙卨提出異議，指出囉兀城孤絕塞外且無水草，而糧道阻斷。宋軍不及早放棄此城，遲早只會資敵，但韓絳不聽。又考神宗決定派人往陝西按視時，王安石最初推薦曾布（1036～1107），而吳充請用侍御史知雜事謝景溫（1021～1097），文彥博則請用張景憲，馮京

當文彥博推薦張景憲時，神宗曾猶豫一番才同意。張景憲果然與神宗的本意相左，他受命後即上奏說不須抵達二城已可預知它們不可守。他與李評尚在半途，撫寧城已在二月甲戌（十八）被西夏攻陷。張景憲抵達鄜延即上言，指囉兀城距離綏德城百餘里，形同孤城，而鑿井無水，沒有可守之條件。他又說所經道路所見的百姓均形容憔悴，而軍隊也士氣低落。他請求罷此無功之役，廢棄囉兀無用之城。他又請降罪首倡此議的种諤，並請求停止邊郡誘降蕃部生戶的做法。神宗對張景憲的意見，仍拿不定主意。李評使還，向神宗報告他入鄜延界，向人詢問囉兀城的利害時，卻無一人贊成。李評請從速廢棄囉兀城，以解一路之患。連他的心腹也這樣說，神宗只好下詔河東陝西諸路經略安撫、轉運及鈐轄司，要他們以後「覺察緣邊將吏，無令引惹生事」。二月戊寅（廿二），宋廷下令停止築建諸寨之役。三月丙戌（初一），宋廷詔陝西轉運使，與修囉兀城等堡寨有關的科買物料均暫罷，最後宋廷在三月癸卯（十八）令新任權鄜延經略使趙卨在相度後，放棄囉兀城。趙命部將燕達領兵往囉兀城，接應援助戍卒軍資輜重以歸延州。然燕達軍卻被夏軍邀擊，亡失士兵及輜重眾多。〔註154〕

則附和文，並說韓絳曾舉薦張，而與他親善。神宗沉吟良久最後也就同意。參見《長編》，卷二百十六，熙寧三年十二月甲子條，頁5254；卷二百十八，熙寧三年十二月丙子條，頁5305～5306；壬戌條，頁5343～5345；卷二百十九，熙寧四年正月戊子至己丑條，頁5320～5321；己亥至癸卯條，頁5323～5324；辛亥條，頁5330；卷二百二十，熙寧四年二月辛酉條，頁5337～5338；壬戌條，頁5342～5345；壬申條，頁5352～5353；《宋會要輯稿》，第五冊·〈職官一·三省〉，頁2947；《宋史》卷十四〈神宗紀一〉，頁272；卷十五〈神宗紀二〉，頁278；卷三百三十〈張景憲傳〉，頁10622～10623；卷四百六十四〈外戚傳中·李遵勗附李評〉，頁13571。關於种諤的生平及他取綏州的始末，可參閱曾瑞龍：《北宋种氏將門之形成》（香港：中華書局，2010年5月），第四章〈种氏子弟繼起爲將〉，頁89～98；附錄三〈种諤的四次戰役〉，頁145～171；曾瑞龍：《拓邊西北——北宋中後期對夏戰爭研究》（香港：中華書局，2006年5月），第三章〈被遺忘的拓邊戰役：趙起《种太尉傳》所見的六逋宗之役〉，頁79～123。按曾氏的《北宋种氏將門之形成》撰於1984年。

〔註154〕《長編》，卷二百二十，熙寧四年二月壬申條，頁5352～5353；甲戌條，頁5356；乙酉條，頁5363～5364；卷二百二十一，熙寧四年三月丙戌條，頁5367～5369；癸卯條，頁5385；卷二百二十三，熙寧四年五月戊子條，頁5417～5418；《皇宋十朝綱要校正》，卷九〈神宗〉，頁283；《宋史》卷十五〈神宗紀二〉，頁279；卷三百三十〈張景憲傳〉，頁10622～10623；卷四百六十四〈外戚傳中·李遵勗附李評〉，頁13571。據載神宗曾就築城囉兀及撫寧寨問計於宣徽南院使郭逵，郭請速準備地平城小而戍兵不多的撫寧寨，因夏人一定先取撫寧，而後攻囉兀城。撫寧失，囉兀也難守。神宗同意郭的意見，

　　宋軍雖然失利，但神宗其實並不以爲种諤築城囉兀的方略有誤，他稍後即對王安石說：「綏、麟通路在理可爲，但种諤倉猝，故不能終其事爾。」神宗並且下詔樞密院，向包括种諤的多名立功將領行賞。〔註155〕據《長編》所記，當張、李二人出使後，神宗曾問王安石等囉兀城應存抑棄？王安石一再申言應俟收到張、李二人的回奏才議定。神宗即表示：「李評等若以爲可守，何如？」〔註156〕神宗可能認爲李評一定會奏上符合其意之報告。倘李評的回奏以囉兀城可守，神宗可能不理會王安石等反對，仍會繼續支持种諤的計劃。於此可見，李評的意見對神宗這次決策舉足輕重。三月丁未（廿二），當囉兀城棄守後四天，這次軍事行動的總指揮韓絳承擔責任，罷相出知鄧州（今河南南陽市鄧州市），而种諤及韓絳麾下僚屬呂大防等均被責降。〔註157〕

　　李評這次出使陝西，所作的奏報與王安石等眾多朝臣之意願一致，而沒有迎合神宗的意旨。爲此，宋人對他有正面評價。另外，他還奉命訪查在陝西推行交子法的利弊。他的回奏也是從善如流。事緣陝西軍興，轉運司擔心錢不足，轉運使沈起（？～1088）請限以半歲令陝西民盡納銅鐵錢於官，官府就易以交子。等三五年後邊事平息，才將錢歸還百姓。陝西宣撫司接受沈起的意見，請依其言實行；但知邠州張靖反對，多次上言此措施不便。神宗即命李評及張景憲出使延州時順道訪查。李評的回奏支持張靖的意見，張景憲說交子之法只可行於四川，不可行於陝西，強行此法，會令細民流離失業，無以爲生。宋廷接受二人的建議，於四月癸亥（初八），詔罷陝西現行的交子法。〔註158〕

　　　　但宋軍未及增防，撫寧已於二月甲戌（十八）失守。關於囉兀之役的始末及神宗的態度，可參見曾瑞龍：《北宋种氏將門之形成》，附錄三〈种諤的四次戰役〉，頁149～152。

〔註155〕《長編》，卷二百二十一，熙寧四年三月庚寅條，頁5373。曾瑞龍認爲种諤的謀議合符神宗的意願，只是軍事行動失敗了，就委過於他行事猝急；不過，神宗仍打算重用种諤。

〔註156〕《長編》，卷二百二十一，熙寧四年三月癸卯條，頁5385。

〔註157〕《長編》，卷二百二十一，熙寧四年三月丙午至丁未條，頁5388～5389；卷二百二十二，熙寧四年四月癸酉條，頁5406～5407；《宋史》，卷十五〈神宗紀二〉，頁279。其中种諤被責猶重，他本來責授汝州團練副使、潭州（今湖南長沙市）安置；但王安石一定要將他置之廣南，於是在四月癸酉（十八），他再被責爲賀州（今廣西賀州市）別駕。

〔註158〕《長編》，卷二百二十二，熙寧四年四月癸亥條，頁5402；《宋史》，卷十五〈神宗紀二〉，頁279；卷三百三十〈張景憲傳〉，頁10623。

　　曾經致書李端懿的劉摯在是年六月戊午（初五）上言反對王安石推行新法。而李家的至交歐陽修也在是月甲子（十一）以太子少師觀文殿學士致仕。因二人反對新法，王安石深惡之，而樂見歐陽修致仕。〔註159〕值得注意的是，與李家有交情的朝臣頗多反對新法，李端愿父子態度又如何？據《宋史‧李端愿傳》的記載，李端愿曾手寫其妻天水縣君趙氏的曾祖、開國元勳趙普（922～992）的〈諫太宗北伐疏〉呈上神宗，間接反對築城囉兀之議；而李評在出使陝西的報告，和乃父一樣，贊同王安石停築囉兀城的主張；但據六月丙子（廿三）的《神宗日錄》所記，李評卻曾經極言助役法不可。他是神宗極其寵信的外戚近臣，「喜論事」，神宗往往依其言施行，而他「在閣門及樞密院招權不忌，多布耳目，采聽外事自效以為忠」，就大大犯了王安石的忌，王自然尤其厭惡他，只是一時奈何他不得。〔註160〕

　　神宗於九月辛卯（初十）舉行大饗明堂典禮，以英宗配。並以此大赦天下，而內外官員均依次進秩。神宗除了恩寵李氏外戚外，也加恩向皇后父。向經在同月戊戌（十七）自濰州防禦使擢為明州觀察使。〔註161〕李評自陝西回朝後，仍舊勇於上言論事，十月丁巳（初六），他便上言請求諸國朝貢的事務由一司總領，而取索諸處文案，會聚照驗，預為法式。神宗從其議，下詔除遼、夏外，諸國朝貢，令管勾官置局取索文字，仍令管勾客省官置局以領之。〔註162〕

〔註159〕《長編》，卷二百二十四，熙寧四年六月戊午條，頁 5441～5444；庚申至甲子條，頁 5446～～5449。

〔註160〕《長編》，卷二百三十三，熙寧五年五月壬申條，頁 5658；卷三百一，元豐二年十一月丁卯條，頁 7319。《宋史》，卷四百六十四〈外戚傳中‧李遵勗附李端愿〉，頁 13571。

〔註161〕《長編》，卷二百二十六，熙寧四年九月戊子至辛卯條，頁 5512；戊戌條，頁 5514；卷二百三十一，熙寧五年三月戊戌條，頁 5614～5616；《宋史》，卷十五〈神宗紀二〉，頁 280。考李評在熙寧五年七月罷樞密都承旨時已領榮州刺史，疑他在這時已加領榮州刺史。又神宗於擢陞向經同日，又詔許反對新法的元老富弼養疾洛陽。富弼於翌年三月戊戌（十八）請致仕獲准，神宗特授他司空同平章事武寧節度使，進封韓國公致仕。

〔註162〕《長編》，卷二百二十七，熙寧四年十月丁巳條，頁 5525；《宋會要輯稿》，第七冊，〈職官三十五‧四方館〉，頁 3874；第十六冊，〈蕃夷七‧朝貢〉，頁 9956；王應麟（1223～1296）：《玉海》，文淵閣《四庫全書》本，卷五十八〈熙寧蕃夷朝貢圖〉，葉四十一下；卷一百五十三〈四夷述職圖〉，葉四十二上。考在熙寧七年九月丁未（十二），史館修撰宋敏求等修成李評所建議的〈熙寧蕃夷朝貢圖〉二十一卷。

　　李評確是辦事得力，神宗曉得軍器庫之弓弩多半久損而不可用，有鑒於該庫之科買工作，因制度不善，雖然勤人力卻費國財，於是命李評等領導有關部門整頓一番。數年下來之工作，造得弓弩二十餘萬。神宗於熙寧五年（1072）正月戊申（廿八）獎賞有關人員，負責具體編揀添修弓弩工作的供備庫使胡拱、西京左藏庫副使王文質各獲優遷十資，而擔任提舉官的李評及內臣入內副都知張若水（？～1077）各獲賞金帛。〔註163〕

　　李評擔任樞密都承旨後，在人事的整頓方面，大有作為。過去樞密院諸房案牘煩瑣，然諸房的胥吏都由父兄保任，公事上不免互相包庇遮掩，教長官也無可奈可。神宗因接受李評的建議，立法參用流外選人和三班使臣，不讓樞密院諸房的胥吏專擅，以收制衡的作用。神宗首先以李評的推薦，委任莫淵、陳宗道隸刑房典法。到四月丙寅（十七），神宗接受李評的推薦，委任熟知邊事的三班借職、管勾涇原路經略司文字楊寔為樞密院書令史，命隸於河西房。〔註164〕

　　正當李評恃著神宗寵信而趾高氣揚之時，王安石在五月壬辰（十三）借李奏劾閤門吏賈佑、馬仲良不遵閤門新儀制之事，重重地參奏他一本。事緣是年四月乙未（初十）神宗生辰同天節群臣上壽，舊的閤門禮儀但言樞密、宣徽、三司副使不坐，而據舊制親王及皇親並坐，惟有集英殿大宴乃有親王、駙馬都尉皆不坐之儀。李評不久前修訂的新儀制，本來並沒有改動甚麼。但不知為何，在這次紫宸殿上壽典禮舉行後，他即劾奏閤門吏不應該令親王、皇親及駙馬於紫宸殿預坐，認為閤門吏沒有遵守新制，結果閤門吏賈佑及馬仲良均坐罪免官。王安石具奏李評所定的儀制本來不清楚，而今次卻妄加他人之罪。神宗也覺得李評所訂的儀制錯亂不可用，詔李評論列不當，命釋閤門吏之罪。李評卻不識趣，再在神宗前申訴，聲稱他所論列沒有不當。神宗於是批示王安石等，要他再議閤門吏在這事上的責任。王安石堅稱閤門吏無罪，李評所論列實不當，賈、馬二人之差遣不應罷。他又指出閤門吏王昭序也被劾，當賈及馬被罷，不應由王代其職。他批評李評作威作福，將不喜的人

〔註163〕《長編》，卷二百二十九，熙寧五年正月戊申條，頁5581～5582；王應麟：《玉海》，卷一百五十〈熙寧弓式軍器制度〉，葉三十一上。考《玉海》記神宗在熙寧元年十二月庚申（廿二），以張若水與李評提舉編擇增修弓弩，張若水造成神臂弓。疑同是一事，而《玉海》誤繫年月。

〔註164〕《長編》，卷二百三十二，熙寧五年四月丙寅條。頁5631；《宋會要輯稿》，第五冊，〈職官六・樞密院承旨司〉，頁3158。

逐走。神宗卻護短，認為李評劾奏閤門吏不為不當，不過特釋賈、馬二人罪。王安石不服，堅執前議，認為李評實在妄奏屬下；但神宗卻一直為李評辯護，認為就算李評有罪，也不應獨責他。神宗的態度很清楚，李評是替他辦事的心腹親信，不管王安石怎樣說，也不會責降李評。他雖然信任王安石，但牽涉到親信心腹的去留，卻不一定是言聽計從的。〔註165〕是月甲午（十五），王安石在奏事後要求留身，以身體健康為由，請罷相出守東南一郡。神宗也明白李評之事令王很不愉快，就坦率地對他說：「卿豈所懷有不盡？當為朕盡言之。朕何嘗違卿，或是否為李評否？」神宗這麼說，王安石就算如何不滿李評，也不敢再提辭職的話了，然他與李評的心結並未因神宗的話解開。〔註166〕

　　李評做事的確專擅，他被人翻出擅自改易樞密副使蔡挺奏本的老賬。神宗這次再也不能護短，就召李評嚴厲責備一番。李卻不服，向神宗申訴他手下的吏員沒有告訴此奏本已經蔡挺更定，才會據己意改易數十字，他只承認有魯莽之罪，而不是像王安石所劾他存心為害政事。神宗聽罷，又再一次說李評只是無心之失，沒有甚麼不良動機，只是於職事不敢苟且，實在情有可愿，並批示樞密院免他的罪。王安石卻抓著李評這次的把柄不放，堅稱此事可證明李評欺君；然神宗仍護短，說李評自稱不知。王安石就力陳奏章有樞密使副的押字，李評怎可以說不知？王說人們都說樞密院吏怕李評的權勢，才不敢頂證他。當神宗仍維護李評時，王安石毫不妥協，甚至說出若神宗以為「李評可倚仗，不如便以李評為樞密使」這等冒犯神宗的話來。王安石其實說中神宗的心事，神宗本來便有意在適當的時機擢用李評任樞密使。王安石繼續攻擊李評不僅今次改動蔡挺的奏本，他以前其實所改的至多，只是一直詐作不知以欺神宗，王力陳李評並非忠良。神宗被王安石的銳利辭鋒所迫，只好說並不以為李評是忠良，只是人才難求完備，仍稱許李評肯盡力不少。王安石得勢不饒人，指責李評「既非忠良，上慢下暴，而陰與近習相為朋比，欺陛下耳目，豈可略不檢察？」王安石一定要將李評打倒，繼續揭發他造揭貼簿而無補之過，又劾他不見禁軍剩員，就草率地說沒有剩員之失職。神宗仍舊護短，將造揭貼簿之罪歸於樞密院檢討兵房文字的朱明之（？～1081 後），而將不見剩員之事，解釋為外處沒有申報，故李評不知。王安石見此事打不倒李評，又在李評修訂閤門儀制之事做文章，說他所修訂的儀

〔註165〕《長編》，卷二百三十三，熙寧五年五月壬辰條，頁 5658～5659。
〔註166〕《長編》，卷二百三十三，熙寧五年五月甲午條，頁 5660～5661。

制大率乖謬，實在大有罪責，嚴厲批評他「姦罔一至此，陛下見其點檢事便以為盡力，臣竊謂誣其同類以自為功，乃是姦罔小人，不當謂之盡力。」王安石又以去位相要，力陳他備位大臣，「當為陛下分別枉直，若親為陛下左右小人所欺，不能自直，即難以安職」。他開口小人，閉口小人來罵李評，神宗拗不過他，於六月己未（十一）首先降詔，令今後紫宸殿上壽，親王、宗室、駙馬都尉均依故事赴坐，而否定了先前李評的意見。王安石出盡九牛二虎之力，才迫得神宗稍為讓步。〔註167〕

值得注意的是，李評的直屬上司，自文彥博以下之樞密院使副長官在閤門儀制、擅改蔡挺文字及禁軍剩員數字等與密院相關的事務，卻不發一言，只讓王安石與李評單打獨鬥。他們究竟因清楚神宗與李評的特殊關係而不說話？抑李評反對新法的立場正與他們相同？這均是值得我們深究的。

王安石深惡李評，一定要把他除掉。他多方搜集了李評在執行閤門儀制數則過錯後，就上奏神宗，指責李評「誕謾大抵類此」，並指出李評擅改樞密使副文字，其實不止蔡挺一宗。當神宗仍為李辯解時，王安石仍鍥而不捨，反覆與神宗爭論，並指大臣尚畏李評中傷，不敢與他對質，小小吏人怎敢頂證李評之過失？神宗卻依舊祖護李評，反指「人中傷評者卻多，如御史言評與吳充結親，評與充乃不成親。」但王安石堅持李評欺罔之狀甚明，倘將李評審問，他就不能隱瞞。神宗給王安石迫得緊，就同意令宣徽院查察李評閤門失檢點三事。接著從寬處分李評及其他兩員閤門使狄諮（？～1100）及張誠一（？～1092後），並且詔李評此後不再管勾閤門事，希望以此安排化解王安石對李評的不滿；不過，王安石並不接受神宗讓步的安排。六月己巳（廿一），王安石請求入見並附上辭職表章，抗議神宗沒有處分李評。神宗當然不接受王的辭職。辛未（廿三）王安石入見，神宗即責問他要引退，「得非為李評事？」神宗並表示李「評自言閤門事偶失提掇，便致失事。今既有失檢點事，固合勘。」王安石卻不肯讓步，堅持要去職。從壬申（廿四）到甲戌（廿六），神宗兩度召見王安石，王卻執意去職。到丙子（廿八）王仍要辭位，弄到神宗要引用劉備（161～223）託孤於諸葛亮（181～234）的重話來挽留他。〔註168〕

〔註167〕《長編》，卷二百三十三，熙寧五年五月戊子條，頁 5652；卷二百三十四，熙寧五年六月己未條，頁 5675～5677。

〔註168〕王安石從閤門吏處曉得李評所修的新儀其實都不合用，而當李評遇到不可用時就擅自更改。王安石於是命中書取閤門新儀詳察，果然查出李評在元會殿

　　神宗與王安石爲了李評的去留，幾乎君臣反目。王安石絲毫不給神宗一點情面，他爲何甘冒開罪神宗之危險，破壞他與神宗難得的君臣相知關係，迫神宗逐走李評？

　　據王安石的政敵司馬光的記載，神宗曾以外事問王。王問神宗從何處得知？神宗初時同答何必要問消息從何而來。王卻說：「陛下與他人爲密，而獨隱於臣，豈君臣推心之道乎？」神宗無奈，只好坦告得之李評。王驚覺李評原來曾在背後打他的小報告，「由是惡評，竟擠而逐之」。〔註169〕而據《長編》引時人林希（1034～1101）所撰《林希野史》記載，更詳細道出王安石爲何一定要逐走李評之根由。據林希所記，李評得神宗的寵信程度，其實不遜於王安石，「李評久侍上左右，雖以戚里進，然頗知書，習典故，多智數，鮮有及者。」而最令王安石忌憚的是，李評「其幸於上，中外無可比者。與同列奏事，必留身，閒雖不奏事，上必獨與語踰刻，上色未嘗不懌也。評所聞外事，大小悉以聞，然而遭評讒毀者不少矣。閣門、密院吏苦評苛察，雖執政亦不敢少斥其非，往往陰贊其美，結以自固，諫官、御史未嘗有一言及評，上朝夕欲除簽書樞密院，雖他人莫不度其將然。自府界置保甲，妨擾民情不樂，畿內人得以私習武備，評亦極論其不可。他日，上語安可保甲事，李評甚危言之，安石始怒評致輒議己，日摭其過，然評之怙寵未易動也」。而教王安石無法忍受的是，自熙寧五年以來，李評越來越不滿王安石的「擅權專國」，而在神宗前屢攻王安石變法之短。偏偏神宗又以李評以話對執政言及，於是王安石怒甚，一定要對李評痛下殺手。據林希所記，當王安石請劾李評在閣門誤排三帥座位事之過時，李評向神宗申訴，除了說這不過是小事，非關閣門之罪外，他更攻擊王安石「欲沮辱臣爾，陛下每有所黜，即安石多方黨蔽，黜者反進擢。安石有所怒，陛下雖明知其無過，安石必欲加罪，如臣是也」。神宗爲他的話所動，但命劾閣門胥吏，而貸李評等不問。王安石堅持要問李評之罪，並發動御史交章劾李評，但神宗仍不聽。終於迫王安石

　　前三帥起居的問題上擅用舊儀而沒有稟奏，當中書責問時，就迫使吏人僞造已申報樞密使副狀。另外又查出李評對朝臣沈衡和杜紘判刑部的告謝儀制處置不一，當中書查問時，又砌辭狡辯。王安石即以此二事加上李評擅改蔡挺文字之過，向神宗參劾李評。參見《長編》，卷二百三十四，熙寧五年六月丁卯至丙子條，頁5682～5692。

〔註169〕司馬光（撰），鄧廣銘（1907～1998）、張希清（校注）：《涑水記聞》（北京：中華書局，1989年8月），卷十六，頁313；《長編》，卷二百五十三，熙寧七年五月丙辰條，頁6196～6197。按《長編》這條記載採用《涑水記聞》的說法。

以不入朝，並連續上章請辭來迫神宗妥協。〔註 170〕比起司馬光、蘇軾（1037
～1101），甚至文彥博等反對新法的朝臣，李評是王安石更可怕的政敵。王安
石可以在神宗面前一一反駁司馬光等反對新法的意見，但他完全沒辦法控制李
評對神宗說於他不利的話。趁著李評尚未陞任樞使，王就來個釜底抽薪，寧可
冒開罪神宗的危險，也要逐走李評。大概他也深知，李評不僅是神宗一員近臣，
他背後其實代表貴戚集團的勢力。

　　神宗初時為了挽留王安石，已下旨令劾李評坐同天節不令殿前、馬、步
三帥赴垂拱殿起居，以及坐不令判刑部杜紘告謝兼失申舉之罪，送宣徽院審
處。本來王安石已肯留任，但到七月，宣徽院案具，李評被罰銅三斤，李亦
自請免在閤門供職。偏偏神宗又改變主意，不許李評辭免管勾閤門事。王安
石於是再以神宗尊寵倚信李評而請辭。神宗表示他未嘗尊寵倚信李評，只為
閤門、樞密院還需藉李評「檢點簿書而已」；但王安石堅持不罷李評，他就辭
職，並指李評「敢為誣罔蔽欺不但此，此豈不復在人主左右？」王又說聞知
樞密院，「評作姦宄尤多，顧臣不詳知本末，不敢論奏。中外之人，其孰以陛
下親信李評為可者？」神宗拗不過王安石，就提出給李評換別的差遣，但王
安石堅持要貶李評出外。參政王珪兩面討好，提出將李評出知冀州。神宗仍
想將李評留下來，說李父李端愿老，要他照顧，不若給他宮觀之職留下京師，
稍後又說若這樣又不必離開閤門。王珪討好神宗，提出罷李都承旨，例亦合
給他遷官。神宗沉吟良久，表示李評以罪去職，不該復遷官。最後同意將李
評出知保州（今河北保定市）。王珪這時又賣好，說李評若思過，過了年可以
復用他。王安石立時表態，說：「變詐小人若復親近，但有虧損聖德。若陛下

〔註 170〕據李華瑞的考證，林希是福州福清（今福建福州市福清市）人，嘉祐二年登
　　　　第，歷官仁宗、英宗、神宗、哲宗、徽宗五朝，他是王珪的門生，一直受王
　　　　的推薦，他在神宗朝的政治立場傾向於反對新法，故不得志於神宗朝，他所
　　　　撰的《林希野史》，很明顯對王安石有較多的負面批評。他在神宗末年開始靠
　　　　攏新黨，卻招致回朝當權的舊黨不滿，亦不受重用。等到哲宗親政，新黨回
　　　　朝，他才摭出頭來，步步高陞，最後在紹聖四年（1097）進入二府，官至同
　　　　知樞密院事。他長期擔任史官，參與編修《國朝會要》、《兩朝正史》、《神宗
　　　　實錄》，而歷仕數朝，熟知朝廷掌故及朝野政事。據李華瑞的研究，《林希野
　　　　史》成書於元祐之前，大概在元豐末年。是書已佚，為《長編》注文所引多
　　　　達 34 條共 11500 字，甚具史料價值。參見《長編》，卷二百三十五，熙寧五
　　　　年七月戊戌條注，頁 5714～5715；李華瑞：〈林希與《林希野史》〉，載雲南
　　　　大學中國經濟史研究所、雲南大學歷史系（編）：《李埏教授九十華誕紀念文
　　　　集》（昆明：雲南大學出版社，2003 年 11 月），頁 44～57。

果能覺悟，又安可復親近？」王更向神宗重提內臣押班李若愚及帶御器械程昉（？～1076）訟告李評之事。最後神宗與王安石等妥協，於七月戊戌（廿一），將李評出知保州，並用罷都承旨恩例，特加李評領榮州刺史。並且仍為他的工作解說，稱「評在閤門、密院，多與人爭，觸怨怒，何所利？」王安石有點得勢不饒人，仍說：「或以守道違眾觸怨怒，或以招權竊威福，託公直以自結人主觸怨怒。其觸怨怒同，其情則異。如裴延齡欺罔，德宗獨信之者，以其能變詐故也。陛下憐評，恐近類此。」但神宗仍說：「張琥論李評不合上殿，此殊無理。」神宗顯然對李評被罷，並不以其罪有應得。只是眼下仍需賴王安石助其成就變法大業，就暫時委屈李評。據《林希野史》的記載，李端愿曾向神宗請求給李評一份在京師的閒差，讓他留在京師，或讓他免官侍養父親。神宗不許他罷官，卻惜他遠離京師，稍後又將他改知較近京師的潁州，可見神宗對李評的恩寵未衰。〔註171〕

同月丙午（廿九），編修三司敕并諸司庫務歲計及條例刪定官、前處州縉雲縣尉郭逢原迎合上疏，吹噓王安石是「懷道之士由孔、孟而後如王安石者，亦未之有也」，又說「夫宰相代天理物，無所不統，未聞特設事局，補除官吏而宰相不預者也，今之樞府是已」，他建議廢去樞密院，併歸中書，而除補武臣的權悉歸宰相，而軍旅之事由各將帥負責，將文武合一，歸將相於一職。他以為神宗方寵王安石，就進一步說：「今王安石居宰輔之重，朝廷有所建置於天下，特牽於樞府而不預，則臣恐陛下任安石者蓋不專矣。自李評罷去，天下有志之士咸相欣慶，願陛下以古語為朝夕警戒，早因此時推崇尊德樂道之義。」這個涉嫌投機迎合的小臣，卻不知這番進言正犯了神宗大忌，神宗怎會同意廢樞密院，而將兵權集於宰相之手？結果神宗覽奏後甚為不悅，並對王安石嚴詞批評郭「必輕俊」。當王問神宗為何對郭如此評論時，神宗就以郭竟建議併樞密院和廢募兵為非。王安石這時還為郭說話，說他人才難得，又說他亦曉事，可予試用。當然神宗沒有聽從王之議。郭投機而愚昧，他說李評罷去，天下有志之士皆額手稱慶；卻不察神宗是在王安石以辭職相要的壓力下，才在百般無奈下罷去其心腹李評之職。他魯莽地進言，難免教神宗懷疑是王安石授意的。〔註172〕

〔註171〕《長編》，卷二百三十五，熙寧五年七月戊戌條，頁 5712～5715。起初有司進呈樞密都承旨解職恩例，可授大將軍、刺史。神宗大概怕王安石說話，就以除李評正任刺史太優，於是詔授李評遙領榮州刺史。

〔註172〕《長編》，卷二百三十五，熙寧五年七月丙午條，頁 5721～5722。

　　神宗如此維護李評，羅家祥教授認爲是神宗「在委用變法派官員制訂並推行新法的同時，也是對其嚴加提防的，故利用李評之類，作爲伺察變法派官員及中外之事的工具。倚仗有神宗的寵信，李評則可以隨意參劾官吏，擅改樞密院文字，爲所欲爲」，羅氏也指出神宗故意委用對變法有不同意見的文彥博及馮京爲執政，故「王安石正是清楚地看到宋神宗對變法派且用且疑，時或是非含混，恐難有所成時，才提出去位的」。〔註173〕神宗的用心，羅氏一針見血。事實上，神宗秉承眞宗以來的一套帝王術，用人「且要異論相攪，即各不敢爲非」。〔註174〕李評是神宗寵信的外戚武臣，不屬於文臣任何一黨派，由他來伺察變法派的得失，對神宗來說，自然是理想人選。司馬光曾對神宗言及：「眞宗用丁謂、王欽若，亦以馬知節參之。凡才智之士，必得忠直之士從旁制之，此明主用人之法也。」雖然丁謂（966～1037）、王欽若（962～1025）與王安石相比，在宋人筆下，前二者奸佞而後者賢德；而馬知節（955～1019）在宋人筆下的名聲，更是李評望塵莫及；但司馬光口中的眞宗用人之術，其實與曾公亮所引述的異曲同工。馬知節與李評均是武臣及功臣子弟，由他們來平衡制約當政的文臣，實是宋室帝王代代相承的祖宗心法。〔註175〕

　　李評去職後，大概是王安石的推薦，是月壬寅（廿五），神宗以曾公亮

〔註173〕羅家祥：〈宋神宗與熙豐時期的朋黨之爭〉，載羅著：《宋代政治與學術論稿》（香港：華夏文化藝術出版社，2008年9月），頁170～171。

〔註174〕眞宗這番話由曾公亮所引述。熙寧三年七月壬辰（初四），神宗與曾公亮和王安石等談論應否以司馬光代替去職的樞密使呂公弼。曾公亮及韓絳極力推薦司馬光，神宗遲疑未決，想並用司馬光及馮京，又想用蔡挺。當王安石表態反對對新法有異論的司馬光時，韓絳就改爲附和土的意見；但曾公亮仍堅持委任司馬光。王安石以司馬光不曉樞密院事務而沮之。神宗這時就說：「寇準何所能，及有變，則能立大節」，以寇準（962～1023）比司馬光。王安石仍然說：「金日磾與霍光不爲異，乃可以濟，寇準非能平心忠於爲國，但有才氣，比當時大臣爲勝而已」，堅持不可用異論之人。這時曾公亮就回應說：「眞宗用寇準，人或問眞宗，眞宗曰：『且要異論相攪，即各不敢爲非。』」曾公亮正正道出眞宗用人的帝王術。然而王安石好辯，仍然說：「若朝廷人人異論相攪，即治道何由成？臣愚以爲朝廷任事之臣，非同心同德，協於克一，即天下事無可爲者。」神宗口中不好反駁王，就說：「要令異論相攪，即不可。」神宗爲王安石極力反對之故，最終沒有用司馬光爲樞副；不過，觀乎神宗用人，一直沿用「異論相攪」的平衡術。參見《長編》，卷二百十三，熙寧三年七月壬辰條，頁5168～5169。

〔註175〕司馬光：《涑水記聞》，附錄二〈溫公日記〉，頁352～353。關於馬知節的事功，可參閱何冠環：〈論宋初功臣子弟馬知節（955～1019）〉，載何著：《北宋武將研究》（香港：中華書局，2003年6月），頁137～202。

子、文臣比部員外郎秘閣校理曾孝寬（1025～1090）陞任起居舍人、史館修撰而兼任樞密都承旨。曾是首位文臣出任原本由武臣擔任的職位。與此同時，宋廷又委任三員下級文臣秘書丞呂大忠（？～1097後）、著作郎張大中、大理評事趙君錫並權檢詳樞密院文字：呂大忠任兵房，張大中任禮房，而趙君錫任吏房。到閏七月庚申（十三），王安石借宋遼邊境界河的糾紛，需委人處理，就推薦李評的副手樞密副都承旨李綬，自皇城使陞西上閤門使出知代州（今山西忻州市代縣）。這樣的人事安排，李燾引林希的說法，認爲「自此密院官屬亦安石黨人矣」。而據張小平的考證，曾孝寬一直是王安石推行新法的得力助手。〔註 176〕據此，我們可以看到，王安石所以用盡一切手段趕走李評，換上依附他的人，也爲了控制樞密院。神宗這時仍需倚重王安石，只好暫時妥協，到王安石罷相後，他再用武臣任樞密都承旨。〔註 177〕

是年八月甲申（初八），李家的密友歐陽修卒於潁州，潁州長吏奏告宋廷，神宗贈歐陽修太子太師，諡文忠。據林希所記，李評先命出知保州，稍後徙知潁州。〔註 178〕未悉歐陽修卒時，他已徙知潁州否。倘他已在潁州，以他一家與歐陽修的交情，他一定爲歐陽修的身後事盡力的。

李評雖離開京師多時，但王安石似乎仍未釋憾。他以兩省以上致仕官遷官的舊制不妥，認爲「中書失檢舊制，誤放行李端愿、李柬之敘封，當改正」，指李評父李端愿之前遷官實在佔了便宜，他認爲「敘封初無義理，今既未能

〔註176〕《長編》，卷二百三十五，熙寧五年七月戊戌條，頁 5715；壬寅條，頁 5718；卷二百三十六，熙寧五年閏七月庚申條，頁 5739～5741。關於曾孝寬的事蹟，可參閱張小平：〈相門高才：曾孝寬事蹟論略〉，《遼東學院學報》（社會科學版），第 11 卷第 5 期（2009 年 10 月），頁 132～136。

〔註177〕神宗於熙寧六年（1073）正月壬申（廿八）前，已擢用武臣西上閤門副使張誠一爲權樞密副都承旨，當曾孝寬在是月辛亥（初七）被委爲河北路察訪使，到是年三月暫離京師時，承旨司的工作就由張誠一代理。到元豐三年（1080），已陞任客省使的張誠一即陞任樞密都承旨。不過，到元祐中高太后臨朝，舊黨當政後，又復用文臣爲都承旨。惟徽宗親政後，在崇寧以後，則專用武臣。直到高宗紹興二年（1132）才再由文臣充任。參見《長編》，卷二百四十二，熙寧六年正月辛亥條，頁 5891；壬申條，頁 5895～5896；卷二百四十三，熙寧六年三月戊申條，頁 5917；不著撰人：《翰苑新書前集》，文淵閣《四庫全書》本，卷六〈樞屬・都副承旨〉，葉七下至八上。

〔註178〕《長編》，卷二百三十五，熙寧五年七月戊戌條，頁 5715；卷二百三十七，熙寧五年八月甲申條，頁 5765；《宋史》，卷四百六十四〈外戚傳中・李遵勗附李評〉，頁 13572。考《宋史》李評本傳只記他以榮州刺史出知潁州，而沒記知保州，他大概出知保州的時間甚短，有可能歐陽修卒時他已在潁州任上。

遽革，豈可更承誤遂爲例，如三公、三師官，乃因郊恩子孫敘授，尤非宜。」神宗給他說服，於十月癸巳（十八）下詔兩省以上致仕官，不得因大禮用子升朝敘封遷官。〔註179〕李端愿再要遷官，就沒有那麼容易了。

熙寧六年（1073）四月己亥（廿六），一直與王安石意見不合的文彥博罷樞密使出判河陽。〔註180〕然神宗並沒有完全放任王安石掌政，他在是年六月戊子（十六）特意召李評的叔父引進使、眉州防禦使李端愿自冀州還朝，管勾闕正官的客省、四方館事。原本管勾客省及四方館事的西上閤門副使張誠一，在李端愿回朝後應罷兼職，但李仍請神宗令張依舊權管勾。神宗准奏。張誠一是李評的舊部，李端愿自然將他留下作爲助手。三天後（辛卯，十九），神宗又詔李端愿本來在兩年後可除正任防禦使，但坐知冀州日擅自合併驍捷等指揮，措置乖方，以致遼人燀國信驛。爲此，他陞授正任防禦使要再展延兩年；〔註181〕不過，七月乙卯（十四），王安石推薦以收復河州有功的東上閤門使河州刺史景思立（？～1074），陞授河州團練使、四方館使時，神宗卻爲李端愿尙爲遙領的防禦使表示可惜。〔註182〕

神宗在八月癸未（十二），又給李評的兄長供備庫使李諒一份優差，命他擔任遼國正旦副使，佐太子中允、權監察御史裏行蔡確（1037～1093）使遼。〔註183〕

得沐皇恩的李端愿思有所報，他在九月丙辰（十六）以引進使管勾閤門的職務上言，指出近來神宗在每月的朔望御文德殿視朝，不管奇寒或盛暑都不改，而在紫宸殿之視朝，每年並不常舉行。他請求神宗改在朔日御文德殿，望日才坐紫宸殿，而貴乎正衙及內殿的朝儀並舉。他這份愛君之心得到神宗的欣賞，即詔從之。〔註184〕

〔註179〕《長編》，卷二百三十九，熙寧五年十月癸巳條，頁 5817；《宋史》，卷一百七十〈職官志十・致仕〉，頁 4092～4093。

〔註180〕《長編》，卷二百四十四，熙寧六年四月己亥條，頁 5944～5955。

〔註181〕《長編》，卷二百四十五，熙寧六年六月戊子條，頁 5969；辛卯條，頁 5970；卷二百四十七，熙寧六年九月丙辰條，頁 6013；《宋會要輯稿》，第七冊，〈職官三十五・四方館〉，頁 3875；《宋史》，卷四百六十四〈外戚傳中・李遵勗附李端愿〉，頁 13571。李端愿回朝時，官引進使領眉州防禦使。而據《宋史・李端愿傳》所記，李出知冀州前，曾知邢州，他何時知邢州及徙冀州不詳。

〔註182〕《長編》，卷二百四十六，熙寧六年七月乙卯條，頁 5981。

〔註183〕《長編》，卷二百四十六，熙寧六年八月癸未條，頁 5991。

〔註184〕《長編》，卷二百四十七，熙寧六年九月丙辰條，頁 6013；《宋會要輯稿》，第四冊，〈儀制一・垂拱殿視朝〉，頁 2303；《宋史》，卷一百十六〈禮志十九〉，

　　十月辛巳（十二），神宗以收復熙州（今甘肅定西市臨洮縣）、洮州（今甘肅甘南藏族自治州臨潭縣）、岷州（今甘肅定西市岷縣）、疊州（今甘肅甘南藏族自治州迭部縣）、宕州（今甘肅隴南市岩昌縣）二千餘里，並斬獲不順蕃部萬九千餘人，招撫大小蕃族三十餘萬帳的功勞，賜所服玉帶予王安石，並擢陝西征主師知熙州、樞密直學士、禮部郎中王韶（1030～1081）為端明殿學士兼龍圖閣學士、左諫議大夫，其餘將校自秦鳳路副都總管、捧日天武四廂都指揮使昭州刺史張玉以下均獲優遷。〔註185〕成功為神宗拓邊西北，王安石此時聖眷最隆，李評要回朝就不容易。

　　十一月辛酉（廿二），外戚中的尊長、振武軍節度使李璋自鄆州還朝，在襄州病卒。神宗對仁宗這位表弟恤典從優，贈太尉，諡良惠，錄其子五人，並各遷一官，未仕者三人，錄為左侍禁，並免李家所貸用以治喪之錢三千緡。〔註186〕

　　神宗善待李璋一家，對於李端愿一家自然不會怠慢。熙寧七年（1074）二月丙戌（廿四），當有司請將獻穆大長公主宅月給太宗、真宗神御香酒等物罷除時，神宗不同意，詔月給如舊。〔註187〕李家寵眷未衰之時，秉政六年的王安石卻在曹太后、高太后、皇弟岐王顥以及朝廷內外不少人的反對下，又見神宗對新法動搖，而請求罷職。神宗這次不像上次那樣極力挽留他，四月丙戌（十九），王安石罷為吏部尚書觀文殿大學士出知江寧府。王的同年好友韓絳自大名府召還復任宰相，而王的親信翰林學士呂惠卿（1035～1111）擢任參知政事，繼續推行新法。〔註188〕

　　五月丙辰（十九），呂惠卿本來想將王安石的妹夫朱明之薦為侍講，但神宗不允所請。據司馬光所記，當日王安石迫神宗說出奏告密事是李評，而稍後王安石卻不肯對神宗透露誰告訴他宮中密事。神宗不悅，以「朕無隱於卿，

頁 2757～2758。

〔註185〕《長編》，卷二百四十七，熙寧六年十月辛巳至癸未條，頁 6022～6024。張玉擢為宣州觀察使，而高太后族人、知通遠軍（即環州，今甘肅慶陽市環縣）、權熙河路總管、西上閤門使榮州刺史高遵裕（1026～1085）擢岷州刺史、知岷州，引進副使張守約（1017～1091）授知通遠軍。另內臣勾當御藥院李憲授遙郡團練使寄資，內藏庫使提舉熙河路蕃部王君萬（？～1080）為皇城使、英州刺史。

〔註186〕《長編》，卷二百四十八，熙寧六年十一月辛酉條，頁 6048。

〔註187〕《長編》，卷二百五十，熙寧七年二月丙戌條，頁 6099。考《長編》記獻穆大長公主的國封為「韓國」，考諸群書，大長公主薨時諡齊國，到徽宗才改封荊國，疑《長編》誤記。

〔註188〕《長編》，卷二百五十二，熙寧七年四月丙戌條，頁 6168～6170。

卿獨隱於朕乎」之重話責王，王才肯說出他所知的密事來自朱明之，從此神宗厭惡朱明之，寧可擢用王安石另一妹夫沈季長，也不肯用朱明之。神宗顯然對王安石當日迫他逐走李評仍耿耿於懷。〔註189〕

八月丁丑（十二），宋廷選派遼主生辰使、遼國母生辰使及正旦使，其中遼國母生辰副使本來選了引進使、忠州團練使苗授（1029～1095），但苗以疾辭任，宋廷改命另一引進使周永清（？～1074後），但周又以母病推辭；於是神宗復用時知穎州、東上閤門使的李評為遼國母生辰副使。當時遼兵二十萬壓代州境，遣使向宋索地，不少歲聘使都畏而不敢去。知制誥許將（1037～1111）卻欣然承命，與李評一同出使。許將至遼，遼人果然以代州事詰問，許屢以言折遼人，遼人就不敢再多說。神宗這次選派他的心腹李評出使，相信是為刺探遼人索取代州地的情報。〔註190〕

九月壬子（十七），李評使歸後回朝覆命後，神宗便復用他權同勾當三班院，回到他的身旁。〔註191〕王安石千方百計要逐走他；但他罷相才五個月，李評便回朝。

十月戊辰（初四），李端懿的長婿宗室代州防禦使宗保卒，宋廷優贈他靜難軍節度使、新平郡王，謚恭靜。宗保對母盡孝，又對人寬厚，被譽為宗室之賢者。雖然李端懿長女早卒，但他與李氏族人當仍往來不絕，禮數不廢。〔註192〕

〔註189〕《涑水記聞》，卷十六，頁313～314；《長編》，卷二百五十三，熙寧七年五月丙辰條，頁6196～6197；卷三百十七，元豐四年十月庚申條，頁7665～7666。考朱明之在元豐四年十月，因與王安石家人的姻親關係，而被牽連落職。

〔註190〕《長編》，卷二百五十五，熙寧七年八月丁丑條，頁6235～6236；癸未條，頁6238。神宗同時委任兵部郎中集賢殿修撰張芻為遼主生辰使，以皇城使、忠州刺史石鑑（？～1076後）為副使。神宗並委屯田郎中、權管勾三司開拆使韓鐸為正旦使，而以內殿崇班王謹初為副使。原本知制誥直學士院章惇任遼國母生辰使，因章改授河北西路察訪使，就改以許將出任。另衛尉少卿宋昌言（？～1075後）獲委為正旦使，西京左藏庫副使郭若虛（？～1075後）為副使。

〔註191〕《長編》，卷二百五十六，熙寧七年九月壬子條，頁6255；卷二百五十七，熙寧七年十月丙子條，頁6273；《宋史》，卷四百六十四〈外戚傳中‧李遵勖附李評〉，頁13572。考神宗於翌月丙子（十二），又委自雄州（今河北保定市雄縣）還朝的衛州防禦使馮行己為權同勾當三班院，與李評一同管理三班使臣。

〔註192〕《長編》，卷二百五十七，熙寧七年十月戊辰條，頁6270～6271；《宋會要輯稿》，第一冊，〈帝系三‧追封郡王〉，頁82～83。考宗保在幼年時曾養於仁宗宮中，故獲得優贈。他對生母康氏極盡孝道，為她施藥每年十餘萬。他曾書「忍者」以為行事之戒。李端懿當年看上了他，選為長婿，除了他曾在宮中的淵源外，相信也為他的性情純良之故。

十二月丁卯（初四），文武百官都以南郊赦書加恩，神宗將外戚岷州團練使、知岷州高遵裕徙知熙州同時，將他擢為龍神衛四廂都指揮使，位列管軍。翌日（初六），追封高太后祖高繼勳（959～1036）為康王，太后父遵甫為武功郡王。值得注意的是，神宗在同月甲戌（十一）稍後又接受宰相韓絳的推薦，復用王安石罷黜的种諤為禮賓副使、永興等路州都監。〔註193〕

熙寧八年（1075）正月庚子（初七），呂惠卿為了打擊政敵參政馮京，就使侍御史知雜事張琥（？～1076後）劾告馮京和王安石弟秘閣校理王安國（1028～1074）教唆鄭俠反對新法。呂欲一石二鳥，除了擠去馮京外，也以王安國事牽連王安石，讓王失歡於神宗而不獲重召為相，好讓自己能取而代之。結果馮被罷知亳州，王安國和集賢校理丁諷（？～1075後）、駙馬都尉王師約父、權發遣戶部副使王克臣等人均被貶降。在這場政爭中，幸而王師約當日沒有聽從父言饋贈鄭俠，才得免受牽連。王安國獲罪，神宗降詔諭王安石，王對使者泣，從此與呂惠卿反目成仇。〔註194〕在這場風波中，李評父子倒是置身事外。

神宗在是月辛酉（廿八），又對外戚加恩典：因景靈宮使、昭德節度使兼侍中曹佾所請，神宗將朝陽門外飛猛第一軍空營賜他以修建佛寺。數天後，於二月丙寅（初四），又恢復仁宗長婿濟州防禦使李瑋為駙馬都尉、彰信軍留後。神宗自然不忘加恩李家，同月庚辰（十八），李端愨便得以提前數月獲授正任的沂州防禦使。〔註195〕值得注意的是，宋廷政局在同月癸酉（十一）又

〔註193〕《長編》，卷二百五十八，熙寧七年十二月丁卯條，頁6293～6294；己巳條，頁6296；甲戌條，頁6299；卷二百六十，熙寧八年二月丙戌條，頁6346。考宋廷將客省使知通遠軍張守約徙知岷州，而左藏庫副使河北第十八將楊復兼閤門通事舍人，命權知通遠軍。高遵裕到熙寧八年二月丙戌（廿四）已遷高一階的管軍為捧日天武四廂都指揮使，並授熙河路總管仍知熙州。

〔註194〕《長編》，卷二百五十九，熙寧八年正月庚子條，頁6310～6315；卷二百六十四，熙寧八年五月戊寅條，頁6475。本來王克臣命長子公約諭王師約饋贈鄭俠，但王師約謹慎，以他「連姻帝室，不敢與外人交」，他說可提供白金，但由王克臣自己給鄭。結果王克臣被御史中丞鄧綰（1028～1086）劾他「以戚里受國厚恩，知俠國之所棄，而資給之」。大概神宗念他是外戚，王克臣只被輕責追一官。丁諷則被落職監無為軍酒稅，王安國被追毀出身放歸田里。本來呂惠卿要將鄭俠置諸死地，神宗只將他改編管英州（今廣東英德市）。其他被牽連的人，內殿承制楊永芳被追一官，御史臺吏、前慶州錄事參軍楊忠信、檢院吏孔仲卿、撫州進士吳無至均被決杖編管諸州。王師約避過這一劫，在熙寧八年五月戊寅（十八），就得以用壬申詔書磨勘，而由成州團練使遷汝州防禦使。

〔註195〕《長編》，卷二百四十五，熙寧六年六月辛卯條，頁5970；卷二百五十九，

起變化：因韓絳的進言，神宗復召王安石爲相；不過，復相的王安石的矛頭，不再指向李評，而是背叛他的呂惠卿。〔註196〕

三月辛丑（初九），神宗以河東議界的事遲疑不決，召輔臣對於資政殿後，即命韓絳弟兵部郎中天章閣待制韓縝（1019～1097）及樞密副都承旨西上閤門使張誠一乘驛往河東，與遼人談判地界，代替先前所派的劉忱（？～1080後）與呂大忠。〔註197〕神宗仍是放心不下，於同月壬子（二十）再詔輔臣對於資政殿後，於翌日（癸丑，廿一），命熟悉邊事的右正言知制誥沈括（1031～1095）假翰林侍讀學士，爲回謝遼國使，而以李評借四方館使充任副使。〔註198〕王安石雖向不喜李評，但李之前曾出使遼國，熟知遼情，而且當是神宗欽點，王就找不出理由反對。是月辛酉（廿九）晚上，神宗特召沈括與李評入對資政殿，沈括奉命後，往樞密院內閱讀檔案，發現遼國往年開始爭議河東地界時，指古長城爲界，今日所爭的乃是黃嵬山，相距三十餘里。沈括入對時，作表圖呈上。神宗覽表大喜，以筆畫圖，命內臣李憲持往中書及樞密院，切責王安石等，命他們以沈所作的圖表出示遼使蕭禧。蕭禧據說因此詞窮。神宗命內臣賜沈括銀千兩，並褒獎他說「微卿無以折邊訟」。〔註199〕這次沈括雖得到神宗的嘉許，不過就大大開罪了王安石。〔註200〕筆

　　　　熙寧八年正月辛酉條，頁6325；卷二百六十，熙寧八年二月丙寅條，頁6332；
　　　　庚辰條，頁6343。
〔註196〕《長編》，卷二百六十，熙寧八年二月癸酉條，頁 6336～6338。呂惠卿用盡
　　　　一切方法排毀王安石，以阻他復相。他又與韓絳多次相爭，於是韓絳乘間請
　　　　神宗復相王安石。神宗接受，當下詔召還王安石時，呂惠卿聞命愕然。
〔註197〕《長編》，卷二百六十一，熙寧八年三月辛丑條，頁6359；己酉條，頁6361；
　　　　卷二百六十二，熙寧八年四月戊寅條，頁6401。考神宗又以承旨司及閤門闕
　　　　人，於四月戊寅（十七），改命新知代州的周永清代張誠一出使。
〔註198〕《長編》，卷二百六十一，熙寧八年三月壬子至癸丑條，頁6362。按《長編》
　　　　將李評的官職寫作西上閤門使，當誤。
〔註199〕《長編》，卷二百六十一，熙寧八年三月辛酉條，頁6367～6369。
〔註200〕神宗甚爲賞識沈括，在熙寧八年閏四月癸巳（初二）命沈括提舉大名府、澶
　　　　州、恩州義勇保甲，又想任命沈括爲樞密都承旨判兵部；但王安石痛罵沈是
　　　　壬人，不可親近，又說他出使河北而陰沮新法。神宗不得已，只好收回成命，
　　　　不教沈括判兵部。到五月丁亥（廿七），當王與神宗論及呂惠卿時，又借機會
　　　　攻擊沈括是反覆之人，說「人人所知，眞是壬人」，勸神宗當畏而遠之，稱沈
　　　　雖有能，然不可親近。近期撰寫沈括傳的何勇強，也認爲沈括這次大出風頭，
　　　　卻得罪了執政大臣，爲他後來罷官種下惡果。參見《長編》，卷二百六十三，
　　　　熙寧八年閏四月癸巳至甲午條，頁6418～6419；卷二百六十四，熙寧八年五
　　　　月丁亥條，頁6480；何勇強：《科學全才——沈括傳》（杭州：浙江人民出版

者以爲他敢向神宗直言，很有可能得到李評的鼓勵和支持。事實上，他若不據實陳奏，李評一定向神宗奏報，而他就有欺君之嫌。神宗任命他的心腹爲副使，實有深意。

沈括和李評在四月底至雄州，但遼人遮境不納，責問宋人割地，並數次舉烽火於邊地，以示必舉兵。沈、李二人留雄州二十餘日，等到遼使蕭禧返遼，才許沈、李二人入境。《長編》引《入國別錄》所記，沈、李二人入遼境後，在閏四月庚辰（十九）離開新城縣（今河北保定市高碑店市東南新城），五月癸未（廿三）至永安山遠亭子，乙酉（廿五）到遼庭。遼方的館伴使蕭琳雅、始平軍節度使耶律壽、樞密副使、樞密直學士、右諫議大夫梁穎（？〜1086 後）於兩天後（乙酉，廿五）入見。丁亥（廿七）沈、李二人入帳見遼主前赴宴。己丑（廿九），沈、李就驛館獲賜宴，遼主派樞密副使楊遵勗（1023〜1079，字益誠）主持宴會，在宴會上宋遼使臣就蔚州、應州、朔州之劃界糾紛展開針鋒相對的論辯。李評配合沈括，時軟時硬，逐項還擊遼人爭地的論據。這次宋遼首度交鋒，李評共發言十一次，不亢不卑地與遼方抗辯，有效地幫助沈括達成任務。考沈括入境前，命吏屬誦讀他從樞密院找到數十件與這次地訟有關之圖籍。李評首次亮劍，已把這些有利宋方的證據使用得揮灑自如。〔註 201〕

社，2005 年 7 月），第八章〈經營邊務〉，頁 197。

〔註 201〕《長編》，卷二百六十五，熙寧八年六月壬子條，頁 6497〜6503。在五月己丑（廿九）的交鋒中，李評在沈括發言五次，反駁楊遵勗和梁穎後，就接著說：「昨來北朝國書并白箚子内理會事目，如瓦窰塢、李福蠻、水峪、義兒馬鋪及三小鋪、西陘一帶等處，南朝雖有文字照驗分白，但以交驗賊蹤，或捉送逃走軍人，各依長連城、六番嶺、關子口鋪，並非兩朝爲界去處，照據界限并雁門、胡谷寨以東數寨，下經治平年發遣鋪分，朝廷已不論有無照證，更不理會，並應副北朝事理已盡。其黃嵬大山自有原定界至腳下爲界文字，其天池又有順義軍開泰五年牒，稱係寧化軍地分，照驗分白，今來更有甚商量？」當梁穎再提出先前與劉忱的談判時，李評就批評：「學士們在河東時只爭閒事，幾時曾理會地界？」當梁穎再說天池地分自屬北界顯然。若天池神堂不屬北界，因何卻是北界行牒修葺。李評即反駁：「既屬北界，因何卻是南朝修葺？」當沈括兩度反駁梁穎的話後，李評就接著說：「北朝理會數事，理有可否，可者已從辯撥，否者難便商量，怎生不回謝！」沈括與梁穎數度交鋒後，李評又力稱宋遼「自來是長連城、六番嶺爲界」，當梁穎質疑有甚證據時，李評就重申前論，滔滔雄辯地說：「自來長連城、六番嶺一帶，關子口鋪便是南北分界去處。前後北朝州縣交驗賊蹤，送還逃走軍人，文牒嘸多，便是界至去處。今來南朝雖有此等文牒照驗分白，爲只是因事該指鋪分界至，不是特指定屬南屬北文字。今本朝更不論有無照據，已依白箚子内處所辯撥應副北朝了當。黃嵬專有兩朝差官立定界至

　　六月辛卯（初一），沈、李二人再次赴宴，與遼使楊遵勗、梁穎等第二度交鋒。是日李評又配合沈括，九度發言，據理力爭，令遼人無可奈何。〔註202〕

文字，及有順義軍累次公牒，並特指說黃嵬大山腳下爲界。天池又有開泰五年順義軍牒，特指說係屬寧化軍地分，並是北朝文字，理道分白，怎生改移？」沈括繼續與梁穎多番交鋒後，李評了從旁補充一句說：「侍讀只是說喻」外，又指責遼方「邊上地界接連去處，平時無事，兩朝人往來樵采放牧，又有何不可？豈爲時暫住坐便來侵占爲自己田地？」當遼方有人想近前助說時，李評認得他是蕭禧隨行都管高思裕，馬上出言制止：「且容侍讀、評與樞密給事、館伴琳雅、學士說話，不銷得你擾說，且退！」高給李評一喝只好退下。沈括隨後又與梁穎、楊遵勗多番爭辯後，楊提出宋遼和好，生靈受賜，希望沈李二人體會遼方之意，早日解決雙方爭議。李評首先順著楊的話說：「繼好息民，生靈受賜，誠如樞密給事之說」，然後連銷帶打地說：「這些土地得失，不繫兩朝損益。」又考《入國別錄》將楊遵勗寫作「楊益戒」，據《遼史》所載，楊遵勗字益誠，他在咸雍三年（即治平四年）六月，當李評初次使遼時曾見面，他後來又曾使宋爲賀正旦使，與李評早已交手（事見注130）。他在沈括返宋後同月丙辰（廿六）自樞密副使擢參知政事。他官至北府宰相，大康中（約五年，1079）卒，年五十六。梁穎《遼史》無傳，他官至宰相，於大安二年（即元祐元年）五月罷相出知興中府，以後事蹟不詳。參見《遼史》，卷二十三〈道宗紀三〉，頁277；卷二十四〈道宗紀四〉，頁291；卷一百五〈能吏傳・楊遵勗〉，頁1464。

〔註202〕在六月辛卯（初一）的交鋒中，遼使楊遵勗又提出除了遼使蕭禧在宋廷倚柱立不肯下階一事要查究外，雙方只有黃嵬大山和天池子地界事未決，但前提是沈括二人必須帶來宋朝聖旨來商量，若不這樣，又要宋方再派人商議。李評首先與沈括輕描淡寫地回答說：「謹審聖旨，南朝只欲聞達，恐臣括、臣評蒙蔽。所諭蕭禧倚柱一節，待與問當。深見聖意敦重和好事體，候括等到南朝，一一聞達。」然後李評再咬著要害議題不放說：「上承聖諭，足見敦尚和好之體，然自見行問當蕭禧以上一節，宣諭評等，當一一歸奏南朝。其黃嵬大山、天池，北朝言未了公事，使人雖聞，即不敢歸奏。」當楊遵勗怪責李評是否在此事不肯商量時，李評就說：「若得本朝指揮來商議，豈敢不商議？」當梁穎堅持蔚、應、朔三州地只有朔州地的黃嵬及天池未決時，李評就不客氣的指出：「奈何南朝所執照據，的確甚是分白。但恐北朝邊臣生事邀功，上惑朝廷未已，樞密給事，北朝執政大臣，請試思南北兩朝通好七八十年，兄弟叔姪情契如此，不知這件小事消與不消如此計較？」當楊說事小則固是後，李評得勢不饒人說：「乞樞密附奏皇帝，此北界議論，是兩朝皇帝家國事，或恐內外臣僚爲已興議論，卻不敢自罷止。更望皇帝自奮英斷，早指揮了絕則好。」當梁穎及楊遵勗仍找理由推托，李評再說：「評意道恐群臣議論不決，更乞特出自聖斷也。幾時不出聖意來？方說話次當，便捉一兩字來評執使人，於理不可。」梁穎聽罷氣得說李評有錯，李評就聲稱「評不錯，是學士錯。」梁穎稱怎麼用這些公事來氣他？李評即反唇相稽說：「既言事小，到這裡也好了當也。」這時沈括接過議題，再與遼使爭鋒多回。當梁穎堅稱天池既是宋朝土地，爲何要遼行牒修葺？李評再反駁：「昨日已曾咨聞，既是北朝地土，因甚卻牒南朝修葺？」跟著就由沈括舌戰群儒，讓遼使盡落下風。宴會後，沈括以酒醉爲辭策馬先走，

翌日（壬辰，初二），宋遼使臣宴射間，又三度交鋒。這日李評發言二次。〔註203〕兩天後（甲午，初四），沈、李二人在驛館與遼使夜宴，又再次交鋒。這晚李評發言四次。〔註204〕翌日（乙未，初五）沈、李二人即離境返宋。據《入國別錄》引〈隨行李回狀〉所載，遼道宗（1032～1101，1055～1101在位）曾稱讚沈、李二人「開說得理道甚是分白」、「沈侍讀、李館使來說得事理分白」。〔註205〕儘管李回這條記載可能是宋人誇大，然平情而論，這次沈、李二人使遼，可說不辱使命，他們在議地方面守穩了宋朝的立場。沈括事前做足了功夫，搜集了對宋方有利的證據，而在與遼使四次談判中能不亢不卑地堅持立場，處處爭取主動，不落下風。研究沈括生平事功的學者，對他這次出使均有很高的評價。值得注意的是，李評也成功地扮演綠葉的角色，配合沈括，在四次與遼人交鋒的過程中時硬時軟，時莊時諧地與遼人較勁。《長編》有幸保存了《入國別錄》關於這次交涉的極爲詳盡的記錄，使李評的出色的外交辭令不致被埋沒。〔註206〕

梁穎無法再說話，只好對李評說：「侍讀只是揀便宜處說，沒便宜處便推醉也。」參見《長編》，卷二百六十五，熙寧八年六月壬子條，頁6503～6507。

〔註203〕六月壬辰（初二），當梁穎仍糾纏黃嵬及天池之爭如何解決時，李評即將球踢回給遼方說：「此雖是小事，亦無可商議。但北朝皇帝指揮了絕，即便可以了絕也。」梁穎又提出若天池子是宋地，爲何當初不設寨鋪？沈括反駁梁的話後，李評再以武將的身份補充說：「自家地内掘壕塹有何不可？既是掘壕蓋鋪，須得人功，不知當時是引軍兵，差人夫來？緣當時是部領人夫，怎生今日便指作軍兵惡模樣？」參見《長編》，卷二百六十五，熙寧八年六月壬子條，頁6507～6508。

〔註204〕六月甲午（初四），宋遼使臣在夜宴中酒過數行後，梁穎看著耶律壽，故意提到黃嵬山和天池的問題，然後又試探李評，問是否不須要和耶律壽商量。李評不再繞圈子，直接回絕他說：「只爲不奉朝旨商量，怎生敢到此商量？學士累歷必亦曉得。」當梁穎追問天池除了開泰五年之證據外，之後還有甚麼證據證明屬於宋朝。李評屬聲回答說：「有。」然後望著沈括，沈括馬上詳細開列證據。李評隨後補上兩句說：「南朝照據嚒有，今且略陳所記耳。」沈括隨後再申明理據。酒行至十四盞，沈、李二人即表示酒已足請罷宴。梁穎仍以酒只十盞，還要留下二人，李評就語帶相關地對梁穎笑說：「不是侍讀面前以榛實記數甚分白，這酒巡莫不尚廝賴？」梁穎與耶律壽聽罷都笑起來。沈括在遼人前對李評說：「前後學士所辨言語甚好，學士不錯，學士對南朝使人須著如此理辨方是也。必然與朝廷密論時，自須依理道前後咨聞事理，學士心豈不曉？言語且須著恁地不錯。」參見《長編》，卷二百六十五，熙寧八年六月壬子條，頁6508～6509。

〔註205〕《長編》，卷二百六十五，熙寧八年六月壬子條，頁6513。

〔註206〕關於沈括在這次使遼的成就，最早研究他事蹟的張家駒（1914～1974），即稱他在此場交涉中取得勝利。張氏也參考了《長編》所引《入國別錄》的記載，論述沈括與遼人針鋒相對的交涉過程，張氏也部份引述李評的參與，但並沒

　　李評從遼國使還後，眞除四方館使。他回來才一個月，神宗在七月戊寅（十八）又再命他以四方館使、榮州刺史的職銜出使河東，協助韓縝同分畫地界，並且下詔催促他出發。神宗本來在同月甲申（廿四）日想罷韓縝使河東之命，但王安石認爲不須罷，神宗就收回成命。至於李評的搭檔沈括，在同月壬午（廿二），出爲淮南、兩浙災傷州軍體量安撫使，沒有再被差往河東，寧用韓縝而不用沈括，可能是王安石的主意。〔註207〕

　　李評出使後，大概在九月底奏上神宗，指實地勘察後，義興冶、胡谷、茹越和大石四寨堡鋪分界，和韓縝先前所上的畫圖不同。神宗於是在十月己丑（初一）再命樞密都承旨、龍圖閣直學士曾孝寬前往河東審議此事。曾抵河東後，同意李評所奏，請差官按視改正。〔註208〕因御史蔡承禧（1035～1084）的嚴劾，背叛王安石的呂惠卿於翌日（庚寅，初二）罷參政出知陳州。〔註209〕庚子（十二），權三司使章惇被御史中丞鄧綰（1028～1086）攻擊，指他是呂惠卿的同黨，神宗將章罷知湖州（今浙江湖州市），而將使遼有功的沈括召還出任權三司使。沈括獲得重用，說不定得到使遼的搭檔李評的推薦。〔註210〕

　　北庭劃界尚在進行中，南疆又起烽煙。因先後兩任的廣南經略使沈起和劉彝（？～1076 後）欲建邊功，處置失當，而給交趾有藉口興兵犯境。十一月戊寅（二十），交趾攻陷欽州（今廣西欽州市）。三日後（辛巳，廿三）又攻佔廉州（今廣西欽州市浦北縣）。到十二月丁酉（初十），又進圍邕州（今

有注意李評的角色與作用。而在 2005 年撰寫沈括傳的何勇強，也稱「沈括一行人侃侃而談，不爲所屈，最後出色地完成了出使的任務」。何氏只略提及李評，也同樣沒有注意李評的作用。參見張家駒：《沈括》（上海：上海人民出版社，1962 年 8 月），第四章〈在對遼交涉中取得了勝利〉，頁 77～98；何勇強：《科學全才──沈括傳》，第八章〈經營邊務〉，頁 194～201。關於宋遼邊界交涉的問題，家師陶晉生教授曾有專文論述，值得參閱。而從熙寧七年到熙寧九年（1076）的這場劃界交涉的經過，王安石的責任及他立場的變化，也可參閱陶師論王安石對遼外交政策一文有關章節。參閱陶晉生師：〈宋遼邊界交涉的問題〉，原刊《中國民族史研究》第四輯（北京，1992 年），頁 40～48。現收入陶著：《宋遼金史論叢》（臺北：聯經出版事業股份有限公司、中央研究院，2013 年 11 月），頁 227～237；陶晉生師：《宋遼關係史研究》（臺北：聯經出版事業股份有限公司，1984 年 7 月），第六章〈王安石的對遼外交政策〉，頁 144～167。

〔註207〕《長編》，卷二百六十六，熙寧八年七月戊寅條，頁 6527～6528；壬午條，頁 6531；《宋會要輯稿》，第十六冊〈蕃夷二・遼下〉，頁 9753。

〔註208〕《長編》，卷二百六十九，熙寧八年十月己丑條，頁 6582。

〔註209〕《長編》，卷二百六十九，熙寧八年十月庚寅條，頁 6584～6591。

〔註210〕《長編》，卷二百六十九，熙寧八年十月庚子條，頁 6598～6600。

廣西南寧市）。宋廷隨即調整廣南諸州長官人事，並發河北第三十五將赴桂州（今廣西桂林市），第十九將駐潭州（今湖南長沙市），以備廣西經略司調用。同日神宗命知延州、天章閣待制、吏部員外郎趙禼為安南道行營馬步軍都總管、經略招討使兼廣南西路安撫使，任征交趾主帥，而以內臣昭宣使、嘉州防禦使入內押班李憲為副，龍神衛四廂都指揮使、忠州刺史燕達為副都總管。另詔知桂州石鑑及廣南西路轉運判官周沃等查察沈起與劉彝的責任。〔註211〕

當宋廷為南疆的事而動員時，李評與韓縝在十二月癸巳（初六）奉召回京匯報河東劃界之事。因樞密都承旨曾孝寬於是月壬寅（十五）擢陞為樞密直學士、同簽書樞密院事，韓縝在是月辛亥（廿四），獲擢為樞密都承旨兼判兵部群牧使。〔註212〕神宗委用兩員前任及現任的樞密都承旨處理河東劃界交涉，看得出神宗的重視。丙辰（廿九），神宗命韓縝及李評入內詳看有關宋遼雙方交涉的文字紀錄，為了機密，下令閒雜人等不許放入。到熙寧九年（1076）正月癸亥（初六），神宗批示韓、李二人，等到遼使請辭畢，就出示他宋廷所劃定的文字，要遼方遵守施行，並催促他們早日起程返河東。〔註213〕

南疆的情況卻很不妙，是月辛酉（初四）廣南西路都監張守節（？～1076）被交趾敗於邕州附近的崑崙關（在今廣西南寧市邕寧區、賓陽兩縣交界），張守節死之。同月庚午（十三），宋廷調派陝西、河北、京西及河東多路兵馬將校並充安南行營將副。宋軍出師安南，要到宋遼正在交涉的河東調兵，李評頗不以為然，他認為大軍南征，而從西北調兵，就會給交趾輕視。〔註214〕惟

〔註211〕《長編》，卷二百七十，熙寧八年十一月戊寅條，頁 6624；卷二百七十一，熙寧八年十二月丁酉條，頁 6639～6640；甲辰至辛亥條，頁 6645～6649。

〔註212〕《長編》，卷二百六十六，熙寧八年七月戊寅條，頁 6528；卷二百七十一，熙寧八年十二月壬寅條，頁 6642；辛亥條，頁 6649；《宋會要輯稿》，第十六冊，〈蕃夷二・遼下〉，頁 9753。神宗又以寶文閣待制兼樞密都承旨李承之（？～1091）代知延州。

〔註213〕《長編》，卷二百七十二，熙寧九年正月癸亥條，頁 6657。

〔註214〕《長編》，卷二百七十二，熙寧九年正月辛酉條，頁 6656；庚午條，頁 6659～6660；卷二百七十三，熙寧九年二月己亥條，頁 6682；卷二百七十六，熙寧九年六月壬子條，頁 6762～6763；《宋史》，卷四百六十四〈外戚傳中・李遵勖附李評〉，頁 13571。宋廷所調派往安南行營的河東軍，有河東第七副將王愍（？～1099後）部，而獲選的河東軍一大部份是馬軍。又本來從征的還有种諤，任為廣南西路鈐轄，但他以與主帥趙禼之嫌隙而請不行。又考張方平在熙寧九年八月上奏，批評以西北將士南征不妥，他們既不服南方水土，

宋軍仍未抵達，邕州已在是月庚辰（廿三）被攻陷，知州蘇緘（1016～1076）戰死。〔註215〕

　　二月戊子（初二），因趙离與李憲不協，神宗聽從趙及吳充的推薦，改任宣徽南院使判太原府郭逵為南征主帥，改以趙為副而罷李憲。七天後（乙未，初九），向皇后父定國軍留後向經卒於淄州（今山東淄博市），神宗廢朝三日，命入內副都知蘇利涉往迎其喪，向后親臨其喪於國門外，而成服於第。神宗贈向經侍中，諡康懿。與向經有親屬關係的李氏族人，除了李評出使在外，李端愿兄弟子姪當亦參預此一喪禮及在七月舉行的葬禮。李評的搭檔沈括奉命撰寫墓誌銘，此銘即提到向經與李家的關係。在國喪之餘，神宗仍批示韓縝和李評有關天池一項爭議的處理，命有司檢出新近降下的指揮所作之處置，令韓縝往寧化軍按視奏聞。〔註216〕

　　六月壬子（廿八），神宗箚付南征主帥郭逵，表示「代北疆事雖已分畫，諜者多稱北人緣朝廷方事南討，欲乘時牽制」。宋廷憂心遼人趁火打劫，不肯輕易在河東劃界之事讓步，朝外傳言宋廷有讓步之意。這時已致仕的元老重臣富弼上奏論事，反對讓步，稱「代北之地，北人妄有爭占，意在先發，殊無義理。朝廷以其倔強難制，遂欲盡與。此說傳播甚盛，然終未知的實，萬一是的，則聞者莫不憂駭。何哉？蓋彼固婪貪，後患彌大。彼曲我直，事甚明白，且宜以理辨折，未易可許。」值得注意的是，富弼還請神宗不必「宸斷」，由二府大臣審視利害輕重作出決定即可。神宗的立場如何？他是否同意對遼讓步？李評是神宗的心腹，因文獻無徵，不知道他這次出使，是完全秉承神宗的意向辦事？抑他的意見影響了神宗的判斷。〔註217〕

　　　　又馬軍無用武於南方之地。

〔註215〕《長編》，卷二百七十二，熙寧九年正月庚辰條，頁 6664～6665。關於蘇緘的家世、出身及生平事蹟，以及邕州之役的經過，可參閱伍伯常：〈蘇緘仕宦生涯考述：兼論北宋文臣參與軍事的歷史現象〉，《中國文化研究所學報》，第56 期（2013 年 1 月），頁 101～142。

〔註216〕《長編》，卷二百七十三，熙寧九年二月戊子至庚寅條，頁 6674～6679；乙未條，頁 6681；沈括（著），楊渭生（新編）：《沈括全集》，上冊，卷十六，《長興集十六》，（原《長興集》二十八）〈向經墓誌銘〉，頁 120～123。向經與李家的親屬關係可參考注 105。又向經於七月辛酉（初七）葬於開封府開封縣豐臺村祖塋。沈括當是在下葬前撰寫墓誌。又二月庚寅（初四），宋廷以處置交趾事乖張，將沈起和劉彝責降，又贈張守節以下戰沒將校官職。

〔註217〕《長編》，卷二百七十六，熙寧九年六月壬子條，頁 6753～6756。按富弼這篇奏章的上奏月日不詳，李燾所據的今志載於六月末，他疑是王安石被罷後

　　這年十月乙酉（初二），神宗發出指令，以麻谷寨地是宋遼通好前所建，沒有理由要拆移，命令韓縝二人牒告遼使蕭禧，這事沒有商量餘地，宜等待宋方給遼的正式公文發下，才相約見面。〔註218〕從此詔的指示看來，神宗仍持不妥協的態度。

　　同月甲午（十一），韓、李二人的河東分畫地分所覆奏：「準北界理辨疆界所牒，遠探鋪侵礙當界地步，並本所回牒本奏聞。」神宗親自批覆，命韓縝等委派從京師選來的官員二人，命他們親自前往遼人所指的地界，更加仔細地檢視，以防將來再有侵逾，有問題就立即依理改正。〔註219〕神宗一步不讓。

　　李評等正在忙於議界時，早已失寵的王安石於是月丙午（廿三）罷相出判江寧府，由樞密使吳充代為首相，與李家有舊的參政王珪就陞任次相。神宗又召還知成都府馮京，任知樞密院事。〔註220〕二府大臣人事的變化，對河東議界的方向自然有所影響。

　　十二月癸卯（廿一），宋南征軍破交趾兵於富良江（今越南紅河），交趾主李乾德（李仁宗，1066～1127，1072～1127 在位）奉表請降，歸還所略五州地及所掠子女。郭逵與諸將商議後，以食盡而師疲，就放棄過江而班師。南征戰役告一段落。〔註221〕順帶一提，是月庚寅（初八），宮中最老壽的真宗沈貴妃薨，她是李評當年打擊過的沈惟恭親姊。神宗詔許就殯其家，第二天車駕臨奠，輟視朝三天，諡昭靜。曹太后及高太后均為她發哀成服。〔註222〕隨著沈貴妃之死，沈氏外戚世家走向衰落。

　　熙寧十年（1077）五月，宋軍在熙河路的軍事行動取得勝利，擊殺羌酋冷雞朴。宋廷賞功，自熙河路經略使張詵（？～1087）、中軍將引進使王君萬（？～1080）、入內押班李憲以下均獲重賞優遷。〔註223〕同月甲戌（廿五），神宗晉陞他的兩位姐夫駙馬都尉慶州刺史王詵（1048～1104 後）為絳州團練使，光州刺史張敦禮（？～1109）為寧州團練使。〔註224〕六月壬午（初四），

　　　　　所上。
〔註218〕《長編》，卷二百七十八，熙寧九年十月乙酉條，頁6793。
〔註219〕《長編》，卷二百七十八，熙寧九年十月甲午條，頁6798～6799。
〔註220〕《長編》，卷二百七十八，熙寧九年十月丙午條，頁6803～6805。
〔註221〕《長編》，卷二百七十九，熙寧九年十二月癸卯條，頁 6843～6844；卷二百八十三，熙寧九年七月乙亥條，頁6940。宋廷卻在半年後，因侍御史知雜蔡確的嚴劾，將郭逵及趙卨重貶。
〔註222〕《長編》，卷二百七十九，熙寧九年十二月庚寅條，頁6832。
〔註223〕《長編》，卷二百八十二，熙寧十年五月庚申至壬戌條，頁6903～6904。
〔註224〕《長編》，卷二百八十二，熙寧十年五月甲戌條，頁 6918；《宋史》，卷二百

又擢陞向皇后親弟向宗回（？～1117 後）為禮賓使、榮州刺史，向宗良為禮賓使、英州刺史。翌日（癸未，初五），神宗又擢用高太后族子莊宅副使、權秦鳳路第一副將高遵一提舉福建路招捉賊盜，助平廖恩之亂。〔註225〕神宗有機會就提拔外戚子弟，而為他辛勞兩載在河東劃界的李評，是月壬寅（廿四），以分畫河東地界之勞，與韓縝獲賞衣幣及銀、絹各百五十。〔註226〕

七月丁巳（初九），當李評受賞不久，他先前出使的老搭檔沈括卻被侍御史知雜事蔡確嚴劾，結果罷權三司使出知宣州（今安徽宣城市），而由檢正中書五房公事寶文閣待制李承之（？～1091）代其職。〔註227〕惜李評不在京，無法在神宗前為沈說話。

河東的議界仍在進行，同月乙丑（十七），樞密院奏上神宗，稱知忻州（今山西忻州市）蕭士元及持服秘書丞呂大忠日前按視河東地界，發現內有不於圖子上貼畫出所指地名及分水嶺去處。神宗詔敕他們前罪。稍後河東分畫地界所燕復（？～1084 後）等又奏，他們檢踏天池西南並無橫嶺之名，但再檢視，就發現有故寨亦名橫嶺。神宗賞功，就詔他們減磨勘一年。〔註228〕

十一月甲戌（廿七），宋廷舉行南郊大典，大赦天下。十二月壬午（初六）詔明年正月朔改元元豐。同日詔贈高太后父高遵甫為衛王、向皇后父向經為河間郡王。甲申（初八），以郊祀而加恩文武百官。〔註229〕神宗在恩待自家外戚之餘，也給投閒多時的仁宗長婿李瑋之兄李珣施恩，癸巳（十七），李珣自德州防禦使遷宣州觀察使知相州。〔註230〕當眾多外戚蒙恩時，李評仍為河東劃界的工作忙碌，同日，韓縝和李評等奏上與遼人往復交涉的公文

四十八〈公主傳・英宗韓魏大長公主〉，頁 8/80。張敦禮尚英宗第三女壽康公主（？～1123），歷封祁國、衛國公主，後晉封冀國大長公主。

〔註225〕《長編》，卷二百八十三，熙寧十年五月壬午條，頁 6922。

〔註226〕《長編》，卷二百八十三，熙寧十年五月壬寅條，頁 6927。除了韓、李二人受賞外，有份劃界的供備庫副使燕復等也獲各減磨勘年有差。又據《名臣碑傳琬琰之集》所收，取自《神宗實錄》的〈韓太保縝傳〉所載，韓縝所議的與李評不同，最後神宗依從他的意見劃界。參見杜大珪（？～1194 後）編：《名臣碑傳琬琰之集下》，文淵閣《四庫全書》本，卷二十〈韓太保縝傳〉，葉十一下至十二下。

〔註227〕《長編》，卷二百八十三，熙寧十年七月丁巳條，頁 6933～6934。

〔註228〕《長編》，卷二百八十三，熙寧十年七月乙丑條，頁 6937。

〔註229〕《長編》，卷二百六十五，熙寧十年十一月甲戌條，頁 6991；卷二百八十六，熙寧十年十二月壬午條，頁 6994；《宋史》，卷十五〈神宗紀二〉，頁 294。

〔註230〕《長編》，卷二百八十六，熙寧十年十二月癸巳條，頁 6998。神宗以李珣為防禦使已二十年，以他是章懿李太后近戚，宜將他遷一官為觀察使。

及相見語錄及地圖。神宗詔韓等與呂大忠，將遼使耶律榮等所帶來的文字、館伴所語錄，以及劉忱等按視疆場與遼人議論，及宋廷的前後指示，分門編錄以聞。歷時前後四年的劃界交涉算是告一段落。據宋人所述，因韓縝的讓步，宋在河東東西兩邊失地七百里。宋人後來歸罪於韓縝，然若非神宗首肯，韓縝起碼過不了李評一關。誠如陶晉生師所言，宋方失地，責任在神宗和韓縝。神宗握有最後的裁決大權，他的態度至關重要。神宗為何改變了立場而願意對遼讓步？他的心腹李評是否起了一定作用？文獻無徵，暫難確定。按宋人對李評多有批評，但對河東議界之事，後來只算韓縝之賬，而沒有怪罪李評。也許宋人明白李評只是秉神宗之意旨行事。〔註231〕

神宗在元豐改元（1078）後，還是不斷加恩他的近戚。正月己卯（初四），神宗又以曹太后生辰故，優遷其姪曹評（？～1108後）自東上閤門副使為西上閤門使。〔註232〕三月丁亥（十三），神宗又擢陞高太后族叔高遵惠（1042～1099）自光祿寺丞為軍器監丞。同月戊戌（廿四），又賜高遵甫家宅一區。〔註233〕四月庚申（十七），神宗又特恩授曹太后從子左藏庫使曹誌為昌州刺史。同月戊辰（廿五），神宗又擢陞英宗母任夫人弟任澤（？～1083）自西染院使為皇城使、昌州刺史。五月戊子（十五），神宗又加授向皇后弟向宗回權群牧都監，向宗良勾當三司衙司。〔註234〕十月戊午（十七），又加贈駙馬都尉曹詩（？～1099後）之父曹佺（？～1078）為同州觀察使，己未（十八），曹誌再獲提點萬壽觀的優差。十一月乙亥（初五），又特擢曹太后從孫

〔註231〕南宋史家李心傳（1166～1243）曾考證議界之事的始末，他認為因韓縝堅持，致令宋在東西兩面共失地七百里，後來韓縝在元祐初年即以此事被劾而罷相。不過，李心傳沒有提到李評的責任，也沒有解釋為何神宗會接受失地的協議。參見《長編》，卷二百八十六，熙寧十年十二月癸巳條，頁 6999。參見李心傳（撰），崔文印（點校）：《舊聞證誤》（與《遊宦紀聞》合本）（北京：中華書局，1981 年 1 月），卷二，頁 29～31；陶晉生：〈宋遼邊界交涉的問題〉，載《宋遼金史論叢》，頁 233～237。

〔註232〕《長編》，卷二百八十七，元豐元年閏正月己卯條，頁 7024；《宋史》，卷四百六十四〈外戚傳中·曹佾附曹評〉，頁 13573～13574。曹評是曹佾長子，他在外戚子弟中允文允武，喜文史而善楷書，而又善射。

〔註233〕高遵惠是高遵裕從弟，一直從文官仕進，他是高太后及哲宗都信任的人，而行事能遠嫌自保，人無間言。參見《宋史》，卷四百六十四〈外戚傳中·高遵裕附高遵惠〉，頁 13577；《長編》，卷二百八十八，元豐元年三月丁亥條，頁 7051；戊戌條，頁 7055。

〔註234〕《長編》，卷二百八十九，元豐元年四月庚申條，頁 7068；戊辰條，頁 7071；五月戊子條，頁 7077；卷三百四十六，元豐七年六月辛卯條，頁 8315。

西頭供奉官曹喚爲閤門看班祗候。〔註 235〕元豐二年（1079）三月庚辰（十一），神宗又加恩他的母家：高太后的從子禮賓使嘉州刺史高公繪（？～1100）獲擢爲群牧都監；從叔文思副使高遵路命管勾景靈宮。〔註 236〕

　　早已完成河東劃界任務的李評，在元豐初年沒有像韓縝一樣回京復職爲樞密都承旨，據《宋史》李評本傳所記，他出使河東後的下一份差遣是出知蔡州（今河南駐馬店市汝南縣）。〔註 237〕神宗爲何不召李評歸闕而委以重任？筆者懷疑李評經兩年多的劃界辛勞，可能是積勞成疾不能回京供職，而不是失寵。事實上神宗仍厚待李氏族人，較早前坐失舉而奪一官的李端愨，在元豐二年五月乙酉（十八），即獲神宗特恩從引進使、眉州防禦使知衛州復爲濮州防禦使，並且獲召赴京另有任用。李端愨在六月初抵京後，入對時就奏報神宗，其兄李端懿曾在嘉祐年間密奏仁宗，請立英宗爲太子。李奏稱此事從不爲人所知，並隨即從衣袖拿出亡兄之舊奏稿呈給神宗。神宗閱過後即感嘆說：「近世懿戚也。」六月壬子（十五），神宗就給李端愨一份優差，令他提舉京師的醴泉觀，據說因此「端愨之名益著」。〔註 238〕

　　十月乙卯（二十），曹太后病逝，神宗令宰相王珪以下群臣爲治喪禮。神宗於同月甲子（廿九）爲曹太后成服於慶壽宮，百官成服於內東門外。李氏族人身爲國戚，在京或在外的李端愿、李端愨、李詵、李諒、李評兄弟父子相信均有參加此次國喪。〔註 239〕

　　國喪甫畢，神宗又加恩李氏族人。十一月丁卯（初三），李評長兄文思使李諒上言，稱其母爲開國元勳韓王趙普之曾孫，又是獻穆大長公主的媳婦，

〔註 235〕《長編》，卷二百九十三，元豐元年十月戊午至己未條，頁 7153；卷二百九十四，元豐元年十一月乙亥條，頁 7165。

〔註 236〕《長編》，卷二百九十七，元豐二年三月庚辰條，頁 7219～7220。

〔註 237〕《宋史》，卷四百六十四〈外戚傳中・李遵勗附李評傳〉，頁 13572；《長編》，卷二百九十六，元豐二年正月己卯條，頁 7197。考李評出知蔡州的年月不詳，而韓縝在元豐二年正月已在樞密都承旨任上辦事，稍後再除龍圖閣直學士。

〔註 238〕《長編》，卷二百九十八，元豐二年五月乙酉條，頁 7247；六月壬子條，頁 7256；《宋史》，卷四百六十四〈外戚傳中・李遵勗附李端愨〉，頁 13571。考《長編》將在嘉祐年間密奏仁宗立儲的李端懿寫作李端愿，本文注 32 已作考證，指出《長編》所記有誤。查李端愨入對時，其二兄李端愿尚健在且住在京師，李端愿真的曾密奏仁宗，可用不著弟弟代他袖上其舊章給神宗。李端愨當日往澶州護李端懿之喪，當看到其兄存放在澶州衙署之奏稿，而在適當的時候奏上而邀寵。《宋史》所記當是。

〔註 239〕《長編》，卷三百，元豐二年十月乙卯至甲子條，頁 7313～7317。

請求援引伯父李端懿妻的恩例加封。神宗就特別加恩其母天水縣太君趙氏爲永嘉郡夫人。〔註240〕

以太子少師致仕多年的李端愿，稍後也向神宗上言，稱當初以太子少保致仕時，神宗特詔給節度使俸錢之半，後來驅磨請受官卻說他不是前任兩府官員，不當得現錢。他因此請求增加錢萬餘緡。神宗即於是月辛卯（廿七）下詔，重申李端愿是獻穆大長公主之子，他致仕所特給節度俸錢一半是特恩，當如數給付，惟其他人不得援例。〔註241〕

不過，並非所有外戚都像李家那樣深沐皇恩，神宗的姊婿王詵便因與蘇軾交好，當蘇在元豐二年十二月庚申（廿六）以烏台詩案得罪時，王便被牽連自絳州團練使追兩官勒停。當然，他一早便因薄待神宗姊蜀國長公主（1051～1080）而不爲神宗所喜。〔註242〕

元豐三年正月丙子（十二），韓縝向神宗呈上河東分畫地界文字，神宗詔抄錄付河東經略司，令帥臣親自掌管，以應付未來遼人或有的爭議。〔註243〕

神宗大概在這時給劃界有勞的李評加官，將他從四方館使陞一級爲引進使。這次是與李家素有淵源的王安禮（1034～1095）當制，撰寫敕書，表揚他的陞官，不是爲了他外戚的身份，而是他的才略所致，制文云：

> 敕：具官某，才能知略，見稱於時；非專爲恩以致顯位，有司會課
> 爰陟班，榮往其欽承，愈務報稱。可。〔註244〕

〔註240〕《長編》，卷三百一，元豐二年十一月丁卯條，頁 7319；《宋會要輯稿》，第四冊，〈儀制十‧陳請封贈〉，頁 2508；《宋史》，卷二百五十七〈李崇矩傳〉，頁 8953；蔡襄：《蔡襄集》，《蔡忠惠集》，卷三十九〈墓誌銘二‧延安郡主李氏墓誌銘〉，頁 709。按：《宋會要》將此事繫於十一月丙寅（初二）。考李氏與趙普家族早在李崇矩時已聯姻，李之女嫁趙普子趙承宗，李時任樞密使而與宰相趙普聯姻，就惹得太祖不悅，種下後來他被罷樞的根源。另李遵勗的長女延安郡主的女兒壽安縣君（？～1050）也嫁給趙普的後代趙思復。

〔註241〕《長編》，卷三百一，元豐二年十一月辛卯條，頁 7323。

〔註242〕《長編》，卷三百一，元豐二年十二月庚申條，頁 7333～7334；卷三百二，元豐三年二月丙午條，頁 7353；《宋史》，卷二百四十八〈公主傳‧英宗魏國大長公主〉，頁 8779～8780。神宗對仁宗的長婿李瑋稍好一點，當三司在元豐三年二月丙午（十二）上言，指他責授郴州團練使、陳州安置後，卻誤給他見任團練使的俸祿，要求將多給的俸祿追回。神宗這回就慷慨一點，下詔免除他交納這筆錢。

〔註243〕《長編》，卷三百二，元豐三年正月丙子條，頁 7345。

〔註244〕王安禮：《王魏公集》，卷三〈四方館使榮州刺史李評可特授引進使依舊榮州刺史制〉、〈追官勒停人左衛將軍駙馬都尉王詵可慶州刺史制〉，葉十上下；《長編》，卷二百九十九，元豐二年七月甲午條，頁 7276；卷三百一；元豐二年十

是年三月己丑（廿六），神宗以曹太后之喪，大大推恩予曹家子弟，自曹佾以下，於后爲弟行進三官，子行進兩官，孫行進一官，被賞者百餘人。神宗甚至想將曹佾授爲正中書令，以同知樞密院事呂公著等極力反對，而曹佾本人又堅辭才罷。〔註245〕神宗這番措施，再一次反映他寵信近支戚里的一貫態度。

五月甲申（廿二），神宗特恩批示，給他的親外甥、姊姊陳國長公主與王師約所出的兩個兒子王殊（1070～1097 後）、王殖（？～1085 後）轉五資。神宗恩待外戚的做法，大概引起言官的警覺，監察御史裏行滿中行（？～1082後）在劾奏剛被神宗召還出任審官西院的沈括之餘，又翻神宗譽爲「近世懿戚」的李端愨的舊賬，指他在知衛州日，包庇屬僚簽書判官謝京之姪生員謝璓，而將秉公辦事的衛州教授蔡蹈打壓，不但派禁軍監守蔡蹈之家，又絕其醫藥和飲食，並派公人突入蔡家。滿中行嚴劾李端愨和謝京「慢令陵政，莫斯爲甚」。他請求按視李、謝二人事狀，加以貶降。神宗命本路轉運司查明事狀，李、謝二人該赦該罷職，需具情節以聞。最後神宗只將李端愨輕罰銅十斤，而謝京就去職。〔註246〕

這次事件一方面反映李端愨行事之魯莽，另一方面也看到朝臣對李氏外戚的疑慮。當李評退出朝廷後，神宗顯然想重用李端愨作爲他的耳目。言官有見及此，便找他的過失，給他來個下馬威。

二月庚申條，頁 7333～7336；卷三百三，元豐三年四月辛亥條，頁 7385；卷三百四，元豐三年五月己卯條，頁 7408；卷三百十一，元豐四年三月甲辰條，頁 7552；《宋史》，卷二百四十八〈公主傳·英宗魏國大長公主〉，頁 8779～8780；《皇宋十朝綱要校正》，卷七〈英宗·公主四·魏國大長公主〉，頁 237。考王安禮在元豐二年七月兼直舍人院，到三年七月已改任知制誥，四年三月陞翰林學士，他爲李評撰寫制文，當在元豐二年七月後，四年三月前。他爲李評撰寫之制文的下一篇制文，是爲駙馬都尉王詵復官爲刺史所寫的。按神宗爲了安慰長姊蜀國長公主（即魏國大長公主），就應她的請求，在元豐三年四月辛亥（十八）恢復王詵的刺史官職。（按：公主仍藥石無靈，於五月己卯（十七）逝世。神宗追究責任，再將王詵責爲昭化軍節度行軍司馬，並落其駙馬都尉銜，送均州安置）。以此推論，王安禮爲李評所寫的制文，當在元豐三年四月辛亥（十八）前。筆者以爲韓縝在三年正月上河東劃界文字之時，是神宗加封李評最可能的時間。又王安禮與兄王安石政見不同，蘇軾得罪，他曾上書營救。

〔註245〕 《長編》，卷三百三，元豐三年三月己丑條，頁 7371～7372。

〔註246〕 《長編》，卷二百九十九，元豐二年七月丁丑條，頁 7268；卷三百四，元豐三年五月甲申至丙戌條，頁 7410～7411。按沈括在元豐二年七月丁丑（十一）復職爲龍圖閣待制。到元豐三年五月甲申（廿二），召還除知審官西院，滿中行嚴劾他「陰附大臣，傾害政事」。神宗在兩天後將沈改知青州，七日後再改知延州。

神宗繼續恩待外戚，六月壬辰（初一），他批示仁宗駙馬李瑋之母逝世，就特給他依宗室例全俸待遇。同月丁未（十六），又以曹太后諸姪解官持曹太后之喪，給曹評自慶州刺史遷榮州團練使，曹諛（？～1108後）自東上閤門副使遷引進副使，曹論自供備庫使遷西京左藏庫使。〔註247〕

七月丙戌（廿五），神宗以東南諸路團結諸軍，未嘗遣使按閱。他親自批示，委任李評的堂兄、西京左藏庫使、勾當軍頭司李詵，與內侍押班石得一（？～1096），依照樞密副都承旨張山甫（？～1085）按閱京西諸將的條例施行。〔註248〕附帶一談，李詵自從在仁宗晚年擢爲西京左藏庫副使後，經歷治平、熙寧十多年，到此時擢至諸司正使的高階兼且獲任勾當軍頭司的差遣，雖然不及李評的職任，但在李氏第五代子弟而言，也算是不過不失。

九月辛巳（廿二），神宗大饗於明堂，大赦天下，宗室、外戚及百官以換新官制以次第加恩陞官。其中外戚地位最尊的曹佾特封濟陽郡王。李端愿兄弟父子大概在這時也加官，李端愿後來所官的太子太保及李評最後擢陞的誠州團練使，大概是這時陞授的。〔註249〕

元豐四年（1081）正月辛亥（廿三），因樞密使馮京以疾求退，神宗就以樞密副使孫固（？～1090）擢知樞密院事兼群牧制置使，代替馮的職務，而以另一樞密副使呂公著同知樞密院事，神宗並且擢陞河東劃界有勞的樞密都承旨韓縝爲同知樞密院事。因韓縝擢入二府，神宗就擢陞他的副手、樞密副都承旨張誠一自四方館使爲客省使、樞密都承旨兼群牧使。自從李評在熙寧五年七月罷樞密都承旨後，九年後才由武臣張誠一復任爲樞密都承旨。〔註250〕

就在李評的舊搭檔韓縝及舊僚張誠一雙雙陞官不久，李評的堂姊、李端懿第三女、宗室宗景妻同安郡君李氏卻在二月甲子（初七）病卒，得年五十二。剛在正月甲辰（十六）從知制誥擢爲翰林學士的王安禮，爲李氏撰寫墓誌銘。王安禮在墓銘稱許李氏在十八歲（即慶曆七年，1047）歸相王允弼的第四子相州觀察使宗景後，「服事舅相孝定王、姑崇國夫人以孝聞，縫紝烹飪

〔註247〕《長編》，卷三百五，元豐三年六月壬辰條，頁7415；丁未條，頁7425。
〔註248〕《長編》，卷三百六，元豐三年七月丙戌條，頁7444～7445。
〔註249〕《長編》，卷三百八，元豐三年九月戊寅至丁亥條，頁7486～7490；卷三百十，元豐三年十一月庚戌條，頁7515；卷三百三十五，元豐六年六月戊申條，頁8076；卷四百六十三，元祐六年八月己丑條，頁11053。因曹佾之請，神宗於元豐三年十一月庚戌（廿二），再擢陞曹佾子曹評爲引進使，曹諛爲客省副使。
〔註250〕《長編》，卷三百十一，元豐四年正月辛亥條，頁7540～7541。考馮京罷知河陽，而張誠一後來以正任觀察使出任樞密都承旨。

必以身，而晨昏寒暑飲食必以時」，又稱許她「性莊靜，讀書傳，略知大方，閨門之內無間言」。王安禮的墓銘容有溢美之辭；不過，李氏家風素來很好，李端懿的長女大概眞的像王安禮墓銘所說：「婉婉夫人，稟德自天。閨閫孔肅，饋祀罔愆。」李氏在是年九月葬於西陵。〔註251〕她之喪禮，李氏族人包括在京師的李端愿、李端愨，以及在外的李諒、李評等都當參加。

神宗於是年六月，不納知樞密院事孫固的力諫，開始籌劃進攻西夏。神宗除了委任軍功不凡的入內副都知李憲外，涇原及環慶兩路就委任外戚高遵裕擔任統帥。宋軍在八月底開始出界攻略西夏，開始時宋軍節節勝利，李憲大軍收復蘭州（今甘肅蘭州市），种諤收復米脂（今陝西榆林市米脂縣城）。十一月丁亥（初五）攻取靈州之役，卻敗在高遵裕失律貪功，不但無法收復靈州，宋軍還在十一月底被夏軍追擊而潰敗。神宗在戰後一方面嘉獎拓邊有功的李憲和种諤，另一方面無法徇私，將高遵裕嚴責，將他重貶爲郢州團練副使、本州安置。高雖是高太后族人，份屬外戚，但此番失律兵敗，神宗也不能予以寬貸。〔註252〕

〔註251〕王安禮：《王魏公集》，卷七〈相州觀察使宗景夫人同安郡君李氏墓誌〉，葉四上至五上；《長編》，卷三百十一，元豐四年正月甲辰條，頁7552～7553；王珪：《華陽集》，卷五十七〈相王諡孝定墓誌銘〉），葉一上下。考李氏初封昭德縣君，後進同安郡君。她的家姑崇國夫人李氏，是另一著名外戚李昭亮女。李氏有子二人，名仲堯、仲獬，在她死時皆官太子右內率府率。她有女七人，長昭德縣君，適左侍禁郭唐卿；次寧德縣君，適右班殿直石繼祖；次崇德縣君，適蔡州錄事參軍某；次比丘尼崇因院主妙覺大師悟本，次廣德縣君，適右班殿直曹琚，最幼的早辛。

〔註252〕神宗在六月戊寅（廿三），將高遵裕從北疆的代州徙知西夏前線的慶州，將攻伐西夏的任務交給他。神宗又在翌日（己卯，廿四）厚恤在知洪州（今江西南昌市）任上逝世的拓邊功臣王韶。神宗又在壬午（廿七）委任入對稱旨的种諤以及驍將姚麟（？～1105）統率鄜延及環慶軍，而以另一內臣入內副都知王中正（1029～1099）及驍將劉昌祚（1027～1094）統率涇原路軍，到八月乙卯（初一）又加派狄青次子狄詠（？～1097後）統領環慶軍。种諤和李憲先後在九月及十月收復蘭州及米脂，但劉昌祚及高遵裕兩軍在十一月進攻靈州之役，卻因高之瞎指揮及爭功而失敗。參見《長編》，卷三百十三，元豐四年六月戊寅至甲申條，頁7592～7596；卷三百十五，元豐四年八月乙卯條，頁7615；壬戌條，頁7624；丁丑條，頁7632；卷三百十六，元豐四年九月乙酉條，頁7638；卷三百十七，元豐四年十月丁巳條，頁7657～7660；卷三百十九，元豐四年十一月乙酉至戊子條，頁7704～7707；卷三百二十，元豐四年十一月辛丑至癸卯條，頁7720～7721；卷三百二十一，元豐四年十二月丁卯至己巳條，頁7744～7746；卷三百二十二，元豐五年正月辛丑條，頁7762；《宋史》，卷十六〈神宗紀三〉，頁305～306。

　　值得注意的是，神宗寄以厚望的靈州之役，同是外戚子弟的李氏族人，包括李端愨、李諒、李評兄弟，卻不見有任何參與，雖然他們不像祖輩有戎馬沙場的閱歷，能衝鋒陷陣；但參贊軍務，好像曾任樞密都承旨並出使遼國的李評，原本是合適的人選。最後神宗沒有用他，最可能的解釋是他的健康出了問題。考李評在元豐六年（1083）六月卒時所帶的官職多了提舉崇福宮，可能他已不能任事，而神宗給他一份退休的優差。神宗在出師無功，曾對當初反對他出兵的孫固說：「若用卿言，必不至此。」神宗這次獨行獨斷而致兵敗，看來他感慨身邊沒有可信的人，可惜像李評這樣的心腹親信已不多。他在十二月丙子（廿四）擢陞曹太后的姪子曹誦（？～1102 後）同判軍器監，曹評知審官西院，曹誌勾當皇城司，曹誘（？～1108 後）提點醴泉觀。〔註253〕他們是神宗用為近臣的另一批外戚子弟，不過，他們似乎尚未能分神宗之憂。

　　神宗在元豐五年（1082）部署築永樂城的另一波的攻夏行動。他在是年正月甲辰（廿二），詔除故駙馬都尉柴宗慶（982～1044）等八十六人所欠的進奉馬價錢萬緡，又在三月丙戌（十一），以真宗章穆郭皇后（976～1007）兄郭崇仁（？～1015 後）曾孫郭獻卿（？～1098）尚仁宗十二女冀國大長公主（即寶壽公主，？～1112）。另又在七月甲辰（初一），擢其姊婿汝州防禦使駙馬都尉王師約為晉州觀察使。〔註254〕神宗加恩外戚之餘，今次進攻西夏的軍事行動卻沒有委用任何外戚，大概神宗曉得，能當大任的外戚已寥寥。

　　神宗從八月庚申（十一）開始不豫，但仍力疾主持在延州修築永樂城的軍事行動。神宗命試給事中徐禧（？～1082 後）、知延州沈括和內侍押班李舜舉（？～1082）率領蕃漢軍八萬、役夫荷糧者十六萬餘前往。九月甲申（初

〔註253〕《長編》，卷三百二十一，元豐四年十二月乙丑條，頁 7743；丙子條，頁 7749；卷三百三十五，元豐六年六月戊申條，頁 8076。

〔註254〕《長編》，卷三百二十二，元豐五年正月甲辰條，頁 7765；卷三百二十四，元豐五年三月丙戌條，頁 7801；卷三百二十八，元豐五年七月甲辰條，頁 7907；卷三百三十一，元豐五年十二月乙亥條，頁 7991；卷三百三十二，元豐六年正月乙未條，頁 8000；《宋史》，卷二百四十八〈公主傳・仁宗袞國大長公主、燕、舒國大長公主、英宗韓魏國大長公主〉，頁 8778，8780。考郭獻卿在元豐五年十二月乙亥（廿九），獲授開州團練使，而王師約二子王殊和王殖，在元豐六年（1083）正月乙未（十九），又分別擢為東染院使和六宅副使。同日，魯國大長公主（即永壽公主，1060～1083）子曹燁獲擢為如京副使，衛國長公主（即英宗壽康公主，？～1123）子張秉淵授莊宅副使。他們都憑公主的恩典而陞官。

六），永樂城築成，但同月丁亥（初九）西夏已發兵三十萬人爭奪，並包圍改名銀川寨的永樂城。好言兵事卻志大才疏的徐禧應變無方，戊戌（二十）永樂城陷，守城的徐禧、李舜舉、權陝西轉運使李稷（？～1082）、蕃將四方館使高永能（1013～1082）、東上閤門副使景思誼（？～1082）、皇城使寇偉（？～1082）等陣亡，蕃漢官二百三十人，兵萬二千三百人均沒。士卒得免的十無一二。神宗在十月戊申（初一）得報後，「涕泣悲憤，爲之不食。早朝，對輔臣慟哭，莫敢仰視。」然後嘆息這次定策築永樂城，卻無人進諫。〔註255〕這次營建永樂城的挫敗，大大傷害了神宗的健康，也銷磨他平遼定夏的壯志。宋廷在事後追究責任，知延州沈括被責授均州團練副使、員外郎、隨州安置；在永樂城倖逃脫的龍神衛四廂都指揮使、懷州防禦使曲珍（1031～1089）降授皇城使。〔註256〕這次失敗，究其原因是神宗用人不當，好大喜功所致。他不用穩健而知兵的沈括主持其事，而聽任徐禧和李舜舉一意孤行，才造成覆師城破的結局。

　　永樂之役，李氏族人也沒有參與。李評大概抱疾不能任事，他的長兄李諒這時正在北邊，任權河北緣邊安撫副使，未獲神宗派往西邊；不過，卻讓他逃過一劫。他曾在是月辛酉（十四）上言，請宋廷准許界河巡檢緝捕在塘濼生事的賊盜；但宋廷詔命沿界河巡檢追捕盜賊時，須依從舊約條，不可生事。〔註257〕

　　元豐六年（1083）二月辛酉（十五），宋廷詔河北屯田司相度尺寸，立塘濼水則，將每季增減的數字奏聞。大概神宗認爲李諒通曉塘濼的情況，就命他帶同詔書與屯田司商議此事；但又告誡他不可張皇泄漏此事，免遼人起疑。〔註258〕

　　四月辛亥（初六），在神宗朝力主開邊的著名邊將龍神衛四廂都指揮使种諤卒於知延州任上。他善撫士卒，臨敵應變，敢戰而多有戰功，但性好殺殘

〔註255〕《長編》，卷三百二十九，元豐五年八月庚申至癸亥條，頁 7920～7922：九月己卯甲申條，頁 7925～7926；戊戌條，頁 7935～7937：卷三百三十，元豐五年十月戊申條，頁 7945；乙丑至丙寅條，頁 7955～7958；卷三百三十一，元豐五年十二月乙亥條，頁 7991。
〔註256〕《長編》，卷三百三十，元豐五年十月甲寅條，頁 7948：卷四百四十九，元祐五年十月戊戌條，頁 10788。考沈括要到元祐五年十月戊戌（初七），才自秀州團練副使回陞爲左朝散郎、守光祿少卿分司南京（即應天府），許任便居住。沈朝中無人，於是廢居十年才稍獲赦。
〔註257〕《長編》，卷三百三十，元豐五年十月辛酉條，頁 7952。
〔註258〕《長編》，卷三百三十三，元豐六年二月辛酉條，頁 8022。

忍，他一直爲神宗賞識，卻備受文臣批評。〔註259〕他與李評一樣，都是有才幹卻備受爭議的人物。兩個月後，相信久病多時的李評於六月戊申（初四）卒，得年僅五十二。他卒時的官位爲誠州團練使、提舉崇福宮。神宗以他是獻穆大長公主孫，就特贈他易州觀察使，賜銀千兩。李燾在《長編》對他才幹和行事作風有褒有貶，稱他「前後言事甚多，或見施行，然天資刻薄，在閤門、樞密院招權不忌，多布耳目，采聽外事，自效以爲忠，僥倖大用，中外側目。及卒，人無憐者」（按：《宋史》李評本傳之評語與《長編》相同）。〔註260〕筆者認爲李燾之論，不盡概括李評一生的作爲。李評在使遼，特別在河東劃界之事上功不可沒，他是神宗的外戚心腹，他按神宗的意旨辦事，作帝王的耳目，自然不爲文臣所喜，王安石更是要除之而後快；但在神宗的立場，李評廣佈耳目，刺探消息，正是他的忠臣能臣。他被神宗擢用，絕非僥倖，而是神宗「異論相攪」帝王術的具體施行。他享年不永，無法再上一層樓，成爲樞臣，不獨是李氏的不幸，何嘗不是神宗的不幸？

李評卒後，李氏族人尙出仕而尙有作爲的，只剩下李端愨和李諒等寥寥數人。李端愨在元豐三年五月後的事蹟不詳，據黃裳（1044～1130）所記，他在元豐癸亥（即六年）六月上奏宋廷，爲當時京師大相國寺智海禪院的住持照覺禪師（1026～1092）求賜紫衣。他當時的官職仍是防禦使，仍在京師供職。〔註261〕閏六月丙申（廿二），與李端愿有舊的元老富弼卒，他臨終時上遺奏，批評神宗兩度伐夏之舉不當，直言神宗「塗塞耳目，否隔上下，以取欺玩」。他批評以宮闈之臣「專總兵柄，統制方面，皆非所宜。在外則挾權怙寵，浚鑠上下，人心不服，易以敗事；入侍左右，寵祿既過，則驕恣易生。」間接批評神宗寵用李憲及王中正等統兵敗事。李氏族人幸而沒有獲委以西征之

〔註259〕《長編》，卷三百三十四，元豐六年四月辛亥條，頁8047。

〔註260〕《長編》，卷三百三十五，元豐六年六月戊申條，頁 8076；《宋史》，卷四百六十四〈外戚傳中・李遵勗附李評〉，頁 13571～13572；《宋會要輯稿》，第四冊，〈儀制十一・武臣追贈・防禦使以下追贈〉，頁2547。考崇福宮在嵩山，但李評提舉崇福宮只是掛名的優差，他未必住在嵩山。按《長編》對李評的評說，疑來自宋《國史》或《神宗實錄》，故《宋史》因襲之。另《宋會要》及《宋史》均記，宋廷贈李評冀州觀察使，與《長編》所記有出入。又《宋會要》以李評卒於元豐「元」年六月，當是傳抄時的筆誤。《宋會要輯稿》校點本卻沒有據《長編》加以更正。

〔註261〕黃裳《演山集》，文淵閣《四庫全書》本，卷三十四〈照覺禪師行狀・元祐七年〉，葉十一下至十四上。考李端愨又在翌年（元豐七年，1084）爲照覺禪師求賜號廣惠大師。

任，也就逃過朝議。富弼以三朝元老，神宗詔輟視朝三日，發哀於後苑，贈太尉，諡文忠。〔註262〕而與李評一同出使河東的韓縝，在七月丙辰（十三）再遷一級爲知樞密院事。他步步高陞，可證當年河東劃界在神宗看來，他是有功的。〔註263〕

神宗厚待他的外戚不減從前。八月甲戌（初一），英宗生母任氏弟嘉州刺史任澤卒。任氏外戚一向行事低調，亦無甚麼勳勞，但神宗仍親臨其第奠之，特贈崇信軍節度使，諡恭僖。稍後又賜其墳寺爲旌孝禪院，每年度僧二人，紫衣或師號一人。辛巳（初八），神宗又詔加贈他的外曾祖父任周爲寧國軍節度使，外曾祖母張氏爲遂國夫人，外祖母濮安懿王任夫人之兄任守固爲資州防禦使、任守沂爲昭州防禦使。〔註264〕

是月丁亥（十四），大概爲了爭取表現，李諒再以權河北緣邊安撫司上言，以今年沿邊的秋稼倍熟，宜乘穀價賤，命官府收購廣儲以實邊。他說近年見屯田措置司所得朝旨，只令每年購入二麥，其餘的不許糴，並禁民間私糴。他說詳審立法之意，但欲將之盡歸新倉，況且中下農之家，田土收入至少，要他們盡赴所在二州中糴，所得的盈餘，不能抵償路費。以前禁止民間私糴，爲了怕吏民因緣爲姦，將糧穀分散出外。他建議不若趁今次秋收豐稔，命各沿邊州軍廣謀收購封椿，他並請負責的糧官條奏利害。他這番合情合理的建議，得到神宗的嘉納，即下詔措置河北糴便司，若糧價比去年低三分一，即於緣邊以時廣爲購入。〔註265〕李諒這番官民兩便的措施，可見他是用心辦事的邊吏，而非紈綺子弟。

十二月癸巳（廿三），魯國大長公主（1060～1083）卒。甚重親情的神宗尚未早膳，得報即往公主第臨奠，哀動左右，詔罷視朝五日，又罷上元燈，追封荊國大長公主，遷其子右騏驥副使曹曄領秦州團練使，曹旼領成州團練使。翌日（甲午，廿四），神宗又以駙馬都尉曹詩未有善待公主而將他貶爲光州防禦使，令家居省過。〔註266〕

元豐七年（1084）二月乙酉（十六），神宗對同樣沒有善待亡姊、革除都尉名位的王詵稍加恩待，本來他均州安置的，現在徙較近內地的潁州安置。

〔註262〕《長編》，卷三百三十六，元豐六年閏六月丙申條，頁8103～8111。
〔註263〕《長編》，卷三百三十七，元豐六年七月丙辰條，頁8118。
〔註264〕《長編》，卷三百三十八，元豐六年八月甲戌條，頁8137；辛巳條，頁8141。
〔註265〕《長編》，卷三百三十八，元豐六年八月丁亥條，頁8147。
〔註266〕《長編》，卷三百四十一，元豐六年十二月癸巳條，頁8214～8215。

兩天後（丁亥，十八），外戚中較有武幹的步軍副都指揮使、邑州觀察使劉永
年卒，神宗輟視朝臨奠，贈崇信軍節度使，諡莊恪。稍後詔其弟劉永壽遷遙
郡防禦使，並官其親戚一人。值得注意的是，神宗之世，獲擢爲三衙管軍的
外戚，除了永樂城覆師的高遵裕外，就只有劉永年。外戚子弟要在文臣主柄
下獲擢入樞府或成爲管軍，並不容易。〔註267〕

神宗在是年秋病發，病情反覆，在九月中旬一度不克視事，他在病中倒
對仁宗長婿李瑋及仁宗第十女婿錢景臻（？～1126）加恩。〔註268〕翌年（元
豐八年，1085）正月戊戌（初三），神宗病重，宋廷用盡一切方法爲神宗醫治，
延至二月癸巳（廿九），神宗自知不起，就同意首相王珪之請，立長子延安郡
王（即哲宗）爲太子，並由高太后權聽政。三月戊戌（初五），神宗病逝，由
哲宗繼位，以年幼由祖母高太后垂簾聽政。〔註269〕

神宗胸懷大志，欲富國強兵，於是任用王安石等推行新政。他感情豐富，
對家人、宗室以至外戚均恩待。李氏外戚子弟，特別是頗有才幹的李評，原
本大有機會出人頭地，事實上神宗也對他推心置腹；但在文臣集團強烈的反
對下，神宗也沒法重用他信任的外戚，包括李氏子弟。

在神宗朝的李氏外戚第五代的子弟，李端懿長子李訧官至左藏庫使，
〔註270〕惟事蹟不著，李端愿長子李諒如上文所記，任權河北沿邊安撫使，
他們在哲宗朝仍出仕；但已是強弩之末，不再在政治上發生影響力。

〔註267〕《長編》，卷三百四十三，元豐七年二月乙酉條，頁8246；丁亥條，頁8248。
〔註268〕《長編》，卷二百四十八，元豐七年九月庚戌至戊午條，頁8358～8359；卷
三百四十九，元豐七年十月己巳條，頁8366；卷三百五十，元豐七年十一月
戊戌條，頁8390；《宋史》，卷二百四十八〈公主傳・仁宗秦魯國賢穆明懿大
長公主〉，頁8777。神宗在元豐七年九月庚戌（十三），將仁宗長婿李瑋自彰
信軍留後建節爲建武軍節度使。到十月己巳（初三），又特擢仁宗第十女許國
大長公主（即慶壽公主，1060～1145）夫婿錢景臻父錢暄（？～1085）爲寶
文閣待制。
〔註269〕《長編》，卷三百五十一，元豐八年正月戊戌至二月癸巳條，頁8403～8414；
卷三百五十三，元豐八年三月戊戌條，頁8456～8460。神宗逝世的同時，宋
室可說禍不單行，神宗長姊、王師約妻陳國長公主也病逝。高太后追封愛女
爲燕國大長公主，諡惠和。
〔註270〕《長編》，卷三百五十八，元豐八年七月甲寅條，頁8569。考李訧在神宗朝
的事蹟不見載，他在其父嘉祐五年卒時官供備庫副使，到元豐八年七月哲宗
繼位後，陞至諸司使臣的高階的左藏庫使。史載他在是年七月命按河北東路
的團教保甲。從地位及權力而言，不但不及從弟李評，也不及李諒。

五、李端愿、李端懿及李諒在哲宗朝的事蹟

哲宗繼位後，於元豐八年三月甲寅（廿一）御迎陽門聽政，見百官，瞻仰神宗像於集英殿，宰相王珪以下，文臣御史以上，武臣橫班以上，次第升殿舉哀。李端愿兄弟從官階及戚里之身份，與群臣一齊盡哀。高太后垂簾聽政後，首先革除了神宗寵信的內臣景福殿使入內副都知李憲所領職務，改由她所信任的入內押班梁從吉代領。然後在同月庚申（廿七）加恩群臣，現任及前任宰執、宗室、外戚及管軍均獲晉官或賞賜，其餘文武官員均依制敘遷。李端愿即以恩遷太子太保，李端懿大概也在此時也特恩遷蔡州觀察使。李詵、李諒等當亦依例遷官。而與李氏族人甚有交情的司馬光，得到高太后派內侍往洛陽勞問，並應詔上疏論國政。四月丁丑（十四），高太后以司馬光自資政殿學士知陳州。他連續上奏，請廢新法。五月丙申（初四），太后令司馬光赴闕。因首相王珪於庚戌（十八）病卒，高太后在戊午（廿六）即任司馬光為門下侍郎。司馬光離開朝廷十多年後，終於回到權力核心，得到高太后重用。〔註271〕

值得一提的是，據司馬光《涑水記聞》的記載，李端愿曾告訴司馬光一則關乎仁宗生母李宸妃（後諡章懿李太后，987～1032）之死，一則有關仁宗與劉太后及章惠楊太后（984～1036）關係的傳聞。〔註272〕按《涑水記聞》沒有記載李端愿在哪年月及在甚麼環境下告訴司馬光這兩則宮闈秘辛。考司馬光在熙寧三年自請離京後，一直在洛陽修《資治通鑑》，他到元豐八年五月才

〔註271〕《長編》，卷三百五十三，元豐八年三月甲寅至壬戌條，頁 8462～8467；卷三百五十四，元豐八年四月甲戌至丁丑條，頁 8473～8476；庚寅條，頁 8489～8502；卷三百五十六，元豐八年五月丙申條，頁 8508～8511；庚戌條，頁 8517～8518；戊午條，頁 8520～8523；卷三百五十八，元豐八年七月戊戌條，頁 8561；《宋史》，卷四百六十四〈外戚傳中・李用和附李珣、李遵勗附李端愿、李端懿〉，頁 13567，13571。考《宋史・李珣傳》所記，哲宗初年，外戚李珣進泰寧軍留後提舉萬壽觀，本來一直以來，正任官遇覃恩只移鎮，只有宗室才獲遷官。李珣此時與李端懿皆獲特遷，史稱戚里覃恩遷官自此開始。據此，李端懿當在此時以特恩遷蔡州觀察使。又考王珪逝世後，高太后以原尚書右僕射兼中書侍郎蔡確遷左僕射兼門下侍郎，代為首相。知樞密院事韓縝就陞為右僕射兼中書侍郎為次相。門下侍郎章惇陞為知樞密院事。司馬光拜門下侍郎，等同舊制的參政。當時殿中侍御史黃降已言韓縝不堪大用。又高太后又在四月甲戌（十一），將諸妃及公主晉陞名位，也給交趾郡王李乾德、西蕃邈川首領武威郡王董氈（1032～1083）加官。高太后又召還神宗晚年器重，與司馬光同道的呂公著，在七月戊戌（初六），擢呂為尚書左丞。

〔註272〕《涑水記聞》，卷八，頁 153。

回京。他從李端愿口中知悉此宮廷秘辛，在時間上有兩個可能：一是在熙寧三年前，一是在元豐八年後。雖然司馬光回朝當政後，事務繁多；但他肯定會拜會四朝元老、位尊年高的外戚李端愿，藉以了解朝廷景況，特別是高太后對新法的態度。李興之所致，告訴司馬光此兩則宮廷秘辛，而司馬光隨手記下，亦很有可能。筆者傾向於後者。

高太后臨朝後，外戚均予以優禮；不過，她並沒有將外戚委爲執政或授以軍權。〔註273〕受恩的除了她高家子弟外，自然是曹太后的族人、向皇后的族人，以及其他外戚包括李氏族人。其中李端懿的長子李詵在是年七月甲寅（廿二），以左藏庫使被派按視河北東路團教保甲。當然，外戚中以曹家子弟曹誦最受重用，出任樞密副都承旨。〔註274〕其他蒙恩的稍後的還有冀國大長

〔註273〕近期討論高太后垂簾聽政的兩篇短文，張明華的一篇一面倒地批評高太后爲政的失誤；張云箏的一篇也只輕輕的帶過高太后不給高氏族人特別恩寵的事實，而沒有全面具體討論她使用外戚的態度。參見張明華：〈北宋宣仁太后垂簾時期的心理分析〉，《洛陽師範學院學報》，2004年第1期，頁99～102；張云箏：〈論宣仁聖烈高太后〉，《華北水利水電學院學報》，第26卷第6期（2010年12月），頁84～87。

〔註274〕高太后族人高遵惠在元豐八年四月乙亥（十二）自工部員外郎遷右司員外郎，高太后母魯國夫人李氏亦在同月辛巳（十八）進封韓趙國太夫人。而神宗外甥、王師約的兩個兒子王殊和王殖也在同月癸未（二十）獲得超擢：王殊由東染院使擢爲皇城使、成州團練使，王殖自六宅副使擢爲六宅使、利州團練使。（按：據《長編》引《林希野史》所記，王殊兄弟在元豐七年元日，裏頭入禁中見神宗，當時王殊年十五。林希說自眞宗時李端懿、李端愿兄弟以長公主子入見，因仁宗和英宗無帝甥，到王師約的兩個兒子才有帝甥入見，戚里皆榮之。不過，李燾以林希所記有誤，未見載王殊兄弟在元豐七年入見事。）是月丙戌（廿三），高太后又特許王師約假一年，以終其妻燕國大長公主之喪。翌日（丁亥，廿四），宋廷追贈高太后、向皇后曾祖父母、祖父母、父母官位，其中向皇后的母親、李端愿堂妹魯國太夫人李氏，獲贈秦國太夫人。五月戊戌（初六），高太后將她不肖的女婿王詵免穎州安置，許他在京師居住，又恢復在靈州之役喪師的不肖高家子弟高遵裕官職爲右屯衛將軍。不過，高卻在八月庚午（初九）病卒，宋廷贈他永州防禦使。高太后在八月癸酉（十二），給她的族人西京左藏庫使高遵治及劉太后的族人、劉永年弟左藏庫使劉永淵使遵的優差；九月己酉（十八），又派曹氏子弟客省使沂州防禦使曹評及高氏子弟左藏庫副使高士敦出使遼國。到元祐元年四月乙未（初八），左司員外郎高遵惠又獲遷爲直龍圖閣、太僕寺少卿，廁身於侍從之列，他再在八月己亥（十四），獲委爲高太后的賀遼國正旦使，他的族姪西京左藏庫副使兼閣門通事舍人高士敦，同時獲派爲皇帝賀遼國生辰副使。另外高公繪及高公紀在元祐元年七月壬戌（初七）也分別擢爲秀州防禦使和永州防禦使。九月壬戌（初七），高太后又加贈高氏女眷多人爲郡夫人。十一月庚申（初六），已擢爲莊宅使及知保州的高遵治以「久歷

公主（即壽康公主，英宗第三女，？～1123）之婿張敦禮、仁宗長婿李瑋子李嗣徽（？～1101後），以及高太后兩個不肖女婿曹詩和王詵。〔註275〕

　　哲宗在翌年（1086）改元元祐，高太后借助言官的力量，先在閏二月庚寅（初二），將新黨的首領、首相蔡確罷知陳州，而以抱病在身的司馬光繼為首相。然後在辛亥（廿三），再將新黨另一員大將知樞密院事章惇罷知汝州。到乙卯（廿七）再由同知樞密院事安燾（1031～1105）陞任知樞密院事，范仲淹（989～1052）子范純仁陞同知樞密院事。次相韓縝不算得是新黨份子，但他是元豐時進用的宰相，在言官特別是右司諫蘇轍（1039～1112）多番猛烈的劾奏下，他終於在四月己丑（初二）罷相出知潁昌府（今河南許昌市）。值得注意的是，言官劾奏他的一條重大罪過，就是他當年與李評河東劃界的事。蘇轍說他在「河東定地界一事，獨擅其責」，指責他定界時，「多與邊人燕復者商議，復勸成其事，舉祖宗七百里之地以資寇讎，復有力焉。復本河東兩界首人，親戚多在北境，其心不可知，而縝與狎暱，不持一錢，托令買馬，及事發，乃云方欲還錢。」蘇轍又說：「敵人地界之謀，出于耶律用正，今以為相，以闢國七百里而相用正，理固當爾。而朝廷以蹙國七百里而相縝，臣愚所未喻也」。蘇轍並引述河東父老之言，指出韓縝所失的三

外任，治效有聞」，獲特除引進使遙郡刺史（按《長編》作引進副使，當誤），命赴京供職。到十二月庚寅（初六），高太后再任族人高遵禮西京左藏庫使勾當皇城司，皇城副使高遵路為陳州兵馬鈐轄。參見《長編》，卷三百五十四，元豐八年四月乙亥條，頁8475；辛巳條，頁8479；丙戌條，頁8484；卷三百五十五，元豐八年四月丁亥條，頁8487；卷三百五十六，元豐八年五月戊戌條，頁8513；卷三百五十八，元豐八年七月甲寅條，頁8569；卷三百五十九，元豐八年八月庚午至癸酉條，頁8581～8582，丁亥條，頁8578；九月己酉條，頁8598；卷三百七十四，元祐元年四月乙未條，頁9077；卷三百八十二，元祐元年七月壬戌條，頁9310；卷三百八十五，元祐元年八月己亥條，頁9381；卷三百八十七，元祐元年九月壬戌條，頁9420；卷三百九十一，元祐元年十一月庚申條，頁9512；卷三百九十三，元祐元年十二月庚寅條，頁9552。

〔註275〕考張敦禮在元祐元年二月乙亥（十六），自宣州防禦使遷密州觀察使，到八月辛丑（十六），再經磨勘遷武勝軍留後。而李珣在同年閏二月甲寅（廿六）請加恩其祖父越國公李仁德，宋廷因特追封他為京兆郡王。李珣姪、仁宗長婿李瑋之子左藏庫使李嗣徽，在同年八月己亥（十四）獲派為賀遼國正旦副使。而到九月辛未（十六），曹詩和王詵均恢復駙馬都尉名號，並復職為舒州團練使及登州刺史。參見《長編》，卷三百六十六，元祐元年二月乙亥條，頁8786；卷三百七十，元祐元年閏二月甲寅條，頁8944；卷三百八十五，元祐元年八月己亥條，頁9381；辛丑條，頁9387；卷三百八十七，元祐元年九月辛未條，頁9428。

處地方及主客戶近萬戶，而懷疑出身唐龍鎮商的燕復是遼的奸細，而痛言「邊民皆忠憤不服，而敵人亦知理曲無詞，使繢稍有臣子忠孝，不負本朝之心，則七百里之地，必不至陷於寇讎之境也。」殿中侍御史呂陶（1028～1104）附和蘇轍，也指責韓繢「奉使河東日，肆為醜行，形於翰墨，為邊臣燕復所把持，乃至呼復為兄，而護庇其過失」，並說他使河東日，「實為北使梁允所屈，遂割吾境上形勝之地數百里以資敵人，使吾沿邊弓箭手、熟戶等去墳墓桑梓之日，哀號怨憤，所不忍聞。」另右正言王覿（1036～1103）也劾他「定地界，棄地於北敵者長數百里。」〔註276〕

蘇轍等翻韓繢八年前的舊賬，值得玩味的是，他們將失地七百里所有罪責歸於韓繢和燕復，卻提也不提四年前去世的副使李評。當年神宗在河東劃界事畢後重賞韓繢、李評和燕復，正表示神宗認為他們有功勞。蘇轍等今次不提李評的責任，似乎是投鼠忌器，怕事連神宗。李評若非已死，蘇轍等人可能不知如何處置他的責任。

當年與李評水火不容的王安石，是年四月癸巳（初六）卒於金陵（今江蘇南京市），因司馬光和呂公著的主張，高太后厚恤他家，詔輟視朝，贈太傅，並按他的遺表推恩他的親屬七人，命所在官員辦理其葬事。〔註277〕然司馬光也在九月丙辰（初一）卒於任上。高太后哭之慟，哲宗亦感悌不已。明堂禮畢，皆親臨致奠，詔輟視朝，贈太師、溫國公，諡文正，恤典甚厚。司馬光生榮而死哀，李家與他交情不薄，相信自李端愿以下在京之李氏族人，皆會親臨致奠。〔註278〕

〔註276〕蘇轍：《欒城集》，中冊，卷三十七〈右司諫論時事十八首·乞責降韓繢第七狀·十一日〉，頁 823～826；《長編》，卷三百六十八，元祐元年閏二月庚寅條，頁8854～8855；卷三百六十九，元祐元年閏二月甲辰條，頁8901～8903；卷三百七十，元祐元年閏二月辛亥條，頁8933～8936；乙卯條，頁8944；丁巳條，頁8960；卷三百七十一，元祐元年三月戊辰條，頁8988～89909；卷三百七十三，元祐元年三月丙戌條，頁9046；卷三百七十四，元祐元年四月己丑條，頁9053～9054。

〔註277〕《長編》，卷三百七十四，元祐元年四月癸巳條，頁9069～9070。

〔註278〕《長編》，卷三百八十五，元祐元年八月己亥條，頁 9382；卷三百八十六，元祐元年九月丙辰條，頁9415～9417。時任右司諫的蘇轍在是年八月己亥（十四）曾上奏，批評戚里以節度使、觀察使領宮觀而居京邑不治事的人事甚多，他點了李端愿的名字，說他在治平中，以長公主子，以武康軍節度使為醴泉觀使。說恩倖一啓，眾人效尤，有罪的未見黜降。從蘇轍的話看，李端愿當時正在京師閒居不治事。

　　大概在元祐元年十一月中，李端懿長子李誴在擔任勾當軍頭司六年後，又自請出守邊郡。宋廷允准，授他知河東的忻州，曾在元祐元年八月批評過李端愿的中書舍人蘇轍撰寫制文，說他「世本將家，習於武事，求試於外」，提醒他除了是貴戚子弟外，還是將家子。制文云：

　　敕：具官某。武吏當守四方，以干城吾民。冗於內服，廩以吏事，雖有才力智勇，無自而見。爾世本將家，求試於外，朕不汝違。夫治兵欲整，而治民欲安，能整且安，則疆場之爭，吾無慮矣。可。
〔註279〕

　　因文臣起居郎、左司郎中權樞密都承旨劉奉世（1041～1113）事務太多，而原樞密副都承旨、引進使曹誦在十二月庚子（十六）出知保州，宋廷在同月丙午（廿二）重新委任當年出任李評副手的李綬，以四方館使、嘉州防禦使為樞密副都承旨。宋廷在元祐時期一直以文臣擔任樞密都承旨，李綬始終不能補陞都承旨。〔註280〕

　　李誴出知忻州不久，大概在元祐二年（1087）中，又徙知同屬河東的隰州（今山西臨汾市隰縣），這次又是蘇轍當制，蘇轍給與李誴一同調職的蕭

〔註279〕李誴自元豐三年授勾當軍頭司，到元祐元年已五年（見注243）。據孔凡禮的考證，蘇轍在元祐元年九月丁卯（十二）拜起居人權中書舍人，十一月戊寅（廿四）眞除中書舍人，到元祐四年六月癸丑（十四）除翰林學士。他撰寫這道制文當在元祐元年九月至元祐四年六月間。而該則告詞之後，蘇轍撰有〈劉奉世起居郎孔文仲起居舍人〉告詞，據孔凡禮所考，是則告詞撰於元祐元年十一月丙子（廿二），則蘇轍為李誴所撰的告詞當在是十一月丙子（廿二）他仍權中書舍人前，可能是十一月中旬。參見蘇轍：《欒城集》，中冊，卷二十八〈西掖告詞六十一首‧李誴自軍頭司除知忻州〉，頁 586；〈劉奉世起居郎孔文仲起居舍人〉，頁 587～588；《長編》，卷三百九十二，元祐元年十一月丙子條，頁 9518；戊寅條，9523；孔凡禮：《蘇轍年譜》（北京：學苑出版社，2001 年 6 月），頁 340～341，347，404～405。
〔註280〕《長編》，卷三百九十一，元祐元年十一月庚申條，頁 9512；十一月丙子條，頁 9518；卷三百九十三，元祐元年十二月庚子條，頁 9557；十二月丙午條，頁 9574；卷四百九，元祐三年四月戊子條，頁 9969；卷四百三十，元祐四年七月丙子條，頁 10383；卷四百四十二，元祐五年五月壬申條，頁 10632；辛巳至壬午條，頁 10637。早在元祐元年十一月，劉奉世已繼罷職的張誠一出任權樞密都承旨。而曹誦在十二月庚子（十六），自康州刺史加遙郡團練使出知保州，代替召還的高遵治，於是宋廷重新任命李綬為樞密副都承旨。按劉奉世在元祐三年四月戊子（十二）擢天章閣待制並眞除樞密都承旨，到元祐四年（1089）七月丙子（初八）改戶部侍郎，而由直龍圖閣范育代為樞密都承旨。范罷後由直龍圖閣韓川繼任。到五年（1090）五月壬午（十八），又由中書舍人王巖叟加龍圖閣待制繼任樞密都承旨。

士元及李昭敘撰寫告詞，只說他們「以謀略才勇，所臨治辦。或告親嫌，許以易地」，而提醒他們「使吏卒無送迎之苦，而邊鄙獲安靖之便，各勉於事」。〔註281〕

宋廷在八月乙未（十六），委任賀遼主生辰及正旦的使臣，外戚中獲委此等優差的，這次有向太后的族叔皇城使向綽，他被任為皇帝賀遼主生辰副使。〔註282〕順帶一提的是，李氏族人已久沒獲委此等優差。

與李端愨有舊的前宰相、與王安石並為推行新政的搭檔韓絳，在元祐三年（1088）三月丙辰（初九）卒。高太后體恤老臣，為輟朝、臨奠及成服，贈太傅，諡獻肅。〔註283〕七月戊申（初四），神宗弟荊王頵卒。哲宗自然為輟朝成服。哲宗賜其家錢三百萬，贈太師尚書令，追封魏王，諡端獻。〔註284〕論私交及禮儀，在京的李端愿及李端愨，照理當會參加韓絳及荊王的喪禮的。

高太后恩待外戚，特別是她的高氏族人，言官還是有意見的。十一月庚戌（初八），高氏族人高士英本來自太僕寺丞優遷工部員外郎，但右正言劉安世（1048～1125）以他資淺，他就識趣地辭免。高太后就令改為權工部員外郎，並更改他的差遣。外戚的際遇自然因人而異，一向未受寵眷的章懿太后族人、泰寧軍留後知相州李珣，是年閏十二月戊申（初六）以疾乞歸京師，高太后詔許之。〔註285〕

元祐四年（1089）正月癸巳（廿二），先是駙馬都尉王師約父、龍圖閣直學士知鄭州王克臣卒於任上。然後是名位最尊的外戚濟陽郡王曹佾，在四月丁未（初七）卒。高太后贈曹佾太師封沂王。哲宗為臨奠，輟朝成服，並推

〔註281〕蘇轍：《欒城集》，中冊，卷二十九〈西掖告詞六十一首‧范子奇河北轉運使〉，頁607，〈蕭士元石州李昭敘忻州李諉隰州〉，頁609；《長編》，卷三百九十六，元祐二年三月戊辰條，頁9658；孔凡禮：《蘇轍年譜》頁355。是次調動，李昭敘代替李諉知忻州。又是篇告詞具體的撰寫日期不詳，按蘇轍文集所錄的這篇告詞前，是他在元祐二年三月戊辰（十六）所撰的〈范子奇河北轉運使〉告詞，以此推論，這篇告詞當撰於元祐二年三月以後。

〔註282〕《長編》，卷四百四，元祐二年八月乙未條，頁9838。

〔註283〕《宋史》，卷四百六十四〈外戚傳中‧李遵勖附李端愨〉，頁13571；《長編》，卷四百九，元祐三年三月丙辰條，頁9953；《宋會要輯稿》，第四冊，〈儀制十一‧武臣追贈‧留後〉，頁2543。考《宋史》李端愨本傳說他在「元祐中，以安德軍留後卒」，有誤，據《宋會要》，李端愨卒於元符元年十二月。

〔註284〕《長編》，卷四百十二，元祐三年七月戊申條，頁10024～10025。

〔註285〕《長編》，卷四百十七，元祐三年十一月庚戌至甲寅條，頁10122～10125；卷四百十九，元祐三年閏十二月戊申條，頁10147。

遺表恩十人。〔註286〕曹佾死後，宋廷名位及資格最尊的外戚就是李端愿。

就在曹佾死後不久，知漢陽軍吳處厚（？～1089 後）上奏，指控已罷相多時而剛獲授知鄧州的蔡確，在謫安州（今湖北孝感市安陸市）時，曾作〈夏中登車蓋亭〉絕句十篇，內五篇皆涉譏訕，其中第二篇尤其譏刺高太后，暗比為武則天。這一惡毒的文字指控，就在宋廷牽起大波。爭端初起時，宋廷文臣分為兩派，出守杭州的龍圖閣學士蘇軾及中書舍人彭汝礪（1042～1095）均反對小題大做，大部份言官包括右司諫吳安詩、左諫議大夫梁燾（1034～1097）、右正言劉安世等卻窮追猛打，力主嚴責蔡確。〔註287〕

就在山雨欲來的時候，李端愿長子客省副使李諒在四月戊午（十八），獲授知保州，代替被召還朝供職的定州路鈐轄兼知保州的曹誦。〔註288〕宋廷文臣之間傾軋激烈，李氏外戚出為邊將，置身事外是最合算的。

蔡確在五月辛巳（十二）被責為左中散大夫、守光祿卿分司南京（即應天府，今河南商丘市），但劉安世等三人以為責輕，繼續上奏攻擊他，而御史中丞傅堯俞、侍御史朱光庭（1037～1094）及右諫議大夫范祖禹再加入痛擊蔡確，並將矛頭轉向不同意如此處置蔡確的大臣，包括次相范純仁、尚書左丞王存（1023～1101）、中書舍人彭汝礪、侍御史盛陶（？～1091 後）、龍圖閣直學士李常（1027～1090）、中書舍人曾肇（1047～1107）等人。高太后對蔡確有很大的成見，於是接受言官的意見，在是月丁亥（十八），將蔡確重貶為英州（今廣東英德市）別駕、新州（今廣東雲浮市新興縣）安置，並命由內臣裴彥臣押送。宰相呂大防及劉摯初時以蔡確母老，不宜貶之過嶺，但高太后不從。范純仁、王存再留身力諫不宜將蔡確置於死地，但高太后不聽。當劉安世等知道蔡確由內臣押送時，又後悔當初做得太絕。梁燾及吳安詩被高太后大加稱獎之餘，被指黨庇蔡確的李常、彭汝礪、曾肇均被罷職出外。到六月甲辰（初五），范純仁及王存也被罷職出外。〔註289〕

〔註286〕《長編》，卷四百二十一，元祐四年正月癸巳條，頁10194；卷四百二十二，元祐四年二月甲辰條，頁10210～10211；卷四百二十五，元祐四年四月丁未條，頁 10268。曹佾卒時所帶的官職是護國軍節度使、守太保、開府儀同三司、中太一宮使。在外戚中他的官位是最高的。順帶一談，甚為高太后信任及負時望的首相呂公著也在二月甲辰（初三）卒於任上。

〔註287〕《長編》，卷四百二十五，元祐四年四月壬子條，頁10270～10279。

〔註288〕《長編》，卷四百二十五，元祐四年四月戊午條，頁10279。

〔註289〕《長編》，卷四百二十七，元祐四年五月辛巳條，頁 10314～10318；丙戌至丁亥條，頁10319～10329；卷四百二十九，元祐四年六月庚子至甲辰條，頁

　　高太后對蔡確痛下殺手，對於外戚倒是始終恩待及關顧。早在是年五月庚寅（初九），她以仁宗長女秦國莊孝大長公主（即兗國公主，李瑋妻）之後未有顯者，而其子皇城使李嗣徽已能自立，就特加他榮州刺史。到七月辛巳（十三），高太后又選韓琦幼子宣義郎韓嘉彥（1067～1129）尚神宗第三女溫國長公主（即淑壽公主，？～1111）。右諫議大夫范祖禹以韓嘉彥兄尚書左丞韓忠彥（1038～1109）現爲執政，應該避嫌退位。他還稱揚高太后「自聽政以來，於親戚無毫髮之私，天下之人，無不服陛下之至公」。其實高太后聽政以來，對外戚特別是高氏家人錫以厚恩，只是尚未任他們爲執政。在范祖禹及後來相繼進言的傅堯俞進言下，而韓忠彥也識趣在八月戊戌（初一）請罷，她雖仍讓韓留任，但就不便過度加恩。是月癸丑（十六）外戚高遵固、曹喚獲委使遼的優差，也並不過份。〔註290〕

　　九月辛巳（十四），宋廷大饗明堂，大赦天下，百官加恩。相信就在這時，高太后給外戚中的尊長者李端愿加恩，給其父駙馬都尉李遵勖及其母獻穆大長公主加封，由剛陞爲翰林學士的蘇轍撰寫制文，表揚二人的功德。並稱許李端愿賢德而久列東宮之貴。給李遵勖加贈開府儀同三司的制文云：

父

敕：富而好禮，貴而不驕。勢憑戚里之榮，躬被儒者之節。昔聞其

10357～10362：卷四百六十二，元祐六年七月乙丑條，頁11022～11023。盛陶及殿中侍御史翟思、監察御史趙挺之（1040～1107）、王彭年等被指不劾蔡確而先在五月辛巳（十二）被貶出外。盛陶是劉摯的同年進士，他雖然儒雅有文行，但心喜進身而畏患，故不能像劉摯那樣強而有立。他在元祐六年七月召還任光祿少卿。又考趙挺之在元祐六年（1091）召還爲國子司業，哲宗親政後得到重用，歷太常少卿、權吏部侍郎、中書舍人、給事中。到徽宗朝更步步高陞，最後還拜相，但宋人以他迎合新黨而取功名，視之爲小人。他的兒子趙明誠（1081～1129）即爲宋代女詞人李清照（1084～1155）之夫婿。他的生平事蹟可參閱黃啓方：《兩宋詩文論集》（臺北：國家出版社，2010年10月），第四章〈《宋史‧趙挺之傳》證補〉，頁169～198。

〔註290〕《長編》，卷四百二十七，元祐四年五月庚寅條，頁10330；卷四百三十，元祐四年七月己卯條，頁10385～10387；辛巳條，頁10393；卷四百三十一，元祐四年八月戊戌條，頁10407；癸丑條，頁10420；卷四百三十九，元祐五年三月壬申條，頁10574；卷四百六十，元祐六年六月丙辰條，頁11004；卷四百七十，元祐七年二月丙寅條，頁11224；《宋史》，卷二百四十八〈公主傳‧神宗唐國長公主〉，頁8780。考韓忠彥在元祐五年（1090）三月壬申（初七）調同知樞密院事。而李嗣徽在元祐六年六月丙辰（廿八），因京東西路安撫使蔡京（1047～1126）之辟，出爲鄆州鈐轄，獲得兵職的資歷。另溫國長公主在元祐七年二月丙寅（十三）進封曹國長公主。

語，未見其人。具官某父某，爵本傳家，親聯築館。進退以禮，無
世祿之非；交友多賢，盡當時之傑。被遇前聖，流芳後來。有子而
賢，久列東宮之貴；開府以贈，仍因西土之封。錫以閔章，賁爾幽
隧。可。

母

敕：帝乙歸妹，而交泰之功著。王姬之車，而肅雝之禮成。風化所
由，恩禮當異。具官某母某氏，淵源之禮，當世無倫；禮義之隆，
至今傳誦。儼若姑章之奉，穆然閨壺之風。車服下於王后，而不以
驕人。子孫眾如蝗斯，而要於守法。故能奕世不墜，休聲愈隆。茲
予大享之成，因爾故封之廣。閔書蜜印，寵數不渝。可。〔註291〕

順帶一談的是，蘇轍曾爲李端愿姪李訥寫過制文，也曾間接批評過李端
愿。這次爲李的父母撰寫告詞，除了是王命差遣外，也許還與李家有一點交
情有關。孔凡禮引欒貴明自《永樂大典》輯出蘇轍佚詩五律一首，題爲〈初
春游李太尉宅東池〉，詩云：

蓬島靈仙宅，星河帝女居。波光泛金翠，樓影動雲霞。

清淺游魚過，參差垂柳斜。移舟更尋勝，遠見小桃花。

從上面所引的詩去看，蘇轍顯然在元祐某年春曾受李端愿邀請去過李宅東
池遊玩。當然他與李端愿家的關係，遠不及他的恩師歐陽修及張方平深。
另外值得玩味的是，其兄蘇軾現存的詩文集暫時找不到與李家交往的記載。
〔註292〕

李端愿父母獲得加恩外，他的堂妹、向太后母豫國太夫人李氏，也在

〔註291〕蘇轍：《欒城集》，中冊，卷三十二〈西掖告詞四十九首・李端愿父母〉，頁
　　　　684～685；《長編》，卷四百二十九，元祐四年六月丁未條，頁 10367；卷四
　　　　百三十三，元祐四年九月辛巳條，頁 10442；卷四百四十二，元祐五年五月
　　　　壬辰條，頁 10642；《宋史》，卷十七〈哲宗紀一〉，頁 329；孔凡禮：《蘇轍年
　　　　譜》，頁 404～405，431。據孔凡禮的考證，蘇轍在元祐四年六月庚戌（十一）
　　　　擢翰林學士，到五年五月壬辰（廿八）改御史中丞。按李端愿以節度使太子
　　　　太保的官位，撰寫告詞須由內制之翰林學士充，以此推論，蘇轍當在元祐四
　　　　年九月大享明堂時以翰林學士撰寫此則告詞最有可能。

〔註292〕蘇轍：《欒城集》，下冊，〈拾遺〉，〈初春游李太尉宅東池詩〉，頁 1731；欒貴
　　　　明：〈蘇軾、蘇轍集拾遺──《永樂大典》詩文輯佚之三〉，《文學評論》1981
　　　　年第 5 期，頁 123～126。按這首詩與張方平《樂全集》卷三的一首完全相同，
　　　　究竟是蘇轍所作，還是張方平所作，欒貴明及孔凡禮都沒有加以考辨。待考。
　　　　參見本文注 110。

十月甲寅（十八），與高太后及向太后的親人一齊獲得加贈爲燕國太夫人。
〔註293〕

　　事實上，高太后雖對李端愿優禮，但並沒有特別重用他的了姪，到底還是親疏有別。她對自己族人及近支外戚就較寬大，元祐五年（1090）三月庚午（初五），族人高遵路之妻高氏及女兒令群以犯罪落髮隸妙法院，乞求還俗，高太后就特別批准。翌日（辛未，初六），她加授向太后叔父皇城使向綽、哲宗生母朱太妃（後尊爲欽成朱皇后，1052～1102）族人左藏庫副使兼閣門通事舍人朱伯材並帶御器械，受她信任的向綽仍令勾當皇城司。〔註294〕

　　高太后加恩外戚方面，倒算得上有節制，不濫加恩典。好像在是年七月乙丑（初二），正在父喪期間的駙馬都尉王師約，因叔父左班殿直王克述派河清兵士毆殺錄事參軍，依法當死，他請求納自己一官以贖叔父之死罪，高太后卻不允准。〔註295〕另外，在十一月癸亥（初三），曹佾子曹誧請求將亡父遺表求恩澤二名，一併授與其女婿黃持作一官。高太后以外戚撓法，最終仍不許。此外，當泰寧軍留後提舉醴泉觀李珣在甲戌（十四）請求補外郡時，高太后原本已答應，當給事中范純禮（1031～1106）反對時，她就讓步，只給李珣出知小郡的邢州。〔註296〕高太后懂得節制，朝臣自然美言以報。好像在十二月壬子（廿二），已陞任御史中丞的蘇轍在批評韓維一門子弟姻親佈滿中外之前，便先刻意稱揚高太后「清心正己，未嘗以一毫之私干撓國家，高氏、向氏子孫凡幾百人，其間得預美仕者蓋無一二」。按高太后在較早前在處理高、向兩家外戚的高士敦和向宗良的差遣時，便聽從蘇轍的意見，沒有聽從向宗良的求請，故蘇轍頌揚她「深抑本宗」的聖德一番。〔註297〕

〔註293〕《長編》，卷四百三十四，元祐四年十月甲寅條，頁10464～10465。

〔註294〕《長編》，卷四百三十九，元祐五年三月庚午至辛未條，頁10572；卷四百五十六，元祐六年三月甲子條，頁10920。高太后於元祐六年三月甲子（初五），又加授朱太妃姪右侍禁朱孝孫閤門看班祗候，左班殿直朱孝章寄班祗候。

〔註295〕《長編》，卷四百四十五，元祐五年七月乙丑條，頁10711。

〔註296〕《長編》，卷四百五十，元祐五年十一月癸亥條，頁10809；甲戌條，頁10817；卷四百六十四，元祐六年八月辛丑條，頁11079～11080；乙巳條，頁11084；卷四百六十五，元祐六年閏八月庚午條，頁11110。考元祐六年八月辛丑（十四），在京的提舉萬壽觀、溫州防禦使曹評請求外任差事，高太后對宰相呂大防等慨言因曹佾生前性吝嗇，又不知訓飭子弟，只務聚財，才導致曹家子弟爭產。故只同意曹誘一人補外職，曹評之請就不允。她顯然明白曹家子弟不堪大用。雖然在同月乙巳（十八），她仍給曹家子弟左藏庫使曹諤出使遼國的優差。另也委任剛擢爲鴻臚卿的族人高遵惠出使遼國。

〔註297〕《長編》，卷四百五十三，元祐五年十二月壬子至甲寅條，頁10868～10872。

元祐六年（1091）四月癸巳（初四），宋廷調動北邊長吏的職位，樞密院本來擬好將原知保州的李諒徙知代州，代替調知雄州的另一外戚曹誦。但宰執議於都堂時，四項任命均得不到批准，最後王崇拯仍留在雄州，邢佐臣也沒有調往保州，李諒也就去不成代州。據李燾引當時任次相的劉摯的記載，劉對李諒並無好感，稱「諒，端愿子，予昔曾諭以險薄」，是故劉對李的調職並不熱心；〔註298〕不過，李諒去不成代州也非壞事，因其父李端愿此時已病重。

八月己丑（初二），李端愿以太子太保致仕卒於京師，高太后詔輟朝兩日，當日帝后親往李端愿第臨奠，賻典加等，贈開府儀同三司，並以「旌舊」為他的神道碑額。值得一提的是，當高太后和哲宗等從李家祭奠畢，返回宮中途中，卻遇上蔡確的母親明氏擋著車駕為兒子申冤哀求，請求將蔡確放歸內地；然而高太后並沒有因李端愿之死而對蔡大發慈悲。她回宮後，對宰執明確表示她並不為蔡確賦詩而重貶他，而是為了趙宋江山安危才出此重手。〔註299〕

與他們李家兄弟有舊，在李端愿晚年仍不時見面、時任尚書左丞的蘇頌撰挽辭兩首以悼，其一云：

> 衣冠元禮舊龍門，旌鉞西平奕代勳。官是唐家貴公子，名高漢室故將軍。四朝人地推時望，十載丘園脫世紛。國器幡然臨摯殞，齎咨遺事謾傳聞。（治平中，公自相臺被召，將有進用，以疾而止。）

其二云：

〔註298〕《長編》，卷四百五十七，元祐六年四月丁酉條，頁 10940～10941；劉摯：《忠肅集》，卷十八〈七言律詩・次韻定國約過李氏園池〉，頁 415。關於劉摯對李諒的看法，參見註1的考證。又劉摯與李家的交情似乎不深，他除了早年曾致書李端懿相賀外，在現存的文獻看不出他與李端愿等有甚麼來往，他的文集收有題為〈次韻定國約過李氏園池〉七律一首，所提的「李氏園池」很有可能就是李端愿家有名的園池。但從這首七律所言的內容，卻看不出他是應李家相邀，與王鞏（定國）相約到李氏園池遊玩。

〔註299〕《長編》，卷四百六十三，元祐六年八月己丑條，頁 11053；卷四百六十四，元祐六年八月乙未條，頁 11074；辛亥條，頁 11088～11089；《宋會要輯稿》，第三冊，〈禮四十一・臨奠、輟朝・東宮二品致仕〉，頁 1645，1662；〈禮四十四・賻贈〉，頁 1701。李端愿死後不久，宋廷文臣之傾軋又扯到一些有關李家的謠言。樞密副使韓忠彥在高太后前指控御史中丞趙君錫，說他搬弄是非，稱嫁給符氏（當指太宗懿德符皇后（942～975）族人）的李端愿女，不來李家。順帶一談，李家早與符家結有姻親關係，李氏的起家人李崇矩的女兒即下嫁符皇后之弟符昭愿（945～1001）。參見何冠環：〈北宋陳州宛丘符氏外戚將門考論〉，載本書上篇，頁 18 及註 30。

子厚論先友，文章憶稚年。一時陪俊傑，四紀奉周旋。蘭玉高門盛，

松筠晚歲堅。風流今已矣，感舊獨潸然。（景祐中，先人有朝與公相

接，某因獲拜挹。前歲奉謁公，公道舊勤勤。一聞公訃，悲愴累日。）

〔註300〕

與李家兄弟有交、時任秘書省正字的秦觀（1049～1100）也撰有挽詩五
律兩首，其一云：

報國封章數，論交意氣真。先朝貴公子，當代老成人。

月動融尊酒，花催鄭驛賓。誰知吉原上，馬鬣一朝新。

其二云：

戚里薨耆舊，哀榮世未如。禭加三事袞，奠致兩宮輿。

鹵簿前衢隘，歌鐘後院虛。英風知不墜，芝玉茂庭除。〔註301〕

另外，是時罷政出守揚州（今江蘇揚州市）的資政殿學士的王存，也託
與秦觀同屬蘇門四學士之一的晁補之（1053～1110）撰寫祭文一道。祭文自
然極盡歌頌溢美之詞，稱許李身為真宗之甥，獻穆大長公主之子，五朝三世，
富貴而不驕。又歷述他在仁宗至哲宗朝的行事作為，並以他不能大用為憾。
並稱許他折節好士，交遊滿國之善。這篇非一般泛泛的祭文頗能概括李的生
平，王存看來與李端愿交情不淺。文云：

維元祐六年月日，具官某謹遣某以清酌庶羞之奠，致祭於故致政少

保李公之靈曰：天之生才，初固不艱，既畀之才，其施復難。王侯

戚里，兒童綺紈，豈無其人，鴆毒宴安。宴安不懷，於公見之，非

此其賢，其才足施。真宗之甥，冀國之子，五朝三世，恩無以比。

鳳雛驥駒，其生固奇，置樊櫪間，世寧識之？仁宗恭儉，四十二年，

峨冠大羽，文武並肩。知公於親，欲任心膂，匪親則嫌，或以嫌沮。

英宗退託，未攬萬機，公不自嫌，語秘莫知。念先朝此，滋欲分政，

知以不以，時則有命。何以樂之，樓觀池園，退老於家，虹蜿屈蟠。

嗚呼哀哉，自昔和文，折節好士，人賢其賢，不榮其侈。公主又似，

好善有能，富貴益恭，人以是稱。交遊滿國，搢紳有聞，高堂擊鐘，

驪駒在門。尚想孟公，投轄拒戶，庶見聲子，班荊道路。嗚呼哀哉，

〔註300〕《蘇魏公集》，卷十四〈挽辭・太子太保致仕李公二首〉，頁198～199。

〔註301〕秦觀（撰），徐培均（箋注）：《淮海集箋注》（上海：上海古籍出版社，1994
　　　　年10月），中冊，卷四十〈哀挽〉〈開府李公挽章二首〉，頁1311～1313。

別幾何時，人事變易，蘭亭觴詠，俛仰陳蹟。褒終之典，時則有加，

豈惟故人，出涕咨嗟。寓詞千里，侑此尊俎。衣裳在笾，髣髴一舉。

嗚呼哀哉，尚饗！〔註302〕

　　李端愿得年多少，因他的墓誌銘、神道碑尚未發現，故未能確知。他的長兄李端懿卒於嘉祐五年，得年四十八。假定他比兄長年幼三歲，到元祐六年卒時，他至少也逾七十多。他在神宗初年以太子少保致仕，此後不涉朝政二十多年，從神宗到高太后都優禮他，向太后以甥舅之故，曾往其第以家人禮相見。作為公主之子兼四朝元老，宋廷待他是「凡太禮成，賜金帶、器幣，品數視執政」。〔註303〕

　　李燾對他的一生總結是「好交喜名，所與游皆一時賢士大夫，故慨然數論天下事。晚得目疾，聞有時事，抵掌談說，聽者忘倦。」〔註304〕關於李端愿與賢士大夫交遊的問題，他以獻穆大長公主之子、仁宗親表弟、向皇后堂舅父之貴戚身份，而能紆尊降貴地與士大夫交往，且有京中父母留下的名園作為社交場地，似乎除了韓琦對他存有偏見外，不見有其他人對他有任何貶詞。在宋人的詩文集及筆記小說中，即有許多他與朝臣交往的記錄。事實上他繼承了亡父及亡兄的家風，與有時望的士大夫交結，〔註305〕是故他為官時所受到的批評也不多。南宋人劉克莊（1187～1268）在述說「西園雅集圖」時，

〔註302〕考晁補之這篇祭文撰寫的委託人王資政，當是他在文集內多次提到的「王資政正仲」。按元祐三年擔任尚書左丞的王存，字正仲，在元祐五年後出守揚州，授資政殿學士。完全符合「王資政」的身份。晁補之在此時赴揚州，故王存請他代撰祭文。參見晁補之：《雞肋集》，文淵閣《四庫全書》本，卷五十九〈赴揚州上太守王資政正仲啟〉，葉一上下：卷六十〈代王資政祭李少保文〉，葉十四上至十五上：范祖禹：《范太史集》，卷二十八〈賜資政殿學士守吏部尚書王存赴闕詔〉，葉十三下：《宋史》，卷三百四十一〈王存傳〉，頁10871～10873。

〔註303〕《宋史》，卷四百六十四〈外戚傳中‧李遵勗附李端愿〉，頁13571。

〔註304〕《長編》，卷四百六十三，元祐六年八月己丑條，頁11053。

〔註305〕據《夷堅志》的記載，神宗朝官至翰林學士的孫洙（1031～1079），因李端愿折節相交，孫與他往來尤多，甚至在當值的時候還往李端愿家作客，剛好李端愿新納妾，善琵琶，孫洙開懷暢飲幾乎不肯回院，當學士院的人找上李宅要他回院時，李端愿迫於宣命，才不敢留他。另明人凌迪知（1529～1600）所編的《萬姓統譜》記載，李端愿還折節下交曾任蔡州助教，精通字韻的汝陰人傅瑾（字公寶），據載傅曾教李端愿「尚名節，養器識為先」。後來李端愿還為他撰寫墓誌銘。參見洪邁（撰），何卓（點校）：《夷堅志》（北京：中華書局，1981年10月），上冊，甲志卷四〈孫巨源官職〉，頁33～34；凌迪知（編）：《萬姓統譜》，文淵閣《四庫全書》本，卷九十五〈傅瑾〉，葉二十三上。

將他好文喜士的作風與另一外戚王詵相提並論，稱「本朝戚畹惟李端愿、王晉卿二駙馬好文喜士，有劉眞長、王子敬之風。此圖布置園林、水石、人物、姬女者僅如針芥，然比之龍眠墨本，居然有富貴態度，畫固不可以不設色哉。二駙馬既賢而坐客皆天下士」，他慨歎在烏台詩案後，賓主俱謫，從此戚畹不敢與士大夫交遊。劉克莊此一說法是否事實待考。〔註306〕

至於他得目疾的問題，考諸史實，並不影響他的起居。《宋史‧藝文志》記他撰有《簡驗方》一卷，〔註307〕看來他懂得醫理，能夠控制目疾，故致仕後閒居京師廿載，交友談禪，得享高壽。時人畢仲游（1047～1121）致書給同樣有眼疾的范純仁時，就提到李端愿對待目疾的方法，是「一切任之不治，康彊二十餘年」。畢仲游欣賞李「生於富貴綺紈之間，獨達於此一理，年壽永究，亦可尚也」。〔註308〕也許畢不知道李其實懂得醫理，而不是全然不管。事實上，李端愿目晦而心清，宋人筆記說他「居戚里最號恭愼，既失明，猶戒勵子弟，故終身無過。」〔註309〕

李燾評論李端愿時，並沒有提到他的信仰。事實上，李繼承和發揚了父母及祖父的家族信仰，篤信佛陀。據與李端愿同時的北宋名僧釋惠洪（1071～1128）的《禪林僧寶傳》及南宋普濟（1179～1253）所編之《五燈會元》所記，李端愿兒時已在館舍內常閱讀佛書。後來雖然結婚出仕，但仍篤志於祖道，在嘉祐年間更於宅的後園築淨室，邀高僧錢塘達觀曇穎禪師（989～1060）居之，早晚向他諮問，至忘寢食。李端愿因得達觀的點化而參悟佛法。〔註310〕

〔註306〕劉克莊（撰），王蓉貴等（校點）：《後山先生大全集》（成都：四川大學出版社，2008年），卷一百四〈西園雅集圖〉，頁2702；卷一百十三〈侍從賀宣繫駙馬表〉，頁2951。考劉克莊將李端愿誤作爲駙馬（按：劉克莊在另一篇賀表〈侍從賀宣繫駙馬表〉也誤記李端愿曾爲駙馬），而他說烏台詩案後戚畹不敢與士大夫往來。按此案發生於元豐二年，被貶的王詵自然不復與士人往來，但李端愿在元祐六年才卒，在這十多年間李端愿仍與士人及僧人往來。劉克莊的說法恐怕不是事實。

〔註307〕《宋史》，卷二百七〈藝文志六〉，頁5319。

〔註308〕畢仲游（撰），陳斌（校點）：《西台集》（與《貴耳集》合本）（鄭州：中州古籍出版社，2005年4月），卷十〈尺牘‧上范堯夫相公第九書〉，頁170。

〔註309〕朱彧（？～1148後）（撰），李偉國（點校）：《萍洲可談》（與《後山談叢》合本）（北京：中華書局，2007年11月），卷三，頁155。考是條筆記錯將李端愿寫作駙馬都尉，其父李遵勗才是駙馬。按晚年失明是李端愿。

〔註310〕承黃啓江學長相告，達觀曇穎是李遵勗官邸李家東莊禪會的座上客谷隱蘊聰的法嗣，釋惠洪所撰之〈金山達觀穎禪師〉提到的「聰禪師」即谷隱蘊聰。考《禪林僧寶傳》及《五燈會元》記載釋達觀與李端愿一番帶有禪機

他此後與沙門大德多有往來。曾奏上宋廷，賜曇穎的弟子溫州懷賢禪師（1016～1082）「圓通大師」號。〔註311〕另李端愿也在仁宗末年與明教大師、俗家同姓李的高僧契嵩（1007～1072）有交，據稱李端愿讀了契嵩的書後，欽其高名，除了致書外，又向宋廷奏請賜他紫方袍。在杭州的契嵩獲得封賜後，即致書李端愿致謝，稱許他「才識器韻，乃時英豪，門閥高華，爲帝家至戚，猶屈採野老幽人之微，善推而贊之，預人主之渥澤，是不惟樂道人之善抑，又忠於國家，天下幸甚幸甚。」他有感於仁宗及李端愿「天子大臣護道達法之年，乃抱其書游京師」。〔註312〕另據宋人筆記所載，他篤信佛法而不信其他鬼神。京師盛傳城西的二郎神廟出聖水，治病即愈。有一次，其孫有病，他的兒子想偷偷往廟求請聖水治病。李端愿知道大怒，即杖其子，並說：「使

的對話。據載有一日達觀看著李端愿説：「非示現力，豈致爾哉？奈無箇所入何！」李問道：「天堂地獄，畢竟是有是無？請師明説。」達觀曰：「諸佛向無中説有，眼見空花。太尉就有裡尋無，手攬明月。堪笑眼前見牢獄，不避心外聞天堂。欲生殊不知忻怖在心，善惡成境。太尉但自己心，自然無惑。」李續問：「心如何了？」達觀説：「善惡都莫思量。」李再問：「不思量後，心歸何所？」達觀一言點破：「且請太尉歸宅。」李又追問：「祇如人死後，心歸何所？」達觀説：「未知生，焉知死？」李説：「生則某已知之。」達觀詰問：「生從何來？」李立時惘然不知所措。這時達觀起來摵李的胸口説：「祇在這裡，更擬思量箇甚麼？」李恍然大悟説：「會得也。」達觀再問：「作麼生會？」李回答：「祇知貪程，不覺蹉路。」達觀點破説：「百年一夢，今朝方省。」並作偈曰：「三十八歲，懵然無知。及其有知，何異無知。滔滔汴水，隱隱隋堤，師其歸矣，箭浪東馳。」參見釋惠洪：《禪林僧寶傳》，文淵閣《四庫全書》本，卷二十七〈金山達觀穎禪師・南岳十一世〉，葉六下至九上；普濟（1179～1253）（著），蘇淵雷（點校）：《五燈會元》（北京：中華書局，1984 年 10 月），中冊，卷十二〈節使李端愿居士〉，頁 754～755；釋念常：《佛祖歷代通載》，文淵閣《四庫全書》本，卷十八，葉四十六上下；吳之鯨（？～1609 後）：《武林梵志》，文淵閣《四庫全書》本，卷八，葉四十三下。

〔註311〕秦觀：《淮海集箋注》，中冊，卷三十六〈圓通禪師行狀〉，頁 1179～1181。釋惠洪：《禪林僧寶傳》，卷二十七〈金山達觀穎禪師・南岳十一世〉，葉八下。承黃啓江學長的提示，因知〈金山達觀穎禪師〉所記「當以賢監寺次補」即指懷賢。

〔註312〕陳舜俞（？～1075）：《都官集》，文淵閣《四庫全書》本，卷八〈明教大師行業記〉，葉十六上至十八下；契嵩：《鐔津集》，文淵閣《四庫全書》本，卷十〈謝李太尉啓〉，葉二十三上至二十四下；〈鐔津明教大師行業記〉（陳舜俞撰），葉一上至三下。考契嵩記他在六月二十一日收到所賜紫衣，但年份不詳。據黃啓江學長所示，曇穎及懷賢與契嵩熟諳，相信是他們的介紹，李端愿因此看到他的書，並加以交結。

爾子果死，二郎豈肯受枉法贓故活之耶？若不能活，又何求？」〔註313〕

李端愿逝世後，李家以李端愨、李諒最尊。然他們並沒有被高太后委以重任。

李端愨在哲宗繼位後的事蹟不詳，據他的本傳所記，他在元祐中官至蔡州觀察使，大概是因哲宗繼位的恩典而遷陞的。秦觀《淮海集》卷九收有他在元祐七年（1092）清明前後所撰兩篇七律，分別題為〈清明前一日李觀察席上得風字〉及〈次韻王仲至侍郎‧會李觀察席上〉，其中第一首有「偶到平陽舊第中，池籞信為三輔冠」兩句，而第二首有「天近省闈卿月麗，春偏戚里將星閒。」兩句，詩中的「李觀察」，據徐培均的考證，就是此時閒居京師提舉醴泉觀的戚里李端愨，而第一首的「池籞」大概就指李家有名的園池。另有一篇秦觀作於元祐八年（1093）正月的七絕〈次韻宋履中題李侯檀欒亭〉，徐氏考證所稱的「李侯」亦指李端愨。李端愨與秦觀顯然頗有交情，他和兩位兄長一樣愛與士大夫交往。〔註314〕

值得一提是李家的女婿。李端懿的長婿宗保及次婿夏倚在神宗朝已逝。其三女婿宗景，則以宗室的尊長，以建雄軍留後同知大宗正事。元祐七年十月乙卯（初二），還建節為感德軍節度使。同月丁丑（廿八），高太后又命他充在十一月癸巳（十四）舉行的南郊亞獻。他在李氏女婿中名位是最高的。〔註315〕

高太后在元祐七年二月乙亥（廿二）首先主持孫女曹國長公主下嫁韓嘉彥，哲宗母舅朱伯材及其子朱孝孫均以曹國長公主成婚加恩遷官。另一外戚駙馬都尉郭獻卿也在三月辛丑（十八）遷官明州觀察使。然後在四月己未（初七），高太后為哲宗選立仁宗朝馬軍都虞候孟元（999～1058）孫女為皇后（即元祐孟皇后，1073～1131）。〔註316〕高太后本來屬意狄青的孫女，但宰執大臣

〔註313〕朱彧：《萍洲可談》，卷三，頁155。

〔註314〕秦觀：《淮海集箋注》，上冊，卷九〈清明前一日李觀察席上得風字〉，頁；〈次韻王仲至侍郎‧會李觀察席上〉，頁363～366，370～372；《長編》，卷五百四，元符元年十二月戊子條，頁12015。考王仲至侍郎當指當時任工部侍郎的王欽臣（1034～1101）。李端愨在元符元年十二月致仕前的官職是蔡州觀察使、提舉醴泉觀。他在元祐七年被稱為觀察即指此，他應在此時已擔任提舉醴泉觀的閒職。

〔註315〕《長編》，卷四百七十八，元祐七年十月乙卯條，頁11382；丁丑條，頁11391；十一月癸巳條，頁11394；十二月甲子條，頁11402～11403。考宋廷在七年十二月甲子（十六），加封高太后、向太后的曾祖、祖、父母，向太后母、李端愿堂妹李氏改贈周國太夫人。

〔註316〕《長編》，卷四百七十，元祐七年二月丁巳條，頁11217；庚午至乙亥條，頁

意見分歧，最後才選上孟氏女。在候選的九家十女中，似乎沒有李氏女。不過，李氏女和狄氏女一樣，沒被選上其實是塞翁失馬，後來孟皇后便落得被廢的下場。〔註317〕

　　元祐八年（1093）正月（初六），高太后最痛恨的新黨黨首蔡確死於新州貶所。也許看到朝局將有變，與李端愿交好的次相蘇頌在三月癸未（初六），自請罷相獲准。〔註318〕六月戊申（十四），繼李端愿後，另一員尊長的外戚、建武軍節度使、駙馬都尉李瑋病卒，高太后及哲宗奠哭之，贈開府儀同三司。〔註319〕兩個月後，高太后在八月辛酉（十六）得疾，延至九月戊寅（初三）逝世。〔註320〕

　　在高太后垂簾的八年，李端愿一族雖然仍蒙宋廷優禮，但並未受到重用。一方面高太后為免朝臣非議，除了韓忠彥留任執政外，她不隨便委外戚以要職。另一方面，自李端愿致仕及李評過世後，李家子弟能當大任的寥寥，故李氏在宋廷的影響力已日衰。

　　哲宗親政後，復用新黨而貶逐舊黨，紹聖元年（1094）三月乙亥（初四）首先將首相呂大防罷去，再在同月丁酉（廿六）罷門下侍郎蘇轍。接著在四月壬戌（廿一）罷去剛在元祐八年七月丙子（初一）復為次相的范純仁。五月辛亥（十一）又罷簽書樞密院事劉安世。替補人選方面，哲宗先在二月丁未（初五）擢用李清臣（1032～1102）為中書侍郎，鄧潤甫（？～1094）為尚

11226～11228：卷四百七十一，元祐七年三月丁亥條，頁11240；辛丑條，頁11251；卷四百七十二，元祐七年四月戊午至辛未條，頁11264～11271；卷四百七十三，元祐七年五月辛卯條，頁11284；戊申條，頁11287。本來韓忠彥以避嫌，要辭去同知樞密院事職位，但高太后不允。三月丁亥（初四）韓嘉彥除正任刺史。另高太后以立孟皇后，就在五月辛卯（十五），加恩給孟父榮州刺史孟在和其母王氏，然後在同月戊申（廿六）加恩給其兄弟及親屬多人。

〔註317〕孟皇后被選上，可能因其母王氏乃英宗心腹近臣王廣淵女。孟皇后比哲宗年長三歲，容貌也平常，加上她是高太后所立，後來便不為哲宗所喜。關於高太后本來想立狄青孫女為后而最後不成的經過，參見何冠環：〈狄青（1008～1057）故事的傳述者──狄家將第二代傳人狄諮（？～1100）與狄詠（？～1097後）事蹟考〉，載何著：《北宋武將研究》，頁489～492。

〔註318〕《長編》，卷四百八十，元祐八年正月甲申條，頁11415～11416；庚子條，頁11425；卷四百八十二，元祐八年三月壬午至癸未條，頁11463～11464。高太后在元祐八年正月庚子（廿二），將他的女婿王詵敘復為文州團練使、駙馬都尉。

〔註319〕《長編》，卷四百八十四，元祐八年六月戊申條，頁11509。

〔註320〕《宋史》，卷十七〈哲宗紀一〉，頁336。

書右丞。到四月壬戌（廿一），哲宗召還新黨首領章惇，用爲首相。閏四月再擢安燾爲門下侍郎。另一員新黨大將曾布也在六月癸未（十四）自翰林學士承旨拜同知樞密院事。在章惇等人主政下，王安石在四月甲寅（十三）獲配享神宗，蔡確獲追復爲右正議大夫。章惇等對舊黨實行大報復，七月丁巳（十八）先追奪已死的司馬光、呂公著贈諡、王巖叟贈官，然後再貶呂大防爲秘書監，劉摯爲光祿卿，蘇轍爲少府監，三人均分司南京，梁燾則提舉舒州（今安徽安慶市潛山縣）靈仙觀。章惇等盡罷元祐之政而復行元豐的新法，並且由章惇親自監督重修《神宗實錄》的工作，特別將《王安石日錄》的觀點載入，作爲他們推行新法的依據。紹聖二年十月甲戌（初六），哲宗再擢兩名新黨大將許將及蔡卞（1048～1117）爲尚書左丞及右丞。〔註 321〕短短兩年多，朝政大變。李氏族人幸而在元祐時期未受重用，這時也未被牽連及貶斥；不過，哲宗也未對他們特別關顧。

李氏第四代碩果僅存的李端慤在哲宗親政後仍以蔡州觀察使提舉醴泉觀，閒居京師。據《宋會要》的記載，在紹聖元年閏四月癸酉（初三），冀國大長公主上言其長男右驍驥副使張秉淵（按：張敦禮子）欲赴朝參，請求依照李端慤的恩例，特與對改使額。哲宗加恩，詔張秉淵除右驍驥使，令赴朝參，並免吏部試并短使差遣。考冀國大長公主引用李端慤的恩例爲己子求官，可知李端慤當是被允許朝參。〔註 322〕

李端慤的第三女婿彰信軍節度使宗景在紹聖二年（1095）八月壬申（初九）獲授開府儀同三司，封濟陰郡王。他是李家的親屬中名位最高的。九月辛亥（十九），哲宗舉行明堂大饗，並大赦天下，百官依次加官。李端慤的姪

〔註 321〕《宋史》，卷十六〈哲宗紀一〉，頁 336；卷十七〈哲宗紀二〉，頁 339～343。蔡確再在紹聖元年十一月壬子（十四）追復爲觀文殿大學士。到紹聖二年十一月丙辰（廿四），再贈太師，賜諡「忠懷」。而舊黨朝臣除了呂大防等宰執大臣外，被視爲舊黨的蘇軾也在紹聖元年四月壬子（十一）以掌制命時語涉譏訕，落職知英州，他在六月甲戌（初五）再謫惠州（今廣東惠州市）。另范祖禹、趙彥若及黃庭堅也在十二月甲午（廿七）責授散官，分別送永州（今湖南永州市）、澧州（今湖南常德市澧縣東南）及黔州（今重慶市彭水苗族土家族自治縣）安置。呂大防在紹聖二年（1099）二月乙亥（初九），再以監修史事貶秩令安州居住。至於獲得重用的鄧潤甫卻在紹聖元年五月乙丑（廿五）卒，而安燾也在紹聖二年十一月乙未（初三）罷，按他們二人均非新黨的核心份子。

〔註 322〕《宋會要輯稿》，第一冊，〈帝系八・英宗四女〉，頁 193；第四冊，〈儀制十一・武臣追贈・留後〉，頁 2543。

兒李諒大概這時進位東上閤門使。〔註323〕

紹聖三年（1096）正月庚子（初九），哲宗再把舊黨兼外戚的知樞密院事韓忠彥罷知真定府（即鎮州，今河北石家莊市正定縣）。八月庚辰（廿三）再重貶范祖禹和劉安世於嶺南。更有甚者，是年九月乙卯（廿九），哲宗將高太后所立的孟皇后，以其母燕瓦及尼法端、供奉官王堅等以左道為她禱祠及造雷公式等物事之罪名，廢為華陽教主。紹聖四年（1097）二月己未（初四），章惇等更對元祐舊人趕盡殺絕，已死的司馬光、呂公著、王巖叟等追貶其官，未死的呂大防、劉摯、蘇轍、梁燾、范純仁重貶兼安置嶺南。連已致仕多年的文彥博也在同月甲申（廿九）降為太子太保。他們痛恨的蘇軾也難逃此劫，在閏二月甲辰（十九）責授瓊州（今海南海口市）別駕，移昌化軍（即儋州，今海南儋州市）安置。相較之下，哲宗對待宗室外戚便寬大得多，紹聖三年十二月辛酉（初五），濟陰郡王宗景坐以立妾罔上，罷開府儀同三司及判大宗正司事。但到四年九月丙子（廿六），哲宗又恢復他開府儀同三司官；不過，一月多後，在十月戊戌（十八），宗景便病卒，得年六十六。哲宗追贈他太師、追封循王，諡思。〔註324〕

李家的運氣似乎不佳，就在宗景逝世翌月（十一月）癸丑（初三），時任河北沿邊安撫使、東上閤門使資州刺史兼知雄州的李諒，被劾處理勘造匿名

〔註323〕《宋史》，卷十八〈哲宗紀二〉，頁343。

〔註324〕《長編》，四百九十三，紹聖四年十月戊戌條，頁11687；卷五百三，元符元年十月辛卯、甲午條，頁11980～11981；卷五百十五，元符二年九月甲子條，頁12249～12255；《皇宋十朝綱要校正》，卷十四〈哲宗〉，頁369；《宋史》，卷十八〈哲宗紀二〉，頁344～349；卷二百四十五〈宗室傳‧鎮王元偓附宗景〉，頁8703～8704。范、劉二人在紹聖四年閏二月甲辰（十九）再移賓州（今廣西南寧市賓陽縣西南）及高州（今廣東茂名市高州市）安置。而另一元祐執政劉奉世也在是年十一月癸酉（廿三）貶為隰州團練副使、郴州（今湖南郴州市）安置。新黨痛恨的人中，文彥博和韓縝分別在紹聖四年五月丁巳（初四）及辛未（十八）卒。劉摯則在十二月癸未（初三）卒，范祖禹則在元符元年十月甲午（二十）卒。另孟皇后父孟在因女兒被廢，失去外戚身份兼被降職為榮州刺史、登州總管提舉崇福宮，在元符元年十月辛卯（十七）請休致，哲宗也不為以甚，就准他於京西路州軍任便居住。元符二年九月甲子（廿五），右正言鄒浩（1060～1111）上書為孟皇后之廢大抱不平，認為孟后之廢是因剛在同月丁未（初八）冊立為皇后的劉賢妃（即昭懷劉皇后，979～1113）爭寵所致。他認為孟皇后與劉賢妃爭寵，哲宗應該好像仁宗廢郭皇后一樣，一併將爭寵的尚美人（？～1050）、楊美人（？～1072）同時逐出，而另立貴家的曹皇后。鄒浩這番上言，自然幫不了孟皇后，反而激怒了哲宗，將他除名勒停，送新州羈管。

文書不當經赦當原，與通判吳點各特罰金二十斤，他屬下的權推官張棠、歸信、容城兩縣主簿王範也各特罰金十斤。〔註325〕

　　李諒的運氣並不因哲宗於翌年改元元符（1098）有所好轉，於是年六月辛卯（十四），刑部上奏宋廷，瀛州（今河北滄州市河間市）勘得知霸州（今河北廊坊市霸州市）李昭玘等嚴重失職，竟在較早時被遼人偷偷拆掉霸州橋，並入榷場殺傷人兵，李昭玘等任由遼人生事，亦未預作防備。雖然以改元而該赦，但事態嚴重，仍然加以貶降：知霸州李昭玘降一官，通判侍其琮追一官勒停，權通判寇毅並依衝替人例，推官郎渙差替，界河同巡檢王溥、勾當榷場徐昌明各追兩官。劉家渦、莫金口巡檢賈喦、刀魚巡檢楊拯各追一官並勒停。瀛州通判陸元金亦坐罪罰金二十斤。至於身為眾人上司的河北路沿邊安撫使李諒，就被落遙郡資州刺史，而且解除河北路沿邊安撫使之差遣，別與外任差遣。其副使劉方降一官，機宜張棠差替。據《長編》所記，朝臣路昌衡（？～1104）從瀛州按視回朝，就極言李諒「強愎自任，恐生事」。知樞密院事曾布即奏上哲宗，稱沿邊安撫司亦屢有探報，只是李諒並無應對措置，故他應該降黜。哲宗聽了便想馬上將李諒降職，曾布建議等到勘查完霸州守臣的責任才一併處置，最後李諒與李昭玘等一齊被貶責。李諒從邊地的重鎮雄州被徙知第二線的恩州。〔註326〕

　　是年十一月辛亥（初七），哲宗幸醴泉觀，李端愨以提舉官負責接待難得一見的皇上。哲宗在十二月己卯（初五）加封高太后及向太后的曾祖父母。李端愨的堂姊李氏改封為荊國太夫人。同月戊子（十四），李端愨大概自知來日無多，就自請致仕。哲宗就特授他安德軍留後致仕。八天後（丙申，廿二），李端愨卒於京師，宋廷贈他昭德軍節度使，諡恭敏。〔註327〕因他的墓

〔註325〕《長編》，卷四百九十三，紹聖四年十一月癸丑條，頁11695；卷四百九十九，元符元年六月辛卯條，頁11881。

〔註326〕《宋會要輯稿》，第八冊，〈職官六十七・黜降官四〉，頁4858；《長編》，卷四百九十九，元符元年六月辛卯條，頁11881～11882；卷五百六，元符二年二月丙申條，頁12065。考中華點校本《長編》元符二年二月丙申條將李諒的差遣作「思州」，而《四庫》本《長編》在此條中一寫作「思州」，一寫作「恩州」。按思州是羈縻州，李諒不可能出知，當是河北的「恩州」。

〔註327〕《長編》，卷五百四，元符元年十一月辛亥條，頁12000；己卯條，頁12005～12006；戊子條，頁12015；丙申條，頁12020；《宋會要輯稿》，第四冊，〈禮五十八・群臣諡〉，頁2064；〈儀制十一・武臣追贈・留後〉，頁2543；《宋史》，卷四百六十四〈外戚傳中・李遵勗附李端愨〉，頁13571；王明清（1127～1204後）：《揮塵錄》（上海：上海書店出版社，2001年8月），後錄卷五〈外戚諡〉，

誌銘尙未發現，故他得年多少及有多少子女均不詳。按他在是年提請致仕，大概已達七十之齡。李端愨因非公主之子，他的仕途和宋廷給他的恩禮都比不上兩位兄長。然他與父兄一樣，愛交結士大夫及篤信佛教，與禪門大德多有往來。他除了在皇祐二年（1050）五月資助修建臨海縣資瑞院外，據《佛祖統記》的記載，他又舉薦處謙法師（？～1075）主持白蓮禪院。〔註 328〕考北宋詩僧釋惠洪的詩文集《石門文字禪》收有〈守道太尉醉鄉〉七絕一首，按李端愨字守道，他官至安德軍留後，被尊稱爲太尉亦是宋人之俗。筆者疑是詩是惠洪贈李端愨之作。若筆者推論不差，則惠洪也是李端愨交結的佛門中人。〔註 329〕

元符二年（1099）正月甲子（廿一），李端愨的第四女婿宗室耀州觀察使世逸卒，哲宗贈開府儀同三司，追封曹國公。本來宗室推世逸繼楚王孫從式作爲太祖之後最長而該封郡王的，但世逸等不及哲宗的批准已病卒。〔註 330〕至此，李氏族人中官職較高及最尊長的只剩下李諒一人。他在是年二月丙申（廿三），未及半年，又從恩州徙調涇州。翌年（元符三年，1100）正月己卯（十二），哲宗病逝，由皇弟徽宗繼位。〔註 331〕隨著哲宗朝的完結，李氏族人的第四代也全部過世，第五代的子弟就是尙在世，也仕宦不顯。

值得一談的是，哲宗對外戚的態度，與高太后稍有不同。他對信任和有

頁 109。按同屬外戚的王師約後來也謚恭敏。

〔註 328〕 李端愨在皇祐二年五月以供備庫使、資州刺史、同管勾會靈觀公事的身份立碑，撰碑人是釋本如（982～1051）。他所舉薦的處謙法師俗姓潘，永嘉（即溫州，今浙江溫州市）人，北海郡王允弼爲他請來「神悟法師」之號，而王安石與一時朝賢都競爲歌詩以贊其大德。處謙卒於熙寧乙卯（八年，1075）四月丙寅（初五）。參見《全宋文》，第十六冊，卷三百二十八〈釋本如·臨海縣資瑞院記·皇祐二年五月〉，頁 145；釋志磐（？～1271 後）：《佛祖統紀》，《續修四庫全書》本，（上海：上海古籍出版社，2002 年據北京大學圖書館藏明刻本影印），卷十三之十四〈諸師列傳第六之三·神照法師嗣第二世·神悟處謙法師〉，頁 208～209。

〔註 329〕 惠洪在十九歲時（元祐四年）入京師天王寺出家，他在往後的日子與在京的李端愨相交甚有可能。按惠洪此詩云：「歡伯平生數往還，篋中城郭未嘗關。暮歸健倒三四五，憑仗酪奴扶玉山。」按注該集的日僧釋廓門貫徹（？～1730）及點校者張伯偉並未注明「守道太尉」是何人。參見釋惠洪（著），（日）釋廓門貫徹（？～1730）注、張伯偉等（點校）：《注石門文字禪》（北京：中華書局，2012 年 2 月），下冊，卷十六〈七言絕句〉〈守道太尉醉鄉〉，頁 1036～1037。

〔註 330〕 《長編》，卷五百五，元符二年正月甲子條，頁 12042。

〔註 331〕 《長編》，卷五百六，元符二年二月丙申條，頁 12065；《宋史》，卷十八〈哲宗紀二〉，頁 354。

好感的外戚，特別是曹太后族人，便肯委以重任，例如他便委任曹誦爲執掌禁軍的步軍都虞候，曹誘爲樞密副都承旨。〔註332〕又如韓忠彥的族人，如其弟韓粹彥，哲宗也一度想任爲樞密都承旨。〔註333〕另外駙馬都尉王師約及其

〔註332〕曹誦在元符元年三月前已任步軍都虞候，他在是月丁巳（初八）因虎翼軍卒趙立涉嫌訕謗哲宗之事爲人訟告，他請解軍職，但哲宗詔釋其罪。是年四月庚寅（十二），西上閤門使樞密副都承旨宋球（？～1098）卒，哲宗考慮將曹誦改授爲樞密都承旨，因知樞密院事曾布提出不適合的理由，哲宗才收回成命。他在元符二年七月癸亥（廿二），曾批評名位比他高的殿前副都指揮使姚麟交結內臣，他敢言若此，似是倚仗哲宗對他的信任。他終哲宗之世，一直擔任管軍。到徽宗即位後，他在建中靖國元年（1101）八月陞任馬軍都指揮使，直至崇寧元年（1102）四月才解軍職授宮觀。不過，另一曹氏外戚駙馬都尉曹詩便不爲哲宗所喜，當曾布提出可由曹詩擔任樞密都承旨時，哲宗便立即表示不可。不過哲宗仍在元符二年四月己丑（十七）將他陞一級爲耀州觀察使。曹誦的姪子曹曚在元祐元年八月丁亥（十二），獲得優差，任爲賀北朝正旦副使；不過他卻在六月己卯（初八）以失禮而被罰金二十斤。哲宗於元符二年九月己酉（初四），又特擢曹佾長子曹評爲眞定路副總管，本來樞密院擬都鈐轄，但哲宗以神宗待曹太后家極厚，他當繼承此做法。曹評在徽宗朝累遷爲馬軍副都指揮使。其弟曹誘也一樣求從定州路都鈐轄升爲本路副總管，但曾布不同意。到元符二年正月甲子（廿一）哲宗終於滿足曹誘的願望，授他定州路副總管。同月癸巳（十五），又委曹誘自東上閤門使文州刺史出任北朝國信副使。到十月丁巳（十九），又召還曹誘委爲權樞密副都承旨。參見《長編》，卷四百九十五，元符元年三月丁巳條，頁11772；卷四百九十七，元符元年四月庚寅條，頁11820；丁酉條，頁11833；卷五百一，元符元年八月丁亥條，頁11934；卷五百二，元符元年九月己酉條，頁11951；卷五百五，元符二年正月甲子條，頁12042；卷五百八，元符二年四月己丑條，頁12108；癸巳條，頁12121；卷五百十一，元符二年六月己卯條，頁12156；卷五百十三，元符二年七月癸亥條，頁12201；卷五百十七，元符二年十月丁巳條，頁12302；周應合（？～1275後）（纂），王曉波（點校）：《景定建康志》，收入《宋元珍稀地方志叢刊・甲編》，第二冊（成都：四川大學出版社，2007年6月），卷二十六〈侍衛馬軍司題名記〉，頁1245；《宋史》，卷四百六十四〈外戚傳中・曹佾附曹評、曹誘〉，頁13573～13574。

〔註333〕哲宗在紹聖四年七月乙丑（十四）便從已降授左衛將軍、駙馬都尉的韓嘉彥之請，許他朝參畢就歸公主第。同月戊寅（廿七），又擢用其五弟衛尉寺丞韓粹彥提舉京東東路常平，稍後又將他改官司勳員外郎。到八月癸未（初二），哲宗將韓嘉彥復爲文州刺史、駙馬都尉。元符元年五月丁丑（三十），當知樞密院事曾布建議用韓忠彥子韓治爲樞密都承旨時，哲宗以韓治爲劉摯門下，不肯用，反建議用其叔父韓粹彥爲樞密都承旨，但曾布以他資淺且未歷事而止。因韓琦立英宗有大功，哲宗對韓忠彥與其他元祐舊臣區別對待，是年八月壬辰（十七），便將韓忠彥自定州徙知大名府，仍保留其資政殿學士之職。參見《長編》，卷四百八十九，紹聖四年七月乙丑條，頁11612；戊寅條，頁11615；卷四百九十，紹聖四年八月癸未條，頁11617；卷四百九十八，元符元年五月丁丑條，頁11864～11865；卷五百一，元符元年八月壬辰條，頁11937。

子弟也屢次蒙恩，而且哲宗一度考慮擢用王師約爲樞密都承旨。惟一旦聽到曾布和章惇等的讒言，不但收回成命，還將他貶降。〔註334〕對那些關係不深的外戚，好像仁宗生母章懿太后族人、駙馬都尉郭獻卿、錢景臻等則仍表面上加以優禮。〔註335〕他雖然心裡不滿高太后，但對他的族人卻仍給以恩寵，不過，除了高遵惠外，他並不給高氏族人任何要職。〔註336〕同樣，他的嫡母向太后一族，他也未有特別眷寵。〔註337〕至於違逆他意旨的外戚，就毫不留

〔註334〕哲宗在紹聖四年七月戊寅（廿七），晉陞王師約長子王殊自皇城使、成州團練使爲東上閤門使，稍後罷其勾當皇城司差遣，卻給他提舉中太一宮及集禧觀事的優差。到元符元年四月丁酉（十九），哲宗提出用王師約爲樞密都承旨，知樞密院事曾布起初還說王「老成厚重，非（曹）詩可比，先帝亦嘗任使」，到哲宗眞的打算用王時，曾布又說王的壞話，說王當年曾與哲宗痛恨的另一駙馬王詵飲宴舊事，結果哲宗沒有用王爲都承旨。到十一月庚戌（初六），三省奏王在元祐期間，曾令殿中一二使臣，代他密奏予高太后。哲宗不滿，即將他自鎮安軍留後重貶三級爲泰州團練使。參見《長編》，卷四百八十九，紹聖四年七月戊寅條，頁11615；卷四百九十七，元符元年四月丁酉至己亥條，頁11833～11834；卷五百四，元符元年十一月庚戌條，頁12000。

〔註335〕哲宗在元符元年七月己未（十三），便特許已故的李珣遺表求得的子孫恩澤回授親姪女王京之子爲郊社齋郎。八月丁亥（十二），又派李瑋長子、皇城使李嗣徽爲賀北朝生辰副使，但李嗣徽卻於元符二年六月癸巳（廿二）以先前出使失儀被降授爲慶州刺史，至於郭獻卿，哲宗也在七月戊辰（廿二），特詔准他起復爲明州觀察使、駙馬都尉。而仁宗駙馬錢景臻在哲宗朝雖官至寧德軍留後，同樣只是富貴閒人。參見《長編》，卷五百，元符元年七月己未條，頁11909；戊辰條，頁11916；卷五百一，元符元年八月丁亥條，頁11934；卷五百十一，元符二年六月癸巳條，頁12165～12166；卷五百二十，元符三年正月戊子條，頁12380。

〔註336〕考高氏族人中，在哲宗之世名位最高是高公繪，官至寧遠軍節度使，但他並無擔任重要職位。哲宗看重是敢在高太后前反對她改變神宗之政的高遵惠，在元符二年四月甲午（十六），便將高遵惠自寶文閣待制、知武德軍陞爲試戶部侍郎。五月庚戌（初八），哲宗除了先前許年已八十一的高遵裕再任宮觀外，又特恩許提舉太清宮、已年七十六的高遵禮在任滿後再延一任。知樞密院事曾布乘機奉承哲宗一番，一方面說二高延任於法不合，另一方面又說「中外皆不詳知陛下待遇宣仁親屬敦篤如此，當書之以付史官。」到八月丙戌（十六），哲宗又將高遵惠陞爲寶文閣直學士委知慶州、環慶路經略安撫使兼馬步軍都總管。在高氏族人中，因高遵惠曾規諫高太后，哲宗對他最有好感，想將他召還陞任尚書，但章惇不願而拖延其事，高遵惠未及召還便在元符二年十二月壬寅（初五）卒。參見《長編》，卷五百九，元符二年四月甲午條，頁12122；卷五百十，元符二年五月庚戌條，頁12135～12136；卷五百十四，元符二年八月丙戌條，頁12220；卷五百十九，元符二年十二月壬寅條，頁12344～12346；卷五百二十，元符三年正月戊子條，頁12379；《宋史》，卷四百六十四〈外戚傳中·高遵裕附高遵惠〉，頁13577。

〔註337〕向氏族人在哲宗親政後並未獲委以要職，向太后族叔向綜在元符二年六月癸

情地加以重貶，好像駙馬都尉張敦禮，便給章惇等翻他在元祐時的舊賬，說他密奏高太后批評新法。哲宗震怒之下，於元符元年十月癸卯（廿九），將他自武勝軍留後貶爲左千牛衛大將軍，保留駙馬名號、特免安置，仍不許朝參。制文用辭極重：

> 事上之節，在知分守之所宜；馭臣之方，不以近貴而撓法。敢奸公議，其正明刑。武勝軍節度觀察留後、檢校司空、持節鄧州諸軍事、鄧州刺史、駙馬都尉張敦禮，選自先朝，幸備戚里；薦蒙休寵，驟進美官。頃在垂簾之初，當深送往之慕。而乃忘德犯分，醜正朋邪，密上封章，顯詆前列。引譽罪首，謂當褒崇；欲其黨儔，盡見收用。獻謀若此，措意謂何！深惟厥愆，宜寘諸理。尚念連姻之近，特寬遠服之投。貶秩居家，益自循省。可特降授左千牛衛大將軍、駙馬都尉，特免安置，仍勒住朝參。〔註338〕

哲宗如此重譴張敦禮，到他死後，向太后臨朝論及此事時，也覺得張敦禮「自家戚里，不合管他朝廷事，然當時行遣得他亦太重。」〔註339〕

至於哲宗一向不喜的駙馬都尉王詵，就任由御史將他彈劾而治罪，毫不給他留面子。元符二年閏九月乙亥（初六），監察御史、權殿中侍御史石豫便劾王詵「輒恃豪貴，抑勒雇人，取捨之間，不畏公法」。又指他「匿藏婦人，教令寫文字投雇，及虛作逃亡跡狀」。王詵早在神宗朝已受貶降，他似乎行事謹慎。御史指控他的罪狀與張敦禮及王師約的性質不同，哲宗這次大概只是警告他，故只罰他銅三十斤了事。〔註340〕

哲宗對李氏外戚族人，沒有特別的好感，也沒有特別的惡感，是故沒有委以重任，但也維持表面上的禮數。李端愨閒居京師多時，懂得養晦之道，而李諒長期擔任邊將，與朝臣沒有甚麼淵源，故主政的新黨朝臣雖然沒對他們有甚麼好感，也沒有特別打擊他們。李氏族人經歷高太后臨朝及哲宗親政的政局大起大落，雖然風光不再，但能置身事外，也算是差強人意了。

巳（廿二）卻以先前出使遼國失儀而被重責，從供備庫使貶爲副使並落帶御器械。向太后兩名弟弟向宗回及向宗良在哲宗朝官至彰德軍留後及利州觀察使，但並未任要職。參見《長編》，卷五百十一，元符二年六月癸巳條，頁12165～12166；卷五百二十，元符三年正月乙未條，頁12385。

〔註338〕《長編》，卷五百三，元符元年十月癸卯條，頁11988～11989。
〔註339〕《長編》，卷五百二十，元符三年正月乙未條，頁12387～12388。
〔註340〕《長編》，卷五百十六，元符二年閏九月乙亥條，頁12270。

六、徽宗以後的李氏外戚子弟的事蹟考

　　李氏外戚子弟在徽宗、欽宗兩朝已寂寂無聞，因今本《長編》闕徽宗及欽宗兩朝，故在哲宗朝尚出仕的李氏第五代人物李諒及李詵在徽宗朝的事蹟已多不可考。據清代金石碑拓收藏家黃易（1744～1802）所撰的《岱巖訪古日記》所載，黃在嘉慶元年（1796）正月戊午（十一）遊泰山，在岱廟的殿前看見其中的鐵甕，上有二銘，記此一造於徽宗建中靖國元年（1101）的鐵甕爲李諒所造。則李諒在建中靖國元年尚在，惟黃易未提其官銜。〔註341〕而據南宋人韓元吉所撰的〈太恭人李氏墓誌銘〉所記，墓主李氏的曾祖父是李端懿，而其祖父爲李詵，官至感德軍節度使。考李詵在皇祐三年三月獻穆大長公主逝世時以遺恩與李評一道自內殿崇班陞爲內殿承制，但他不應是李端懿之子，而很有可能是李端愿之幼子，李評之弟。他在仁宗以後的仕歷不見載於群書，他何時授或加贈感德軍節度使不詳。〔註342〕

　　據〈太恭人李氏墓誌銘〉所記，李詵有子名李宗（？～1126後），即李氏太恭人之父，最後官至奉直大夫直徽猷閣。而李宗妻王氏恭人，則是集賢校理王安國之女。〔註343〕考許翰（1055或1056～1133）曾在宣和初年爲李宗寫過兩道制文，宋廷因他措置河東路採斫木植有勞，給他轉一官爲直秘閣。第二度制文〈李宗爲措置河東路採斫木植除直秘閣制〉云：

　　　　敕：圖書之府，英儁所儲。籍通其間，世以爲寵。爾選於朝著，遣
　　　　以使華。能悉乃心，以稱朕意。陞聯延閣，增賁軺車。益厲事功。
　　　　往祗眷倚。可。〔註344〕

〔註341〕黃易：《岱巖訪古日記》，收入《石刻史料新編》第三輯第28冊，（臺北：新文豐出版公司據民國十年（1921）山陰吳氏遯盦金石叢書西泠印社聚珍版影印，1986年7月臺一版），葉二上下（頁83）。

〔註342〕韓元吉：《南澗甲乙稿》，卷二十二〈太恭人李氏墓誌銘〉，葉二十八上至三十一下。關於李詵的身份，參見註1的考證。

〔註343〕韓元吉：《南澗甲乙稿》，卷二十二〈太恭人李氏墓誌銘〉，葉二十八下。另參見註132。

〔註344〕據劉雲軍的研究，許翰在宣和元年（1119）六月任中書舍人，到宣和七年（1125）改給事中。故他爲李宗撰寫制文當在宣和元年以後。參見許翰（撰），劉雲軍（點校）：《許翰集》（保定：河北大學出版社，2014年7月），《襄陵文集》，卷一〈河東採斫木植李宗等轉一官制〉，頁18；〈李宗爲措置河東路採斫木植除直秘閣制〉，頁22；〈附錄四：許翰事蹟簡編〉，頁245～247；徐夢莘（1126～1207）：《三朝北盟會編》（上海：上海古籍出版社，1987年10月據清光緒34年（1908）許涵度刻本影印），上冊，卷五十六〈靖康中帙三十一〉，葉九上（總頁420）。

　　李宗大概在靖康年間陞任直徽猷閣並擔任河東路轉運使。值得注意的是，作為李氏外戚將門第六代的李宗，已轉從文官之途仕進，而其外戚子弟身份也不再在制文中反映出來。不過，教人喪氣的是，他在河東轉運使任上的表現實在令家族蒙羞。靖康元年（1126）六月，當金兵再度攻打太原附近的汾州（今山西呂梁市汾陽市），宋廷命河東經略使、知太原府張孝純（？～1144）子張灝、都統制張思正及李宗領兵來援。因守臣張克戩（？～1126）盡心盡力，汾州得保；但當太原在九月丙寅（初三）失陷後，李宗又跟隨張思正和張灝逃往慈州（今山西臨汾市吉縣）和隰州。當時擔任河東宣撫使的李綱（1083～1140）曾奏上宋廷，稱已奉旨下令他屬下的折可求（？～1138）須負責收復樓煩縣（今山西太原市樓煩縣），而李宗則負責一應的錢糧搬運自晉州（今山西臨汾市）至絳州（今山西運城市新絳縣），一點也不得闕誤。然而，李宗等卻失職而遁逃。據他的女兒墓誌銘所記，李宗大概在建炎初年殁，惟一直殯於南安（即南安軍，今江西贛州市大餘縣），到其女改嫁韓球（？～1150），才下葬於臨川（即撫州，今江西撫州市）。〔註345〕

　　據李之儀（1048～1117）所記，當屬李氏第六代的子弟又有李宥其人。他在徽宗後期任溧水縣（今江蘇南京市溧水區）丞，李之儀稱他是「和文都尉家賢子弟也」，以李遵勗「樂義尚賢，天下學士大夫歸之，其風流所暨，至今凜然」。因推許李宥「不獨有其家風，又能悉心政事，所可稱美」。於是向他的友好、本路的轉運使姚氏致書推薦李宥改官。〔註346〕李宥的名字與另一李氏子弟李寬相近（見下文），二人疑是兄弟，但出自李氏哪一房不詳，他以後的事蹟亦待考。

〔註345〕《宋史》，卷二十三〈欽宗紀〉，頁 430：卷四百四十六〈忠義傳一‧張克戩〉，頁 13168：李綱（撰），王瑞明（點校）：《李綱全集》，（長沙：嶽麓書社，2004年 5 月），中冊，卷五十三〈奏議‧奏知督責張灝箚子〉，頁 602～603；韓元吉：《南澗甲乙稿》，卷二十二〈太恭人李氏墓誌銘〉，葉二十九下；徐夢莘：《三朝北盟會編》，上冊，卷五十七〈靖康中帙三十二〉，葉十下至十二下。考《三朝北盟會編》引陶宣幹所撰的《河東逢虜記》，提到靖康元年十月壬寅（初十）汾州失守，守臣張克戩戰死之事時，道及在九月丁卯（初四），張灝與「運副李百宗」離開汾州，他們以太原已失守，而直接往石州，渡河至絳州「支撥錢斛」。是條記載五度提到的「運副」、「李漕」李百宗/李伯宗，疑就是《宋史》及《李綱全集》所提到的擔任河東轉運使副的李宗。

〔註346〕李之儀：《姑溪居士前集》，文淵閣《四庫全書》本，卷二二〈手簡五‧與姚漕五〉，葉二下至三上。考李之儀這篇推薦李宥的書簡寫於何年月不詳，按李之儀卒於政和七年（1117），則此通書簡當寫於徽宗後期。

　　同屬李氏第六代、名列《東都事略・忠義傳》及《宋史・忠義傳》的李
涓在靖康之難的表現卻爲李氏將門掙了面子。李氏從李遵勗成爲帝戚後，從
李端懿兄弟、李諒兄弟以及李宗等人，雖大部份擁有武將的官職及擔任邊將
的差遣，卻罕有真的征戰沙場。李涓在靖康之難中在沙場中力戰而歿，以身
殉國，總算沒有辱沒李氏外戚將門子弟的身份。據《東都事略》及《宋史》
所載，李涓字浩然，是李遵勗的曾孫（按：《東都事略》稱他爲李崇矩之後），
惟出自哪一房不詳。他初以祖蔭爲右班殿直，後召試中書而易文階爲撫州司
錄參軍，和李宗一樣改以文官仕進。他的官位比李宗低得多，在元豐官制行
時改從議郎，在徽宗末年官至通直郎知鄂州崇陽縣（今湖北咸寧市崇陽縣）。
靖康元年九月，金兵攻破太原後，欽宗以羽檄召天下募兵勤王。鄂州所部共
七縣，當發兵二千九百人（一說三千人），但尚未集結。李涓獨以所所募的
兵卒六百人毅然請行。有人勸他等各縣援兵齊集才出發不遲，但李表示京師
危急，應該持一信報天子，爲東南地區的勤王軍作表率。他所募的士卒都是
市井之徒，不善作戰。他就出家財買牛酒犒軍以激勵士氣，並下令說：「吾
固知無益，然世受國恩，唯直死矣。若曹知法乎『失將者死』，鈞之一死，
死國留名，男兒不朽事也。」他的部屬皆感泣。他即日率部東行，再北過淮
河。這時蒲圻縣（今湖北赤壁市）及嘉魚縣（今湖北咸寧市）的援兵始抵達。
三支援兵會合後，就向蔡州的方向前進。抵蔡州後，卻遇上天降大雪，這時
爲十二月壬午（廿一），金兵的遊騎進犯蔡州。蔡州的保甲驚恐奔走，說金
兵來到。李涓即率軍結陣以待，稍後金騎集結，他帶頭馳馬犯金騎先鋒，他
所部的多是步卒，均蒙鹵盾上前迎戰，頗有殺傷金兵。李涓乘勝向北追擊金
兵十餘里，這時金兵主力大集，矢如飛蝟，其他兩縣兵恐懼而退，李部屬皆
驚恐懼無人色，只是不忍丟下主將不顧而歸。李涓受創甚，然猶血戰，大呼
左右背負他，終於力戰而死，得年五十三，所部士卒死者十有六七。他陣亡
後，他的上司有忌他的，竟然威脅逃回的士卒誣告他逃遁。到翌年（1027，
建炎元年），金兵離蔡州北返，蔡州人將李的屍首獻上宋廷，高宗（1107～
1187，1127～1162在位）錄其忠，贈朝奉郎（按：《東都事略》作員外郎），
官其三子。〔註347〕

─────────────

〔註347〕《皇宋十朝綱要校正》，卷十九〈欽宗〉，頁 572；陳均（1174～1244）（編），
　　　　許沛藻、顧吉辰、金圓、孫菊園（點校）：《皇朝編年綱目備要》（北京：中華書
　　　　局，2006年12月），下冊，卷三十，靖康二年正月庚子條，頁811；王稱（？
　　　　～1200後），《東都事略》，收入《宋史資料萃編》第一輯（臺北：文海出版社，

據《嘉慶重修一統志》所載，崇陽縣人後來在縣東南城上建「忠顯祠」以祀李涓，至清中葉該祠仍存。而《同治建昌府志》記在建昌府之「忠義孝弟祠」亦祀李涓，值得注意的是該條之注引孟志所記，李涓「係上黨人，其子景適始遷南豐，應核去。其〈寺觀卷〉護國寺下又注云，李涓殉難後敕葬臨川，其子孫奉祀於此，按是時南豐屬臨川郡，是涓殉難時已家南豐，故即敕葬於此，今其子孫世爲南豐人，舊志所載無庸核去。」〔註348〕據此則清人方志所記，李涓三子中，其中一人名李景適，他這一房人始遷至江西南豐縣，李涓也就葬於此處。據清人修的《光緒撫州府志》所記，李景適在紹興年間曾任撫州的金谿縣令，他以後的仕歷不詳。〔註349〕

宋室南渡後，早已衰落的李氏外戚將門更進一步敗落，他們的後人已無人從武臣中仕進。李氏第六代子弟有事蹟可尋的，除了李宗和李涓外，還有在建炎三年（1129）正月丙午（廿七），被金將完顏宗翰（1080～1137）所執的知淮陽軍（今江蘇邳州市）、奉直大夫李寬。據李心傳所記，他是「李遵勗孫」，當指他是李的後代，據李心傳所考，李寬的家人在紹興二年（1132）九月乙酉（廿八）向宋廷陳狀，說李寬當年陷陣身亡；但真相如何，李心傳也未能確定。〔註350〕

1967 年 1 月），卷一百十一〈忠義傳九十四·李涓〉，葉四下至五上（頁 1708～1709）：《宋史》，卷四百四十七〈忠義傳二·李涓〉，頁 13176；（清）邵子彝等（修），魯琪光等（纂）：《同治建昌府志》，清同治十一年（1872）刊本影印，載《中國方志叢書·華中地方》，第八三一號，第六冊，卷八〈人物志〉〈忠義卷八之六·宋李涓〉，葉一上下（頁 2355～2356）。按《宋史·忠義傳二·李涓》所記與《皇朝編年綱目備要》略同，惟陳均將李涓死事繫於靖康二年正月庚子（初十），疑有誤，當以《皇宋十朝綱要》所記十二月壬午（廿一）爲是。

〔註348〕《嘉慶重修一統志》，（臺北：臺灣商務印書館，1966 年據上海涵芬樓景印清史館藏進呈寫本影印），卷三二一〈建昌府·人物〉，葉七下：卷三三六〈武昌府二·祠廟〉，葉十五下：《同治建昌府志》，第二冊，卷四〈學校學制〉，〈忠義孝弟祠〉，葉十九上（頁 671）：卷八〈人物志〉〈忠義卷八之六·宋李涓〉，葉一上下（頁 2355～2356）。

〔註349〕（清）許應鑅（修），謝煌（纂）：《光緒撫州府志》，清光緒二年（1876）刊本影印，載《中國方志叢書·華中地方》，第二五三號，（臺北：成文出版社有限公司，1975 年），卷三十五〈職官志·文職一〉〈宋金谿令〉，葉二十下（頁 579）。

〔註350〕李心傳（編撰），胡坤（點校）：《建炎以來繫年要錄》，（北京：中華書局，2013年 12 月），卷十九，建炎三年正月丙午條，頁 450；《宋史》，卷二十五〈高宗紀二〉，頁 460；宇文懋昭（？～1234 後）撰，崔文印（校證）：《大金國志校證》（北京：中華書局，1986 年 7 月），卷五〈太宗文烈皇帝紀三〉，頁82。按《宋史·高宗紀》、《大金國志校證》與《繫年要錄》所記一樣，以李

據李心傳所記，李氏尚有一後人名李景嗣（？～1178 後），字紹祖，在紹興十八年（1148）擔任兩川總領使符行中（？～1159）的屬官，李建議就興州（今陝西漢中市略陽縣）、利州（今四川廣元市）、閬州（今四川南充市閬中市）置米場，聽客販賣，於是盡革前弊，米糧充足。據晁公遡（？～1166後）所記，在紹興三十年（1160）嘉州外蠻入寇塞下，邊吏震恐，調兵勞民以防禦，其中嘉州之犍爲縣（今四川樂山市）的防務最爲人所憂慮。四川路提點刑獄司奏於朝，選李景嗣爲犍爲縣令。他到任後出人意表的是，「不以備邊爲事，惟按簿書考賦租，其平時擅民之輸，而乾沒入之強梁不受命者，立得其主命痛繩治。吏素與附和者皆噤不敢出氣，一邑方竦然，知有令在是也。」在他強有力的整頓下，縣政一新，民大安下，蠻兵亦沒有再來侵犯。李景嗣在孝宗乾道六年（1170）正月，以四川轉運判官的身份奉命往雅州（今四川雅安市）西四十里的多功，審觀形勢，決定是否出兵討伐作亂的夷人高奴吉。當時諸將均欲一戰，李景嗣止之。宣撫使王公明納李之策，安撫夷人了事。李官至直秘閣知夔州（今重慶市奉節縣）。然他爲官貪酷，在淳熙五年（1178）二月，靠著參知政事趙雄（1129～1194）的包庇，臺官謝廓然以下均不敢劾奏他。右諫議大夫蕭燧（1117～1193）卻不畏權勢，上奏請罷之。趙雄果然出手營救，李景嗣得以復任。蕭燧不捨，再上奏劾李並及趙雄。趙雄於是密奏蕭燧誤聽李的仇人令狐某及蜀恭州士人鍾京之言，宋廷於是下臨安府捕令狐及鍾京等置之獄，李景嗣繼續任職。他後來的事蹟待考。〔註351〕

寬被執而沒記他被殺。

〔註351〕李心傳記李景嗣「字紹祖」，「開封人遵勗之後」，卻沒載其父祖是誰，猜想他也是李氏第六代子孫。而晁公遡撰於乾道元年（1165）七月一日的「靜邊堂記」則說「開封李景嗣子紹祖」。究竟李景嗣字紹祖？抑有子名紹祖？考《嵩山集》另收有晁公遡〈與李紹祖劉文潛飲酒〉五古及〈送李紹祖通判寧江〉七律兩詩。詩中的「李紹祖」顯然就是「靜邊堂記」的李紹祖。古人以友朋的別字相稱，而不會在詩文中直書其名。筆者以爲李紹祖就是李景嗣的別字，而不是其子。《四庫全書》本的《嵩山集》可能將李景嗣別字紹祖訛作其子名李紹祖。考南宋初年另有李紹祖其人，在紹興十三年（1143）二月任廣西轉運判官，他後來獲委知武岡軍（今湖南邵陽市武岡市），而爲監察御史張綱所嚴劾。從年代及官位而言，這個李紹祖應當不是李景嗣或他的兒子。又李景嗣與李涓的兒子李景通同是景字輩，不知二人是否親兄弟抑是族兄弟。考李心傳之《朝野雜記》、周必大兩篇神道碑銘、《兩朝綱目備要》及《宋史‧蕭燧傳》均以李景嗣爲貪酷之吏，只有高斯得評論蕭燧劾奏李景嗣之事，卻認爲是「御史之挾私盜權之誣人」，認爲孝宗「大者竄逐，其次削秩罷官」的做法正確。他言下之意，是李景嗣沒有不法。參見李心傳（撰），徐規（點校）：《建炎以來朝野雜記》（北

　　李氏外戚將門後人，到徽宗以後出仕的均已轉爲文官，他們離外戚和武將的本來身份已越來越遠，許多人已不知他們的家世。不過，出身韓維家族的南宋人韓元吉（1118～1187）〔註352〕所撰的一篇〈太恭人李氏墓誌銘〉，卻又重提墓主實來自北宋顯赫的李氏外戚武將家世，而且提供李氏太恭人（1104～1177）的各代祖先的官爵資料，包括贈官諡號，大大補充了《宋史》的不足：誌云：「夫人姓李氏，其先蓋上黨人，而家開封。七世祖諱崇矩，爲皇朝開國勳臣，任樞密使贈太師封河東王，諡元靖。高祖諱遵勗，尚太宗第八女獻穆大長公主，任鎮國軍節度使，亦贈太師，諡和文。曾祖諱端懿，任鎮國軍節度觀察留後，贈侍中。祖諱說，任感德軍節度使。考諱宗，任奉

京：中華書局，2000 年 7 月），上冊，甲集卷十五〈四川軍糧數〉，頁 334；李心傳：《建炎以來繫年要錄》，卷一百四十八，紹興十三年二月庚午條，頁 2796；佚名（編），汝企和（點校）：《續編兩朝綱目備要》（北京：中華書局，1995 年 7 月），卷九〈寧宗皇帝・丙寅開禧二年〉，頁 158；《宋史》，卷三百八十五〈蕭燧傳〉，頁 11840；晁公遡：《嵩山集》，文淵閣《四庫全書》本，卷四〈與李紹祖劉文潛飲酒〉，葉四上下；卷十二〈送李紹祖通判寧江〉，葉十下；卷四十八〈靜邊堂記〉，葉五上至六下；周必大：《文忠集》，卷六十五〈神道碑五・吏部尚書鄭公丙神道碑・慶元六年〉，葉十六上下；卷十七〈神道碑七・資政殿學士宣奉大夫參知政事蕭正肅公燧神道碑〉，葉十四上下；高斯得（？～1241 後）：《恥堂存稿》，文淵閣《四庫全書》本，卷三〈復辟論〉，葉九上下；張綱（？～1165 後）：《華陽集》，文淵閣《四庫全書》本，卷十九〈駁李紹祖差遣指揮狀〉，葉四下至五下。

〔註352〕據韓酉山的考證，韓元吉是韓維的四世孫，字無咎，他在淳熙三年（1176）十一月官至吏部尚書，淳熙六年（1179）七月罷職，提舉江州太平興國宮。淳熙十三年（1186）正月以高宗八十慶典，進封潁川郡公並加食邑。淳熙十四年（1187）春卒，得年七十。據他自述，韓球是他的族人，故他熟知李氏太恭人的事蹟。他又是呂祖謙（1137～1181）的妻父，呂先後娶他兩女。值得注意的是，他在乾道八年（1172）十二月己亥（初五），撰〈跋李和文帖〉，盛稱李氏太恭人的遠祖李遵勗，說「國朝文雅，至章聖時乃盛，楊、劉二公，制作彬彬，爲天下表儀，而和文公以勳閥尚帝女。筆力頡頏，號相師友。此帖蓋與中山論禪，可概見也。晚嘗援韋嗣立故事，祈納祿以老山林，其胸次所蘊，視富貴眞何物耶！乾道八年十二月五日，潁川韓某盥手以觀。」他所賞觀的李遵勗帖，很有可能來自李氏太恭人的家藏。參見陳振孫（1179～1262）（撰），徐小蠻、顧美華（點校）：《直齋書錄解題》（上海：上海古籍出版社，1987 年 12 月），卷七〈傳記類・桐陰舊話十卷〉，頁 210；卷十八〈別集類下・南澗甲乙稿七十卷〉。頁 537；韓元吉：《南澗甲乙稿》，卷十六〈跋李和文帖〉，葉二十六上下；卷二十二〈太恭人李氏墓誌銘〉，葉三十一下；呂祖謙：《東萊集》，文淵閣《四庫全書》本，卷十〈祔韓氏誌〉，葉十下至十一上；韓酉山：《韓南澗年譜》（合肥：安徽教育出版社，2005 年 6 月），頁 175，217～218，246～247，288，292～293。關於韓元吉與韓球一家的親密關係，可參註354。

直大夫直徽猷閣。妣王氏，封恭人，故集賢校理安國之女。」〔註353〕據墓誌所記，這位屬於李氏外戚將門第七代的李氏太恭人，於孝宗淳熙四年（1177）六月戊寅（初十）卒於行在（即杭州），得年七十四，據此上推，她當生於徽宗崇寧三年（1104）。韓元吉記她「生世族，襲富貴，皆清儉好禮出天性。外家本儒學，見聞有典型。」據此，她出生時，李氏家族尚保持世族富貴及重儒學的家範。她初適另一外戚世家錢氏的族人符寶郎錢端義，爲錢氏生一女而寡。然後改嫁給韓元吉族叔、朝請大夫、秘閣修撰韓球爲繼室。她代韓球治家，爲韓家置良田並築室於臨川（即撫州），作爲韓球寓居之所，並爲韓球生育兩子，又撫育韓前妻所生的三女。她出身世家，夫死改嫁，人不以爲忤，還大大表揚她教子有方，治家有道。〔註354〕

〔註353〕韓元吉：《南澗甲乙稿》，卷二十二〈太恭人李氏墓誌銘〉，葉二十八上下。

〔註354〕據韓元吉所記，韓球字美成，在朝內朝外任官都有名聲，他盡心公事而未嘗問家事，李氏太恭人即說「治家吾職也」，把韓家的積蓄及自己帶來的嫁資購置田產，在撫州築室爲韓氏寓居計。有一次她代韓球輸糧朝廷，韓驚問糧自何來，她笑說這是他們家所收得的田租。韓球稱許她爲賢內助。她與韓球所生的兩子，均舉進士，長子韓曬在她卒時任從事郎監行在雜務雜賣場門。次子韓曆（？～1186後），官迪功郎監湖州新鎮市。韓球前妻所出的三女，長適朝散大夫荊湖南路提點刑獄晁子健。次適朝散大夫主管台州崇道觀李鄜。次適朝請大夫直秘閣孟充。至於她爲錢氏所生的一女就嫁通直郎知寧國府太平縣詹承宗。她另有孫男三人，分別是韓元芝、元著和元葵，另孫女二人。考韓球的生卒年不詳，據《建炎以來繫年要錄》的記載，他在紹興十九年（1149）五月庚寅（初九）自秘閣修撰都大提舉四川茶馬公事的差遣，與直秘閣知夔州符行中互易位置。此後他的事蹟不詳。據韓元吉〈崇福庵記〉所載，他在紹興十五年向朝廷請求於信州上饒縣爲其母鄭氏卜葬，詔許之。他「帥於夔而不幸捐館」，其妻李氏太恭人在紹興二十年奉其樞祔於信州其母之墓側。又韓元吉〈祭四十四撫幹叔文〉所說，韓球「惟公之喪，遠來自夔，旅泊萬里，逾三十暮」。韓球很有可能在紹興二十年（1150）前後，尚未赴任荊南時已卒於夔州。按《繫年要錄》到紹興二十七年（1157）十一月，他的名字仍爲朝臣議論他在夔州變改的茶法時提及。他顯然最後的職務乃在夔州。至於他的政績，群書所記剛好與韓元吉所說的相反，他無論擔任鑄錢及主持四川茶政的事上，都給人批評爲苛刻、斂財和爲害百姓。他與同僚及部屬的關係也不佳，絕非「中外皆有聲」。韓元吉是他的族人，大概才迴護其作爲。據韓酉山的考證，韓球是韓縝孫、韓宗武子，韓元吉則是韓維子韓宗文的曾孫，韓球份屬韓元吉的族叔祖。韓元吉除了在乾道四年（1168）應李氏太恭人之請撰寫〈崇福庵記〉外，再在淳熙四年爲李氏撰寫墓誌銘。在淳熙八年（1181）五月庚子（廿五），他又與族叔韓易、族弟韓元修共祭韓球，撰〈祭四十四撫幹叔文〉。到淳熙十三年正月，又爲李夫人次子、時任應安縣丞的韓曆作〈饒州安仁縣丞廳記〉，他與韓球一家的親密關係可見。參見韓元吉：《南澗甲乙稿》，卷十五〈崇福庵記〉，葉十一下至十四

　　這位李氏太恭人的生平事蹟最值得我們注意的，是她繼承了李氏家族的佛教信仰，而充份反映於她的行事上。有專門研究濟顛的學者，即留意濟顛與她的族屬關係。〔註355〕考李氏第四代的李端懿、李端愿、李端慤篤信佛教，都有文獻清楚的記述，惟第五代的李氏子弟，從李詵、李諒、李評到李氏太恭人祖父李說，因有關他們的生平記述闕漏，他們是否秉承父祖輩的信仰，未可輕下判斷。李氏太恭人的墓誌銘，卻清楚揭示她與其父李宗均篤信佛教的事實，當是李氏家族的家教遺風。據墓誌所記，李氏「資孝謹，雅好佛學，嘗從其徒法真乞名法」。她又謁見當時有名的大德大慧宗杲（1089～1163）於徑山，獲賜法號「安靖道人」。當其夫韓球從知夔州改任荊南帥而卒時，李氏就親自將韓球的棺柩千里運回其姑鄭氏太夫人在信州上饒縣（今江西上饒市信州區西北）之墓側祔葬，據韓元古〈崇福庵記〉所載，李氏在乾道四年（1168）墓側築家廟崇福庵，並買田踰六十畝給代看墓之僧人作為

上：卷十六〈饒州安仁縣丞廳記〉，葉九上十下；卷十八〈祭四十四撫幹叔文〉，葉二十九上下；卷二十二〈太恭人李氏墓誌銘〉，葉二十八上至三十一下；李心傳：《建炎以來繫年要錄》，卷一百五十九，紹興十九年五月庚寅條，頁3019；卷一百七十三，紹興二十六年六月乙亥條，頁 3305；卷一百七十五，紹興二十六年十二月甲寅條，頁 3361；卷一百七十六，紹興二十七年三月己丑條，頁3376；卷一百七十八，紹興二十七年十一月庚寅條，頁3414；李心傳：《建炎以來朝野雜記》，甲集卷十四〈夔州茶〉，頁 306～307；卷十五〈財賦二‧麴引錢〉，頁325；卷十六〈財賦三‧鑄錢諸監〉，頁 356～357；員興宗（？～1170）：《九華集》，文淵閣《四庫全書》本，卷二十一〈左奉議郎致仕員公（員延棠）墓誌銘〉，葉十二下至十三上；魏了翁（1178～1237）：《鶴山集》，文淵閣《四庫全書》本，卷八十七，葉十上；《宋史》，卷一百八十〈食貨志下二‧錢幣〉，頁 4394；卷一百八十四〈食貨志下六‧茶下〉，頁4510；卷一百八十五〈食貨志下七‧礬〉，頁4537；卷三百七十五〈張守傳〉，頁11616；卷三百八十八〈唐文若傳〉，頁11911；佚名（撰），李之亮（校點）：《宋史全文》，（哈爾濱：黑龍江人民出版社，2004年8月），中冊，卷二十一下，紹興十七年庚戌條，頁1429；陸友（？～1334後）：《墨史》，文淵閣《四庫全書》本，卷下，葉二上；韓酉山：《韓南澗年譜》，頁九，〈桐陰韓氏世系〉；頁151～152，254，288。

〔註355〕研究濟顛著名的台州學者周琦，在 2007 年發表的〈濟公李氏家族天台山佛緣考〉的第三節〈濟公族姐李氏墓誌銘略考〉便據李氏太恭人墓銘考述李氏及其家人的事蹟。周琦據資料檢索，查到在河北保定市中心的著名園林古蓮花池北碑廊內，有蔡京在元祐四年所書之〈賀李宗升遷碑〉刻石，原碑已斷爲數段，現碑爲 1983 年翻刻。碑高 0.90 米，寬 1.22 米。這位李宗是否李氏太恭人之父，周琦不敢確定。不過，他並沒有辨明李說究竟是否李端懿之子。參見周琦：〈濟公李氏家族天台山佛緣考〉，載浙江天台海峽兩岸濟公文化交流活動學術組編：《海峽兩岸濟公文化研討會論文匯編》，（2007 年 5 月），頁碼不詳。

供養。她又在同年十月請得韓元吉爲作記。因其姑鄭太夫人生前欲供養浮屠
千萬錢，未成已死，李氏就代她償願，以田地施予疏山白雲僧舍，讓寺僧收
歲租以爲飯僧之數，歷六年而後完成。據載在建炎初年亂離之時，她與李氏
家人音訊隔絕，道經泗州（今安徽宿州市泗縣），她就在僧伽塔下炷香於頂，
祈與父母相見而死。她的祈求似乎有靈，未幾，她就收到家人音訊。其父歿
前曾欲誦《華嚴經》百部以禳兵火之厄，但僅及一半就死去。李氏就誦至二
百部，以酬父志。她晚年衣布裘持蔬素，「翛然默坐，或誦佛書，意有所會，
至忘食飲也。」〔註356〕而這則珍貴的記載，可以在相當程度上，幫助我們
理解其李氏族人、著名的道濟（即濟顛）大師成爲佛門大德，當是李氏家族
累世禮佛參禪之遺風所致。〔註357〕

〔註356〕韓元吉：《南澗甲乙稿》，葉二十九上至三十上。當韓球客死他鄉時，有人以他
二子尚幼，勸李夫人在他處買地以葬夫，不用歸葬。她哭著說當年韓球葬其母
鄭太夫人於信州，就是要她跟從他的做法。最後她親自將亡夫之棺柩接回，葬
於鄭太夫人墓側。她往拜祭亡夫及亡姑之墓，常流連數月。韓球死後，她就接
母親王氏到來奉養。王夫人年過八十，病篤時對親人說：「吾生事死葬之，託
一女而已，孰謂不如男乎？」李夫人對父母盡孝，又篤信佛教，不過，卻善治
家，韓元吉稱許她「凡家事細大悉有法，貨泉穀米之用知所均節。周旋內外親
族，稱其戚疏厚薄之誼，論者以謂，使爲一男子，其稱能吏才大夫決矣。」
〔註357〕關於濟顛大師的家世及他的生平事蹟，具見釋居簡（即北磵居簡）（1164～
1246）爲他撰寫的墓銘，墓銘敍他的家世，記「叟，天台臨海（疑闕「人」
一字），李都尉文和遠孫（按：李遵勗諡號是「和文」，疑錯寫）。他法名道濟，
號曰湖隱，又曰方圓叟。卒於嘉定二年（1209）五月丙午（十四）於杭州靈
隱寺。關於濟顛的生年及得壽，元、明以後的相關撰述有不同的記載。黃夏
年所撰的〈湖隱方圓叟舍利銘考釋〉，以濟顛生於紹興二十年（1150），而許
尚樞所撰〈濟公生平考略〉一文則以濟顛得年七十九，實生於建炎三年（1130）
十二月。現暫從黃夏年的說法。至於他出自李遵勗哪房子孫，許尚樞說他是
李評之曾孫，李涓之孫子，純出於推測，並無實證。又許尚樞和王仲堯均據
明人所撰《淨慈寺志》的記述，以道濟本名李修元，天台永寧村人，其父名
李茂春，母王氏，惟其眞實性有待考證。而《民國台州府志》說李茂春是「高
宗李駙馬之後，拜春坊贊善，隱於天台。」更不知何所據。參見釋居簡：《北
磵集》，文淵閣《四庫全書》本，卷十〈湖隱方圓叟舍利銘·濟顛〉，葉十二
下至十四上；釋際祥（纂輯），劉士華、袁令蘭（標點）：《淨慈寺志》收入趙
一新（編）：《杭州佛教文獻叢刊》，（杭州：杭州出版社，2006年），上冊，
卷十〈法嗣·道濟〉，頁226～227；黃夏年：〈湖隱方圓叟舍利銘考釋〉，《佛
學研究》，2007年，頁197～207；許尚樞：〈濟公生平考略〉，《東南文化》1997
年第3期（總117期），頁80～86；王仲堯：〈飛來峰上望　唱徹千山響——
南宋靈隱寺佛海慧遠論〉，第三節〈江湖：瞎堂慧遠與濟公菩薩〉，載《吳越
佛教》第五卷（2010），頁不詳；喻長林（纂）：《民國台州府志》，（上海：游

七、結　論

　　北宋外戚世家在仁宗朝，因臨朝的章獻劉太后及仁宗有意利用他們來反制及控馭文臣集團，故一直在中樞，特別在樞密院及禁軍佔有重要位置。因太宗明德李皇后而成為外戚的潞州上黨李氏外戚將門，當其第三代領軍人物李昭亮在仁宗嘉祐八年病卒後，緣子孫再無出類拔萃的人才而走向衰落。而同出於潞州上黨的另一家李氏外戚將門，其子弟李端懿、李端愿及李評在仁宗晚年、英宗及神宗朝開始受到重用，若非文臣集團的極力反對，他們本來是宋室帝主心目中的樞密使首選。過去人們談論到英宗、神宗、哲宗、徽宗朝權勢最顯赫的外戚世家，都會想到因曹太后、高太后及向太后先後垂簾聽政而致雞犬升天的曹氏外戚、高氏外戚及向氏外戚三大世家。雖然曹太后姪子曹誘、曹誦和曹評都曾任樞密副都承旨及三衙管軍；高太后從叔高遵裕也帶管軍出任邊帥；但他們都不能真正進入權力核心，在政治上的影響力有限。比起李端懿一家深受帝王寵信，參預機要，就大有不如。然而，過去的宋史研究者對李氏外戚世家在仁宗晚年到神宗朝所發揮的政治影響力，卻沒有足夠的注意。

　　李氏外戚子弟藉與仁宗、英宗及神宗血緣之親而被視為心腹親信，故能寵眷不衰。然到哲宗朝以後，雖然他們仍然與宗室名公巨卿通婚不絕，維持著名門世家的名聲；但他們一方面與趙宋王室的血緣關係日疏；另一方面他們的子弟都是才具平庸之人，乃無法再獲得帝主垂青，委以重任而重振家聲。古語云富貴不過三代，考諸李氏外戚將門的情況，李氏因第三代的李遵勗尚獻穆大長公主，從功臣之家而成為外戚，到李端懿兄弟的第四代繼續上升，到第五代的李諒、李評兄弟仍富貴顯赫，到第六代才走向衰敗，第六代的李涓在靖康之難中在沙場上以身殉國，李寬在宋室南渡初守城不屈被殺，算得上是李氏外戚將門餘燄一吐。李氏第七代的後人如李景嗣在南宋初年仍出任方面，韓球妻李氏仍保持富貴之家世；不過，李氏已無復當年的顯赫。

　　比起其他的北宋外戚世家，李氏從李遵勗父子以降，雖然沒有建立甚麼豐功偉業，特別是軍功；但在朝臣士大夫的眼中，卻被譽為不以富貴驕人而能禮賢下士的賢戚。過去宋史學者都注意文臣士大夫間的交遊，近期方健教

民習勤所，1936 年），卷一百四十〈方外紀下〉，葉八上。又北磵居簡是大慧宗杲的法嗣徒孫。他的生平事蹟，可參看黃啟江：《南宋六文學僧紀年錄》（臺北：學生書局，2014 年 3 月），〈敘論〉，頁 1～44。

授還寫成專著《北宋士人交遊錄》。不過，文臣士大夫與貴戚及武臣的交往及其意義，就沒有得到充份的注意。〔註358〕潞州上黨李氏外戚將門從李遵勗父子族人多與文臣士大夫的交往的情況，是甚有代表性的個案。另外，從起家的李崇矩，到廁身貴戚的李遵勗父子，直到他們在南宋的後嗣，李氏一門一直為佛教的檀越護法，七代都篤信佛教。李氏族人到南渡後出了中外聞名的一代高僧道濟法師，可算得是種瓜得瓜的善緣。〔註359〕李氏從外戚世家成為佛教世家，可說是宋代家族史中一個值得注意的特例。

杭州虎跑寺濟公塔院

〔註358〕方健教授的大作，以接近二百頁的篇幅的〈序章〉，詳述宋代士人交往的各方面，然後以四章四百多頁的篇幅分別論述王禹偁（954〜1001）、范仲淹、包拯、王安石及蘇軾等五人的交遊圈。惟方著並未論及五人與文臣之外的人如貴戚、武臣及方外的交往。參見方健：《北宋士人交遊錄》（上海：上海書店，2013年11月）。

〔註359〕西方學術界對濟公的傳說，特別是以濟公為題材通俗文學的研究，可參閱以色列學者 Meir Shahar, *Crazy Ji: Chinese Religion and Popular Literature*, Boston: Harvard University Center, 1998.此條資料承同門好友王章偉博士提供，特此致謝。

中篇：蕃將研究

北宋綏州高氏蕃官將門研究

一、導　言

北宋西北邊地，特別是今陝北一帶，興起好幾個從地方豪族或土豪，因歸順宋廷接受官職，而一直爲宋守邊並抗擊西夏的將門。宋廷對於土豪守邊的價值，歐陽修（1007～1072）在慶曆四年（1044）五月丁丑（十六）上奏討論麟州（今陝西榆林市神木縣）的存廢時便說得明白：

> 所謂土豪者，其材勇獨出一方，威名足以畏敵，又能譜敵情僞，凡
> 於戰守，不至乖謀。委以一州，則當視其州如家，繫己休戚，其戰
> 自勇，其守自堅。又既是土人，與其風俗情接，眾亦喜附之，可使
> 自招集蕃漢之民，是外能捍賊而戰守，內可緝民實邊，省費減兵，
> 無所不便。不比於命吏而往，凡事仰給於朝廷，利害百倍也。〔註1〕

北宋最著名的地方豪族而成爲替宋廷守邊的邊臣，自然是大名鼎鼎源出麟州楊氏的北宋楊家將，以及雄據府州（今陝西榆林市府谷縣）近三百年的折氏。〔註2〕較不知名的則有豐州（今內蒙古準格爾旗五字灣鎮二長渠行政村

〔註1〕歐陽修（撰），李逸安（點校）：《歐陽修全集》（北京：中華書局，2001 年 3 月），第五冊，卷一百十五〈河東奉使奏草〉，卷上〈箚狀十六首・論麟州事宜箚子・慶曆四年五月〉，頁 1754～1755；李燾（1115～1184）：《續資治通鑑長編》（以下簡稱《長編》）（北京：中華書局點校本，1979 年 8 月至 1995 年 4 月），卷一百四十九，慶曆四年五月丁丑條，頁 3612。

〔註2〕有關府州折氏的研究，最近期和運用最新出土文獻的研究是高建國的博士論文《鮮卑族裔府州折氏研究》（內蒙古大學博士論文，2014 年 6 月）。本文有關折氏族人的生平事蹟及相關地理的今日位置均參考高氏一文。而高建國與府谷縣折氏文化研究會會長折武彥先生合編的《府州折家將歷史文化研究集》

內，一說在今陝西榆林市府谷縣西北）王氏、金明縣（約今陝西延安市安塞縣南碟子溝、延安市西北約 50 里、延河與杏子河交匯處東側河谷中）李氏以及本文研究的綏州（今陝西榆林市綏德縣）高氏。

這幾個陝北豪族的族屬，除了麟州楊氏外，學界一般都認爲屬於少數民族。〔註3〕本文所研究的高氏將門成員，宋人或稱其爲河西大姓，或稱之爲「蕃官」。好像高氏第三代重要成員高永能（1013～1082）既被稱爲「蕃官」，而其里籍，南宋人黃由（1150～？）稱其爲綏州人；費袞（？～1192 後）則說他是「西州人，世總蕃落」。元人所修的《宋史·高永能傳》大概沿用宋人的說法，稱他「世爲綏州人」。他的族弟高永堅（？～1084 後）也被稱爲「蕃官」。而另一族弟高永年（？～1105）也被宋人稱爲「河東路蕃官」。〔註4〕他們粗

〔註3〕 （呼和浩特：內蒙古人民出版社，2014 年 11 月）更收集了 2014 年以前大部份國內外學者之府州折氏研究論著。高建國與楊海清又於 2015 年合編了《宋代麟府路及折家將文獻錄》（北京：中國文史出版社，2015 年 6 月），輯錄了《長編》等史籍的相關史料。

〔註3〕 據高建國的研究，府州折氏源出鮮卑族的折倔氏，到五代融合其他的部族成爲党項五大姓之一。至於北宋楊家將的麟州楊氏的族屬便有不同的看法：李華瑞認爲是漢化的少數民族；但李裕民從所有的楊氏碑傳資料及有關記載，都沒有否定其爲漢族的確實證據，故李氏認爲楊氏當屬漢族。參見高建國：《鮮卑族裔府州折氏研究》，〈上篇·研究篇·序言〉，頁 1；第一章〈府州折氏的族源和改姓〉，頁 1～20；李華瑞：〈麟州楊氏族屬考〉，載李裕民（主編）：《首屆全國楊家將歷史文化研討會論文集》（北京：科學出版社，2009 年 1 月），頁 117～124；李裕民：〈楊業是党項人還是漢人〉，載四川大學歷史文化學院（編）：《吳天墀教授百年誕辰紀念文集》（成都：四川人民出版社，2013 年 11 月），頁 324～330。至於與折氏聯姻的豐州王氏，李氏確定爲藏才族（屬党項族）。參見李裕民：〈折氏家族研究〉，載李裕民：《宋史新探》（西安：陝西師範大學出版社，1999 年 1 月），頁 168，（187～188。

〔註4〕 曾棗莊、劉琳（編）：《全宋文》（上海：上海辭書出版社，2006 年 8 月），第一百四十一冊，卷三零三八〈王遇〉〈宋故銀青光祿大夫檢校太子賓客使持節保州諸軍事保州刺史兼御史大夫騎都尉渤海縣開國伯食邑九百户贈定武軍節度使高公神道碑銘並序·大觀四年十一月〉（以下簡稱〈高繼嵩神道碑〉，頁 166；第二百八十四冊，卷六四六一〈黃由〉〈旌忠觀記·嘉泰四年〉，頁 409；《長編》，卷三百二十六，元豐五年五月甲辰條，頁 7856；卷三百四十三，元豐七年二月丁酉條，頁 8250；卷三百四十六，元豐七年六月庚寅條，頁 8314；卷四百五十七，元祐六年四月辛亥條，頁 10944；費袞（撰），傅毓鈐（標點）：《梁谿漫志》（太原：山西人民出版社，1986 年 10 月），卷十〈臨安旌忠廟〉，頁 125；脫脫（1314～1355）：《宋史》（北京：中華書局點校本，1977 年 11 月），卷三百三十四〈高永能傳〉，頁 10725；卷四百五十三〈忠義傳八·高永年〉，頁 13315。考《長編》及《宋史·高永年傳》稱高永年爲河東路蕃官，

通文墨，能作書寫奏，應當是漢化頗深的蕃部。他們的發源地綏州及另一支所居的延州（今陝西延安市）均是党項族聚居的地方，故筆者相信，高氏與折氏、王氏等都屬於党項族。高氏從太宗（939～997，976～997 在位）時的高文岯（？～1014）歸順，助宋廷擒獲夏州（定難軍節度，今陝西榆林市靖邊縣以北 55 公里白城子）李繼捧（962～1004），到第二代的高繼昇（？～1039）、高繼嵩（982～1040）兄弟在眞宗（968～1022，997～1022 在位）、仁宗（1010～1063，1022～1063 在位）朝在西邊效命，對抗李元昊（1004～1048，1032～1048 在位）入寇。到第三代、第四代的高永能、高永亨、高永堅、高永年、高世文（？～1082）、高世亮兄弟叔姪，在神宗（1048～1085，1067～1085 在位）、哲宗（1077～1100，1085～1100 在位）至徽宗（1082～1135，1100～1125 在位）三朝拓邊西北之役奮戰沙場，其中高繼昇病卒於寶元二年（1039）討伐李元昊軍中。高永能、高世文陣亡於元豐五年（1082）九月永樂城（在今陝西榆林市大鹽灣鄉，無定河東岸。董秀珍一說在陝西榆林市米脂縣龍鎭馬湖峪村，無定河西岸，南距米脂城 25 公里，北距故銀州城 25 公里）之役，高永年於崇寧四年（1105）三月在隴右都護任上殁於西寧府之宣威城（舊名氂牛城，崇寧三年改，今青海西寧市北），高永年更被列入《宋史·忠義傳》。到第四代的高洵（？～1110 後）在徽宗朝後期仍在西邊效力。對這個幾乎與北宋王朝相終始、經歷五代的邊將世家，本文因稱之爲綏州高氏蕃官將門。這裡需要說明，宋代所謂「蕃官」、「蕃將」，專指活躍於陝西各路及河東路的党項及吐蕃族投誠宋廷，統率本族蕃兵或漢兵的將官，至於西南少數民族投誠的將官，以及五代以來居於北方原屬沙陀，以及源出渤海國、契丹及女眞而投誠宋朝的將官，一般不以「蕃官」、「蕃將」視之。

對於這個爲宋廷長期守邊而勞苦功高的高氏蕃官將門，研究西夏史著名的湯開建教授在 2003 年討論張舜民所撰的〈永洛故城〉的價值時，早就指出「高永能爲綏州党項族人，高氏世代居綏州，爲宋代西北邊境之著名蕃將家族」，並稱「党項之高家將在西北邊陲同折家、楊家、王家一樣，爲鎭守西北

因其祖高繼嵩等已遷至河東的石州、晉州。按〈高繼嵩神道碑〉見《山右石刻叢編》卷十六，又見道光《霍州志》卷二十五。另黃由的〈旌忠觀記〉最早收錄於潛說友（1216～1277）纂於咸淳四年（1268）的《咸淳臨安志》，載《宋元方志叢刊》，第四冊（北京：中華書局，1990 年 5 月），卷七十二〈祠祀二·節義·旌忠廟〉，葉一上至三下（頁 4002～4003）。爲方便讀者檢閱，本文引用黃由之文，採用以上《全宋文》的版本。

著名蕃族。」〔註5〕而爲歷代高氏作傳的高路加氏，在述說宋代高氏名人時，也以不足兩頁的篇幅，僅據《宋史‧高永能傳》的史料，略提及「綏州老高」高永能及高永亨的事蹟。〔註6〕事實上，綏州高氏將門至少有兩方面值得我們注意：第一，在眾多爲宋廷效命之蕃部中，除了累世盡忠之府州折氏可稱魁楚外，其次就要算曾與折氏多次並肩作戰，並且與折氏有姻覝關係，五世爲宋廷守邊的綏州高氏。〔註7〕宋廷朝野對高氏子弟忠勇事蹟便一再表揚，立廟奉祠，到南宋一直不替。牡丹雖好，還需有綠葉扶持。相對於府州折氏，綏州高氏就是很好的綠葉。

第二，高永年所撰的《元符隴右日錄》是極珍貴的宋代西北軍事地理史籍，爲李燾（1115～1184）撰寫《續資治通鑑長編》（以下簡稱《長編》）所大量引用。

第三，綏州高氏將門是一個很有代表性的個案，讓我們了解宋廷使用和控制蕃部蕃官爲他效命的手段。〔註8〕

〔註5〕 湯開建：〈熙豐時期宋夏橫山之爭的三份重要文獻〉，原載《寧夏社會科學》，2003 年 5 月第 3 期。現收入湯著：《唐宋元間西北史地叢稿》（北京：商務印書館，2013 年 12 月），頁 325。另外，山東大學的唐敏在其碩士論文《北宋熙河路歷史地理研究》，於考論崇寧二年至三年河湟之役時，也提及高永能族弟高永年的表現，並以高永年爲例，指宋廷以「厚賞官爵，削減考核年限。如蕃官高永年，本屬河東蕃族，因屢立戰功，忠心於宋，《宋史》中將其列入忠義傳，官至隴右都護兼肅州刺史，俸同漢官」。另又說高永年同其他蕃官一樣，因立戰功而特賜漢姓」云云。考唐敏失考高永年祖籍綏州，是河西大姓而非河東蕃族。另他遠祖在唐末已姓高，並非趙宋賜姓。參見：唐敏：《北宋熙河路歷史地理研究》（山東大學碩士論文，2013 年 4 月），第一章第二節〈熙河路的設置〉，頁 23；第三章第一節〈軍事〉，頁 34。

〔註6〕 高路加：《高氏群體的歷史與傳統》（呼和浩特：內蒙古大學出版社，1997 年 10 月），第六章第二節〈兩宋高姓〉，頁 171～172。按高路加將此一小節標題作「綏州老高，忠勇傳家」，他也弄不清楚「小高」高永亨是高繼嵩的兒子。而且還懷疑綏州高氏與太祖從龍功臣高懷德（926～982）是同一族。

〔註7〕 高氏第三代的高永堅，是折克臣（1033～1070）的次女婿。高建國從高永堅的名字推測他當是綏州高氏的族人，他沒有留意〈高繼嵩神道碑〉的記載，高永堅是高繼嵩的第四子。參見高建國：《鮮卑族裔府州折氏研究》，第五章〈折氏的家風、婚姻〉，頁 66，「折氏女婿官職表」；第二節〈折氏的婚姻〉，頁 74～76；下篇〈碑志篇〉〈宋故供奉官折君（折克臣）墓誌銘并序〉，頁 143～144。

〔註8〕 關於蕃官的統馭和控制的問題，宋廷有一套以漢官駕馭蕃官之法，范仲淹（989～1052）子、在元祐元年（1086）四月擔任環慶路經略使的范純粹（1046～1117）時上言，便指出：「諸路蕃官，不繫官職高卑，久例並在漢官之下，此所以尊中國而制外蕃也。行之永久，人情安熟，雖蕃官之甚黠狡者，亦不敢有覬望等輩

因篇幅及資料所限，本文暫考索高氏將門在北宋的事跡，至於他們的族人在南宋以後的情況，就有待他日詳考。

二、高氏的先世及高文歋事蹟

根據〈高繼嵩神道碑〉的記載，高氏為「河西大姓，世有顯功，勳在王府，威震夷落」，高氏先世可追溯至唐末的高思禎（《宋史・高永能傳》作高思祥，當是避仁宗諱而改）。他以破「賊」（大概指黃巢，835～884）之勳勞授工部尚書、綏州刺史。這與西夏李氏、府州折氏先世起家的情況相同，都是在唐末大亂時崛起於西北諸州。高思禎的生卒年及其他事蹟不詳。高文玉孫高永能後來返綏州，曾到過在淘沙川供奉他的廟，得到他的畫像及神道碑並上奏宋廷，但均不傳。他的兒子高君立，〈高繼嵩神道碑〉稱其官為「領軍」，當為領軍衛將軍之簡稱，多半是追贈之官，他的生卒年及事蹟亦不詳。高君立至少有二子，分別是高文歋和高文玉，據載「自領軍以下，枝分派別，散居於延安、綏德、平陽者，不知幾何人。」〔註9〕據《長編》及《宋史》所載，

之心。蓋分義體勢，不得不然，上下遵承，自無爭較。況蕃官職名雖高，只是管勾部族人馬，凡部族應有公事，並須從漢官彈壓理斷，及戰鬥並亦用漢官使臣統制驅策。」參見《長編》，卷三百七十五，元祐元年四月己亥條，頁9091。

〔註9〕 高思禎平定「賊」的具體情況目前未考。馬馳的《唐代蕃將》第六章第四節〈剿殺義軍，蕃將逆潮流而動〉曾頗詳細介紹李克用（856～908）、拓跋思恭（？～895）等蕃將助唐平定各路民變之經過，卻沒有一點提及高思禎助唐平亂之事實。又高思禎任綏州刺史的年月，群書皆不載。《資治通鑑》記後唐明宗天成元年（926）二月甲寅（廿七），延州奏綏州及銀州軍亂，剽掠州城。未提及綏州刺史為誰人。到後晉齊王（即出帝）天福八年（943）八月乙卯（廿一）條，始記夏州牙內指揮使拓跋崇斌謀作亂，時任綏州刺史的李彝敏（？～943）將助之，事發。李彝敏在同月辛未（廿五）棄綏州，與其弟彝俊等五人奔延州。九月甲午（十九），定難軍節度使李彝殷（即李彝興，？～967）奏李彝敏作亂之狀，晉廷詔執李彝敏至夏州斬之。至於誰知綏州，《通鑑》此條不載。惟在後漢高祖乾祐元年（948）三月丁丑（廿八）條，則記李彝殷發兵屯境上，向漢廷奏稱在三年前（即晉出帝開運二年，945），羌族夜毋殺綏州刺史李仁裕叛去。則李仁裕當是繼李彝敏為綏州刺史。而據陳瑋的考釋，從後晉末年到後周廣順二年（952）正月六年間，繼任綏州刺史的是定難軍節度使李仁福（？～933）次子李彝謹（897～952）。據此，高思禎擔任綏州刺史當在唐末五代梁初期，到後唐以後，高氏族人不復擔任綏州刺史。參見司馬光（1019～1086）：《資治通鑑》（北京：中華書局點校本，1956年6月），卷二百七十四〈後唐紀三〉，明宗天成元年二月甲寅條，頁8964；卷二百八十三〈後晉紀四〉，齊王天福八年八月乙卯至九月甲午條，頁9253～9254；卷二百八十八〈後漢紀三〉，高祖乾祐元年三月丁丑條，頁9391～9392；〈高繼嵩神道碑〉，頁166～167；《宋史》，卷三百三十四〈高永能傳〉，頁10725～10727；

當高文岯舉綏州來降時，其弟高文玉卻獨居於延州。據高永能所奏，高文玉在綏州時已有永業田，神宗即詔在高文玉本來所有的地方賜田三十頃與高家，以奉祭祀。可見綏州始終是高氏的根本。〔註10〕

　　高氏蕃官將門的起家人是高文岯。據其第三子高繼嵩神道碑所記，他本是綏州衙校，「以計破叛羌逆謀，殺其愛將，卒完城以歸於本朝。太宗嘉嘆，委以邊任，終汝州防禦使，累贈定國軍節度使」。〔註11〕他的生平事蹟，《長編》、《宋史》等則有較詳細的記載。

　　他生年不詳，群書記他第一件大事是在太宗淳化五年（994）正月，當叛服無常的夏主李繼遷（963～1004）要將綏州民徙於夏州，時任綏州左都押衙的高文岯知悉部眾不願前往夏州，就殺李之守將，並將李繼遷部擊走，舉綏州城及轄下五縣之眾歸宋。太宗即命他知州事。與他同時率本部歸宋的還有其同鄉魚彥璘（？～1000後），宋廷授魚為相州（今河南安陽市）兵馬都監。高文岯此時對李繼遷反戈一擊，對宋太宗出兵平定李繼遷增強了信心。是月癸酉（二十），太宗命大將馬軍都指揮使李繼隆（950～1005）為河西兵馬都部署出師討伐李繼遷，在夏州衙校之禮賓副使使趙光嗣作為內應下，很快便攻下夏州，擒獲與李繼遷狼狽為奸的李繼捧。李繼遷知機，即率部逃遁。宋廷賞功，於四月甲申（初三），除了授趙光嗣自夏州都指揮使為夏州團練使，權夏州觀察判官事吳祐之為右贊善大夫、知夏州節度判官外，再加授高文岯自崇儀使為綏州團練使，由他鎮守綏州。〔註12〕

　　　　陳瑋：〈後周綏州刺史李彝謹墓志銘考釋〉，杜建彔（主編）：《西夏學》，第五輯（首屆西夏學國際論壇專號上）（上海：上海古籍出版社，2010 年 10 月），頁 234～240；馬馳：《唐代蕃將》（西安：三秦出版社，2011 年 9 月），第六章第四節〈剿殺義軍，蕃將逆潮流而動〉，頁 159～165。

〔註10〕《長編》，卷三百二十六，元豐五年五月甲辰條，頁 7856；《宋史》，卷三百三十四〈高永能傳〉，頁 10725～10727。

〔註11〕〈高繼嵩神道碑〉，頁 167。

〔註12〕徐松（1781～1848）（輯），劉琳、刁忠民、舒大剛、尹波等（校點）：《宋會要輯稿》（上海：上海古籍出版社，2014 年 6 月），第十五冊，〈兵十四〉〈兵捷〉，頁 8884；《長編》，卷三十五，淳化五年正月癸酉條，頁 767；三月戊辰條，頁 775～776；四月甲申條，頁 777；卷四十七，咸平三年八月己未條，頁 1023；陳均（1174～1244）（撰），許沛藻等點校：《皇朝編年綱目備要》（北京：中華書局，2006 年 12 月），卷五，頁 97～98；楊億（974～1020）：《武夷新集》，文淵閣《四庫全書》本，卷十〈宋故推誠翊戴同德功臣山南東道節度管內觀察處置橋道等使、特進檢校太尉同中書門下平章事、使持節襄州諸軍事行襄州刺史判許州軍州事、上柱國隴西郡開國公食邑一萬四百戶食實封三千二百戶贈中書令諡曰忠武李公墓誌銘〉（以下簡稱〈李繼隆墓誌銘〉，葉二十二上；《宋史》

　　太宗好不容易收復夏州，卻擔心夏州在沙漠之中，容易給奸雄佔據爲亂。他打算將夏州城拆毀，將居民遷於銀州（今陝西榆林市橫山縣党岔鄉黨岔村大寨梁，在無定河與榆溪河交匯處的西南岸，城居毛烏素沙漠與黃土高原的分界線上，無定河在其東北 2 公里處接納榆溪河）和綏州間。他徵求宰相呂蒙正（944～1011）的意見，胸無遠略的呂蒙正一味迎合，於是太宗在是月乙酉（初四）便下詔廢夏州故城，將居民遷往銀州、綏州等地，命分官地給這些夏州移民，又囑所屬長吏加以安撫。高文岯才出掌綏州，便要擔負徙民及撫民的繁重工作。〔註13〕

　　這次討伐李繼遷，綏州旁的府州觀察使折御卿（？～995）以所部來助戰，擒獲李繼捧後，折御卿又奏稱銀、夏等州蕃漢戶八千帳盡數歸附，並收取馬牛羊萬計。太宗喜極，於是年五月戊午（初七），晉陞折御卿爲永安軍節度使、麟、府兵馬都部署，以賞其功。〔註14〕對於願意爲他效命的蕃官，從折御卿、高文岯及趙光嗣，太宗是不吝厚賞的，亦是他以夷攻夷的策略的運用。這次也是府州折氏與綏州高氏首度對西夏李氏並肩作戰。

　　高文岯在綏州另一個任務，就是安排李繼遷的使者趙光祚、張浦到來求見太宗委派的內臣黃門押班張崇貴（955～1011）。先前遁走於漠北而狡猾多端的李繼遷，爲爭取時間重整隊伍，就派趙、張二人向張崇貴求納款輸誠。相信在高文岯的陪同下，張崇貴會趙、張二人於石堡寨（今陝西榆林市綏德縣東南焦石堡村古城寨）。張崇貴以牛酒犒諭二人，代表宋廷接受李繼遷的納款。趙、張回覆李繼遷後，李在八月乙巳（廿六），即派其弟李延信前往開封（今河南開封市），奉表請罪，並將責任推在李繼捧頭上。太宗召見李延信，好言撫慰，賞賜甚厚，居然相信李繼遷會臣服，或以爲可以利用李繼遷反制其他蕃部勢力。十一月庚戌（初二），太宗派張崇貴持詔諭李繼遷，賜以器幣、茶藥和衣物等。〔註15〕高文岯有否提醒張崇貴不要輕信李繼遷，文獻無徵，

　　　　卷二百五十七〈李處耘傳李繼隆傳〉，頁 8967；卷四百八十五〈外國傳一‧夏
　　　　國上〉，頁 13987；司馬光（著），王亦令（點校）：《稽古錄點校本》（北京：中
　　　　國友誼出版公司，1987 年 12 月），卷十七，頁 688。
〔註13〕《長編》，卷三十五，淳化五年四月乙酉條，頁 777～778。
〔註14〕《長編》，卷三十五，淳化五年五月戊午條，頁 785；《宋會要輯稿》，第十五
　　　　冊，〈兵十四‧兵捷〉，頁 8884。關於此次折御卿助戰的過程討論，可參閱高
　　　　建國：《鮮卑族裔府州折氏研究》，第二章第三節〈折御卿的軍事才幹〉，頁 27；
　　　　第四章第二節〈府州折氏與夏州暨西夏的關係〉，頁 54。
〔註15〕《長編》，卷三十六，淳化五年八月乙巳條，頁 793；十一月庚戌條，頁 800。

不得而知。

太宗的想法不完全無據,就在至道元年(995)正月戊申(初一),遼將韓德威(942~996)率數萬騎,並誘使党項勒浪嵬族十六府大首領馬尾率部從振武軍(今內蒙古呼和浩特市和林格爾縣)入寇。折御卿率輕騎邀擊之,大敗遼軍於子河汊(又名紫河鎮,今內蒙古呼和浩特市和林格爾縣境內紫河入黃河口處)。勒浪族乘遼軍敗亂,就反打一把,扮成府州兵躡其後,遼軍大驚,死者十有六七,遼軍拋棄輜重涉河而逃。遼將陣亡二十餘人,韓德威僅以身免,勒浪族取得大量戰利品,成為最大獲利者。﹝註16﹞勒浪族可不像高文岯綏州蕃部聽命於宋廷,太宗大概防範這些桀驁不馴的蕃部隨時反噬,於是試圖利用他們的矛盾以收漁人之利,是故他沒有對李繼遷窮追猛打。﹝註17﹞

太宗自信可以收服李繼遷,既賜李繼遷勁弓三副,又在是年三月己巳(廿三)張浦來朝時,派衛士持勁弓平射以顯軍威。卻不知李繼遷君臣一方面在太宗面前裝傻示弱,另一方面在暗裡擴充實力,準備侵擾西邊。是年十二月,李繼遷探知折御卿被病,就招誘志切報仇的遼將韓德威再度入寇府州。折不顧病重,仍力疾出征,而卒於軍中。丁酉(廿五),太宗聞折之死訊,痛悼之餘,追贈侍中,以其子折惟正(964~1004)自供奉官超擢為洛苑使知府州事。﹝註18﹞太宗失去了折御卿這一員禦邊大將,能為他效命的蕃官就餘下好像高文岯等數人而已。

李繼遷在至道二年(996)五月,率兵萬餘進攻西北重鎮靈州(今寧夏銀

﹝註16﹞《長編》,卷三十七,至道元年正月戊申至甲子條,頁807~808。關於子河汊之役的始末及折御卿的功績的討論,可參閱高建國:《鮮卑族裔府州折氏研究》,第二章第三節〈折御卿的軍事才幹〉,頁26~27;第四章第一節〈府州折氏與遼的關係〉,頁50~51;〈附錄〉〈折氏人物傳略:折御卿〉,頁188~190。據高建國的研究,勒浪嵬族當是勒浪嵬女兒門的簡稱,

﹝註17﹞太宗給李繼遷的詔書是由翰林學士錢若水(960~1003)草擬,其中有「不斬繼遷,存狡兔之三穴;潛疑光嗣,持首鼠之兩端」。據載太宗盛稱錢所寫的四句正道出他的心意:太宗以保存李繼遷這隻狡兔,給趙光嗣這些輸誠納款的蕃部看。考趙光嗣卒年不詳,後贈虔州觀察使。他的子孫補官者均亡。到元豐二年(1079)十二月,他的曾孫趙說之母伊氏自陳祖上之功,神宗才錄趙說為三班借職。參見《長編》,卷三十六,十一月庚戌條,頁800;卷三百一,元豐二年十二月庚子條,頁7326。

﹝註18﹞《長編》,卷三十七,至道元年三月己巳條,頁810;卷三十八,至道元年十二月丁酉條,頁825。

川市靈武市西南，一說在寧夏吳忠市南金積鄉附近）。〔註19〕宋廷經過多番議論，太宗終於決定派李繼隆等諸將率兵從五路討伐李繼遷，並解靈州之圍。〔註20〕宋的五路大軍分為靈州行營和夏綏延州行營。靈州行營由李繼隆指揮，而夏綏延行營就由殿前都指揮使、夏綏銀府等州都部署王超（951～1012）指揮。〔註21〕時任綏州守臣的高文岯未知有否從征，但列為行營的綏州肯定擔負後勤補給的重要任務。

太宗五路伐李繼遷最終無功而還，他亦於翌年（至道三年，997）三月癸巳（廿九）病逝。〔註22〕真宗繼位後，宋廷對李繼遷應採安撫抑剿滅的政策，傾向於前者。宋廷掌政的文臣認為不值得勞師動眾，以及耗費大量人力物力去保有補給困難的靈州，連新收復的綏州、夏州也可以放棄。倘李繼遷肯不再侵擾邊地，可以將銀夏綏諸州賜給他。李繼遷探知宋廷的態度，於是年十二月丙申（初五）派張浦向宋廷請降，真宗君臣復賜其名趙保吉，授他夏州定難軍節度使，以夏、綏、銀、宥（今陝西榆林市靖邊縣東與內蒙古鄂托克前旗境內，為西夏左廂軍治所）、靜（今寧夏回族自治區永寧縣南望洪鄉）五州賜他，遣已擢陞為內侍右班都知的張崇貴持詔書賜之，又授張浦為鄭州防禦使遣還。〔註23〕

據《武經總要》的記載，綏州在至道三年底賜給李繼遷之前，因受到李不斷的攻擊，宋廷已命高文岯將大量居民徙於綏州東一百三十里、黃河東岸的石州（今山西離石市），並廢毀其城。高文岯離開擔任守臣已三年多的老家綏州，遷到黃河另一邊的石州，雖然不情願，但王命難違，只好依從。〔註24〕

〔註19〕 《長編》，卷三十九，至道二年五月癸卯條，頁833。

〔註20〕 關於至道二年太宗五路伐李繼遷之第一次靈州之役的始末，可參見拙著《攀龍附鳳：北宋潞州上黨李氏外戚將門研究》（香港：中華書局，2013年5月），第二章〈功比衛霍：宋太宗朝外戚名將李繼隆〉，頁160～175。

〔註21〕 錢若水（撰），范學輝（校注）：《太宗皇帝實錄校注》（北京：中華書局，2012年11月），下冊，卷七十九，至道二年九月己卯條，頁763；十月庚子條，頁771；卷八十，至道三年二月庚子條，頁793；李埴（1161～1238）（撰），燕永成（校正）：《皇宋十朝綱要校正》（北京：中華書局，2013年6月），卷二〈太宗〉，至道二年七月己亥條，頁85；至道三年二月庚子條，頁86。

〔註22〕 《長編》，卷四十一，至道三年三月癸酉條，頁862。

〔註23〕 時知揚州（今江蘇揚州市）的王禹偁（954～1001）尤其主張以賜銀夏諸州以交換李繼遷的輸誠。據載真宗接納他的主張，接受李繼遷的納款。參見《長編》，卷四十二，至道三年十二月辛丑至甲寅條，頁893～901；《皇宋十朝綱要校正》，卷二〈太宗〉，至道三年十二月丙申條，頁87。

〔註24〕 曾公亮（999～1078）編：《武經總要》（北京：解放軍出版社，據明金陵書林

高文岯徙往石州後，宋廷授他爲石州、隰州（今山西臨汾市隰縣）都巡檢使，可能兼知石州。另外宋廷將高氏族人安置在內地的晉州（今山西臨汾市），並授以永業田。〔註25〕

眞宗君臣一廂情願地以爲李繼遷獲得銀夏五州後就會順服，其實李最終要奪取靈州，擴大他的地盤。咸平二年（999）秋，李繼遷伙同河西叛羌黃女族長蒙異保及府州所部啜訛進攻麟州的萬戶谷，進至松花寨。繼其兄折惟正出任知府州的折惟昌（978～1014）與從叔折海超及弟折惟信率軍迎戰，卻眾寡不敵，折惟昌負傷得脫，折海超及折惟信陣亡。不到一月，李繼遷黨羽萬保移埋沒又來攻，折惟昌與駐泊都監宋思恭、鈐轄劉文質（965～1028）合兵擊敗之於埋井峰，翌年（咸平三年，1000）五月，劉文質再敗李繼遷軍於麟州濁輪寨（在麟州城東南十餘里處，遺址在今陝西榆林市神木縣永興鄉所在地北山梁上），才稍殺李繼遷之威脅。〔註26〕

朝臣開始省悟李繼遷不是高文岯那類安份而願爲宋廷效命的人。咸平三年三月丁未（三十），吏部郎中、直集賢院知泰州（今江蘇泰州市）田錫（940～1003）上奏時即指出「昨李繼遷雖授夏州節度使，在彼自稱西平王，豈不爲將來邊患？」〔註27〕許多廷臣都覺得當初將銀夏綏諸州賜給李繼遷的決定是錯的，而更不應輕易放棄靈州。是年九月，知靈州李守恩（？～1000）與陝西轉運使陳緯（？～1000）部送芻糧過瀚海，卻爲李繼遷所邀擊，李、陳二人均陣亡。到十月丙辰（十三），邠寧環寧清遠副部署王榮（947～1016）援送芻糧往靈州，軍至積石河，再爲李繼遷軍夜襲，宋軍慘敗，傷亡甚眾而

唐富春刻本影印，1988年8月），第二冊，前集，卷十九〈西蕃地里·綏州〉，葉三上下（頁943～944）。綏州至石州的距離，一說是自石州孟門渡河一百五十里至綏州。

〔註25〕《長編》，卷四十七，咸平三年八月己未條，頁1023；卷五十四，咸平六年三月壬辰條，頁1184；卷七十三，大中祥符三年六月庚戌條，頁1673；卷八十三，大中祥符七年九月甲午條，頁1895；〈高繼嵩神道碑〉，頁168。考高文岯的母親居於晉州，而高病逝後亦歸葬於晉州。與他一同歸順宋廷的相州兵馬都監魚彥麟在咸平三年（1000）八月己未（十五），獲宋廷授予晉州襄陵縣公田五頃，作爲魚家的永業田。可知宋廷將高氏及其部屬安置於內地的晉州。相信宋廷一樣給高氏予授田的優待。另外高文岯的第三子高繼嵩死後歸葬「平陽」，墓地在霍邑縣永太鄉庫拔村。按平陽即平陽郡，就是晉州。而霍邑就是晉州的屬縣。高氏離開綏州後，晉州就是他們族人定居之所。

〔註26〕《長編》，卷四十五，咸平二年九月丁未條，頁964～965；卷四十七，咸平三年五月丁丑朔條，頁1015。

〔註27〕《長編》，卷四十六，咸平三年三月丁未條，頁1002。

芻糧盡失。幸而延州鈐轄內臣張崇貴與張守恩在同月丙寅（廿二）擊破依附李繼遷的藩部大盧、小盧等十族，宋軍挽回一點士氣；[註28] 但李繼遷在咸平四年（1001）九月，又攻佔了從環州（今甘肅慶陽市環縣）通往靈州之重鎮清遠軍（今甘肅慶陽市環縣甜水堡）。宋廷採納重臣張齊賢（943～1014）的建議，用以夷制夷的方法，厚結李繼遷的死敵六谷部主潘羅支（？～1004）。宋廷在十一月甲午（廿七），又傳詔西蕃諸族：有能生擒李繼遷者，授予節度使，賜銀綵茶六萬；斬首來獻的，授觀察使，賜物有差。[註29]

宋廷用盡所有辦法對付李繼遷。據〈錢若水墓誌銘〉、《武經總要》及《長編》等書所記，有邊臣上奏請重新城建綏州，大屯兵和積穀，以阻遏李繼遷。朝臣對此議之利害各執一詞，久而未決。真宗在十二月丁未（初十），詔中書、樞密院會議。宰執中，呂蒙正、王旦（957～1017）和王欽若（962～1025）以修之不便。李沆（947～1004）言修之便，但恐怕勞民。向敏中（949～1020）、周瑩（951～1016）、王繼英（946～1006）、馮拯（958～1023）、陳堯叟（961～1017）卻一致認為修之便。真宗以綏州境土遙遠，不能遙度其事，即命比部員外郎直史館洪湛（963～1003）與侍禁閤門祗候程順奇同往綏州按視。二人的回奏正面，真宗決定在綏州築城。[註30]

提出以重修綏州城以對抗李繼遷的邊臣是誰？群書均不載。筆者認為最有可能的人，就是原籍綏州後徙往石州的高文岯。

咸平五年（1002）正月丙午（初十），真宗命西上閤門使孫全照（952～1011）為石、隰州兵馬鈐轄，率兵屯本來賜給李繼遷的綏州，並命他經度修

[註28] 《長編》，卷四十七，咸平三年九月壬寅至十月甲辰條，頁1026～1027；十月丙辰至丙寅條，頁1029～1030。

[註29] 《長編》，卷四十九，咸平四年九月乙亥至十月乙卯條，頁1072～1079；卷五十，咸平四年十一月甲午條，頁1089。關於清遠軍今日的位置，可參閱張多勇、王淑香的考證：〈北宋防禦西夏的前沿陣地環州城考略研究〉，《西夏研究》，2014年第1期，頁14。宋軍撤退之青崗城，在山城梁上，在今甘肅慶陽市環縣甜水堡鄉張鐵村保寧堡自然村。

[註30] 《長編》，卷五十，咸平四年十二月丁未條，頁1089～1090；卷五十一，咸平五年三月庚戌條，頁1118～1120；楊億：《武夷新集》，卷九〈宋故推誠保德翊戴功臣鄧州管內觀察使金紫光祿大夫檢校司空兼御史大夫上柱國長城郡開國公食邑二千四百戶贈戶部尚書錢公墓誌銘〉（以下簡稱〈錢若水墓誌銘〉），葉十一下；曾公亮：《武經總要》，第二冊，前集，卷十九〈西蕃地里·綏州〉，葉三上（頁943）。考洪湛在咸平五年三月庚戌（十四）被誣指擔任同知貢舉時受賄而被削籍流儋州（今海南儋州市西北），他當在咸平五年初已使還，然後真宗才委孫全照往綏州築城。

城事宜。宋廷特別調發兵夫二萬人供其役。顯然眞宗傾向於收復綏州城以對抗李繼遷。同月乙卯（十九），石隰州部署司上奏宋廷，稱李繼遷部下指揮使臥浪己等四十六人來歸。宋廷詔補他們軍士，賜袍帶茶綵，又命石州給田安置。在綏州築城及招納安置蕃部的事宜上，擔任石隰都巡檢使的高文岯看來與孫全照及新任石隰州部署的曹璨（950～1019）相處無間。〔註31〕然令高文岯失望的是，孫全照到綏州後，卻奏報宋廷，說築城不便。眞宗有見朝議亦有異同，於二月丁丑（十一），詔著名知兵的文臣工部侍郎知天雄軍（即大名府，今河北邯鄲市大名縣）錢若水與并代鈐轄陳興（？～1011後）乘傳往綏州詳細考察，若有利於國，即馬上施工，如其不然，就可罷役。錢若水經過實地的勘察，在四月辛未（初六）向眞宗回奏，稱綏州以前是內地時，民賦登集尙須旁郡轉餉。自從賜給李繼遷後，人戶凋殘。今日假若復城之，用工計百餘萬，又要廣屯戍兵，倍於往日，而芻糧供給，全賴河東石隰諸州。其地隔黃河及大小鐵碣二山。城下有無定河流經，緩急用兵之時，輸運艱阻。加上其地無險，若修葺未備，蕃寇入侵，實難於固守。加上此州城邑焚毀，無尺椽片瓦，而他所過的山林並無巨木可堪采用。他認爲築城之議，徒爲煩擾，絕無所利，故他主張罷役。錢若水回京覆旨時再對眞宗面奏他的主張。眞宗即下詔停止城建綏州。〔註32〕

錢若水之覆奏固然教力主築城的高文岯失望，更教宋廷沮喪的是，錢若水尙在綏州時，西北重鎭靈州已在是年三月被李繼遷攻陷，知州內客省使裴濟（？～1002）以下戰死。〔註33〕

李繼遷取得靈州後，在六月癸酉（初九），再以二萬騎進圍麟州，蕃官金明巡檢使李繼周（？～1009）率兵擊之。因麟、府、濁輪部署曹璨之請求，宋廷又詔發并州（山西太原市）、代州（山西忻州市代縣）、石州及隰州兵援之。高文岯身爲石隰州都巡檢使，大概有參加援救麟州之行動。是月丁丑（十

〔註31〕《長編》，卷五十一，咸平五年正月丙午條，頁 1108；乙卯條，頁 1111。任石隰部署的原本是虢州團練使慕興（？～1005後）。孫全照向眞宗密奏慕興「性率，望詔令一依臣規畫。」眞宗知孫全照素來剛執，而慕興臨事又多自任，擔心二人辦事不協。爲了讓孫妥善處理城建綏州之事，就將慕興徙爲麟府副部署，而由原任該職的客省使曹璨調任爲石隰州部署。

〔註32〕《長編》，卷五十一，咸平五年二月丁丑條，頁 1115；四月辛未條，頁 1123～1124；楊億：《武夷新集》，卷九〈錢若水墓誌銘〉，葉十一下；曾公亮：《武經總要》，第二冊，前集，卷十九〈西蕃地里‧綏州〉，葉三上（頁 943）。

〔註33〕《長編》，卷五十一，咸平五年三月戊申條，頁 1118。

三）在知麟州衛居實的奮力抗擊下，李軍無功而退。〔註34〕

　　七月甲午（初一），石隰路部署司上奏，稱本路沿黃河至蕃部界都是山險，請以步卒代廳子軍六指揮。朝議亦以此軍本是綏州、夏州之民，而石州接近李繼遷轄境，怕他們越過該處「不便」，怕他們會向李投誠。於是眞宗命將此六指揮徙於內地的磁州（今河北邯鄲市磁縣）和相州。〔註35〕此廳子軍當是高文岯的子弟兵，宋廷士大夫似乎並不完全信任這些蕃兵；不過，這支廳子軍驍勇善戰，在咸平六年（1003）奉本路部署司巡警北平寨（即北平縣，今河北保定市滿城縣北漕河上），道遇遼兵，他們踴躍爭前，斬捕甚眾，宋廷在是年六月己卯（廿一），將它升爲禁軍以獎之。〔註36〕

　　石隰州部署司在八月兩度招得河西蕃部教練使李榮及河西蕃部指揮使拽浪南山四百餘人來歸，宋廷將他們徙於石州平夷等縣，給以曠田以養活。據眞宗所言，這些原河西投降雜戶眾達二萬餘戶。宋人記載都將招撫及安置河西蕃部的功勞都歸給新任石隰州副都部署耿斌。筆者以爲時任本路都巡檢使的高文岯功不可沒。考咸平六年三月壬辰（初二），高文岯便上奏，稱綏州東西蕃部軍使拽白等百九十五口請求內屬。也許耿斌不好意思每次招降蕃部的功勞都由他出奏，這次爲數不多的歸附蕃部，就由高出奏。〔註37〕

　　景德元年（1004）正月，教宋廷以至高文岯額手稱慶的是，李繼遷爲潘羅支擊殺於西涼府（即涼州，今甘肅武威市）。李死後，因石隰一線的壓力大減，宋廷就在四月戊午（初五），將石州的駐泊兵馬徙屯於較近遼境的汾州（今山西呂梁市汾陽市）。當遼軍在是年底大舉入寇時，宋廷又在十月戊子（初八），令石隰路都監王汀率所部屯憲州（今山西忻州市靜樂縣），如遼軍從西谷入寇，即會合代州部署、忻州駐泊兵拒之。高文岯所在的石隰州兵，

〔註34〕《長編》，卷五十二，咸平五年六月癸酉條，頁1136；乙亥至丁丑條，頁1137；八月甲子朔條，頁1145。此時任石隰州副都部署是耿斌。曹璨在咸平五年正月原從麟府部署調爲石隰州部署，調回麟府部署之年月待考。

〔註35〕《長編》，卷五十二，咸平五年七月甲午條，頁1140。

〔註36〕《長編》，卷五十五，咸平六年六月己卯條，頁1203。

〔註37〕《長編》，卷五十二，咸平五年八月甲子、丙戌條，頁1145，1148～1149；卷五十三，咸平五年十二月壬戌朔條，頁1169；卷五十四，咸平六年三月壬辰條，頁1184；卷五十六，景德元年正月癸卯條，頁1227。考景德元年正月癸卯（十八），石、隰州又上奏有河西蕃部四十五族首領李尚默等率其屬內附。這次未有記載由誰出奏。按李尚默據四庫《長編》底本原作「李賞媚」。參見苗潤博：《續資治通鑑長編》四庫底本之發現及其文獻價值〉，《文史》，2015年第二輯，頁235。

此時成爲宋軍的預備軍。〔註38〕

　　宋遼幾經波折，在是年十二月庚辰朔（初一）訂立澶淵之盟，息兵講和。在國防第二線的石隰州已無必要設置一級的部署司。是月丁未（廿八），宋廷即廢石、隰部署司，改置石隰緣邊都巡檢司，仍命已陞任爲汝州防禦使的高文岯領之，而以西上閣門使張守恩爲都監，領駐泊禁軍，等黃河冰合，即往來黃河兩岸巡察，黃河彼岸的綏州亦屬高、張巡察之地。〔註39〕到景德二年（1005）正月丁卯（十八）宋廷再下令罷晉州、絳州（今山西運城市新絳縣）等七州博糴芻粟，又裁省河東部署鈐轄司使臣百餘人。〔註40〕

　　李繼遷子李德明（982～1032）繼領部眾後，以勢力不足，兼要首先對付仇敵六谷部及甘州回鶻，就改變策略，向宋廷稱臣納款。早在是年五月甲申朔（初一），宋廷應張崇貴之請，委任重臣兵部侍郎知永興軍（今陝西西安市）向敏中爲鄜延路緣邊安撫使，主持李德明歸順之交涉。李德明首先在十二月癸卯（廿四）派孔目官何憲往邠州（今陝西咸陽市彬縣）表達臣服之意。此後宋廷與李德明多次談判歸順的條件，到景德三年（1006）十月庚午朔（初一），終於達成協議。宋廷封李德明爲定難軍節度使、西平王，給俸如內地。宋廷不要求歸還靈州，也不要他派子弟入宿京師。宋廷又錄他的誓表，遣使持至西涼府，曉諭諸蕃部轉告甘州（今甘肅張掖市）、沙州（今甘肅敦煌市）西蕃首領。〔註41〕

〔註38〕　《長編》，卷五十六，景德元年正月壬子至二月丁巳條，頁1228～1229；四月
　　　　　戊午條，頁1233；卷五十八，景德元年十月戊子條，頁1276。
〔註39〕　《長編》，卷五十八，景德元年十二月庚辰朔至丁未條，頁1288～1301。
〔註40〕　《長編》，卷五十九，景德二年正月丁卯條，頁1312。
〔註41〕　《長編》，卷五十六，景德元年五月甲申朔條，頁1236；卷五十八，景德元年
　　　　　十二月癸卯條，頁1300；卷六十，景德二年六月丁亥至甲午條，頁1345～1346；
　　　　　卷六十一，景德二年九月丁未條，頁1360～1361；癸丑條，頁1364；十二月
　　　　　癸卯條，頁1380；卷六十三，景德三年五月甲辰條，頁1398～1399；辛亥條，
　　　　　頁1402；己巳條，頁1404；戊戌至丁未條，頁1409～1411；七月辛酉條，頁
　　　　　1413；八月己丑條，頁1419～1420；卷六十四，景德三年九月癸卯條，頁1424
　　　　　～1425；九月丁卯至十月甲戌條，頁1427～1428。李德明在景德二年六月又
　　　　　派牙將王旻奉表歸順，張崇貴向宋廷報告此事。宋廷令河西蕃族各守疆界，
　　　　　諸部如德明沒有侵犯，就不要領兵出境。張崇貴在是月入奏，宋廷開出接受
　　　　　李德明歸順種種條件，包括歸還靈州及以子弟爲人質；但李德明不肯接受。
　　　　　九月宋廷爲方便行事，將向敏中徙知延州。李德明又在是月及十二月兩度派
　　　　　都知兵馬使白文壽及教練使郝貴來貢，表達誠意。景德三年（1006）五月李
　　　　　德明又兩次派人來貢。這時宋廷已不堅持李德明歸還靈州的條件，只要李派

　　宋廷此時的政策，是寧可放棄靈州，以換取李德明的歸順，不再擾邊。
靈州尚且不要，高文岯原籍的綏州自然放棄不爭。景德四年（1007）六月戊
申（十四），知延州向敏中向眞宗報告，稱夏州民劉嚴等二千人早前歸順，安
置於延川縣（今陝西延安市延川縣）曠土，該處當綏州要路，昔日李德明部
入寇，多爲劉氏等人擒殺，稱他們實是鄜延的捍蔽。士張留住他們，不從李
德明之請，將之遣返夏州。〔註42〕據向敏中的奏報，可知綏州此時仍在夏人
手上。

　　眞宗君臣在翌年（1008，大中祥符元年），因西北兩邊都息兵，就開始自
欺欺人的東封西祀活動。宋廷沿用過去的政策，利用忠順的蕃部以制李德明。
正月己卯（十七），一直爲宋廷守邊的蕃官延州金明縣都監西京作坊使李繼
周，以年老多病加領誠州刺史以獎之。宋廷又同時擢陞供奉官、綏銀等州新
歸明諸族巡檢李繼福爲內殿崇班。李繼福是高文岯的同鄉，還是李繼周的族
人，待考。〔註43〕大中祥符二年（1009）正月甲戌（十八），宋廷又特別每月
增俸錢五萬給一直效順的另一蕃官豐州防禦使王承美（？～1012）。九月乙亥
（廿四），李繼周卒。宋廷仿照處置府州折氏的做法，命邊臣推薦李繼周諸子
中可襲其職以聞。邊臣奏稱其子殿直李士彬「選懦」，從子李士用朴忠，練習
邊事，爲部族所伏。丁丑（廿六），宋廷以李士彬管勾部族事，而以李士用爲
金明巡檢都監，繼承李繼周之職。〔註44〕

　　大中祥符三年（1010）六月庚戌（初三），高文岯以其居於晉州的母親
病重，請假回去省視。宋廷爲表示對他的勞績的酬賞以及慰問，就特賜他綵
二百匹，茶一百斤，惟其母很快便病逝。同月甲寅（初七），宋廷命他起復，

　　　　子弟入宿和不攻擊來貢的蕃部。當時邊臣如秦翰（952～1015）及曹瑋（973
　　　　～1030）均以德明不可信，主張出兵討伐，但眞宗仍願息事寧人。李德明一
　　　　方面再派人入貢，另一方面又訴秦翰等接受蕃部來投。另外，他又集結兵馬
　　　　有入寇麟府州之企圖，總之用軟硬兼施的手段迫宋廷接受他的條件。最後宋
　　　　廷在八月妥協，不再要求李德明派子弟入宿京師，
〔註42〕《長編》，卷六十五，景德四年六月庚申條，頁1465；卷四百八十九，紹聖四
　　　　年六月甲午條，頁11601。考九十年後，於紹聖四年（1097）六月，宋廷引述
　　　　鄜延路經略司所奏，以延川縣仍是形勢不便，難爲守禦之地。宋廷於是將它
　　　　廢爲不可守禦縣。
〔註43〕《長編》，卷六十八，大中祥符元年正月己卯條，頁1522。
〔註44〕《長編》，卷七十一，大中祥符二年正月甲戌條，頁1589；卷七十二，大中祥
　　　　符二年九乙亥至丁丑條，頁1635。

不必守制，繼續擔任石隰州都巡檢使。〔註45〕八月癸亥（十六），張崇貴上奏，李德明來書，除了說派牙校貢馬外，又稱延州熟戶明愛侵其所統的綏州。張後來派兵防守境上，發現李德明派兵三千來寇。他說李稱臣後，累省減屯軍，而今看來，李德明不可靠，請求增加屯兵。大中祥符四年（1011）正月甲申（初十），李德明正式上表申訴明愛等侵耕其綏州界，請派使者按視。眞宗命張崇貴詳細查察，又命明愛等離開綏州，返回延州。〔註46〕綏州這時成爲宋廷及李德明爭奪蕃部的地方，惟宋廷採安撫李德明的政策，沒有考慮將熟悉綏州的高文岯調回延州綏州一線。

李德明得寸進尺，在翌年（1012，大中祥符五年）四月壬戌（廿五），請將本屬綏州的土田黑林平和人口，現歸屬延州的割歸綏州。眞宗詔陝西轉運使薛奎（967～1034）取原本的李德明誓書察看理據，與邊臣詳定報之。這次宋廷沒有答應李的要求。〔註47〕十二月甲戌（十一），豐州蕃官王承美病卒。眞宗沿用府州、金明縣的做法，以「豐州事繁，宜選習知邊事、戎人所服」的王氏子弟繼承其職，即詔管勾麟府路軍馬事內臣韓守英（？～1033）與知府州折惟昌，察看王承美諸子才幹，並詢問蕃漢牙校意見以聞。韓、折二人回奏王承美子、權勾當蕃漢事殿直王文玉可任。宋廷即任王文玉爲左侍禁知州事。宋廷又贈王承美恩州觀察使，錄其子文寶爲三班奉職，孫德鈞爲三班借職，仍詔王妻折氏得入謁禁中。又加其長子王文恭爲供奉官。〔註48〕

大中祥符七年（1014）五月丙午（廿一），另一員資深的蕃官知府州興州刺史折惟昌病卒於任上。宋廷以其弟供奉官閤門祇候折惟忠（？～1033）以

〔註45〕《長編》，卷七十三，大中祥符三年六月庚戌條，頁1673。考盧艷秋論北宋賜茶的文章便將高文岯獲賜茶一事作爲宋廷非常規賜茶與有功軍校的一個例子。參見盧艷秋、廖桔香：〈北宋賜茶初探〉，《黑龍江史志》，2014年13期，頁2。

〔註46〕《長編》，卷七十四，大中祥符三年八月癸亥條，頁1684；卷七十五，大中祥符四年正月甲申條，頁1707。

〔註47〕《武經總要》，第二冊，前集，卷十九〈西蕃地里‧綏州〉，葉三上（頁943）；《長編》，卷七十七，大中祥符五年四月壬戌條，頁1763。

〔註48〕《長編》，卷七十九，大中祥符五年十二月甲戌條，頁1808；卷八十五，大中祥符八年九月戊辰條，頁1951。考王承美長子侍禁王文恭時在沂州（今山東臨沂市），宋廷沒有選他繼任父職，他上表申訴，宋廷爲安撫他，就將他陞一級爲供奉官。又宋廷在大中祥符八年（1015）九月戊辰（廿一），當王承美下葬時，特賜王文玉縑帛、米麪、羊酒。

六宅使知州事，並錄其二子官。〔註49〕到九月甲午（十一），蕃官中資歷最深的高文岯也在石隰州都巡檢使、汝州防禦使任內病逝。巧合的是，府州折氏及綏州高氏的領軍人同逝於此年。高文岯得年多少不詳，他以子孫故後來累贈定國軍節度使。宋廷詔遣中使護其喪，從石州返高氏族人徙居的晉州安葬，並恩恤錄其子孫。宋廷以他來歸後，「忠而知變」，以他久在石州，得軍民心。加上他招來及帶來蕃眾有數千戶，為了安撫他們，就任他的長子高繼昇為崇儀副使，繼承他的石隰州都巡檢使兼知石州的職位。〔註50〕這和宋廷專任折氏世領府州、王氏世領豐州、李氏世領金明同出一轍。〔註51〕

　　為高繼嵩撰寫神道碑的王逈對高文岯的功績自然溢美不已，他說：「觀定國公保全綏州，以五縣之眾歸於我朝，使其人去後凶虐，復為王民，方其迎拜鼓舞，樂趣皇化，其功德被人者豈有窮邪？宜其後世爵祿未艾，天之報人，固其理也。」〔註52〕

　　高文岯自淳化五年舉綏州歸宋後，為宋廷扼守綏州，後來被迫放棄祖先之地，帶領部族北遷，渡過黃河，扼守石州十多年，既抗擊西夏李氏的進犯，又為宋廷招降大量的蕃部，雖然沒有府州折氏耀目的戰功，而他的官位也不過汝州防禦使及石隰州緣邊都巡檢使；但他的忠誠勞績在眾蕃官中也相當突出。他在過世前始終無法返回綏州故土，這個遺願要靠他的子孫在治平四年（1067）宋廷收復綏州時才達成。

三、綏州高氏第二代傳人高繼昇與高繼嵩的事功

　　高文岯至少有三子，長子是繼承他知石州的高繼昇，次子不詳，第三子即最有戰功，其事蹟有賴傳世的神道碑而得以記錄下來的高繼嵩。

　　據〈高繼嵩神道碑〉所記，高繼嵩卒於仁宗康定元年（1040）九月己未（初七），得年五十九。以前上推，當生於太宗太平興國七年（982）。高繼昇

〔註49〕《長編》，卷八十二，大中祥符七年五月丙午條，頁1876。
〔註50〕《長編》，卷八十三，大中祥符七年九月甲午條，頁1895；卷一百三，天聖三年九月辛巳條，頁2389；〈高繼嵩神道碑〉，頁167。高文岯最後的官職，《長編》作「峽州防禦使」，〈高繼嵩神道碑〉作「汝州防禦使」。按「汝州」在內地，在授遙領官時在「峽州」之上。高文岯沒有被貶降的記錄，不應從汝州防禦使降為峽州防禦使，疑《長編》訛寫。
〔註51〕關於宋廷許府州折氏世襲其職的政策的討論，可參閱高建國：《鮮卑族裔府州折氏研究》，第二章〈宋初對府州折氏世襲政策的形成〉，頁21～29。
〔註52〕〈高繼嵩神道碑〉，頁168。

是他的長兄，當在更早時出生，惟生年不詳。高繼昇別字不詳，而高繼嵩字惟嶽，據載「以將家子結髮從戎，有志於功名，故歷任未嘗不在邊要」。大概高繼昇也一樣自幼隨父出征。高繼嵩在大中祥符元年底眞宗東封泰山時以恩典授右班殿直，到大中祥符四年春眞宗西祀汾陰時再遷左班殿直。到大中祥符七年九月，以父之遺表恩轉右侍禁，獲授旹州兵馬監押，稍後再徙晉、隰州同巡檢。高繼昇早年之仕歷不詳，他接父職知石州時獲授崇儀副使，大概在大中祥符七年時任供奉官或內殿崇班等使臣職。〔註53〕

高繼昇兄弟在眞宗晚年的事蹟所記不多。宋廷在天禧元年（1017）十一月壬子（十八）曾下詔發兵權泊天雄軍、永興軍以及石州等州軍，命諸州長官多積芻糧。又在十二月丁丑（十三），詔河東緣邊州軍及河西麟府、州，每年調輦送糧之民役特免一年。〔註54〕高繼昇兄弟在此二事，大概因其州將身份而履行職責。

天禧四年（1020）二月，高繼昇以石、隰州都巡檢使上言，請令歸順的人戶，依例各自置弓矢鎧甲，及往上平等寨采木造船。眞宗以造船事涉邊上，疑於異俗而不許，其餘依高之議而行。〔註55〕

因李德明專注對付六谷及甘州，西邊安寧；而遼國自與宋廷訂盟後，也沒有犯境，故高氏兄弟作爲邊將，在眞宗晚年難得地過著相對太平的日子。

眞宗在乾興元年（1022）二月戊午（十九）病逝，仁宗繼位，以年幼由章獻劉太后（977～1033，1022～1033 攝政）垂簾聽政。〔註56〕西北兩邊在往後的數年都太平無事。天聖二年（1024）三月癸丑（廿六），高繼昇的頂頭上司嵐石隰州緣邊都巡檢使、濰州團練使刁贇被河東轉運使劾其吝惜公使錢，不以犒賞軍士。宋廷令刁贇與潞州兵馬部署、冀州團練使許超互換職位。許成爲高繼昇的新上司。〔註57〕

是年八月，豐州的蕃官王氏又出現繼承問題。原知豐州之內殿承制王文玉卒，其母折氏與蕃官首領共推文玉長子王餘慶（？～1041）繼領州事，既

〔註53〕 《長編》，卷八十三，大中祥符七年九月甲午條，頁 1895；〈高繼嵩神道碑〉，頁 167。按高繼嵩何時擔任晉州兵馬監押及晉隰州同巡檢不詳。

〔註54〕 《長編》，卷九十，天禧元年十一月壬子條，頁 2086～2087；十二月丁丑條，頁 2089。

〔註55〕 《宋會要輯稿》，第十五冊，〈兵二十七‧備邊一〉，頁 9192～9193。

〔註56〕 《長編》，卷九十八，乾興元年二月戊午條，頁 2271～2272。

〔註57〕 《長編》，卷一百二，天聖二年三月癸丑條，頁 2354。按高繼昇原任石隰州緣邊都巡檢使，宋廷何時設置嵐、石、隰三州緣邊都巡檢使不詳。

而又以文玉從子天門關巡轄馬遞鋪、殿直王懷信爲繼任人選。宋廷乃詔管勾麟府路軍馬公事高繼忠會同知府州折惟忠集蕃漢官定議，高繼忠等反對由王懷信或王餘慶繼任，而推舉由王文玉從子、三班奉職監晉州鹽稅之王懷鈞繼任。宋廷從之，是月丁丑（廿二），授王懷鈞右班殿直知豐州，另授王餘慶三班借職，而釋王懷信不問。〔註58〕在短短十三年中，豐州王氏已傳三世，其繼任人官低資淺，影響力大大降低。

高繼昇在天聖三年（1025）九月辛巳（初二），仕途上遭遇一點挫折。事緣延州荾村族軍主李都哷指控荾村巡檢李威明葉所爲不法，這本來不是高繼昇所管轄的範圍，他卻受理。有司議法，他當追一官並停職。仁宗覺得這不過是蕃官之間的矛盾，不是甚麼大過失，就特寬宥之，只將他從洛苑使降爲洛苑副使，仍留任知石州。〔註59〕

不過，高繼昇不久碰到更大的凶險：就在天聖四年（1026）年中，他被其奴高遇誣告曾派遣歸順人馬訓和奴李文往延州荾村碩爾族，與該族密謀作叛。高繼昇被拘拿至京，下御史台審問，幸而審不出叛狀。宋廷杖殺誣告人高遇，而高繼昇亦涉嫌毒殺其奴李文而坐罪。惟仁宗以其父高文岯自河西來降之功，加上高久在石州，頗有勞績，就特寬貸之，閏五月丁卯（廿二），仁宗只將他自洛苑副使降七階爲禮賓副使。〔註60〕

高繼嵩的際遇比乃兄好一點，沒有碰上兄長的凶險。據他的神道碑所記，他徙爲晉隰州同巡檢後，曾用計捕殺該地的強賊史胡子，以功獲賜敕書獎諭。大概在眞宗末年到仁宗初年，遷左侍禁，又遷供奉官，又調任秦州麻穰寨（即麻穰堡，今甘肅天水市清水縣城北門）兵馬監押，因累戰之功，就移環州管界巡檢。據《長編》所記，就在他兄長獲釋的不久，即天聖四年六

〔註58〕《長編》，卷一百二，天聖二年八月丁丑條，頁2365。

〔註59〕《長編》，卷一百三，天聖三年九月辛巳條，頁2389。考高繼昇在大中祥符七年接其父之任時獲授諸司副使西班序位第十六階的的崇儀副使，經十一年已擢至諸司正使的西班序位第十二階的洛苑使。他後來貶降的洛苑副使就僅高崇儀副使兩階。

〔註60〕《長編》，卷一百四，天聖四年閏五月丁卯條，頁2409；《宋史》，卷三百十〈杜衍傳〉，頁10189；鄭克（？～1133後）：《折獄龜鑑》，文淵閣《四庫全書》本，卷三〈杜衍〉，葉十五下至十六上。考李燾已辨正《國史‧杜衍傳》所云高繼昇爲僕人所誣，捕繫數百人，久而不決，幸爲杜衍（978～1057）審決實屬誣告，而獲得昭雪的說法不確。李燾指出杜衍當時實爲河東路提刑，並非御史中丞，高繼昇一案的審問與他無關。惟南宋人鄭克所編的《折獄龜鑑》及《宋史‧杜衍傳》仍沿用《國史》的說法而未改。

月癸未（初九），瑪爾默族寇邊，他以環州緣邊巡檢、供奉官閤門祗候率眾將之擊走，宋廷賜高繼嵩以下器幣有差，以賞其勞。他稍後移任他高氏落戶的晉州兵馬都監。〔註61〕他和乃兄不同的地方，是離開石州而轉戰其他戰場。

除了蕃官高氏第二代建功外，金明李氏第二代李士彬及李士均也在天聖五年（1027）五月壬寅（初三）率兵擊退入寇的西番，並斬首千級。宋廷賞功，將李士彬自延州金明縣都監、內殿崇班閤門祗候擢爲諸司副使最低一階的供備庫副使，又對立功將校賜以器幣，遷補有差。〔註62〕

高繼昇在天聖四年以後的仕歷不詳。至於高繼嵩，據他的神道碑的記載，他在環州立功後，歷晉州兵馬都監，遷晉、隰等州都巡檢使，擔任其父兄長期擔任的職位，然後徙原州（今甘肅慶陽市鎮原縣）駐泊都監兼沿邊巡檢使。據載環州先前招降吐蕃酋豪數十族，聽說高繼嵩到來，就競相前來持物以獻，高就一一加以撫慰以遣還。神道碑作者讚美他「其威惠感人心如此」。他大概在明道初年差知原州，再移知西邊重鎮鎮戎軍（今寧夏固原市）。〔註63〕

高繼嵩大概在明道元年（1032）七月前後，獲得龍圖閣直學士知秦州王博文（969～1038）的賞識，以他「實曉軍機，諳練邊事」而推薦陞任大使臣的內殿崇班；不過，兩個月後，他卻因跟隨涇原路副都部署、捧日天武四廂都指揮使高化（969～1048）在盛夏出兵攻襲明珠族而敗北。宋軍輕敵，本身素來不整，卻貪功一日行軍幾百里，途中涉險弄到人馬皆乏。抵達敵人營帳，與敵軍相遇交鋒，卻弄到首尾不能相顧，致軍潰敗走，人騎渴死的有三分之一。九月甲戌（初六），自高化以下諸將皆被貶責，高繼嵩罷知鎮戎軍，降爲陝西都監。〔註64〕

〔註61〕 〈高繼嵩神道碑〉，頁167；《長編》，卷一百四，天聖四年六月癸未條，頁2410。高繼嵩神道碑對他遷官的年月，除了述及其在眞宗東封西祀時遷官可考外，餘均不載。他在環州巡檢任內擊敗蕃族的年月，幸有《長編》這一則記載才可確知是在天聖四年六月。神道碑稱他在此役中「以輕兵入討，焚燒族帳，殺獲甚多，西賊畏服納降乃還」。又記「朝廷疇勞，特授閤門祗候，移晉州兵馬都監」。考《長編》將他的名字誤書爲「高繼崇」，又說他立功前已官供奉官閤門祗候，亦未記他是否立功後隨即徙爲晉州兵馬都監。

〔註62〕 《長編》，卷一百五，天聖五年五月壬寅條，頁2440。

〔註63〕 〈高繼嵩神道碑〉，頁167。按高繼嵩在天聖四年以後的官歷，均不詳年月。

〔註64〕 〈高繼嵩神道碑〉，頁167；《長編》，卷一百十一，明道元年七月甲戌條，頁2584；九月甲戌條，頁2589。考王博文在天聖八年（1030）首度知秦州，爲內臣走馬承受賈德昌入朝詆毀，徙知鳳翔府（今陝西寶雞市鳳翔縣），轉永興

高繼嵩的戎馬生涯首次受挫不久，是年十一月壬辰（廿四），夏主李德明病逝，由其子李元昊繼位。元昊即位前已先後擊破甘州和西涼府。他雄才大略，不甘臣服宋朝。癸巳（廿五），宋廷遣使冊封元昊爲定難軍節度使襲西平王。〔註65〕宋廷不料元昊正是宋廷的災星，而高氏兄弟不久便要在沙場與元昊交鋒。

明道二年（1033）三月甲午（廿九），攝政十二年的章獻劉太后病逝，仁宗得以親政。宋中樞人事大更動，仁宗盡罷劉太后所用之人。〔註66〕對於邊臣仁宗卻沿用不替。府州折惟忠於是年十一月癸亥（初一）卒，仁宗厚恤之餘，以其長子右班殿直閤門祗候折繼宣（？～1039後）繼知府州。〔註67〕高繼嵩繼續得到仁宗重用，他大概在劉后病重到仁宗親政時覃恩，獲擢陞爲大使臣之首的內殿承制，並徙知火山軍（今山西忻州市河曲縣東北八十里）。〔註68〕

元昊早在景祐元年（1034）正月便入寇府州，宋廷到閏六月（初八）才詔并代部署司嚴備。七月，宋環慶路守軍才與元昊正面交鋒，但先後在龍馬嶺和節義峰兵敗。宋廷於是在八月庚申（初三），將驍將知定州（今河北保定市定州市）、龍神衛四廂都指揮使劉平（973～1040後）徙爲環慶路副都部署，並且賜環慶路參戰的兵卒緡錢，以安定軍心。十月丙戌（三十），宋廷將環慶路副都部署張守遵（？～1036）以下一批將校責降，以懲他們敗軍之罪。〔註69〕宋廷除了以劉平接替張守遵外，還更換了這一批環慶敗將，高繼

軍。明道元年七月甲戌（初五），賈德昌以贓敗，宋廷將王從龍圖閣直學士加樞密直學士再徙知秦州。他推薦高繼嵩升官的年月，一可能是天聖八年他帶龍圖閣直學士首度知秦州時，也可能是明道元年七月他二度知秦州後。又〈神道碑〉以高繼嵩降爲陝州（今河南三門峽市陝縣）駐泊（都監）。按陝州在內地，宋廷用人之際，不應將高徙回內地，疑〈神道碑〉有誤。

〔註65〕《長編》，卷一百十一，明道元年十一月壬辰至癸巳條，頁2594。

〔註66〕《長編》，卷一百十二，明道二年三月庚寅至四月丙申朔條，頁2609～2610；己未條，頁2612～2613。

〔註67〕《長編》，卷一百十三，明道二年十一月癸亥條，頁2643。

〔註68〕〈高繼嵩神道碑〉，頁167。

〔註69〕《長編》，卷一百十四，景祐元年正月庚寅條，頁2662；卷一百十四，閏六月乙丑條，頁2682；卷一百十五，景祐元年七月甲寅至八月庚申、己巳條，頁2691～2692，2694。考景祐元年七月，宋慶州柔遠寨（今甘肅慶陽市華池縣城所在地柔遠鎮）蕃部巡檢嵬逬領兵入夏州界，攻破夏人所新修建的後橋諸堡。元昊在同月率兵萬人前來入寇以報仇。宋軍的慶州緣邊都巡檢使楊遵、柔遠寨監押盧訓率騎七百迎戰元昊於龍馬嶺，敗績。環慶都監齊宗矩、走馬承受趙德宣、寧州（今甘肅慶陽市寧縣）都監王文援之，抵達節義峰時，通事蕃官勸說夏軍多伏兵，不可過壕。齊宗矩不聽，果然中伏被擒。元昊後來

嵩相信便在此時以禮賓副使，充邠寧環慶路駐泊安撫司都監兼知環州。據他的神道碑說，他在環州任上，「勇而有謀，臨敵未嘗挫折，前後屢奏勝捷」。據載仁宗派內臣傳旨，記錄其姓名，準備加以擢任。〔註70〕

元昊沒有進一步犯境，因他仍要集中力量對付其死敵青唐唃廝羅（997～1065）。景祐二年（1035）十二月，他進攻河湟時卻被擊敗。〔註71〕當高繼嵩在環州立功時，他的姪兒石州定胡縣監押右侍禁高永錫，在景祐三年（1036）六月丁巳（初十）也立功受賞。永錫與蕃部作戰，斬其首領一人，宋廷特遷他爲西頭供奉官。〔註72〕

與綏州高氏、豐州土氏鼎足而三的蕃官延州金明李氏的領軍人李士彬，在景祐四年（1036）五月丁卯（廿六）殺死義子及堂姪女三人，依法當死；但仁宗以他世官金明縣，就特免他一死。〔註73〕宋廷爲了對付元昊，對這些一向效忠的蕃官都很寬大而不疑。寶元元年（1038）八月，有環州軍士拾得繫匿名文字的箭，誣告已擢爲西京左藏庫使的高繼嵩陰結元昊叛變。高繼嵩不安，就請解知環州職還朝。仁宗不但沒有將他投閒置散，反而在是月丙子（十二），給他一份優差，派他爲賀契丹正旦副使。被委爲正旦使的右司諫、直集賢院韓琦（1008～1075）就上奏仁宗，爲高繼嵩辨誣，稱許高「久在西邊，頗以勇敢聞，或爲西賊所惡，設反間而去了」，另一可能是他「馭下嚴，而爲戍卒巧計以中之」。韓以爲高繼嵩眞的要投元昊，元昊必陰納其說；而元昊忠於宋廷的話，就當密奏其事，怎會以遺箭方式達其反狀？韓琦主張馬上遣高繼嵩回去環州，而原告匿名文字的軍士，就依律論罪，既「外以杜點賊行間之謀，內以破惰兵詭中之計，次以堅繼嵩用命之心，使邊郡聞之，孰不畏朝廷之明，而勵忠義之懷也。」仁宗依韓琦之奏，於是月庚辰（十

將齊釋放。十月，宋廷將楊遵、王文落職，將趙德宣和盧訓並降左班殿直爲諸州監押。又將環慶路最高的指揮官環慶路副都部署、馬軍都虞候張守遵（？～1036）自端州防禦使降爲汀州防禦使、陝州部署，並落其軍職，原環慶路鈐轄、西作坊使李惟熙降爲西染院使徙知隰州。二人坐不能料敵。故并責之。至於敗軍責任最大的齊宗矩就奪兩官、盧州（今安徽合肥市）編管。

〔註70〕〈高繼嵩神道碑〉，頁167。考高繼嵩神道碑沒有記他充邠寧環慶路駐泊安撫都監知環州的具體年月，筆者認爲他很大可能在是年十月接替齊宗矩的職位。

〔註71〕《長編》，卷一百十七，景祐二年十二月壬子條，頁2765～2766。

〔註72〕《長編》，卷一百十八，景祐三年六月丁巳條，頁2790。按《長編》未有說明高永錫是誰人之子，但從他的名字及他所任官石州定胡寨，他多半是高繼昇的兒子或從子。

〔註73〕《長編》，卷一百二十，景祐四年五月丁卯條，頁2832。

六），詔高繼嵩復知環州，而改命西染院副使兼閤門通事舍人王從益代使契丹。〔註74〕

韓琦力勸仁宗將高繼嵩這名勇將遣回環州是正確的，元昊早已稱青天子多年，而知延州郭勸（981～1052）、鈐轄李渭、金明都監李士彬等都庸碌無謀，全不察元昊的手段，不加防範之餘，甚至在九月己酉（十六）將不滿元昊而來投的酋豪趙山滿遣回，讓他一族被元昊所殺，而沒有從他身上了解元昊將要從延州入寇的企圖。〔註75〕一方面是高繼嵩的力請，另一方面相信是韓琦的推薦，仁宗此時召高入朝稟奏邊情。他抵京後，侍射後苑，一發而中錢孔，顯示其神箭功夫。仁宗大樂，賜銀絹一百疋兩及襲衣金帶，以奏對稱旨，是月庚戌（十七）詔以高領昭州刺史，以環慶路鈐轄兼知慶州（今甘肅慶陽市），而以知慶州、復州刺史趙振（？～1049後）調知環州。〔註76〕

元昊在是年十月甲戌（十一）築壇受冊，自號大夏始文英武興法建禮仁孝皇帝，改大慶二年爲天授禮法延祚元年，並往西涼府祠神。十二月丙寅（初四），鄜延路都鈐轄司上奏元昊反，宋廷下詔有能捕元昊所遣刺探事者賞錢十萬。〔註77〕元昊這些舉動，宋廷已無法忍受，宋廷開始備戰，寶元二年（1039）正月丙午（十五），宋廷以高繼嵩的上司環慶路副都部署劉平兼鄜延環慶路安撫副使，由他統一指揮兩路的軍馬。同月甲寅（廿三），宋廷將料敵不明的天章閣待制、知延州郭勸落職徙知齊州（今山東濟南市），而鄜延鈐轄兼知鄜州（今陝西延安市富縣）的四方館使李渭就降授尚食使知汝州（今河南平頂山市汝州市）。〔註78〕

高繼嵩調任慶州後，繼續令下屬招降不附元昊的蕃部來歸。二月癸酉（十二），他上奏宋廷，慶州柔遠寨蕃部巡檢珪威，成功招誘白豹寨都指揮使裴永

〔註74〕韓琦（撰），李之亮、徐正英（箋注）：《安陽集編年箋注》（成都：巴蜀書社，2000年10月），下冊，〈附錄一〉《韓琦詩文補編》，卷一〈乞急遣高繼嵩還邊奏‧寶元元年八月〉（原載《韓魏公集》卷一），頁1610；《長編》，卷一百二十二，寶元元年八月丙子至庚辰條，頁2877；〈高繼嵩神道碑〉，頁167～168。考神道碑並沒有記高繼嵩出使契丹任命收回的個中曲折，只說韓琦「最知公可用，力薦引之。嘗命副魏公爲契丹國信使，以疾免，魏公亦以公故辭不行」。
〔註75〕《長編》，卷一百二十二，寶元元年九月己酉條，頁2881。
〔註76〕《長編》，卷一百二十二，寶元元年九月庚戌條，頁2881；〈高繼嵩神道碑〉，頁167。
〔註77〕《長編》，卷一百二十二，寶元元年十月甲戌條，頁2882；十二月丙寅至丁丑條，頁2887～2888。
〔註78〕《長編》，卷一百二十三，寶元二年正月丙午條，頁2892；甲寅條，頁2894。

昌以族來附。宋廷詔補裴永昌三班借職、本族巡檢。〔註79〕宋廷在是年三月
戊午（廿七），賜鄜延、環慶、涇原、秦鳳及麟府各路緣邊軍士緡錢，以提高
士氣。在慶州的高繼嵩雖枕戈待旦，卻無機會與元昊交手，因夏軍主攻是延
州一線。元昊首先使用反間計，他詐寫書及附錦袍銀帶投到鄜延境上，送給
金明蕃官李士彬，約他反宋。宋的斥候獲得這僞書獻給延州守將，眾人都對
李起疑心，幸而鄜延副都部署夏元亨（即夏隨，998～1040）識破奸謀，指這
是元昊行間，並說李士彬與元昊世仇，眞的有私約和通贈遺，怎會給人知道？
他隨即召李士彬飲宴，好言厚撫。李士彬感泣，數日後即擊退夏兵，取敵人
首級及羊馬自效。〔註80〕

有見元昊進攻延州，高繼嵩在四月丁卯（初七）上奏，請調派他老家石、
隰州五關塞所在的捉生兵，乘夜渡過黃河，入定仙關鐵笴平，設伏掩襲夏軍。
宋廷接受他的建議。〔註81〕這支由歸順蕃部組成的捉生兵，大概由其兄高繼
昇指揮。高繼嵩知慶州的時候，曾有戍卒謀作亂，逐指揮使周美（977～
1052），且欲殺之，周美走歸高繼嵩，眾人畏高，不敢妄動。高只誅首惡的
十七人，餘釋不問，平息了這次兵變。宋廷降詔褒之。〔註82〕

宋廷在五月丙午（十六）開始，調整陝西四路的守臣：大概見環慶一路
較安全，而涇原一路恐怕有失，就將高繼嵩徙爲涇原鈐轄兼知鎭戎軍。六月
辛未（十二），委任殿前都虞候榮州防禦使石元孫（993～1064）爲鄜延路副
都部署，代替夏元亨。乙酉（廿六），任博州團練使劉謙（？～1040）爲環慶
副部署兼知邠州。大概宋廷委高繼昇統石州兵赴援延州，故另委驍將莫州刺
史任福（981～1041）爲嵐石隰州都巡檢使。到七月癸卯（十四），宋廷再以
鄜延環慶路副都部署劉平兼管涇原兵馬事。戊午（廿九）又以重臣知永興軍
夏竦（985～1051）徙知涇州兼涇原秦鳳路緣邊經略安撫使、涇原路都部署。
夏、劉二人成爲高繼嵩的直屬上司，另又委知延州范雍（979～1046）兼鄜延

〔註79〕《長編》，卷一百二十三，寶元二年二月癸酉條，頁 2896。
〔註80〕《長編》，卷一百二十三，寶元二年三月戊午條，頁 2900～2901。
〔註81〕《長編》，卷一百二十三，寶元二年四月丁卯條，頁 2902。
〔註82〕〈高繼嵩神道碑〉，頁 167。考周美在慶州被戍卒攻擊的事，不見載於《隆平
集》、《宋史》周美本傳，也不見於《長編》。據《長編》所記，周美在康定元
年八月前後任延州都監。參見曾鞏（1019～1083）（撰），王瑞來（校證）：《隆
平集校證》（北京：中華書局，2012 年 7 月），卷十九〈武臣傳・周美〉，頁
555～556；《宋史》，卷三二三〈周美傳〉，頁 10457～10458；《長編》，卷一百
二十八，康定元年八月壬子條，頁 3036～3037。

環慶路緣邊經略安撫使、鄜延路都部署。〔註83〕夏竦在六月丙子（十七）應詔言事時，認為陝西四路中，最值得擔憂的是涇原和環慶一線，而涇原最要緊的地方是高繼嵩所鎮守的鎮戎軍。他主張以強弩對付夏軍，「今若令涇原環慶兩路各於土兵、禁兵或弓箭手內擇弓刀鎗架手三二千副之，涇原令高繼嵩、張亢主之，環慶令劉平、趙振主之，日夕訓練常如寇至，如有警急，則令涇原界望環慶路橫絕邊徼數百里間，往來交擊，互為首尾。」〔註84〕他顯然對高繼嵩守鎮戎軍充滿信心。

八月戊辰（初九），知慶州禮賓使張崇俊上奏宋廷，陳述豐州王氏蕃官的不利情況，指出自從天聖初年王承美病逝後，其子孫雖相繼襲知豐州，但他們官不出侍禁、殿直，又多是年少不習邊事，而威望不振，以致本身的藏才族各置首領，而不常至豐州。張崇俊以藏才族有十餘萬眾，人馬勇健，又與元昊世為仇，他認為宋廷應加以利用，他請求從王氏族中選有才幹機略的人優與除官，令知豐州，密遣人給金帛募其斬滅元昊。他說唃廝囉兵馬已入西界，正好教藏才族交攻之。宋廷表面依從其議，卻沒有積極行動，豐州仍由才庸的王餘慶所執掌。〔註85〕豐州王氏與金明李氏很快便被元昊擊破而衰敗。

除了豐州王氏有隱憂外，宋廷倚為柱石的府州折氏的管治也出了問題，知府州折繼宣所為多不法，對部下苛虐掊刻，以致部落嗟怨流離。宋廷見事態嚴重，就在九月乙未（初七），將折繼宣責為右監門將軍、楚州（今江蘇淮安市淮安區）都監，而擢其弟折繼閔（1018～1052）為西京作坊使知府州。〔註86〕

〔註83〕《長編》，卷一百二十三，寶元二年五月丙午條，頁 2907；六月辛未條，頁 2908；壬午至乙酉條，頁 2913～2914；卷一百二十四，寶元二年七月癸卯至戊午條，頁 2918～2919；八月庚午條，頁 2922；〈高繼嵩神道碑〉，頁 167。考高氏神道碑記他知慶州後復移知鎮戎軍，當是他調為涇原鈐轄所兼知。當時與高繼嵩同在涇原路的守臣尚有六宅使知原州郭志高（？～1040 後）。郭亦積極備戰，請於部內募置弓箭手五千人。

〔註84〕《長編》，卷一百二十三，寶元二年六月丙子條，頁 2910～2913；夏竦：《文莊集》，文淵閣《四庫全書》本，卷十四〈進策一·陳邊事十策〉，葉四上下。按《長編》是條沒有記錄該策全文。

〔註85〕《長編》，卷一百二十四，寶元二年八月戊辰條，頁 2920。考知豐州王餘慶在慶曆元年（1041）七月被元昊所殺，豐州王氏從此沒落。

〔註86〕《長編》，卷一百二十四，寶元二年八月辛未條，頁 2922；九月乙未條，頁 2923。關於折繼宣在府州失政的分析，可參閱高建國：《鮮卑族裔府州折氏研究》，〈附錄：折氏人物傳略·折繼宣〉，頁 193～194。

十一月，夏軍進攻延州的外圍保安軍（今陝西延安市志丹縣）及承平寨，宋鄜延鈐轄內臣盧守懃（？～1040後）及鄜延部署許懷德（978～1061）分別將之擊退。而環慶鈐轄高繼隆也出兵破夏人後橋寨及破吳家、外藏圖克、金舍利、遇家等族。〔註87〕也許這次小勝，令知延州范雍信心大增，他在閏十一月底上奏宋廷分析攻守之勢時，談到環慶路時，即說「邊寨甚密，遠者不過四五十里，近者三十里，列據要害，土兵得力。賊又不知彼處山川道路，兼有宿將劉平、趙振在彼」。論到涇原路時，他即說「鎮戎軍、渭州，城壁堅固，屯兵亦眾，復有弓箭手、蕃落騎精強，況高繼嵩累經任使，其餘偏裨，並是諸處選換之人，兼有西蕃瞎氊牽制，賊眾不敢輒進」。范雍對高繼嵩甚為推重，相信他必可固守涇原一路；不過，范雍的奏報卻提到一個事實：就是高繼嵩的兄長鄜延東路巡檢高繼昇卻在道上逝世。對高繼嵩而言，真是雁行折翼。〔註88〕

康定元年（1040）正月，元昊向延州發動攻擊，首當其衝是延州外圍的金明寨。蕃官守臣李士彬防備不嚴，誤信元昊不足畏，又嚴酷御下，多所侵欲，手下多怨之。元昊更暗中收買其部下的渠帥作為內應，李卻不知。是月癸酉（十八）金明被攻陷，李士彬及其子李懷寶均被擒殺於黃堆寨，金明縣令陳說力戰而亡。而前來援救延州、宋廷寄予厚望的劉平、石元孫大軍也被元昊伏擊於三川口（約今陝西延安市西20公里處，即今延安市安塞縣、延安市境的西川河匯入延河處），全軍覆沒，劉、石被俘。宋廷以劉、石戰死，四月丁未（廿三）追贈劉平為忠武節度使兼侍中，石元孫為忠正軍節度使兼太傅，賜宅並優遷及錄用其子弟。五月乙卯（初二），再贈李士彬為宿州觀察使，又追贈其子李懷寶為右千牛衛大將軍，又錄用其子懷義、懷矩並為左侍禁，仍以其從兄內殿承制李士紹為西京作坊副使金明縣都監兼新寨解家河盧關巡檢，延續李氏世官金明的政策。據司馬光所記，金明李氏本來所部有十八寨，有蕃兵近十萬人，遭此大厄，幸而宋廷後來收復金明縣，才讓這個不濟的蕃官李氏苟延殘喘下去，這要比一年後失地覆亡的豐州王氏好一點。〔註89〕

〔註87〕《長編》，卷一百二十五，寶元二年十丙甲辰至十二月乙丑條，頁2944～2945。

〔註88〕《長編》，卷一百二十五，寶元元年閏十二月壬子條，頁2954～2955。前文提到宋廷委任福為嵐石隰州都巡檢使，當是代替領兵入援的高繼昇，范雍此奏證實高繼昇的最後兵職是東路巡檢（當是鄜延東路巡檢）。這是《長編》對高繼昇的最後記載，他當卒於寶元二年閏十二月。

〔註89〕《長編》，卷一百二十六，康定元年正月壬申至二月丙戌條，頁2966～2971；

　　就在延州一線的宋軍慘敗時，兼任緣邊招待使的夏守贇於二月甲午（初九）將高繼嵩的副手、管勾隨軍糧草、秘書丞通判鎮戎軍田京召為陝西經略判官事。〔註 90〕三月癸亥（初九），宋廷又委任萊州團練使葛懷敏（？～1042）為涇原路副都部署兼涇原秦鳳兩路經略安撫副使，〔註 91〕葛成為高繼嵩的直屬上司。可惜事後證明，宋廷選擇未經戰陣的葛懷敏擔任這要職是不智的。同月戊寅（廿四），宋廷作出最明智的選擇，以韓琦的推薦，委任時任吏部員外郎知越州（今浙江紹興市）的范仲淹，復天章閣待制知永興軍，五月甲戌（廿一）改任陝西都轉運使。己卯（廿六），陞任龍圖閣直學士，與韓琦並為陝西經略安撫副使同管勾都部署司事，主持防禦西夏的工作。〔註 92〕

　　大概因韓琦的推薦，范仲淹也甚為欣賞高繼嵩的才幹。范仲淹在康定元年九月剛調知延州而高繼嵩才卒於任上時，范就感嘆「邊上將帥常患少人，今高繼嵩才亡，人情頗駭，恐鎮戎不能守禦」。慶曆二年（1042）十月己巳（廿九），他上奏論涇原路不應進襲原州熟羌明珠族時，就指出昔日高繼嵩出兵攻打明珠族，也喪師而回。現時諸將才具遠不如高，怎能輕易出兵？〔註 93〕

　　高繼嵩在鎮戎軍，始終沒有與元昊正面交鋒。康定元年九月己未（初七），

　　　　壬子條，頁 2981；四月丁未條，頁 3007；五月乙卯條，頁 3009；司馬光（撰），
　　　　鄧廣銘、張希清（校點）：《涑水記聞》（北京：中華書局，1989 年 9 月），卷
　　　　十一，頁 216；卷十二，頁 219～222，241～242。據司馬光《涑水記聞》的
　　　　說法，李士彬並沒有戰死，只是被元昊所擒割其耳，在夏國十餘年而死；而
　　　　劉、石二人也沒有死。關於劉平與三川口之役以及劉、石二人沒有戰死引來
　　　　的爭議，可參閱拙著：〈敗軍之將劉平（973～1040 後）——兼論宋代的儒將〉，
　　　　載《北宋武將研究》（香港：中華書局，2003 年 6 月），頁 307～329。
〔註 90〕《長編》，卷一百二十六，二月壬辰至甲午條，頁 2974。
〔註 91〕葛懷敏是真宗朝馬軍都指揮使葛霸（934～1008）之子，雖是將家子，但未經
　　　　戰陣。他獲新職後又辟太子中允、知長水縣尹洙（1001～1047）權簽署涇原
　　　　秦鳳路經略安撫司判官事。參見《長編》，卷一百二十六，康定元年三月癸亥、
　　　　癸酉條，頁 2984～2986。
〔註 92〕《長編》，卷一百二十六，三月戊寅條，頁 2988；五月甲戌至己卯條，頁 3012
　　　　～3014。
〔註 93〕《長編》，卷一百三十八，慶曆二年十月己巳條，頁 3320；范仲淹（撰），李
　　　　勇先、王蓉貴（校點）：《范仲淹全集》（成都：四川大學出版社，2002 年 9
　　　　月），中冊，《范文正公集補編》，〈奏議・奏乞督責管軍臣寮舉智勇之人・康
　　　　定元年九月，公時知延州〉，頁 712；《范文正公集續補》，卷一〈論明珠滅藏
　　　　二族不可攻奏・慶曆二年十月己巳〉，頁 775～776；《宋史》，卷三百十四〈范
　　　　仲淹傳〉，頁 10271～10272。

他以疾卒於鎮戎軍之正寢，得年五十九。宋廷在十月辛卯（初九），以鄜延鈐
轄、供備庫使、忠州刺史朱觀爲崇儀使、涇原鈐轄兼知鎮戎軍，代替他的遺
缺。高最後的階勳爵邑官職差遣是：銀青光祿大夫、檢校太子賓客、使持節
保州諸軍事、保州刺史兼御史大夫、騎都尉、渤海縣開國伯、食邑九百戶。
宋廷在同年十一月追贈他隨州觀察使，他後以了賞案贈定武軍節度使。高卒
後諸子護喪歸晉州（平陽），到慶曆七年（1047）二月丙寅（廿一）葬於晉州
霍邑縣永太鄉庫拔村。他的故人焦拱爲撰寫墓誌銘。高繼嵩夫人史氏，封河
南縣君，生子八人，分別是：永信、永友、永誠、永堅、永洙、永奇、永亨、
永宣。據載他的諸孫藩衍，在其墓碑陰爲譜以繫之。高死後近六十年，在大
觀二年（1108），高繼嵩姪孫高洵以皇城使任晉州兵馬鈐轄，以族人旅殯於外
地而未歸葬的有六十人，於是聚族營造高氏墓園。大觀四年（1110）畢功，高
繼嵩夫人史氏之墓就遷移與高合葬。高洵以其祖「功烈如彼，懼其無傳」，希
望立碑以表其墓，於是帶同高的行狀來求文於當時任承議郎、新差同勾當代
州五臺山寺務司并眞容院及善鎮煙火巡檢公事的王邇。王是晉州人，認識高
永奇和高永亨，亦曾拜過高的畫像，稱他「眞一時英偉人也」，於是爲高繼嵩
撰寫神道碑。該碑於是年十一月丙寅（初二）立石，書寫的是高洵本人，篆
額的是高洵副手文思副使充晉州兵馬都監兼在城巡檢、武騎都尉邵祁，刻石
的是晉州人牛美。按高繼嵩與其父兄《宋史》均無傳，有賴這篇傳世的神道
碑讓後人略知其高氏事蹟。〔註94〕

　　關於高繼嵩作爲邊臣的政績，據他的神道碑所說，高在鎮戎軍，「羌人
素畏公名，望風遁去，邊境清肅，民立生祠，至今奉祀不息」。〔註95〕這自
然是溢美之詞。康定元年七月癸亥（初十）鄜延鈐轄張亢（994～1056）上
奏便批評高繼嵩所領的鎮戎軍「最近賊境，每探馬至，不問賊之多少，部署、
鈐轄、知軍、都監皆出，至邊壕則賊已去矣。蓋權均勢埒，不肯相下，若其
不出，則恐得怯懦之罪。」不過，據宋人所記，高繼嵩死後，夏軍便入寇鎮

〔註94〕按高洵在神道碑所題的官職差遣是：姪孫、皇城使充晉州兵馬鈐轄、上柱國、
　　　　保定縣開國男、食邑三百戶。據《山西通志》所載，高繼嵩墓在霍州東二十
　　　　五里高家莊。考今山西臨汾市浮山縣寨圪塔鄉有高家莊，不知是否高繼嵩墓
　　　　所在，待考。參見〈高繼嵩神道碑〉，頁167～169；《長編》，卷一百二十九，
　　　　康定元年十月辛卯條，頁3051；儲大文（1665～1743）等（纂）：《山西通志》，
　　　　文淵閣《四庫全書》本，卷一百七十二〈霍州〉，葉三十五下。
〔註95〕〈高繼嵩神道碑〉，頁167；《宋會要輯稿》，第四冊，〈儀制十一〉〈防禦使以
　　　　下追贈〉，頁2546。

戎軍，守將劉繼宗以下等應變無方，吃了敗仗。眞有將軍一去，大樹飄零之感。〔註96〕除張亢外，名臣田況（1005～1063）在慶曆元年（1041）五月甲戌（廿六）以簽署陝西經略安撫判官上兵策十四事時，即揭露高繼嵩、劉謙等破龐青諸族，以及任福襲白豹城（今名白豹村，今陝西延安市吳旗縣白豹鎮政府所在地。該城居洛河支流白豹川的北岸，處於崇山峻嶺之下，西距子午嶺主脈不足 20 多公里），所謂有功者，其實都是殺戮老弱以爲首級。〔註97〕而范仲淹爲部屬种世衡（985～1045）撰寫墓誌銘時，也提到牛家族首奴訛挑戰過高繼嵩，高對他也無可奈何，而非所向拜服；〔註98〕不過，名臣余靖（1000～1064）在慶曆四年（1044）六月癸卯（十三）上奏論邊事時，也公道地指出元昊之前的入寇，「惟涇原自高繼嵩、王規累度禦捍得退外，又有好水、定川之敗」。〔註99〕

以高繼嵩兄弟爲領軍人物的綏州高氏，雖然算不上戰功卓著；但比起金明李氏兵敗亡身的無能，以及在慶曆元年八月乙未（十八）給元昊攻陷而敗亡沒落的豐州王氏，〔註100〕綏州高氏仍在石州、晉州子孫藩衍不絕，並在第

〔註96〕 《長編》，卷一百二十八，康定元年七月癸亥條，頁 3027；卷一百二十九，康定元年十月己丑條，頁 3051；十一月壬子條，頁 3054；卷一百三十一，慶曆元年二月丙戌條，頁 3099。考《長編》卷一百二十九記朝廷在康定元年十月己丑（初七），斬神衛軍主昭州刺史杜安於鎮戎軍，以夏軍寇鎮戎軍，涇原都監劉繼宗出戰，而杜安擅自離主將入城。另涇原鈐轄郭志高在十一月壬子（初一）被宋廷以其援救鎮戎軍不力而降職，韓琦在慶曆元年二月上奏，也奏稱「去歲秋末，復有鎮戎之敗，劉繼宗等分兵捍禦，不滿萬人，比援兵之至，賊已捷歸。」

〔註97〕 《長編》，卷一百三十二，慶曆元年五月甲戌條，頁 3129～3130。考湯開建析論宋仁宗時期宋夏戰爭時，也採用田況的觀點，認爲高繼嵩的所謂有功，不過是「殺戮老弱以增首級」而已。參見湯開建：〈宋仁宗時期宋夏戰爭述論〉，原載於西北民族學院西北民族研究所主編：《西北民族研究所論文集》，1985年。現收入湯著：《黨項西夏史探微》（臺北：允晨文化實業股份有限公司，2005 年 6 月），頁 300。

〔註98〕 范仲淹：《范仲淹全集》，上冊，《范文正公文集》，卷十五〈墓誌·東染院使种君墓誌銘〉，頁 356。

〔註99〕 《長編》，卷一百五十，慶曆四年六月癸卯條，頁 3632。

〔註100〕 《長編》，卷一百三十三，慶曆元年八月丙戌、乙未至庚子條，頁 3163，3168～3169；卷一百五十七，慶曆五年十二月己未條，頁 3812；卷一百五十九，慶曆六年十月丁未朔條，頁 3847；卷一百九十五，嘉祐六年閏八月丁丑條，頁 4722；十二月丙戌至丁亥條，頁 4732；卷二百十二，熙寧三年六月乙巳條，頁 5150；卷二百七十，熙寧八年十一月甲申條，頁 6627；卷三百三十八，元豐六年八月庚子條，頁 8154。考知豐州侍禁王餘慶、晉州神虎軍副指揮嚴訓均在此役陣亡，而州民及所屬永安、來遠及保寧三寨蕃族盡爲夏人所擄，埽地

三代高永能、高永亨、高永年等領軍下，在神宗以後繼續建功立業。

四、綏州高氏第三代傳人高永能、高永亨事蹟考述

　　綏州高氏將門在第二代的高繼昇和高繼嵩過世後，第三代子弟在仁宗後期既職位尚低，〔註101〕且元昊在慶曆八年（1048）正月辛未（初二）被其子寧令哥（？～1048）所殺後，沖齡繼位的諒祚（廟號毅宗，1047～1067，1048～1067 在位）治下，諸將不和，勢力大為衰落，宋廷曾有意見乘機出兵伐夏，雖然沒有成事，〔註102〕但宋廷西疆相對安寧。高氏子弟也就無用武之地。另外，自高繼昇過世後，宋廷不再任高氏子弟知石州，高氏子弟喪失了河東的根據地。〔註103〕仁宗後期的拓邊活動，包括劉滬（1000～1047）建水洛城（今甘肅平涼市莊浪縣城），其兄劉渙（998～1078）開古渭城（今甘肅定西市隴西縣），〔註104〕以及宋廷平定兩次最大的內亂：慶曆七年貝州（今河北邢台市

無遺。據司馬光在嘉祐六年（1061）十二月的說法，這時的豐州州城只有邱墟瓦礫，環城數十里，皆草莽林麓而已。豐州落在夏人手上後，王氏從此沒落。宋廷在慶曆五年（1045）十二月詔河東經略司經置豐州一帶疆土，到六年（1046）十月又遣使往延州與西夏商議收回夏人打算放棄的豐州。最終豐州重歸宋朝。嘉祐六年閏八月丁丑（廿七），宋廷命太原府、代州副部署郝質（？～1083）及內殿崇班閤門祗候同管勾河東沿邊安撫司事郭竷重修豐州城。十二月丙戌（初七）宋廷任郭竷為內殿承制知豐州，並置兵馬都監及監押二人。司馬光認為豐州雖是河西險要之地，修之甚便；但豐州地勢孤絕，外近夏境，現時已不復當年有大批蕃部可以防守。若建之為州，便須設寨，備置官吏，廣屯兵馬，多積芻糧，都要靠內地供應，勞費甚大。他主張邊永寧堡於豐州故城，仍召募蕃漢之民使墾開近城之田，待民物繁庶，才將它升格為州。這時的豐州已不復王氏所管治。到熙寧八年（1075）底，知豐州的是漢將張世矩。到元豐五年張世矩離任，才再度由王氏族人王餘應繼知豐州。但宋廷在元豐六年（1083）八月卻以他非守邊之才，命河東路經略司將他不堪倚仗的情況上奏。

〔註101〕 考高繼嵩第四子高永堅到熙寧三年（1070）十一月其妻父折克臣卒時，才官三班使臣的侍禁，另高永能當時也不過是比族弟稍高的供奉官。參見高建國：《鮮卑族裔府州折氏研究》，下篇〈碑志篇〉〈宋故供奉官折君（折克臣）墓誌銘并序〉，頁 143～144。

〔註102〕 《長編》，卷一百六十二，慶曆八年正月辛未條，頁 3901～3902；卷一百六十四，慶曆八年四月己巳朔條，頁 3942。

〔註103〕 好像在慶曆四年七月，擔任知石州的便是洛苑副使劉舜臣。參見《長編》，卷一百五十一，慶曆四年七月丙寅條，頁 3665。

〔註104〕 關於劉滬在慶曆三年（1043）開水洛城之始末，以及劉渙出使青唐並在皇祐五年（1053）建古渭寨的事功，可參閱曾瑞龍（1960～2003）：《拓邊西北——北宋中後期對夏戰爭研究》（香港：中華書局，2006 年 5 月），第一章〈北宋中業拓邊活動的開端：慶曆年間水洛城事件發微〉，頁 15～44；何冠環：〈北

清河縣）王則之叛及皇祐五年（1053）廣南儂智高之亂，高氏子弟均沒有參預平亂。〔註105〕到神宗繼位後，變法圖強，志切拓邊西北，宋廷君臣沿用以夷制夷的政策，重用熟悉西邊的蕃官，以對付西夏及青唐等不聽命的蕃部。三代效順宋廷的綏州高氏子弟，在此特殊機遇下，才得以和府州折氏，以及新歸順的青唐包氏等蕃官將家一樣，成為宋廷拓邊西北的先鋒，歷神宗、哲宗、徽宗三朝，馳騁西北沙場，建功立業，中興高氏將門。〔註106〕考神宗朝拓邊西北的首個突破點，正是高氏的祖居地綏州。綏州對高氏而言有重大的意義，宋廷重用高氏子弟拓邊，確是人地相宜。

綏州高氏第三代除了高繼嵩的八個兒子外，還有上文提到疑為高繼昇子的高永錫，高文玉孫高永能，以及未知屬於高氏哪一房的高永翼及高永年。其中戰功及事蹟最著的，是宋人所稱的「二高」及「大高」、「小高」的高永能和其族弟高永亨，〔註107〕以及名列《宋史‧忠義傳》的高永年。本節先考述高永能及高永亨的事功，也旁及高永亨親兄高永堅等事蹟，下一節再考述

宋保州保塞劉氏外戚將門事蹟考〉，載本書上篇，頁 82～99。

〔註105〕《皇宋十朝綱要校正》，卷六〈仁宗〉，慶曆七年十一月戊戌至慶曆八年閏正月辛丑條，頁 207～208；《長編》，卷一百七十二，皇祐四年三月辛亥條，頁 4138；六月丁亥條，頁 4143；卷一百七十三，皇祐四年九月庚午條，頁 4174；卷一百七十四，皇祐五年正月戊午條，頁 4192～4193；四月庚辰條，頁 4205；五月丁未條，頁 4209。考平定儂智高之亂的名將狄青（1008～1057），原任鄜延路經略使知延州，青澗城是他管轄之地。他在皇祐四年（1052）底率兵平亂，就特別指定帶蕃落數百騎從征。這些精選的蕃落騎兵果然在歸仁鋪（今廣西南寧市東）一戰立下奇功。狄青凱旋而歸，是年四月，又特別在御前令蕃落騎兵布陣，重演當日破敵的威風。除了這支蕃落奇兵，另外蕃官蒲亞納也以守廣州城有功而獲賞；不過，群書均不載立功的蕃部有高氏子弟在其中。似乎狄青並沒有選中青澗城的高氏子弟兵。

〔註106〕關於宋廷自神宗以後的對外政策，從仁宗朝的消極防禦，轉為對向擴張的拓邊西北，亡友曾瑞龍教授在他的遺作《拓邊西北——北宋中後期對夏戰爭研究》有極精彩的論述。可參閱該書〈緒論〉、第三章〈被遺忘的拓邊戰役：趙卨《种太尉傳》所見的六逋宗之役〉、第四章〈從妥協退讓到領土擴張：論宋哲宗朝對西夏外交政策的轉變與軍事戰略的兼容性〉、第五章〈參謀作業與拓邊戰爭：种朴的軍事活動〉，頁 1～13、45～212。關於在神宗、哲宗朝獲得宋廷重用的青唐蕃官包順（原名俞龍珂，？～1099 後）的事蹟，可參閱梁若愚：《包順事蹟勾尋》（香港中文大學歷史系學士畢業論文，2000 年，未刊稿）。

〔註107〕秦觀（撰），徐培均（箋注）：《淮海集箋注》（上海：上海古籍出版社，1994 年 10 月），卷三十四〈高無悔跋尾〉，頁 1122～1123；劉跂：《學易集》，文淵閣《四庫全書》本，卷二〈送高將永亨〉，葉九上下。按：徐培均認為高永亨字無悔，故秦觀以此稱之。

高永年以及高氏第五代的生平事蹟。

　　高永能《宋史》有傳。他字君舉，是高文玉的孫兒，高文岯的從孫。他在元豐五年戰死於永樂城時年七十，以此上推，他當生於大中祥符六年（1013）。高文岯在淳化五年舉綏州歸宋，再遷至石州並落戶於晉州，高文玉一房就獨留在延州延川縣。到高永能一代才定居於由時任鄜延都監、供備庫副使知青澗城种世衡，於康定元年九月所營建、位於延州的青澗城（今陝西榆林市清澗縣城）。种是范仲淹極度賞識的大將，他在慶曆元年十月癸未（初七），請募青澗城土丁，不刺面而別爲一軍。又在慶曆二年三月丁卯（廿四），募蕃兵五千，令隸於延州蕃兵巡檢折馬山所屬之族。同樣甚爲范仲淹欣賞的高繼嵩族人而在延州的，大概在這時隸於善於撫馭蕃部的种世衡的麾下。據高永能自述，他「結髮從事西羌」。考种世衡在康定元年築守青澗城時，高永能年已廿八歲，他大概在种來到青澗城前已在延州其他地方爲宋廷效命多年，到青澗城築成，就成爲种世衡得力的屬下。种在慶曆四年十二月卒於任上前，開墾土田，積穀通貨，以養軍民，大大提供了高氏族人的生活條件，故《宋史‧高永能傳》稱「至永能始家青澗」。他與种世衡及其子种諤（1027～1083）有很深的淵源，長期是他們父子的部屬。〔註 108〕至於高永亨，生卒年不詳，正如上文所述，他是高繼嵩第七子，史稱他「沈鷙好謀，恢廓有大志，所志立其功，尤知名於時。」〔註 109〕他與族兄高永能長期並肩作戰。本節即將二人的事蹟一併論述。

〔註 108〕《宋史》，卷三百三十四〈高永能傳〉，頁 10725～10726；《長編》，卷一百二十八，康定元年九月庚午條，頁 3043；卷一百三十四，慶曆元年十月癸未條，頁 3188；乙未條，頁 3191；卷一百三十五，慶曆二年三月丁卯條，頁 3229；卷一百四十七，慶曆四年三月戊寅條，頁 3565；卷一百五十三，慶曆四年十二月乙卯條，頁 3728；卷一百五十六，慶曆五年閏五月壬子條，頁 3780；卷二百二十一，熙寧四年三月丁亥條，頁 5369；考折馬山在慶曆四年三月戊寅（十六）獲賜名折保忠，並自右班殿直擢爲右班侍禁。龐籍知延州時委之防拓青澗川，用其部族爲蕃捉生兵，在綏德廢縣置營舍安置他們，以功累遷殿直。他曾率兵擊敗夏騎數百，斬獲甚多。宋廷又因龐籍之言，封其母李氏爲福昌縣太君。他在慶曆五年閏五月壬子（廿七）再以龐籍之言，以有將帥之才略，再陞爲供備庫副使。同時受賞的還有青澗城都巡檢馬懷德（1009～1064）。關於种世衡的出身，以及他營建青澗城的經過，和他抗擊西夏的事功，可參閱曾瑞龍：《北宋种氏將門之形成》，第二章〈論宋人選將之難與种世衡的成名〉，頁 40～67；附錄一〈种世衡反間計考異〉，頁 117～135。

〔註 109〕〈高繼嵩神道碑〉，頁 168。

　　高永能「少有勇力，善騎射，由行伍補殿侍，稍遷供奉官」。考慶曆四年六月，曾為高繼嵩部下的鄜延都監周美，率部破夏軍於無定河，並乘勝至綏州，殺其酋豪，焚盧帳，獲牛馬器械三百計。周建城龍口平寨，並擊敗來援的夏軍數千，周以功陞任本路鈐轄。高永能有否參預此役而得以返故里，因文獻無徵而不能確定。他的仕歷具體年月失載，大概在英宗（1032～1067，1063～1067 在位）即位時已遷至供奉官。據本傳所載，因他祖上兩代均為州將，他所領的多為高氏部曲。他對這些子弟兵拊之有恩，遇敵則身先士卒，屬下有受傷的，就以己馬負載之，所以得到士卒死力。遠近的人都稱他為「老高」，他晚年總結其汗馬生涯時自稱「戰未嘗挫」，應該是事實。〔註110〕

　　英宗即位後，宋廷的西邊政策已慢慢改變，治平元年（1064）十二月，宋廷以兩員內臣內侍押班王昭明（？～1064 後）及供備副使李若愚（？～1072後）分別主管環慶鄜延路及秦鳳涇原路蕃部公事，安撫陝西四路蕃部，準備利用蕃部的力量，對付有再度入寇可能的西夏。王、李二人召蕃部酋領，奉詔犒勞，賞以銀帛，並檢閱蕃部隊伍。高永能所屬的鄜延路有軍城堡寨十，蕃兵一萬四千五百九十五，官馬二千三百八十二，強卒六千五百四十八，壯馬八百十，他所部大概在這次受閱的部隊中。〔註111〕

　　夏主諒祚才不及其父遠甚，卻在治平三年（1066）九月舉兵寇環慶路的大順城（今甘肅慶陽市華池縣山莊鄉二將城遺址）和柔遠寨（今甘肅慶陽市華池縣城所在地柔遠鎮），這就給志切立功的宋邊臣一個好的機會。在環慶經略使蔡挺（1020～1079）嚴密防守下，諒祚攻大順城三日不克，被蕃官慶州蕃官都巡檢使趙明（？～1070 後）擊退，並負箭傷而走。攻柔遠寨之夏軍亦被環慶副總管張玉（？～1075）所擊走，宋軍大獲全勝。〔註112〕

　　英宗在翌年（治平四年，1067）正月丁巳（初八）崩。年方二十的神宗繼位，志切圖強。〔註113〕高氏子弟念念不忘收復故土綏州（按：綏州在嘉祐七年（1062）六月，夏人將綏州監軍司改為祥祐軍）的願望，在神宗甫即

〔註110〕《宋史》，卷三百二十四〈高永能傳〉，頁 10725～10726；《長編》，卷一百四十九，慶曆四年五月己丑條，頁 3618；卷一百五十，慶曆四年六月辛卯條，頁 3624～3625。考在慶曆四年五月己丑（廿八），夏軍犯青澗城，守軍由宣武軍副都頭劉岳得率領與之戰，敗之。宋廷依次賞功。這次戰鬥高永能有否參預亦待考。

〔註111〕《長編》，卷二百三，治平元年十二月戊申條，頁 4925～4927。

〔註112〕《長編》，卷二百八，治平三年九月庚辰至十月癸未條，頁 5062～5063；十一月甲寅條，頁 5066。戰後賞功，趙明領順州刺史。

〔註113〕《長編》，卷二百九，治平四年正月丁巳條，頁 5073。

位不久便達成。种世衡子、在治平四年繼知青澗城的种諤，是年十月癸酉（廿八），即從青澗城出兵收復綏州。雖然宋廷以种諤「擅自行動」，將他貶降；但並沒有放棄得來不易的綏州。值得一提的是，綏州之役，誠如湯開建所論，是熙豐時期宋夏橫山之爭的發端，而橫山之爭，「是百年宋夏戰爭中一個極爲重要的環節」。高永能從綏州之役開始，到元豐五年永樂城之戰，幾乎無役不預。〔註114〕

熙寧元年（1068）三月，夏主諒祚卒，夏主秉常（毅宗，1061～1086，1068～1086在位）遣使告哀時，神宗便諭夏使當歸還在宋軍控制下的綏州。〔註115〕兩國關係在熙寧三年（1070）惡化，夏軍興兵二十萬舉國入寇，從四月至八月，宋夏兩軍在綏州、慶州多次交鋒，綏州一路在判延州郭逵（1022～1088）指揮下，擊退來犯的夏軍，並攻克夏人從四月以來侵綏州後所建的八堡。慶州一路起初在宋將姚兕（1026～1094）、林廣（1035～1082）及蕃官趙餘慶（？～1073）、趙餘德（？～1073）協力下擊退夏軍。但環慶經略使李復圭（？～1074後）剛愎自用，指揮無方，最後給夏人挫敗，環慶都監高敏等戰死。〔註116〕

〔註114〕《皇宋十朝綱要校正》，上冊，卷七〈英宗〉，治平四年十月癸酉條，頁247；《長編》，卷一百九十六，嘉祐七年六月癸未條，頁4762；湯開建：〈熙豐時期宋夏橫山之爭的三份重要文獻〉，頁317～321；326～327。湯開建指出作者不詳的一份僅見載於《永樂大典》的珍貴文獻〈綏州城錄〉提供了新的資料，道出其實是神宗命种諤取綏州，並非他擅自行動。另外湯文所引述另一份珍貴文獻〈种太尉傳〉亦提供了种諤取綏州的一些補充資料。湯文又詳列對宋夏橫山之爭的前人研究成果，可以參考。專門討論种諤謀議取綏州的經過及討論，可參閱曾瑞龍：《北宋种氏將門之形成》，第四章〈种氏子弟繼起爲將〉，頁89～111；附錄三：〈种諤的四次戰役〉，頁145～152。

〔註115〕《皇宋十朝綱要校正》，上冊，卷九〈神宗〉，熙寧元年二月丙辰至三月庚辰條，頁276。

〔註116〕《長編》，卷二百十三，熙寧三年七月乙未條，頁5171；卷二百十四，熙寧三年八月戊午朔條，頁5193～5196；辛未條，頁5203～5205；己卯至辛巳條，頁5218～5220；卷二百四十七，熙寧六年九月辛亥條，頁6012；《皇宋十朝綱要校正》，卷九〈神宗〉，熙寧三年四月至八月庚辰條，頁281～282；卷二百八十一，熙寧十年四月癸卯條，頁6894。按趙餘慶爲慶州柔遠寨蕃官，官至西京左藏庫使，趙餘德爲大順城蕃官，官至文思使，二人爲著名蕃官趙明子。二人有戰功而在熙寧六年九月前相繼死亡。宋廷在熙寧六年九月辛亥（十一）追贈二人官職，又賜其母巢氏冠帔。到熙寧十年四月，又以環慶路經略司奏其戰功，而子孫貧弱之故，特給趙餘德的二子三班奉職宗彥、殿侍宗傑特俸，又錄用其幼子宗祐爲茶酒班殿侍。

　　爲了應付夏軍的入侵，宋廷在九月乙未（初八），命參知政事韓絳（1012～1088）爲陝西宣撫使。韓隨即向神宗推薦重用种諤兄弟，他抵陝西後，募強悍之徒爲奇兵，又分蕃漢兵爲七軍，以知原州种古（1024～1093）、知環州种診（？～1083 後）、環慶路都監任懷政、知保安軍景思立（？～1074）、知青澗城种諤、知德順軍（今寧夏固原市隆德縣城關）周永清、秦鳳路鈐轄向寶（？～1079）統轄之。种諤向韓絳建議，由綏德進兵取囉兀城（即嗣武寨，今陝西榆林市鎮川鎮北石崖地村古城，一作榆林城南灣無定河西岸石崖地村），建六寨以通麟府，神宗同意此方案。十一月，宋廷再任韓絳爲陝西、河東宣撫使，授予出師的全權，並召反對出兵的郭逵還京。十二月，韓絳駐延州，命种諤率軍二萬人出無定川，往建囉兀城，許他便宜行動招納或追擊敵兵，令四路經略司不得干預，諸將聽种諤節制。种諤以知青澗城、鄜延路鈐轄兼管勾蕃部事，正是高永能的直屬上司。熙寧四年（1071）正月戊子（初二）种諤領兵抵撫寧堡（今陝西榆林市東南無定河東岸巴塔灣村），己丑（初三）抵囉兀城外。高永能擔任先鋒，率本部六千人率先抵囉兀城，他五戰五捷，取得囉兀城，並擊退夏軍都囉馬尾部。高永能即以功從供奉官超擢爲供備庫副使。种諤隨即督工冒雪營建囉兀城及撫寧堡，歷時廿九日畢功。值得注意的是，這次軍事行動，府州的折繼世（？～1072）與高永能並肩作戰。二月辛酉（初五），种諤以囉兀城築畢，便分兵千五百人命副將李宗師留守，自己率軍返綏德城。當宋廷正在爭論應否防守二城時，夏軍已出兵包圍撫寧堡。折、高二軍當時正以重兵駐撫寧堡不遠的細浮圖，而囉兀城兵力尚足。一向不滿种諤的右司諫權發遣延州趙卨（1026～1090），便上奏指責當時在綏德節制諸軍的种諤沒有及時令高永能等會同囉兀城的宋軍，與撫寧堡的守軍裡應外合攻擊夏軍，等到召折繼世的兵回來救應，夏軍已在二月甲戌（十八）攻佔撫寧堡，守兵千餘人陷沒。三月癸卯（十八），宋廷考慮再三後，決定放棄囉兀城，宋軍這次歷時數月的行動無功而還。韓絳及种諤自然雙雙被貶降，承擔這次失利的責任。〔註117〕

〔註117〕《宋史》，卷三百二十四〈高永能傳〉，頁 10725；卷四百八十六〈外國傳二，夏國下〉，頁 14009；《皇宋十朝綱要校正》，卷九〈神宗〉，熙寧四年正月至三月癸卯條，頁 283～284；《長編》，卷二百十五，熙寧三年九月乙未條，頁 5236；甲辰條，頁 5241；卷二百十六，熙寧三年十月甲子條，頁 5254～5255；卷二百十七，熙寧三年十一月癸卯條，頁 5277；乙卯條，頁 5283；卷二百十八，熙寧三年十二月丙子條，頁 5305～5306；卷二百十九，熙寧四年正月戊子至己丑條，頁 5320～5321；己亥條，頁 5323～5324；辛亥條，頁 5330；卷

夏主秉常在五月乘勝遣使至綏德城,向知城折克雋表明要取回綏州。九月庚子(十九),秉常再遣使入貢,再次求取回綏州。神宗自然不允,十二月甲寅(初四),下詔鄜延路經略司立定與夏相鄰的綏德城界,又遣官往諸路緣邊封土掘壕。陝西轉運司勾當公事呂大忠(?~1097 後)辭行前上言,指出無定河東滿堂、鐵笳平一帶土地,最為肥沃,夏人賴以為國,自從宋廷修綏德城後,夏人數年不敢耕墾,極為困撓。夏人甚至願意在綏德城北退地二十里,東以無定河為界,以換取開發廢田。綏州此時成為宋夏爭奪控制權的焦點。夏人一方面遣使與宋廷談判,另一方面又數次派人到綏德城抄掠和牧放。熙寧五年(1072)二月辛酉(十一)神宗詔趙卨詳細檢視秉常提出的分界方案,並命折克雋以此事理與夏人談判。趙卨一直主張營田,趁夏人不意之時佔據綏德城的生地修築堡寨,招置弓箭手以防守。四月己未(初十),他請宋廷派延州通判范子儀及機宜官魏璋、左文通主其事。宋廷接受他的主張,命他在綏德城界內相度。在有水泉處修置堡寨,許他便宜行事。〔註118〕

高永能雖然兵敗於囉兀城,但趙卨懂得知人善任,差派他治理綏德城,又命其族弟內殿承制高永亨與夏人商議在綏德城立界。是年七月己亥(廿二),高永亨因與夏人首領商議自綏德城界二十里立封堠,並修置把截堡寨畢功有勞,與知綏德城、文思副使折克雋、閤門祗候曲珍(1031~1089)各減磨勘三年。八月癸卯(廿七),趙卨也以定綏州地界之功遷起居舍人並賜

<hr />

二百二十,熙寧四年二月辛酉條,頁5337~5338;癸亥條,頁5345~5346;壬申條,頁5352~5353;甲戌條,頁5356;~卷二百二十一,熙寧四年三月丁亥條,頁5368~5369;癸卯至丁未條,頁5385~5391;卷二百二十二,熙寧四年四月癸酉條,頁5406~5407。關於种諤囉兀城之役,可參閱曾瑞龍:《北宋种氏將門之形成》,第四章〈种氏子弟繼起為將〉,頁 89~111;附錄三:〈种諤的四次戰役〉,頁145~152:李華瑞:《宋夏關係史》(保定:河北人民出版社,1998 年9 月),第六章第六節〈綏州囉兀城之戰〉,頁176~180。據《長編》所載,營建囉兀城原議人是折繼世。高建國對折繼世是否府州折氏的直屬有所考論。折繼世的事蹟可參閱高建國:《鮮卑族裔府州折氏研究》,〈附錄:折氏人物傳略・折繼世〉,頁200~201。

〔註118〕《皇宋十朝綱要校正》,上冊,卷九〈神宗〉,熙寧三年四月,頁281;《長編》,卷二百二十三,熙寧四年五月丙戌條,頁5416:卷二百二十六,熙寧四年九月庚子條,頁5514~5515;卷二百二十八,熙寧四年十二月甲寅條,頁5547,5550;卷一百二十九,熙寧五年正月丁酉條,頁5568~5569;卷二百三十,熙寧五年二月辛酉條,頁5591;四月己未至丁卯條,頁5630~5633;卷三百八十二,元祐元年七月甲戌條,頁9319。按熙寧四年五月時知綏德城為折克雋,高永能代知綏德城的具體年月待考。考在元祐元年七月,殿中侍御史林旦上奏言事時,提到是當時宣撫陝西的韓琦堅決反對放棄綏州,最後神宗聽從韓琦之議。

紫章服。封堠立界事畢，高永亨繼續協助乃兄括田。在高永能兄弟努力經營下，綏德城闢地四千頃，增戶千三百。九月壬申（廿七），趙卨奏上宋廷，鄜延一路共根括地萬五千九百十四頃，招得漢蕃弓箭手四千九百八十四騎，編入八指揮。趙以此功再遷吏部員外郎，並賜銀絹二百。計算起來，高永能在綏德城所闢地及招得人戶，佔全路的四分一，實在功勞至偉。熙寧六年（1073）四月庚辰（初七），趙卨所領之鄜延路經略司就表奏他們兄弟括田及招弓箭手有勞，高永能獲遷一官，而高永亨從供備庫使獲遷一官，並減磨勘兩年。〔註119〕

　　宋廷拓邊西北的捷報頻頻，王安石（1021～1086）極力支持、由王韶（1030～1081）、高遵裕（1026～1085）等指揮，從熙寧四年八月發動的開邊行動，早在是年二月丙申（廿二）以攻克青唐部木征（1036～1077）所控扼的河州（今甘肅臨夏回族自治州臨夏市）而初戰得勝。〔註120〕因在綏州營田，高永能兄弟沒有參預是役，而在囉兀城之役有份從征的如京副使知德順軍景思立，則在此役立功優遷為東上閤門使、河州刺史，五月丙午（初四）並委知河州；惟其兄西京左藏庫副景思忠（？～1073）卻於是月乙丑（廿三）戰死於遂州（四川遂寧市）。神宗以其母尚在，就命其弟景思誼（？～1082）為秦州判官，代為照料。七月乙卯（十四）再以其三月以來破蕩諸族，策應討踏白城（今甘肅臨夏市北銀川河谷，現改名銀川鎮）、定羌城（今甘肅臨夏回族自治州廣河縣城）之功，再擢為四方館使、河州團練使。惟人生無常，景思立在七個月後卻戰歿於河州，在此役得以生還的景思誼在熙寧九年（1076）二月以其母喪，宋廷念景思立之功，將他由大理寺丞轉為內殿崇班秦州都監。然他也在九年後繼其二兄歿於王事，與高永能同殉於永樂城之難。〔註121〕值得注意的是，在熙寧五年五月歸順宋廷的青唐蕃官俞龍珂（後

〔註119〕《宋史》，卷三百二十四〈高永能傳〉，頁 10725；《長編》，卷二百三十五，熙寧五年七月己亥條，頁 5717；卷二百三十七，熙寧五年八月癸卯條，頁 5777～5888；卷二百三十八，熙寧五年九月壬申條，頁 5802～5803；卷二百四十四，熙寧六年四月庚辰條，頁 5935。

〔註120〕關於王安石與熙河之役的關係，可參閱陳守忠：〈王安石變法與熙河之役〉，載陳守忠：《河隴史地考述》（蘭州：甘肅人民出版社，2007 年 1 月），頁 115～128。

〔註121〕考景氏兄弟是普州安岳（今四川內江市安岳縣）人，父為仁宗朝與西夏多次交戰、官至西上閤門使領忠州刺史、秦鳳路馬步軍總管，多立戰功的悍將景泰。據龔鼎臣（1009～1086）所記，景泰本為文官，歷都官員外郎。景祐中

改名包順）及其弟包誠（？～1097），在此役固守岷州（今甘肅定西市岷縣）
有功，獲得厚賞，青唐包氏成為蕃官的新星。〔註122〕

熙寧六年十月辛巳（十二），神宗以王韶等收復熙州（今甘肅定西市臨洮
縣）、洮州（今甘肅甘南藏族自治州臨潭縣）、岷州、疊州（今甘肅甘南藏族
自治州迭部縣）、宕州（今甘肅隴南市岩昌縣）、河州等州，拓地二千餘里，
斬獲不順蕃部近一萬九千人，招撫大小蕃族三十餘萬帳，自王安石、王韶以
下均加厚賞。這次西征參預而立功的蕃官不少，惟高氏子弟卻沒有被王韶選
拔從征。〔註123〕

因景思立在熙寧七年（1074）二月戰歿，西邊善戰的大將不多，神宗於
是接受韓絳的推薦，在同年十二月重新起用种諤。〔註124〕

宋廷在西邊的戰事暫告一段落不久，因交趾在熙寧八年（1075）十一月
入侵，連陷欽州（今廣西欽州市）、廉州（今廣西欽州市浦北縣），十二月更

在慶州撰《邊臣要略》二十卷，備言元昊必為邊患。康定元年知成州（今甘
肅隴南市成縣），元昊果起兵大寇延州。景泰此時又進《平戎議》三卷，於是
換武階為左藏庫使。景氏父子歷任邊臣邊將，而景思忠兄弟三人先後歿於王
事，景思忠及思立均列於《宋史‧忠義傳》。參《長編》，卷二百四十二，熙
寧六年二月丙申條，頁5904；卷二百四十三，熙寧六年三月丁未條，頁5912
～5916；卷二百四十四，熙寧六年四月乙亥條，頁5930～5931；卷二百四十
五，熙寧六年五月丙午條，頁5949～5950；乙丑條，頁5959；己丑條，頁
5969～5970；卷二百五十，熙寧七年二月癸未條，頁6098；壬辰至乙未條，
頁6104～6105；卷二百七十三，熙寧九年二月庚辰條，頁6696；《宋史》，卷
三百二十六〈景泰傳〉，頁10517～10518；卷四百五十三〈忠義傳七‧景思
忠、思立〉，頁13286～13288；龔鼎臣：《東原錄》，文淵閣《四庫全書》本，
葉三十三上。

〔註122〕《長編》，卷二百二十六，熙寧四年八月辛酉條，頁5501～5504；卷二百三
十三，熙寧五年五月丁亥條，頁5653；卷二百四十四，熙寧六年四月丁亥條，
頁5937；卷二百五十二，熙寧七年四月己卯條，頁6156；卷二百六十五，熙
寧八年六月癸巳條，頁6484。考包順在熙寧七年四月己卯（十二），以守岷
州之功，擢為內藏庫使。熙寧八年六月癸巳（初三），再以皇城使為青唐一帶
并岷洮等州蕃部都巡檢使。

〔註123〕《長編》，卷二百四十七，熙寧六年十月辛巳至癸未條，頁6022～6024；卷
二百六十一，熙寧八年三月戊戌條，頁6357；卷二百七十七，熙寧九年七月
甲辰條，頁6778；卷二百八十，熙寧十年二月戊子條，頁6862。景思立戰死
後，宋廷以文臣祠部員外郎集賢校理鮮于師中代知河州。他在熙寧八年三月
請置蕃學，教蕃酋子弟，賜地十頃，歲給錢千緡，增解進士為五人額。宋廷
從其議。不過，他又在熙寧九年七月以過去職，改由龍神衛四廂都指揮使苗
授（1029～1095）接任。

〔註124〕《長編》，卷二百五十八，熙寧七年十二月甲戌條，頁6299

急攻邕州（今廣西南寧市）。宋廷以事態嚴重，就任命在延州有功的趙卨以天章閣待制吏部員外郎爲安南道行營馬步軍都總管、經略招待使、兼廣南西路安撫使，爲南征主帥，以開熙河有功的內臣入內押班、昭宣使李憲（1042～1092）爲副使，另一員在西邊立功的大將龍神衛四廂都指揮使忠州刺史燕達（？～1088）爲副都總管，而以樞密都承旨寶文閣待制李承之（？～1091）代知延州。〔註125〕

熙寧九年（1076）正月十三（庚午），趙卨點將南征。陝西五路、河北路、河東路及京東路，自涇原路鈐轄姚兕、熙河路鈐轄李浩（？～1095）、秦鳳路都監張之諫（？～1088後）、鄜延路都監曲珍、權發遣豐州張世矩（？～1088）等十二員勇將從征。另剛獲重召的种諤本來獲授署廣南西路鈐轄，但他以與趙卨有嫌隙而不受命，而改知岷州。不知何故，作爲趙卨多年部屬的高永能兄弟卻不獲選從征。〔註126〕宋軍仍未出動，邕州已於是月庚辰（廿三）被攻破，知州蘇緘（1016～1076）戰死。二月戊子（初二），宋廷改以宣徽南院使郭逵爲南征主帥，趙卨改任副帥，而罷李憲之任。宋廷又徵集廣東、福建及江西諸路兵萬人從征。〔註127〕

夏人趁著宋軍南征，又在是年四月侵耕綏德城生地。宋廷息事寧人，只命鄜延路經略司查核實情以聞。五月，鄜延經略司回奏說夏人確實侵佔延州懷寧寨及綏德城界兩不耕生地，請求移文至夏人所管之宥州詰問，宋廷依奏。到熙寧十年（1077）二月，宋廷又詔鄜延路經略司，如夏人修小堡寨，就不用牒問，若修建城池，就牒問並候朝旨。與夏人爭逐兩地營田等事，大概是高永能兄弟力所能及的事。〔註128〕

九年十一月壬午（三十），种諤不負神宗之知，再顯軍威，與蕃官包順等出兵二千破羌酋鬼章於鐵城堡（今甘肅定西市岷縣蒲麻鎮），斬首八百餘級，岷州境內屬羌不敢不聽命。包順以功獲宋廷多次陞賞，成爲蕃官中的表表者。

〔註125〕《長編》，卷二百七十，熙寧八年十二月戊寅條，頁 6624；卷二百七十一，熙寧八年十二月丁酉條，頁 6639～6640；丁未至己酉條，頁 6645～6646；辛亥至癸丑條，頁 6649～6651；

〔註126〕《長編》，卷二百七十二，熙寧九年正月己未條，頁 6656；庚午條，頁 6659～6660。

〔註127〕《長編》，卷二百七十二，熙寧九年正月庚辰條，頁 6664～6665；卷二百七十三，熙寧九年二月戊子條，頁 6674；庚寅條，頁 6678。

〔註128〕《長編》，卷二百七十四，熙寧九年四月戊申條，頁 6713；卷二百七十五，熙寧九年五月庚午條，頁 6730；卷二百八十，熙寧十年二月丙戌條，頁 6860。

神宗在十二月又派親信的內臣昭宣使李憲乘驛計議秦鳳、熙河路經略司措置邊事，並令他賑恤岷州界被鬼章所脅的蕃部，並負責畫定岷州地界。〔註129〕种、李二人均是神宗下一步進討西夏大計的執行人。是月癸卯（廿一），南征大軍也獲勝利，郭逵大軍進至富良江（今越南紅河），大破交趾軍。交趾主李乾德（李仁宗，1066～1127，1072～1127 在位）奉表乞降，願納蘇、茂、思琅、門諒及廣源五州之地，並歸還所掠百姓。郭逵考慮宋軍糧將盡，而宋軍多有病瘁，就放棄進軍交州而退師。雖然南征主帥郭逵及趙卨其後被御史知雜蔡確（1037～1093）嚴劾錯失擊潰交趾的機會，而雙雙被貶官；但宋廷南疆得保安寧，神宗就可全力對付西夏。〔註130〕

熙寧十年二月己酉（廿八），新黨大將給事中參知政事呂惠卿（1035～1111）給御史糾彈，再從知陳州移知延州兼鄜延路經略使，代替調返京師出任檢正中書五房公事的李承之。〔註131〕對此任命，宋廷中人自然額手稱慶，但對延州的高永能兄弟卻好壞參半。呂惠卿一到延州，在是年八月，便上奏論環慶路經略司之前給宥州的牒文不當。往後的一年多，呂不斷上奏議事。〔註132〕平心而論，呂是很有才幹和見識的人，惟也是主觀很強的人，高氏

〔註129〕《長編》，卷二百七十九，熙寧九年十一月己卯至壬午條，頁 6827；十二月甲午條，頁 6835；丁酉條，頁 6837；卷二百八十，熙寧十年二月戊子條，頁 6861；甲午條，頁 6863；卷二百八十三，熙寧十年六月壬辰條，頁 6924；卷二百八十五，熙寧十年十月乙卯條，頁 6988；卷二百八十六，熙寧十年十二月癸卯條，頁 7002。种諤在熙寧十年二月戊子（初七）便以功自崇儀副使遷引進副使，包順遷康州刺史，包誠遷供備副使，其餘漢蕃將校分別依次遷官。到六月，李憲又上奏表述包順之功，宋廷又遷包順爲榮州團練使，又與一子轉資；包誠遷文思使。而种諤在十月已遷至東上閤門使，並以南川寨禦敵之功獲賞。至於李憲在是年十二月已自昭宣使遷至宣慶使。

〔註130〕《長編》，卷二百七十九，熙寧九年十二月癸卯條，頁 6843～6844；卷二百八十三，熙寧十年七月乙亥條，頁 6940。郭逵在熙寧十年七月，以「經制安南，移疾先還」之過，被貶爲左衛將軍西京（今河南洛陽市）安置。趙卨以「措置糧草乖方，及不即平賊」之罪貶爲左正言直龍圖閣仍知桂州（今廣西桂林市）。

〔註131〕《長編》，卷二百八十，熙寧十年二月己酉條，頁 6874～6876。

〔註132〕《長編》，卷二百八十四，熙寧十年八月癸未條，頁 6948；卷二百八十八，元豐元年三月丙丁酉條，頁 7054～7055；卷二百九十，元豐元年六月戊辰條，頁 7093；卷二百九十三，元豐元年十月乙卯條，頁 7152～7153；卷二百五十九，元豐元年十二月乙巳條，頁 7180～7181。呂惠卿在元豐元年三月也上奏主張廢除諸路互相策應之法，認爲當年劉平戰敗因救鄰道所致；但環慶副總管大將林廣就不同意他的說法，認爲「諸道同力，乃國家制賊之長計。苟賊倂兵寇一道，而鄰道不救，雖古名將亦無能爲，劉平之敗，非援兵罪。」宋廷聽從林廣的意

兄弟在他麾下供職可不是易事。

是年十月廿六（癸卯），河東路經略安撫使韓絳上奏，奏稱麟州蕃官西頭供奉官閤門祗候高世忠、李保忠率部擊殺夏人而不失期之功，宋廷就將二人各遷一官。〔註133〕這個麟州蕃官高世忠，從身份及名字都很有可能是蕃官高氏的第四代、高永能的族姪。

神宗翌年改元元豐元年（1078），值得注意的是，是年六月丙寅（廿四），神宗命太子中允、祕閣校理、同知諫院徐禧（1043～1082後）為計議環慶路措置邊防事。九月丙戌（十五），徐覆奏說陝西路至並邊，「豐稔異常，物價至賤，乞以百萬緡分借逐路經略司計置，異時復令轉運司償納。」史稱他為人「狂疏而有膽氣，尤喜言兵，以為國北唾掌可取，但將帥怯懦耳」，呂惠卿以此大力推薦他，他對於神宗進一步開邊之政策這時就提供樂觀的看法。〔註134〕

元豐二年（1079）三月丙戌（十七），神宗更委他為右正言、直龍圖閣、權發遣渭州，代替與他在蕃漢軍部署方法意見不合的蔡延慶（1029～1090）為涇原帥，仍照舊負責計議措置邊防事。不幸的是，事後證明他不過是志大才疏、誤國誤民之輩。〔註135〕

　　　　見，諸道互相策應之法得不廢。另外，也許是呂已失寵，所以神宗不用其言。他在六月也奏上宋廷有關宥州夏人的牒文，稱麟府二州邊人侵耕生地。他上奏論事頻頻，是年十月又上奏請以本司回易庫撫養士卒等本錢別置庫，不得雜公使錢。十二月他又請給新樣式的刀，下江浙福建路製造，又請依樣造虎翼甲。

〔註133〕《長編》，卷二百八十五，熙寧十年癸卯條，頁6982。

〔註134〕《長編》，卷二百四十八，熙寧六年十二月庚辰條，頁6056；卷二百九十，元豐元年六月丙寅條，頁7092；卷二百九十二，元豐元年九月丙戌條，頁7135；卷三百三十，元豐五年十月乙丑條，頁7955。考徐禧是洪州（今江西南昌市）進士，字德占。原以布衣為修撰經義所檢討，熙寧六年十二月以選人入中書習學行檢正事，他以所撰的治策二十四篇，得到呂惠卿的推薦，而獲神宗賞識，任鎮南軍節度推官、中書戶房習學公事，數年中累遷太子中允。關於他與其獨子徐俯（1078～1141）的生平事蹟，黃啓方教授有專文論述。另徐禧與北宋禪宗黃龍宗始祖黃龍慧南（1002～1069）及其法嗣寶覺祖心（1025～1100）與其高弟靈原惟清（？～1117）的交往，以及徐對祖心的尊崇，黃啓江學長的近作《北宋黃龍慧南禪師三鑰：宗傳、書尺與年譜》亦多有論及。參見黃啓方：《兩宋詩文論叢》（臺北：國家出版社，2010年10月），第五章〈徐禧、徐俯父子事蹟考辨〉，頁199～215；黃啓江：《北宋黃龍慧南禪師三鑰：宗傳、書尺與年譜》（臺北：臺灣學生書店，2015年7月），〈自序〉，頁iii；頁111，264，270～271。是條資料蒙黃啓江學長提供，更蒙黃學長請得其兄黃啓方教授寄贈其大作，謹對兩位黃教授致以謝忱。

〔註135〕《長編》，卷二百九十七，元豐二年三月丙戌條，頁7222。據《長編》所記，

　　五月己巳（初二），在呂惠卿麾下、以如京使權鄜延路都監的老將高永亨，不同意呂改變舊制蕃漢軍佈置，認為蕃兵不可參隸漢軍，恐參隸會生變，而將兵不可分置，分置會削弱軍威，若依新制去閱士卒，籍牛馬，就會召戎寇。他向呂力爭，但呂惠卿聽不下不同意見，就找高的罪狀，劾他役使蕃兵不平以及他任職事上弛慢之過，將他貶責並下獄。〔註136〕

　　呂惠卿將高永亨貶責下獄，七月乙酉（十九），卻靠永亨族兄時任鄜延都監本路第四將、崇儀使高永能立功，為他爭了面子。是月夏軍以秋糧熟稔，屯二千騎於入寇綏德城之大會平，準備奪取莊稼。高永能簡選精騎突過其營，夏騎卒驚潰，擒獲夏軍鈐轄二人。大概教高家兄弟欣慰的是，八月庚申（廿五），他們的老上司种諤復任為鄜延路副都總管。因呂表奏高之功，宋廷在九月丁卯（初二）將高自諸司正使西班第十四階的崇儀使遷五階為六宅使。據說夏人懼高的威名，下令說「有得高六宅者，賞金等其身。」呂惠卿靠高永能打了勝仗，神宗在是月又命他兼措置陝西緣邊四路邊防事。他意氣風發，於年底率部行邊往綏德，抵無定河。高永能伏騎谷中，以備夏軍入寇。果然夏軍來犯綏平寨、雕窠鋪，高領軍出谷擊走之。呂得以行邊十八日而還。他在十二月壬子（十八）奏上其功，宋廷詔以眾將之功依次減磨勘年及轉資，並給賞賜有差。〔註137〕高永能多年來頗不得志，元豐二年兩度立功，總算是

　　　　起初陝西緣邊兵馬弓蕃箭手與漢兵各自為軍，每戰多以蕃部軍為前鋒，而由漢兵守城，等到便利後然後出師。不分戰守，每一路以數將領之。到呂惠卿成為鄜延帥後，他認為舊制的調發不能迅速集結，就在本路實行蕃漢軍團結，分戰守，每五千人隨屯置將，他將新的做法奏上，不過邊將包括權鄜延都監高永亨及議者均言不便。神宗卻喜歡呂惠卿之議，想將新的方法推廣至其他各路，故命徐禧前往計議。徐禧是呂惠卿推薦的，自然附和呂之意見。他首先奏上環慶路的方法，然後派人到涇原路要依法施行。涇原帥蔡延慶不同意徐的意見，朝中亦有人附和蔡，責難徐的環慶法。徐禧反擊，歷數涇原法的疏略參錯，且圖其狀，別為法上奏，力言環慶法不可改。神宗支持徐禧，就委任他為涇原帥，由他執行主張的環慶法。神宗稱許他謀國盡忠，異日為一代良臣，可惜神宗是看錯了人。

〔註136〕《長編》，卷二百九十八，元豐二年五月己巳條，頁7241～7242；卷三百五，元豐三年六月丙午條，頁7425；《宋史》，卷四百七十一〈姦臣傳一・呂惠卿〉，頁13707。關於呂惠卿及徐禧力主的環慶法爭議，參見註132，135。

〔註137〕《長編》，卷二百九十九，元豐二年七月乙酉條，頁7273；八月丙申朔條，頁7277；庚申條，頁7288；卷三百，元豐二年九月丁卯條，頁7298；戊寅條，頁7302；卷三百一，元豐二年十二月壬子條，頁7331；《宋史》，卷三百二十四〈高永能傳〉，頁10726；卷四百七十一〈姦臣傳一・呂惠卿〉，頁13707。據呂惠卿在八月丙申（初一）的報告，蕃部吹凌結得到夏人移都的諜報，知

吐氣揚眉。

　　高永能在元豐三年（1080）初又打了一場漂亮的仗。夏兵二萬犯當川堡，永能以千騎與之相遇，估算眾寡不敵，就依險設下疑兵，且戰且退，他令後軍的騎兵奔跑揚塵，做成有援兵的假象，然後奮勇向前，終於全軍脫險。宋廷以功擢他爲本路鈐轄。〔註138〕不知是否受高永能立功的鼓勵，是年六月丙午（十五），高永亨姪如京使高通爲其叔申冤，他將高永亨在獄中訴冤文字三十二（《會要》作二十二）紙上奏宋廷，並請求將永亨移往別路州軍，以免呂惠卿報復，將他橫加刑禁而囚死獄中。料想不到神宗卻偏袒呂惠卿，批示說：「永亨邊遠小臣，犯法不枉，主帥治其姦狀，尚不知懼，乃敢飾情自言，凶很（《會要》作凶頑）之實，於此可見。仰見勘官司分析寬縱罪人，漏泄獄情因依以聞，仍將來遇恩不原。」幸而呂惠卿兩天後便因丁母憂而罷鄜延帥職，繼任的沈括（1031～1095）並不黨附呂，高氏兄弟叔姪才不再遭殃。〔註139〕

　　元豐四年（1081）是宋廷大動刀兵一年。是年正月，神宗改命步軍都虞候林廣統兵征瀘州（今四川瀘洲市）蠻，代替半年前出征無功的韓存寶（？～1081）。〔註140〕四月開始，宋廷陸續收到涇原、鄜延、熙河諸路的諜報，說夏主秉常因母子不協而被弒，外戚梁氏擅兵政，夏國上下大亂。高永能兄弟的上司鄜延路副都總管兼第一將种諤更上奏神宗，主張趁此良機，發兵直取夏都，甚至認爲不必遠調兵賦，止需發本路九將兵即可。神宗召他入對，种把好大喜功的神宗給說得心動，神宗開始計議大舉進攻西夏。六月，神宗借口夏軍大集，就分別徵調种諤、王中正（1029～1099）、劉昌祚（1027～1094）、姚麟（？～1105）、高遵裕諸將集結各路兵馬糧草，準備大舉。知樞密院事孫固（？～1090）極力諫止神宗貿然舉兵；但神宗不納，並委李憲總其事。七月庚寅（初五），神宗出手詔定出這次西征的賞罰條例，總之有功重賞，有過不輕恕。稍後更將南征瀘州失律的主將韓存寶處死，以號令即將出戰的征夏

　　　　悉夏人入寇的日子，並向鄜延經略司報告。夏軍果然在諜報提到的日子點集
　　　　人馬自滿堂川、大會平殺傷宋軍防田人馬。宋守將李浦有備，即領兵逐走夏
　　　　軍。宋廷詔增給吹凌結二人綵銀有差。
〔註138〕《宋史》，卷三百二十四〈高永能傳〉，頁 10726。
〔註139〕《長編》，卷三百五，元豐三年六月丙午條，頁 7425；戊申條，17426；《宋
　　　　史》，卷四百七十一〈姦臣傳一・呂惠卿〉，頁 13707；《宋會要輯稿》，第十
　　　　四冊，〈刑法・訴訟〉，頁 8402。
〔註140〕《長編》，卷三百十一，元豐四年正月辛卯至丁酉，頁 7531～7535。

諸將。〔註141〕

　　种諤所統的鄜延兵共五萬四千人，畿內七將兵三萬七千，分為七將。副帥為皇城使權鄜延路副總管兼第一將的夏元象，先鋒就是第四將的高永能和已獲釋的高永亨。种軍在八月丙辰（初二）便抵綏德城，壬戌（初八）分遣諸將出界，與夏軍接戰，斬首千級，獲得小勝。在戰利品中，高永能甚至取得夏國戚梁永能遺下的文字。〔註142〕宋軍開始頗順利，李憲在九月乙酉（初二）便攻克蘭州（今甘肅蘭州市）。〔註143〕同月丁未（廿四），种諤大軍列成方陣，由綏德城出塞抵達夏軍的要塞米脂寨（今陝西榆林市米脂縣城），並即日發動進攻。米脂寨城周圍千一百九步，种軍圍攻三日，城堅守不下。宋軍剛築好近城的土丘，种諤忽然出來巡視，他見到宋軍有疲憊之色，又因夏軍八萬已在庚戌（廿七）自無定河川南來，計劃與米脂守軍合擊宋軍。眾人有恐懼之色，种就令軍中皆鼓樂，按轡慢慢還營，軍心才安定下來。作為先鋒的高永能見夏援軍很快便到來，對其族弟高永亨說：「賊眾暴至，易吾軍，吾營當大川，右山左水，宜令前軍嚴陣待其至，選精騎張右翼擊之，可破也。」高永亨稟知主帥种諤依計而行：宋前軍及屬羌循兩山埋伏山谷中，以左右中軍正面禦敵於川口。後軍則移陣於城下，堵塞其門隧，並鑿為溝塹，教城中人不能出援。第二天（廿八），兩軍交戰，种諤親自擊鼓，由第六將曲珍等率前軍趁著朝霧四塞，與敵前軍激戰良久。夏軍勢不可遏，已進犯宋軍右翼。這時高永能馳騎執短兵，揮動預先伏下的精騎從側翼殺出，將夏軍斷分為二，首尾不能相救。諸軍更從高處前後攻擊之。夏軍奔潰自相踐踏於無定河上，宋軍隨後追擊，夾河追擊二十里，斬首五千級，死者橫數十里，銀水為之赤，生擒其將按官麻女陀多革等七人，斬首一萬級，並獲馬五千餘匹，牛羊萬計、鎧甲萬計。這一圍點打援戰法，據《國史・高永能傳》所載，謀議出於高永能。《長編》則歸功於种諤，以他是主帥之故。宋軍擊敗夏援兵後，再回過頭來攻城，宋軍用五日築好攻城的土丘。宋軍發動攻城之前，高永能密遣諜者

〔註141〕《長編》，卷三百十二，元豐四年四月壬申條，頁7566；丙子條，頁7568～7569；庚辰條，頁7571；戊申條，頁7578；卷三百十三，元豐四年六月壬午條，頁7953～7954；甲申條，頁7596；卷三百十四，元豐四年七月庚寅條，頁7600～7601；甲辰條，頁7606～7607。

〔註142〕《長編》，卷三百十五，元豐四年八月戊午條，頁7618；庚申條，頁7620；壬戌條，頁7624；壬申條，頁7629～7630；卷三百十六，元豐四年九月甲辰條，頁7647；乙巳條，頁7650～7651。

〔註143〕《長編》，卷三百十六，元豐四年九月乙酉條，頁7638。

埋都統，以禍福勸服米脂東壁守將翌日出降。高永能並請种諤厚賞之，衣以文錦，耀諸城下，導以鼓吹。十月丁巳（初四），米脂夏軍守將都鈐轄令介訛遇率酋長五十餘人請降。种下令：「入城敢殺人及盜者斬。」宋軍順利招降，收城中老小萬四百二十一口（按：〈种太尉傳〉作萬四百六十四口）。宋軍給降人衣巾，仍命訛遇等各統所部以禦夏軍。宋軍後來查得米脂寨收窖藏穀萬九千五百餘石，弓箭器械什物四千。宋廷詔改米脂寨爲米脂城。〔註144〕

种諤等打了這一場漂亮的勝仗，獲得戰利品極豐。宋廷在同月乙丑（十二）收到捷報後，神宗喜不自勝，即下詔除當日給予蕃漢軍士恩賞外，再給在延州的軍士家屬犒賞。〔註145〕种諤大軍節節勝利，戊辰（十五）攻入夏州，翌日（十六）入銀州。而王中正軍於癸酉（二十）亦攻入宥州，同日高遵裕部亦克韋州（今寧夏吳忠市同心縣韋州鄉古城）。丙子（廿三），种諤軍又取得石州（疑陝西橫山縣石馬洼一帶，今蘆河與無定河交匯處）；不過，王中正一路轉運糧食方面措置不當，民夫逃歸二千人。而他攻入宥州後，又屠殺居民五百餘家，雖獲馬牛二千，但軍紀不佳又失蕃部之心。王軍至牛心亭而食盡，幸而在丁丑（廿四）在宥州奈王井遇上押運軍糧的鄜延路掌機宜景思誼，得其糧而得以向保安軍順寧寨（今陝西延安市志丹縣北順寧鎮所在地，位於志丹城北 20 公里，故寨位於周河東岸，又名保勝寨）前進。己卯（廿六），王軍在歸娘嶺下，再碰到糧運不繼的問題，兵夫凍綏僵仆於道，未死已被餓兵所分食。种諤一軍從夏州出發後，同樣出現饋餉乏絕的問題。种軍駐兵麻家平，士卒飢困無人色。民夫苦運輸多逃走，權鄜延路轉運使李稷卻以兇殘手法斬殺逃跑的民夫達數千人。种軍行八日抵鹽州（今陝西榆林市定邊縣），碰到大雪，死者十二三，左班殿直劉歸仁率眾三萬南逃，幸而給沈括妙計撫平這些逃兵，不致發生大變，但已無法依期趕到靈州。〔註146〕宋軍敗陣的危

〔註144〕《長編》，卷三百十六，元豐四年九月丙午至丁未條，頁 7650～7651；庚戌條，頁 7653；卷三百十七，元豐四年十月丁巳，頁 7657～7658；卷三百十八，元豐四年十月己卯條，頁 7694；《宋史》，卷三百三十四〈高永能傳〉，頁 10726；《宋會要輯稿》，第十四冊，〈兵八‧夏州〉，頁 8769；湯開建：〈熙豐時期宋夏橫山之爭的三份重要文獻‧种太尉傳〉，頁 328～330。考趙起所撰的〈种太尉傳〉對此役有很詳盡的描述，包括种諤所指揮的鄜延路九將的將佐及後勤人員的名單。又《宋史‧高永能傳》所記此役始末全沿用《國史‧高永能傳》，《長編》對此役的記述與《國史》略有異，將功勞歸給主帥种諤。

〔註145〕《長編》，卷三百十七，元豐四年十月戊午條，頁 7659～7660。

〔註146〕《長編》，卷三百十八，元豐四年十月丙寅至己巳條，頁 7680～7683；癸酉條，頁 7686；丙子條，頁 7692；己卯至辛巳條，頁 7695～7697；卷三百十

機已隱伏。

由劉昌祚指揮的涇原兵也遇到糧運不繼的問題，幸而劉當機立斷，攻取了鳴沙川的夏人糧倉，得藏米及雜草三萬三千餘石束、牛羊萬餘頭，重載而急趨這次軍事行動的主要目標靈州。壬午（廿九），劉軍抵靈州城下，然環慶軍土卹高遵裕貪功，不許劉昌祚單獨攻城，失卻了奪回靈州的黃金機會。〔註147〕十一月乙酉（初三），高遵裕的環慶軍抵靈州城下，合兵夫三十萬攻城；但高遵裕的環慶軍並沒有準備攻城器具，臨時採集又不合用，他又歸罪於涇原的劉昌祚，弄得涇原軍憤恨不已。涇原環慶兩路宋軍攻靈州十八天不克，夏軍決七級渠灌宋軍，高遵裕以糧道且絕，十一月辛丑（十九），宋軍解圍而去。夏軍從後追擊，宋軍轉戰累日，先在隘口遇敵敗北，到韋州後爭先入寨，隊伍不整，結果為敵所乘，宋軍潰死者眾，攻取靈州的行動以失敗告終。〔註148〕

种諤大軍沒能趕上靈州之戰，宋廷只好命令他率部還本路，休整一番，待春暖後再舉。另又將運糧不力的轉運使李稷降兩官為轉運判官，作為今次种軍不能抵靈州的代罪羔羊。〔註149〕因种軍沒有戰敗，而神宗依然信任种諤，是月丁未（廿五），神宗應种之請，推賞米脂川擊敗夏軍之將校，先賞賜种銀絹各二千兩匹，走馬承受楊元孫轉兩官，穆衍等七人各遷一官。神宗在十二月乙丑（十三），又以收復蘭州之功，賞賜入內副都知李憲，稍後晉為景福殿使、武信軍留後。戊辰（十六），更擢陞种諤為鳳州團練使、龍神衛四廂都指揮使，擢為管軍，並遣中使賜貂鼠裘一、銀絹各二千。又加其子种朴（？～1099）閤門祗候。在米脂寨立下大功的高永能也從諸司正使西班第九階的六宅使超擢為橫班正使第五階的東上閤門使並領寧州刺史。高以年七十請告老，但宋廷不許。至於敗軍之將的高遵裕、劉昌祚、彭孫（？～1090後）及姚麟就降職貶官。〔註150〕

九，元豐四年十一月甲申條，頁7702；丁酉條，頁7715～7716；卷三百二十，元豐四年十一月癸卯條，頁7721。
〔註147〕《長編》，卷三百十八，元豐四年十月辛巳至壬午條，頁7696～7697。
〔註148〕《長編》，卷三百十九，元豐四年十一月乙酉條，頁7704～7705；戊子條，頁7707；卷三百二十，元豐四年十一月辛丑條，頁7720～7721；乙巳條，頁7726。
〔註149〕《長編》，卷三百二十，元豐四年十一月丙午條，頁7727；丁未條，頁7729。
〔註150〕《長編》，卷三百二十，元豐四年十一月丁未條，頁7730；卷三百二十一，元豐四年十二月乙丑條，頁7743；丁卯至戊辰條，頁7744～7745；己巳條，頁7746；《宋史》，卷三百三十四〈高永能傳〉，頁10726。按高永能陞東上閤

神宗對靈州之役失利並不甘心，仍打算再興師。元豐五年正月辛亥（廿九），本來已將种諤調知渭州，但很快以再議西征，而收回成命。大概是同樣原因，神宗不許先前立下大功的高永能告老。〔註151〕是年二月，林廣率領的南征軍破夷首乞弟，深入夷境，並築樂共城、寨、江門寨，南疆平定，神宗無後顧之憂。〔註152〕四月乙丑（十四），徐禧再以知制誥兼權御史中丞，丁丑（廿六）詔試御史中丞，五月己丑（初九）又試給事中，深得神宗賞識。稍後再委他以商度西征之任；不過，同爲呂惠卿所薦的陝西轉運使李稷卻被神宗評爲「人物甚似呂惠卿，好大言，無誠實，外似剛直，質極污邪。」不幸的是，徐禧其實與李稷是同一類好作大言的人，二人很快便一同葬身於永樂城。〔註153〕

五月甲辰（廿四），神宗派徐禧及內侍押班李舜舉（？～1082）往鄜延路計議築堡障，高永能陪同二人前往，路過故里綏州時，高永能就往遠祖高思禎在淘沙川的祖廟參拜，並將所得到的高思禎畫像及其神道碑銘獻上。他向鄜延路經略司上言，指高文岯知綏州日，已有永業田，請求宋廷賜還。神宗批示：「永能忠勇有功，可令自擇墳廟所在，撥賜田三十頃，仍令沈括摹其祖廟碑文來上。」碑文就賜還高永能，以所賜田三十頃，以奉高氏祭祀。〔註154〕

門使的月日不詳，當在种諤陞官的同時。又神宗另擢陞有功的馬軍都虞候苗授爲殿前都虞候。

〔註151〕《長編》，卷三百二十二，元豐五年正月辛亥條，頁7769～7771。

〔註152〕《長編》，卷三百二十三，元豐五年二月丙辰條，頁 7778～7780；卷三百二十五，元豐五年四月戊寅條，頁7830～7831。宋廷在四月戊寅（廿七）賞功，林廣擢爲馬軍都虞候，內臣麥文昞遷兩官，姚兕、呂眞以下均遷官有差。

〔註153〕《長編》，卷三百二十五，元豐五年四月乙丑條，頁7820；丁丑條，頁7829；卷三百二十六，元豐五年五月己丑條，頁7845～7847。又據黃啓江引宋僧曉瑩的《羅湖野錄》卷上所載，徐禧在是年以右正言解知渭州任而歸江西分寧時，就請他所尊崇的寶覺祖心大師就黃龍山下之雲巖爲眾說法，還寫了一篇很長的邀請疏，後由他的至親大書法家黃庭堅擘窠大書，鑱於翠琰，於是高照千古，爲禪林盛事之傳。關於祖心爲徐禧説法的年月，按徐禧在元豐二年三月丙戌（十七）以右正言權發遣渭州，同年十二月丁憂解職。到元豐五年四月起復，以承議郎爲知制誥權御史中丞。則他請祖心説法當是元豐五年四月他起復召入前。倘此説不假，則所謂傾心佛法的徐禧，似未能因祖心的説法而化解他熱中功名的凡心，而在數月後輕狂魯莽地築城永樂，致喪師辱國，實在是一大諷刺。參見黃啓江：《北宋黃龍慧南禪師三鑰：宗傳、書尺與年譜》，第四章〈嚴書尺與翰肅家風〉，頁111；黃啓方：《兩宋詩文論集》，第五章〈徐禧、徐俯父子事蹟考辨〉，頁200～201。

〔註154〕《宋史》，卷三百二十四〈高永能傳〉，頁10726～10727；《長編》，卷三百二

　　六月戊寅（廿八），高永能再立一功，他佐客省使、絳州團練使曲珍擊敗前來邀擊宋軍的夏軍於明堂川（今陝西榆林市榆林河），主將曲珍擢爲龍神衛四廂都指揮使，高永能也遷一官爲四方館使領榮州團練使。〔註155〕

　　徐禧、沈括、种諤及李舜舉奉命商議在橫山築城的方案，徐禧自作聰明，七月初九（戊子），回奏神宗以築城銀州故城不便，建議任東南十餘里開永樂埭上築城，認爲銀州雖據明堂川、無定河交匯處，但城東南已爲河水所吞沒，其西北又阻天塹，不如永樂埭之形勢險要。他以「城堅守備，則賊不敢攻，兵眾將武，則賊不敢戰」，他請從永樂埭等至長城領置六寨，自背岡川等置六堡。他又具奏堡寨的大小及所用工費，以爲「其堡寨城圍，務要占盡地勢，以爲永固」。神宗對徐禧寵信有嘉，就接受他的方案，開展永樂築城的行動。〔註156〕徐禧頭腦發熱，以爲得計；但熟悉邊事的高永亨卻提出不同意見。據秦觀（1049～1100）的記述，當時延帥（指沈括）與二詔使（即徐禧和李舜舉）詢問高永亨的意見，他直言永樂城「城小人寡」，而「永樂，羌人必爭之地，而無險阻，無水泉，一日寇至，何以能守？」但忠言逆耳，徐禧聽不入耳，認爲高永亨沮議，幾乎要殺他，最後將他械送延州獄。〔註157〕高之言不幸言中，而高永亨因被逐回延州，沒有隨其兄高永能築城永樂，才倖免於難。

　　反對築城永樂的，還有高氏兄弟的上司种諤，他從京師回到延州後，就極言永樂依山無水泉，築城永樂不妥。徐禧素來不喜种諤，怒罵他竟然不怕死？竟敢破壞他的大事。种諤不愧爲硬漢子，絲毫不懼，反唇相稽說：「城之必敗，敗則死，拒節制亦死。死於此，猶愈於喪國師而淪異域也。」徐禧知道無法迫种就範，就劾奏他跋扈異議，不可與築城大軍偕行。神宗詔种諤留守延州，不過卻把种貶一官爲文州刺史，而令徐禧率諸將往建城，而由沈括負責軍需。徐禧、李舜舉及沈括等在八月丙辰（初七）從延州出發，從行的蕃漢十餘軍共有軍兵八萬人，役夫運糧的約十六萬。由李浦（？～1091 後）

　　　　十六，元豐五年三月甲辰條，頁 7856。
〔註155〕《長編》，卷三百二十七，元豐五年六月戊寅條，頁 7886；卷三百二十九，
　　　　元豐五年八月乙卯條，頁 7917；《宋史》，卷十六〈神宗紀三〉，頁 307；卷三
　　　　百二十四〈高永能傳〉，頁 10726。同時受賞的還有皇城使李浦、寇偉（？～
　　　　1082）、李德明。寇偉和高永能同死於永樂城，李浦僥倖得脫。
〔註156〕《長編》，卷三百二十八，元豐五年七月丙戌至戊子條，頁 7893～7896。
〔註157〕秦觀（撰），徐培均（箋注）：《淮海集箋注》，卷三十四〈高無悔跋尾〉，頁
　　　　1122～1123；《宋史》，卷三百三十四〈徐禧傳〉，頁 10723。

將前軍，呂眞（？～1099後）佐之；曲珍將中軍，高永能佐之；王湛將後軍，景思誼佐之，李稷負責糧餉。一切行動的謀劃進止，都由志大才疏，自比古名將，居常大言而以爲知兵的徐禧專決。沈括明知有問題，卻不敢有異議。神宗這時新病初愈，滿以爲他賞識的徐禧將會爲他帶來另一場軍事勝利，卻不知用人不當。〔註158〕

　　築城永樂一開始就不順利，八月甲戌（廿五），宋廷收到奏報，宋軍抵永樂川第四堢後翌日，沈括已與李稷爭執，後由徐禧調停，命李稷只負責供應修城用度，而修城事就由沈括節制，當日才開始動工築城。徐禧跟著向神宗求賜名，並誇稱：「已定永樂下堢作寨，地形險固，三面阻崖，表裡山河，氣象雄壯。八月甲戌興工，凡用工二十萬。新城去永樂上堢八里。故銀州二十五里，米脂寨五十里。永樂蓋以小川爲名，城前正據銀州大川，乞賜名。」九月己卯（初一），神宗不適，罷朝三日，四日後（癸未，初五），宋廷收到報告，有諜報稱夏軍出動六監司軍抵銀州川。沈括、徐禧已戒勒諸將，分定戰地。但這份報告沒有披露事實：徐禧對夏軍來攻掉以輕心。他見宋築城時有夏軍來爭，均被擊退，就以爲夏軍不足懼。據張舜民所記，徐禧殊不知夏國主政的人認定不爭此城，橫山就盡爲宋所有，靈州、夏州爲其存亡所繫，他們必以死相爭，加上知道种諤不在軍中，就無忌憚，早就調民爲兵，十丁取九，得三十萬人，帶百日糧，屯涇原之北，等到宋軍出塞就出而擊之。聞知宋軍建城永樂，就撲向鄜延路。邊人來告此嚴峻軍情的前後有十數起，但徐禧全然不信，還誇口說：「賊若大至，是吾立功之秋也。」偏偏神宗迷信徐禧本事，還賜他黃旗說：「將士立功，受賞當倍於米脂。」甲申（初六），永樂新城建成。他命景思誼率兵四千防守，令曲珍爲總管，護作樓櫓，治盧舍，並與李稷留於城中。後來他又怕沈括會分其功勞，就叫沈括和他返回延州。翌日（乙酉，初七），徐禧、沈括及李舜舉以兵八千返米脂城。這時夏騎自明堂川進入，立寨於永樂城側，與夏州烽臺相對，列陣於無定河西，監視宋軍。留守的曲珍火急派人馳報在米脂的徐禧。徐大言不慚，對報訊者說：「點羌敢送死乎！」八天後（癸巳，十五），徐引兵二萬五千人與李舜舉赴永樂城，而

〔註158〕考《長編》關於永樂城之役主要根據張舜民的〈永洛故城〉（亦作〈永洛城事記〉）。參見《全宋文》，第八十三冊，卷一八一九〈張舜民七・永洛城事記〉，頁347～348；《長編》，卷三百二十九，元豐五年八月壬戌至辛未條，頁7921～7923；《宋會要輯稿》，第十四冊，〈兵八・夏州〉，頁8771～8772；《宋史》，卷四百八十六〈外國傳二・夏國下〉，頁14011。

留下沈括守米脂。臨行與沈括相約說：「緩急當相救」。沈括當時答應。據載李舜舉看出不妙，本來不肯同往；但被徐禧相迫，只好勉爲其難前往，沒想到就冤枉地送了命。〔註159〕

沈括本來也看出以宋軍三萬去守禦數十萬夏軍來犯的永樂城實在不妥，他提出不如暫時放棄永樂城，改在外圍困夏人。徐禧當然不肯棄守他自以爲功業所在的永樂城。沈括又反對將勁卒爲奇兵，作爲軍鋒以撼夏軍，因爲夏軍方銳，以這些難得的千人勁卒攖鋒，勢必不敵而自喪精銳，實是取敗之道。但徐禧不從，徐又不同意沈括提出軍士以斬敵級論功，堅持在破敵後才均賞。最後還將總算肯說眞話的沈括趕回米脂，神宗委他以築城重任，他卻剛愎自用，誤己誤國。〔註160〕

神宗在九月丙戌（初八），賜永樂城爲銀州寨，徐禧、李舜舉在同日率軍返回永樂城時，竟然軍無斥堠。宋軍連同留守的四千人馬，只得三萬人，而城外的夏軍卻達三十萬。諸將皆請乘夏軍未集而攻之，其中尤以高永能說得直切，他說「虜眾十倍於我，若其盡至，不可當也。我嘗破其眾於無定河川，今前隊囂甚，有懼我心，及未定，擊之，雖眾可走。」又說：「羌性輕率，出不意而輒加以笞叱，則氣折不能害人。若持疑不斷，縱其跳梁，將無所不至。今先至者皆精兵，急與戰破之，則駭散，後雖有重兵，亦不敢跬步，此常勢也。塵埃障天，必數十萬之眾，使俱集，則眾寡不支，大事去矣。」考在張舜民筆下，高永能者，「屬部蕃將，年七十餘矣。結髮以來幾百戰，其人沈重有謀略。生四男，皆拳健善騎射，羌人常畏之。諸將頗以永能言爲善。」不幸的是，手握大權的卻糊塗透頂兼莫名其妙的文臣徐禧卻聽不進這死裡求生惟一辦法，還傲然捋其鬚，呵責高永能，拋出宋襄公（？～前637）式怪話蠢話：「爾何知！此非計也。王師當以義戰，豈可掩其未集耶？俟其必列陣相持，然後合戰；戰而勝，與諸君譙門數軍實，大嚼痛飲，振旅而歸，豈不快哉！且余自有節制，可以萬全，何至效兒女曹狙詐之計乎？」據說高永能退而頓足對其子嘆曰：「事去矣！吾不知其死所矣！」〔註161〕

〔註159〕《長編》，卷三百二十九，元豐五年八月甲戌至九月乙酉條，頁7925～7926；《全宋文》，第八十三冊，卷一八一九〈張舜民七・永洛城事記〉，頁348～349。

〔註160〕《長編》，卷三百二十九，元豐五年九月戊戌條，頁7935。

〔註161〕《長編》，卷三百二十九，元豐五年九月戊戌條，頁7935；秦觀：《淮海集箋注》，卷三十四〈高無悔跋尾〉，頁1122～1123：王稱（？～1200後）：《東都事略》，收入趙鐵寒（1908～1976）主編：《宋史資料萃編第一輯》（臺北：文

　　據群書所記，徐禧與李稷兩名文臣，是導致永樂城失守及全軍覆沒的罪
魁禍首。當夏軍在翌日（丁亥，初九）中午逼近永樂城時，徐禧命曲珍等盡
遣城中守兵出城外，列陣於城崖下水邊，而他與李舜舉坐在譙門上，手執大
黃旗並持劍督戰，並謂諸將說：「望吾旗麾而進，祖而止。」他真的以為是古
之儒將，據載軍中竊笑不止。當夏軍以騎兵五萬猛烈攻城時，人馬之多，極
目無窮盡，宋軍已有懼色。不久，夏軍的精銳「鐵鷂子騎」五千涉無定河，
高永能看出不妙，就急忙向徐禧建議說：「此羌人號鐵鷂子騎，過河得平地，
其鋒不可當，乘其未渡擊之，可使殲焉。若縱之盡濟，我師殆矣。」徐禧仍
然不聽忠言。當夏的鐵騎過河後，就衝擊宋軍。徐即遣以勁卒良馬組成的「選
鋒」奇兵向敵陣攻擊，一如先前沈括所料，敵陣堅不可動，宋軍三戰三北，
敵軍全師俱進，選鋒奔走，蹂踐後陣，宋軍大潰，宋將鄜延第六副將寇偉、
鄜延第二副將李師古、鄜延第七副將夏儼、鄜延第九將程博古及高永能子高
世才，以及使臣十餘人，士卒八百人戰死。諸將出戰的都無生還，夏軍進而
圍城。曲珍扣城對徐禧說：「兵敗矣，敵人當我者皆其精銳，前軍勝而惰，在
後者皆老稚，公可速出，潛師踰西山，繞出其後，擊其老稚，敵眾必亂，此
攻心法也。」曲珍這個建議本來是救徐禧及宋軍脫險的最後辦法，但徐禧莫
名其妙地閉壁不應。曲珍只好破關入保城內，並收回散亡兵卒萬五千人，因
崖峻徑狹，騎兵被迫棄馬八千餘匹緣城崖而上，徐見此敗狀，卻只是「怒汗
如雨」，一點辦法都沒有。而負責糧餉的李稷在危城內，又犯了致命的錯誤：
永樂城依山而無水，因下濱無定河，就在城外掘了十四個水井，築營壘守衛。
當夏騎驟至時，李稷為了節省糧食，不肯讓役卒入城，役卒為了逃命，就持
工具掘壘為磴道，爭先走入城中。夏軍乘之，於是奪取了宋軍生命線的城外
水寨。宋軍在永樂城內臨渴掘井，掘了數十井，掘至數十尺深，才只得三井
有泉水，據宋人筆記所述，徐禧命以軍額高下次第來給飲用，自然只夠將領
飲用，於是引起眾人怨怒，兵士渴死大半，甚至要絞馬糞而飲及食死人腦。
會天降微雨，將士均露立，以衣承雨水，吮之止渴，甚至殺役夫取肉而食取
血來飲。士卒饑渴交迫，不能執兵。徐禧每日懷二燒餅，往來巡城，親自以矢

海出版社，1967年1月），卷八十六〈徐禧傳〉，葉六上（頁1311）；《宋史》，
卷三百三十四〈徐禧傳〉，頁10723；《全宋文》，第八十三冊，卷一八一九〈張
舜民七・永洛城事記〉，頁349。考清人張尚瑗（？～1701後）讀《左傳》時，
即以徐禧不允高永能半渡而擊的事比作宋襄公之愚行。參見張尚瑗：《左傳折
諸》，文淵閣《四庫全書》本，卷六〈及其未既濟也請擊之〉，葉十四上下。

石擊敵，困倦就枕於士卒之股假寐，士卒皆扶創忍渴以禦敵。夏軍像蟻一樣登城，夏軍踏得積屍如山的宋軍以登。當時永樂新城守具未備，而夏軍知道沈括從米脂退守綏德，永樂城孤絕，就攻城越急。在這個關頭，高永能再一次對李稷建言說：「新城久雨，土濕且壞，不若盡庫幣以募死士，突圍直出，十猶可得七八，不然，坐致死矣。」李稷死到臨頭，猶不肯聽。而曲珍也力勸徐禧突圍，徐也不從，反而責備他說：「曲侯已敗軍，又欲棄城耶？」眼見部下晝夜奮戰，無不血流衣衫，高永能嘆曰：「事至於此，必無幸矣。」〔註162〕

夏軍圍城多日，遣使呼城上的宋軍投降。徐禧也知道不敵，就派呂文惠（按：〈永洛城事記〉作呂文思）出城至敵帳議和。夏帥以呂只是小將，不夠資格談，要曲珍親自來議。徐禧收到回報，以曲珍爲主將不可遣，東上閤門副使景思誼這時自告奮勇願意出使。夏帥開出宋人歸還蘭州、會州及米脂城就可退兵的條件，景思誼以他無法代宋廷答應，夏帥就將他髠囚不放還。這時夏軍已知城內缺水三日，在城下招降，據說徐禧將他僅有的兩壺水揚於外，堅稱有水，卻馬上給夏軍恥笑。他後來不怪自己的胡塗，反而懷疑景思誼泄漏了宋軍缺水的秘密。〔註163〕

這時在京城的神宗尚不知永樂城的變故，宋廷還以他病情好轉加恩，還因沈括之奏而命宋軍措置修建其他城寨。到是月乙未（十七）神宗終於得到

〔註162〕《長編》，卷三百二十九，元豐五年九月丁亥條，頁7927；戊戌條，頁7936；《淮海集箋注》卷三十四〈高無悔跋尾〉，頁1122；《宋會要輯稿》，第十四冊，〈兵八・夏州〉，頁8771～8772；《全宋文》，第八十三冊，卷一八一九〈張舜民七・永洛城事記〉，頁349；《涑水記聞》，卷十四，頁283～284；李廌（1059～1109）（撰），直清萆・潘清萆（整理）：《師友談記》，收入朱易安、戴建國等主編：《全宋筆記》，（鄭州：大象出版社，2006年1月），第二編，第七冊，頁47～48；《宋史》，卷三百三十四〈徐禧傳〉，頁10723～10724；卷三百五十〈曲珍傳〉，頁11083～11084；卷四百八十六〈外國傳二・夏國下〉，頁14012；湯開建：〈熙豐時期宋夏橫山之爭的三份重要文獻・种太尉傳〉，頁328～329。按李廌所記永樂城之情況及徐禧其他事，來自李鍇（希聲）的口述。
〔註163〕《長編》，卷三百二十九，元豐五年九月戊戌條，頁7936～7937；《全宋文》，第八十三冊，卷一八一九〈張舜民七・永洛城事記〉，頁348，350；《宋史》，卷四百八十六〈外國傳二・夏國下〉，頁14012。按《宋史》稱第一次在陣前出使的宋將爲「呂整」。《長編》作「呂文惠」，而〈永洛城事記〉先作「呂文思」，後作前面已提過的本路將官的「呂政」。筆者懷疑呂政、呂整都是前軍主將李浦的副將呂眞的訛寫。而呂文思疑指任文思使的呂眞的別稱。當景思誼請行時，徐禧說萬一有不測會傷國體，但景回答說：「今勢已逼，倘能以口舌說之，使緩攻以待外援，不亦可乎？欲活數萬人命，豈顧一身耶！」景思誼捨身報國，徐禧後來反而懷疑他泄密，眞是好歹不分。

沈括關於永樂城被圍危急的奏報，馬上下詔各路出兵救應。最近永樂城、退守綏德的沈括及留守延州的种諤，均以兵少及其他藉口心存觀望，沒有積極應援。被圍諸路均以未奉詔旨不肯出兵援救，只有河東經略使王漸派大將張世矩以便宜發二萬騎救應，但遠水救不了近火。神宗在丙申（十八）火急批示沈括，要他設法挽救危局，要追回永樂城的人兵，寧可給還夏人地界，但已來不及。據陝西轉運副使、權環慶經略司范純粹（1046～1117）在戰後的報告，正因徐禧及呂惠卿力主廢除策應法，才導致當日各路使臣以未奉旨而不敢擅自發兵，等到收到詔旨已太遲了。〔註164〕

戊戌（二十）夜，天降大雨，夏軍四面急攻，半夜，從梯穴攻入，宋軍已盡飢疲，不能抵抗而潰散。先前已向左右言明城破就自殺的李舜舉真的履行自己的諾言，據說他臨死時，撕裂衣襟草奏云：「臣死無所恨，願朝廷勿輕此敵。」而李稷也草奏云：「臣千苦萬屈也。」李稷被亂兵所殺，據說徐禧也被亂兵所殺，得年才四十，但亦有從夏軍逃還的人說徐禧其實沒有死。將校就只有曲珍、王湛、李浦、呂真獲免。據說曲珍縋城而下，但在突圍時失馬，幸得一老者牽馬以授，才與王湛及士卒五十餘人逃至米脂寨獲免，他的子弟六人均陣亡。而蕃落指揮使馬黃（一作馬貴），驍勇絕倫，城陷而不肯逃，出入敵陣中，殺數百人而後死。宋軍逃歸者有數千人，千人身皆被創。因夏軍見有衣甲的宋兵都殺而奪其衣物，故能逃還的大半是裸袒被髮者。是役宋軍正兵及糧卒死者凡十餘萬人，官吏將校數百人，是神宗興師以來最大的敗仗。〔註165〕

〔註164〕《長編》，卷三百二十九，元豐五年九月丁亥至壬辰條，頁 7927～7930；乙未至戊戌條，頁 7932～7935；卷三百三十一，元豐五年十一月戊子條，頁7972；卷三百六十八，頁 8885～8886；卷三百七十五，元祐元年四月己亥條，頁 9090～9092；卷三百九十五，元祐二年二月辛丑條，頁 9639～9640；《全宋文》，第八十三冊，卷一八一九〈張舜民七・永洛城事記〉，頁 350～351。考范純粹在元祐元年四月庚寅（初三）重提廢策應法實是徐禧自罹其害的做法，而以他的經驗，蕃漢兵馬不可雜用。到元祐二年二月辛丑（十八），宋廷終於採納范的建議，重新實行陝西諸路策應法。

〔註165〕《全宋文》，第八十三冊，卷一八一九〈張舜民七・永洛城事記〉，頁 350；《長編》，卷三百二十九，元豐五年九月戊戌條，頁 7935，7937；卷三百三十，元豐五年十月甲寅條，頁 7948；《宋史》，卷三百三十四〈徐禧傳〉，頁 10724；卷三百五十〈曲珍傳〉，頁 11084；卷四百八十六〈外國傳二・夏國下〉，頁14012；李廌：《師友談記》，頁 47。關於徐禧有否死於永樂城，據李廌所述，當徐禧以御史中丞返洪州奔其母喪時，洪州有一個善以三世書祿言人吉凶的婦人，已預言徐禧「當與兵死」。又出示書中圖「畫一僵尸，身首異處，血污

據《長編》及《宋史・高永能傳》的記載,當永樂城陷時,高永能孫高昌裔與左右打算扶掖祖父從間道走米脂,但高永能不肯,慷慨說:

> 吾束髮從事西羌,大小數十戰,未嘗敗。今年七十,又荷國恩寵,恨無以報。今雖幸免,奈士卒死者何!汝曹勉之,是乃吾死所也。

高說能這番話後,便換上一個兵卒的敝衣奮戰而死,夏軍不知道他們曾畏懼的高六宅這樣壯烈犧牲。據說高永能子高世亮及孫高昌裔後來馳數十騎入夏人放棄了的永樂空城,尋得高永能尸以歸,將高歸葬於青澗城。邊人知其死,無不痛惜。〔註166〕這場永樂城惡戰,高永能父子祖孫三代從征,結果高永能與幼子高世才戰死,子高世亮及孫高昌裔倖免於難。箇中之慘烈,真有一點楊業(935~986)父子在陳家谷的情況。〔註167〕

沒有參預這場惡戰的种諤副將夏元象,就幸運得多,諷刺的是,在永樂城戰後翌日(九月二十一),他還因种諤表奏其在無定河川及米脂城以中軍將兩度立功,自皇城使、康州刺史權鄜延路副總管兼第一將,擢為西上閤門使、康州團練使。而种諤也受詔統制河東及陝西援兵,蓋神宗仍未知道永樂城已陷。〔註168〕

狼籍,而鳥烏啄之。」後來永樂城破,夏人既殺之,又蹂踐其尸,正符合洪州媼的預言。又據李所記,因為眾軍渴極難捱,就請求開城往壕飲水,結果宋兵自己打開城門,夏軍就一湧而入而破城。

〔註166〕據張舜民的說法,高永能在城破前大概不願受辱,就掛弓於堞,絕脰而死。他死時三軍皆泣。筆者認為以高的性格,應該力戰而亡,多於自殺而死。張氏之說聊備一說。又張記夏軍攻佔永樂城後,本來想乘勝攻延州,但糧食短缺,而誘來參戰的蕃部日夜思歸,夏人不能約束。加上蕃部認為夏人分給他們的城中的戰利品不均,心懷怨恨,夏人怕生變,就往米脂耀兵而退,留下破壞的永樂城,故此高世亮父子能馳數十騎入城尋找亡父的遺骸。又南宋人黃由在嘉泰四年(1204)所撰的〈旌忠觀記〉勉強揉合兩說,記高永能因易敝衣奮戰,不久又掛弦絕沉而死。另據清人所記,高永能墓在清澗縣(即青澗城)東九十里高官莊,墓且有碑。不過,碑文似不傳。參見《全宋文》,第八十三冊,卷一八一九〈張舜民七・永洛城事記〉,頁349,351;《長編》,卷三百三十,元豐五年十月丙寅條,頁7957~7958;《宋史》,卷三百三十四〈高永能傳〉,頁10726;穆彰阿(1782~1856)等纂修:《大清一統志》,文淵閣《四庫全書》本,卷二百九十六,葉十七上〈宋高永能墓〉;《全宋文》,第二八四冊,卷六四六一〈黃由〉〈旌忠觀記・嘉泰四年〉,頁409。

〔註167〕考高永能有四子,除世亮、世才外,其餘二子的名字不詳,也不知有否參預永樂城之戰,又除高昌裔外,尚有孫高昌朝和昌祚,也未知有否參戰。參見《長編》,卷三百三十九,元豐六年九月斗辛亥條,頁8164。

〔註168〕《長編》,卷三百二十九,元豐五年九月己亥條,頁7938。

　　十月戊申（初一），神宗終於接到陝西轉運判官李稙（李稷弟）、种諤及沈括的奏報，曉得永樂城陷及宋軍全軍覆沒的情況。剛病愈不久的神宗受不了這重大刺激，就涕泣悲憤，爲之不食。早朝時更控制不了情緒，對輔臣慟哭。輔臣怕得不敢仰視。神宗安靜下來就感慨說永樂之舉，竟然無人說其不可。右丞蒲宗孟（1028～1093）不知好歹，說他曾進言勸止，卻落得給神宗責備一番。〔註169〕

　　宋廷隨即追究永樂城失陷的責任及撫卹殉難官員將校，十月甲寅（初七），沈括自龍圖閣直學士、朝散郎知延州責授均州團練副使、員外郎隨州（今湖北隨州市）安置，坐始議城永樂，然後又措置應敵乖方。又將曲珍降授爲皇城使、鄜延路鈐轄兼第一將，因曲珍已自劾無謀致敗，宋廷知道責任不在他，加上用人之際，就僅將他降職留用。〔註170〕乙丑（十八），宋廷開始恩卹戰死的文武官員，首先追贈徐禧爲金紫光祿大夫兼吏部尙書，李舜舉爲昭化軍節度使，並賜諡忠愍；李稷贈朝奉大夫工部侍郎，另一員戰死的內臣入內高品張禹勤贈皇城使。除了張外，徐及二李可說死有餘辜，偏宋廷不知敗事正在此三人。丙寅（十九），又詔种諤查問高永能子高世亮，問他在何處找到高永能遺骸，令派人依此線索訪求徐禧等四人遺骸。徐禧的弟弟徐祕後來上言不願接受恩卹的二資官，大概他明白受之有愧。朝臣中，蘇軾（1037～1101）與徐禧的堂姊夫黃庭堅（1145～1105）分別爲詩悼之。據黃啟方教授的分析，蘇軾的悼詩其實暗諷徐禧不知自愛，輕於舉事，以致喪師辱國。後來蘇在撰呂惠卿的制文中，即直指徐禧爲狂生。而黃庭堅因與徐爲親故，對徐多有讚美而無責難之論。然宋人多認同蘇軾的評論，例如徐禧子徐俯在南宋初年與宰相趙鼎（1085～1147）論兵時意見不合，趙即諷刺徐說：「鼎不足以知之，豈若師川（即徐俯）讀父書耶？」批評徐禧徐俯父子只識紙上談兵，而教徐俯大爲不堪。〔註171〕

〔註169〕《長編》，卷三百三十，元豐五年十月戊申條，頁7945。

〔註170〕《長編》，卷三百三十，元豐五年十月甲寅條，頁7948。

〔註171〕宋廷對徐禧等人可說恩卹甚厚，給徐禧及李舜舉的家人各推恩二十資：李舜舉之子李充遷十資，由三班借職超擢爲供備庫副使，其兄李舜聰遷五資，由左藏庫使遷皇城使遙郡團練使，另一兄李舜欽及姪李瑜各遷一資，李妻任氏特封夫人。而李稷也推恩十二資，二李家人並獲賜銀絹各千。張禹勤家人也獲賜銀絹各五百，獲推恩七資。徐禧弟徐祕在元豐六年正月甲午（十八）上言不接受恩卹而得的二資官，神宗詔許之。宋廷本來官徐禧子弟八人，惟徐禧只有幼子徐俯一人，於是獨受恩澤，授通直郎後轉奉議郎。徐俯後來娶呂惠卿弟呂溫卿女，

　　宋廷再在十二月乙亥（廿九）追贈自寇偉以下之永樂城陣亡的蕃漢將校，不知何故，名位高於寇偉的高永能父子卻未見於這份名單。〔註172〕

據説每讀蘇軾所寫的〈責呂吉甫（惠卿）語〉，至「力引狂生之謀，馴至永樂之禍」句，指其父爲狂生時，未嘗不涕泣。他和乃父一樣，好讀兵書。幸而沒有像亡父一樣因紙上談兵而誤國。他累官至司門郎中，在靖康之難中不附張邦昌（1087～1127）而致仕。宋室南渡後，高宗因聞黃庭堅文集而知其名，再得到朝臣胡直孺（1053～1131）、汪藻（1079～1154）極力推薦，召試右諫議大夫，他其後官運亨通，歷翰林學士、端明殿學士、簽書樞密院事，紹興四年（1134）拜權參知政事，後與宰相趙鼎等不合而求去。紹興十年（1140）卒，得年六十三。他又名列呂本中（1084～1145）的「江西詩社宗派圖」。參見《長編》，卷三百三十，元豐五年十月乙丑至丙寅條，頁 7955～7956；卷三百三十二，元豐六年正月甲午條，頁8000；李廌：《師友談記》，頁49～50；黃啓方：《兩宋詩文論集》，第五章〈徐禧、徐俯父子事蹟考辨〉，頁 202～215。又考《全宋文》自同治《義寧州志》收錄題爲鮮于侁（1019～1087）所撰〈徐忠愍墓誌銘〉，銘文對徐禧稱譽備至，説他「分寧吳仙里人也，讀書務得大體，尚志節，深明古今治要，喜談兵事，有磊落英多之概。」又記他與黃庭堅游，黃「引爲外昆」，與他結爲姻親。又説他「後益以道自重，不苟求仕進」。銘文又歷記他如何爲時人所重，以至受賞於神宗，委以重任。關於永樂城之敗，卻只簡略地説：「壬戌，奉命城永樂，夏人來爭，竟以身報國」，而絲毫沒有批評徐禧的誤國。銘文又詳細記載徐禧子孫以至曾孫廿多人的名字，按此銘題撰於元豐五年八月，而鮮于侁卒於元祐二年（1087），即使是元祐二年，徐禧獨子徐俯尚幼未婚（按徐俯在元祐八年十六歲時才娶呂惠卿姪女），鮮于侁不可能預知徐俯子孫的名字。《全宋文》編者也以該銘文所記徐禧生年及徐禧所授官與群書不合，而疑此銘爲僞作。參見《全宋文》，第五十一冊，卷一一一六〈鮮于侁〉〈徐忠愍墓誌銘・元豐五年八月〉，頁 327～328。

〔註172〕考《宋史》記宋廷追贈諸將在是月丙子（三十），這次獲追贈官職的蕃漢將校包括：贈皇城使、嘉州團練使寇偉爲引進使、均州防禦使；供備庫使溫普爲皇城使、嘉州刺史；左藏庫副使李仕言爲文思使；西京左藏庫副使周輔良、們都，並爲供備庫副使；孫慶、李世忠並左藏庫副使；内殿承制李信、羅渠、甘師道並文思副使；瑪克密鄂特桑、李仕安、張仲謨並西京左藏庫使。又被夏人囚而殺之東上閤門副使景思誼等九十人父子弟姪孫及婿、妻兄遷官者十四人，授東頭供奉官一人，左右侍禁各一人，左右班殿直二十四人，奉職、借職百五十六人，差使二百有餘資，無子孫的就賜其家錢各有差。到元豐七年（1084）正月，宋廷又特賜景思誼母德安縣太君董氏月特支錢二十千，直至景思誼子有俸爲止。宋廷在元祐五年（1090）三月，仍不確定景思誼已死，仍詔以景思誼當日在永樂城之圍中，緣城而下與夏人議和被執。是時夏人送還陷沒人口，卻不見景思誼歸來，就令鄜延帥趙禼將此事移牒宥州查問。到元祐六年（1091）六月，熙河蘭岷路經略司上言，稱「故東上閤門副使景思誼永樂死事，已推恩親弟興宗及再從兄姪外，不及三女，欲乞改正。」宋廷詔其親三女夫各授三班借職，其再從兄姪所授再追改。至此，宋廷認定景思誼已死。後來黃由即記景思誼是被夏人所殺。參見《長編》，卷三百三十一，

　　元豐六年（1083）三月丙戌（十一），高永能兄弟的老上司知延州种諤病重，宋廷連忙派范純粹往延州，權勾經略安撫司事。四月辛亥（初六）諤病卒，高氏族人要靠种諤領軍爲他們復仇的希望落空。惟一的安慰是在三月己亥（廿四），疑爲高氏族人的左藏庫副使高永翼，以先鋒從本路鈐轄訾虎率本部五十二騎出界，遇夏軍於眞卿流部，擊敗之，斬首一百二（《長編》作斬三十級，親獲敵人首級一）。因河東路經略司上奏表功，高與勇戰受重傷供奉官郭惟賢均各遷五官。五月辛巳（初六），宋廷詔將高永翼以兩資官遷皇城使、貴州刺史，餘三資回授五服內親。〔註173〕

　　宋廷在四月戊午（十三）將勇將涇原路總管、西上閤門使劉昌祚調知延州並加龍神衛四廂都指揮使。宋廷並指示他盡改前任种諤之弊政。就在劉昌祚上任不久，高永能長子高世亮就向鄜延路經略司申訴其弟高世才之死，實因第二將李浦在永樂城戰鬥時，竟率人馬出走，沒有策應正在與夏軍作戰的高世才所致。五月庚子（廿五），負責鄜延路的走馬承受霍丙就奏上宋廷此事。宋廷隨即命范純粹據霍的報告及高的奏狀核實此事以聞。〔註174〕

　　宋廷延至是年九月辛亥（初九），終於對高氏父子作出恩恤：高永能加贈房州觀察使另賻賜加等，高世亮自供備庫使超擢爲皇城使領忠州刺史，孫高昌朝自右班殿直遷右侍禁，高昌祚自三班借職遷右班殿直。兩天後（癸丑，十一），高世才戰死一案也取回一點公道，宋廷接納范純粹延州制勘公事所的報告，原鄜延路第二將、丹州團練使李浦坐於永樂城下未戰棄寨出走，陷副將高世才於死地，又不能救援，且對制使范純粹所供不實。詔發配沙門島（今山東煙台市長島縣西北廟島），遇赦不得放還。另外權環慶總管曲珍也坐沒有查明李浦供詞不實而罰銅二十斤；不過，權發遣經略安撫司劉昌祚卻以李浦諳曉軍政，請求不要將他發配，留在鄜延路，以備緩急使喚。宋廷最後接納

　　　　元豐五年十二月乙亥條，頁7991；卷三百四十二，元豐七年正月壬子條，頁
　　　　8223；卷四百三十九，元祐五年三月丁卯條，頁 10568；卷四百五十九，元
　　　　祐六年六月壬寅條，頁 10988；《宋史》，卷十六〈神宗紀三〉，頁 309；費袞
　　　　（撰），傅毓鈴（標點）：《梁谿漫志》，卷十〈臨安旌忠廟〉，頁 125；《全宋
　　　　文》，第二八四冊，卷六四六一〈黃由〉〈旌忠觀記·嘉泰四年〉，頁 409。
〔註173〕《長編》，卷三百三十四，元豐六年三月丙戌條，頁 8033～8034；己亥條，
　　　　頁 8039；辛亥條，頁 8047；《宋史》，卷十六〈神宗紀三〉，頁 310；《宋會要
　　　　輯稿》，第十五冊，〈兵十八〉，頁 8981。按《宋史》稱高永翼爲河東將。而
　　　　《長編》記高永翼在三月遷官爲左藏庫使。
〔註174〕《長編》，卷三百三十四，元豐六年四月戊午至壬戌條，頁 8049。

劉昌祚的請求。〔註175〕

當宋廷恩恤高永能等殉難將校後，據南宋人費袞及黃由所記，宋人建旌忠廟於延州之首縣膚施縣（今陝西延安市寶塔區）祀祭高永能、景思誼及程博古三人，並由雍人施巨濟作記立碑；但它的建廟具體年月，爲甚麼選擇高、景及程三人而不及其他人，因施碑不傳而不可考。按高永能死事甚烈，而景思誼兄弟三人均先後死於王事，他們「生爲忠義，死爲明神，激烈沈雄，昭貫日月而凜然獨存」，建廟以祀之自然理所當然；但程博古事功不算顯赫，爲何能與高、景二人並列？則頗教人不解。又據費袞、黃由及潛說友所記，徽宗宣和中（按：三年），方臘（1048～1121）起事於睦州（今浙江建德市），宋廷派兵鎮壓，「奉命者」（大概指童貫，1054～1126）請禱於廟，後果然平定方臘。於是請得宋廷加封高永能爲感聖侯，景思誼爲順聖侯，程博古爲惠聖侯。〔註176〕此一廟在南宋的情況，將在下一節續述。

高永能子孫的事蹟在元豐六年以後不詳。高氏子弟在神宗末年繼續在西邊立功的有高繼嵩第四子高永堅，他在元豐七年（1084）二月，在知環州張守約（1017～1091）及環慶副總管曲珍的指揮下，出界作戰，立下首功，宋廷在是月丁酉（廿八）依環慶路經略司的奏報，將高永堅自如京副使遷五階爲莊宅副使授統領官，賜銀絹二百，並減磨勘。與他有姻親關係而這次並肩作戰的折可適（1051～1110）遷一官。〔註177〕同年六月，高永堅因再在河東

〔註175〕《長編》，卷三百三十九，元豐六年九月辛亥條，頁 8164；卷三百五十五，元豐八年四月丁亥條，頁 8488；卷三百五十七，元豐八年六月己卯條，頁 8537～8538；卷四百六十四，元祐六年八月乙卯條，頁 11094。考李浦到元豐八年（1085）六月，哲宗繼位後，大概在劉昌祚及趙卨的保薦下，又回陞爲鄜延路第一副將、左藏庫副使。到元祐六年（1091）八月仍任涇原路第十將西染院使。

〔註176〕費袞（撰），傅毓鈐（標點）：《梁谿漫志》，卷十〈臨安旌忠廟〉，頁 125；《全宋文》，第二八四冊，卷六四八一〈黃由〉，〈旌忠觀記・嘉泰四年〉，頁 409；潛說友：《咸淳臨安志》，卷七十二〈祠祀二・節義・旌忠廟〉，葉一上（頁 4002）。據費袞及黃由所記，程博古是河南人，仁宗朝參政程琳（文簡，988～1056）（按：程琳籍屬河北永寧軍），爲其諸父。程氏世業儒，程博古卻以材武稱。夏軍來犯，他與高、景同日出戰。當時曲珍懼懼形於色，但計未有所出。程說：「願當前，不濟則敢以死戰。」然後挺身率數百騎，力攻夏軍主力而死。高、景、程死於不同時間和地點，也不同籍貫，廟建於延州首縣，當是知延州者爲之。很有可能是种諤或繼任的劉昌祚。又潛說友記旌忠廟始建於鳳翔府和尚原，疑他將張浚（1097～1164）、吳玠（1093～1139）在紹興初年於和尚原建廟事混爲一談，不取。

〔註177〕《長編》，卷三百四十三，元豐七年二月丁酉條，頁 8250。按折可適是折克行

路出西界遇夏軍作戰立功，河東路經略使知太原府呂惠卿表奏其功，宋廷在是月庚寅（廿二），將他再遷五階爲右驍驥副使。〔註178〕

元豐八年（1085）三月初五（戊戌），神宗因元豐五年秋永樂之敗之刺激而生之病患復發，藥石無靈而崩。哲宗繼位，以年幼由祖母宣仁高太后（1032～1093）垂簾聽政。〔註179〕高太后主政後，一改神宗拓邊擴張的政策，陝西四路的帥臣，多易以文臣。其中高氏族人所居的鄜延路，於是年四月乙酉（廿二），便由天章閣待制、原知慶州的趙卨徙任爲知延州兼鄜延路經略使，取代赴京執掌禁軍的劉昌祚，而由知河中府范純仁（1127～1101）改知慶州兼環慶經略使。〔註180〕

這裡值得一提的是，《長編》記是月丙戌（廿三），蕃官東頭供奉官高福進戰死，宋廷錄其子高文俊、孫高永德、高永貴並爲三班借職。〔註181〕從這一家名不見經傳的蕃官高氏名字去看，其文、永兩輩又與綏州高氏的排輩相同，他們是否綏州高氏的疏屬？惜記載太簡略，連高福進是哪地的蕃官也不載，故暫難確定他們與高永能等的關係。

哲宗在翌年（1086）改元元祐。舊黨文臣自司馬光以下紛紛回朝秉政。

從子，而高永堅則是折克臣之次婿。宋廷也降敕獎勵曲珍和張守約，各賜銀絹二百。除折可適外，將官杜紹、劉甫及張誠（亦作張誡）各遷一官，另一蕃官吹羅以下依功遷官減磨勘年有差。眾將中以高永堅賞最厚，他肯定立下首功。

〔註178〕《長編》，卷三百四十六，元豐七年六月庚寅條，頁 8314～8315；卷三百四十六，元豐七年六月辛巳條，頁 8310；乙未條，頁 8316；卷三百四十七，元豐七年七月丁未條，頁 8324～8325。考高永堅領兵出界，據呂惠卿兩番上奏，很可能是護送糧米運往鄜延路，也可能是防衛橫山一帶宋人開拓之田。這次一同獲賞的還有文思副使許利見，獲遷左藏庫副使。另兩員蕃官內殿承制雅爾爲供備庫副使，內殿崇班吹恭爲內殿承制。

〔註179〕《長編》，卷三百五十三，元豐八年三月乙未至戊戌條，頁 8455～8458。

〔註180〕《長編》，卷三百五十四，元豐八年四月乙酉條，頁 8483；卷三百七十一，元祐元年三月乙丑條，頁 8983；三月壬戌條，頁 8990；卷三百八十，元祐元年六月甲辰條，頁 9226；卷三百八十二，元祐元年七月壬戌條，頁 9303；卷四百六十八，元祐六年十一月壬申條，頁 11185。考在元祐元年三月前，涇原經略使知渭州一職一直由樞密直學士朝議大夫劉庠擔任。後以劉病故，而由武臣四方館使、果州刺史知涇州謝麟（？～1093 後）權管勾涇原路經略司事。謝麟後徙知邠州兼環慶路鈐轄。他在元祐元年六月卻換文資的朝議大夫知潭州（今湖南長沙市）。謝後來累遷邊郡，元祐六年（1091）十一月以直龍圖閣權知渭州。另趙卨在元祐元年七月壬戌（初七）自朝奉大夫遷朝議大夫，仍留任鄜延路經略安撫使。

〔註181〕《長編》，卷三百五十四，元豐八年四月丙戌條，頁 8485。

司馬光等反對興師西夏，對於高氏族人力戰取得的西疆堡寨，主張歸還夏人。
司馬光在元祐元年二月壬戌（初三）便上奏說：

> 諸將收其邊地，建米脂、義合、浮圖、葭蘆、吳堡、安疆等寨，此
> 蓋止以藉口，用爲己功，皆爲其身謀，非爲國計。臣竊聞此數寨者，
> 皆孤僻單外，難以應援，田非肥良，不可以耕墾，地非險要，不足
> 以守禦，中國得之，徒分屯兵馬，坐費芻糧，有久戍遠輸之累，無
> 拓土闢境之實，此眾人所共知也。王師既收靈州不克，狼狽而還，
> 卒疲食盡，失亡頗多，西人知中國兵力所至，自此始有輕慢之心。
> 是以明年邊臣築永樂城，彼潛師掩襲，覆軍殺將，塗炭一城。久之，
> 又舉一國之眾，攻圍蘭州，期於必取，將士堅守，僅而得全。

司馬光於是主張「廢米脂、義合、浮圖、葭蘆、吳堡、安疆等寨，令延、慶
二州，悉加毀撤，除省地外，元係夏國舊日之境，並以還之。」〔註182〕

　　三月壬申（十五），元老重臣文彥博（1006～1097）應召言事，便嚴厲批
評元豐興師是「邊臣希望功賞，爲國生事，徼倖萬一，以致兵食困匱，財力殫
耗。」他又點名批評「种諤、徐禧輩，料敵不精，謀攻失策，致誤邊事。」「向
時种諤輩皆云西人辭弱，取如拾芥，又可信乎？國之大計，豈可數爲狂計所
誤？」環慶路經略使范純粹在同日上奏，也附和文彥博的意見，認爲夏國效順
多年，邊隅無事，「只因种諤、沈括數輩希功造事，欺罔朝廷，以爲夏國失勢，
眾怨親叛，無甚勞費，席卷可平；或請覆巢長驅，或請進築開拓，致朝廷大舉
干戈，諸路並興，固嘗長驅而無功，亦已進築而失利。」他和司馬光一樣，認
爲米脂諸寨得之無用，徒耗大量人力物力，他主張除了鄜延路塞門一寨外，應
該歸還夏人。他在六月再上奏，更提出蘭州也可以放棄。〔註183〕

　　右司諫蘇轍（1039～1112）於四月庚子（十三）也上奏表示熙州、蘭州及
安疆、米脂等寨每年費用達三百六七十萬貫，蘭州等地道遠難守，他同意棄守
之議。〔註184〕

　　宋廷此時對西夏的主流意見是「妥協退讓」，雖然在是年三月己卯（廿二）
仍委名將劉昌祚自熙州徙知重鎮渭州，而以另一勇將劉舜卿（？～1092）自雄
州（今河北保定市雄縣）徙知熙州，鞏固陝西的防務；但宋廷已放棄神宗朝開

〔註182〕《長編》，卷三百六十五，元祐元年二月壬戌條，頁8749～8751。
〔註183〕《長編》，卷三百七十二，元祐元年三月壬申條，頁 9005～9010；卷三百八
　　　　十一，元祐元年六月甲寅條，頁9283～9284。
〔註184〕《長編》，卷三百七十五，元祐元年四月庚子條，頁9093～9094。

拓西邊的政策。〔註185〕舊黨眾矢之的之呂惠卿，在元祐元年五月被言官百般彈劾，蘇轍劾他在知延州任上「力陳邊事以中上心」，又力主改變軍制，雜用蕃漢軍，壞亂邊政，至今爲患；更劾他推薦徐禧，引致永樂城之敗。他另一罪狀就是主政河東時大發人馬開拓葭霞、吳堡兩寨生地，耗費兵力。甚至在哲宗登位時派兵出界。呂終於在六月辛亥（廿五）被重貶爲建寧軍節度副使本州安置。〔註186〕

是年七月，宋廷決定將熙豐時代取得原屬西夏之地，除蘭州外悉數歸還。同月乙丑（初十）夏主秉常卒，夏人也無暇再爭，而向宋廷恭順納款。〔註187〕在此種氣氛環境下，志切復仇及立功的高氏族人，與其他有志西邊的武臣，就英雄無用武之地。高氏子弟在元祐期間基本上是投閒置散。

據秦觀的記述，他在元祐三年（1088）爲汝南（即蔡州，今河南駐馬店市汝南縣）學官，奉詔至京師，後以疾歸。這時高永亨「失邊帥意」，自延州徙內地，擔任蔡州鈐轄。考這時任鄜延帥的仍是趙卨，高永亨大概不爲趙所信任，就把他徙往蔡州。秦觀和高永亨甚爲相得，常相從於城東的古寺，日間對飲，絕口不提時政。秦觀說他酒酣時，悲歌聲震林木，受到秦的影響，高永亨就「瞋目熟視，髮上衝冠」。旁坐的人怪之，他們二人卻泰然自若。高

〔註185〕《長編》，卷三百六十八，元祐元年閏二月庚寅條，頁8855；卷三百六十九，元祐元年閏二月庚戌條，頁8911；卷三百七十三，元祐元年三月己卯條，頁9024。考劉昌祚早前召還京師執掌禁軍，後擢陞馬軍都虞候、雄州團練使出守熙州，至此時調任渭州，接替卒於任內的文臣劉庠。劉舜卿以四方館使英州刺史原知北邊的雄州，因劉昌祚往渭州，宋廷就擢他任龍神衛四廂都揮使的管軍高職，加高州刺史徙知熙州。附帶一談，被舊黨視爲奸邪兼推薦徐禧的呂惠卿早在元祐元年閏二月庚寅（初二）自太原徙知揚州，調離河東重鎮，而由另一新黨大將曾布接任。關於宋廷在哲宗初年特別是元祐年間對夏政策的改變的討論，可參閱：曾瑞龍：《拓邊西北——北宋中後期對夏戰爭研究》，第四章〈從妥協退讓到領土擴張：論宋哲宗朝對西夏外交政策的轉變與軍事戰略的兼容性〉，頁125～138。

〔註186〕《長編》，卷三百七十八，元祐元年五月乙亥條，頁9181；卷三百八十，元祐元年六月甲辰條，頁9227；辛亥條，頁9240～9241。

〔註187〕《長編》，卷三百八十二，元祐元年七月癸亥條，頁9313～9314；乙丑條，頁9316；卷三百八十四，元祐元年八月辛卯條，頁9369；卷三百九十七，元祐二年三月辛巳條，頁9671。考宋廷在元祐二年三月辛巳（廿九），因夏人所控的宥州送還陷蕃人三百餘口，就命等到葭蘆、米脂、浮屠、安疆四城寨的人口送還，就特給供賜。又詔其餘不屬可還城寨地土，就委官劃定界至，開立壕堠。據此，可知葭蘆等四寨此時已歸還西夏。按葭蘆寨在高氏一支曾守禦的石州所在。

永亨有一天拿出諸名臣給他們家人的信件，包括韓琦所寫的共有百餘封，請他作跋。秦觀欣然舉筆，並將有關永樂城之事記下，以見諸公稱高永亨為「無悔」，實非虛語。〔註188〕

元祐舊黨中堅劉摯（1030～1097）之子劉跂（？～1114後）的《學易集》，收錄了一首送給高永亨的七言古詩，很有可能也是高被徙至蔡州時所寫，詩中對他們兄弟之遭遇充滿同情與不平，以春秋時伍尚（？～前522）、伍員（前559～前484）以及唐代顏杲卿（692～756）、顏真卿（709～784）昆仲相比，而慨嘆他以驊騮之材竟去捕鼠，實在大才小用：

> 大高殺身如伍尚，弟有子胥天未喪。小高自慕顏太師，能言兄守常
> 山時。事隨日往長已矣，邂逅相逢識其弟。誰言恨不見古人？兩意
> 恐非今人比。結髮行陣初齊名，志同不在同生死。苦遭文吏巧見詆，
> 邊人至今猶墜淚。三年默默趨戎行，驊騮捕鼠非所長。趣裝定返雲
> 中守，上書今遇尚書郎。〔註189〕

高氏族人的際遇確教人不平，雖然宋廷對西夏採退讓政策，但仍容許邊臣在西蕃所居的河湟地帶立功。元祐二年八月戊戌（十九），种諤弟知岷州种誼（？～1087後）便率領岷州蕃將包順等收復西蕃大首領鬼章所據之洮州，並生擒鬼章。從种誼、姚兕以下諸漢將及蕃官包順、包誠等均獲超擢厚賞。〔註190〕另夏軍在九月己未（初十）進犯鎮戎軍，窺伺涇原時，永樂城的敗將曲珍也得以領兵迎戰，並擊退夏軍，稍雪前恥，並得以陞為忠州防禦使。〔註191〕而在元祐三年四月庚子（廿四），夏軍進攻高永亨原屬的延州塞

〔註188〕《長編》，卷四百一，元祐二年五月戊辰至己巳條，頁9766，9769；卷四百九，元祐三年三月壬午條，頁9965～9966；卷四百二十九，元祐四年六月戊申條，頁10370；秦觀（撰），徐培均（箋注）：《淮海集箋注》，卷三十四〈高無悔跋尾〉，頁1123。考秦觀原書作「元祐二年」，據徐培均的考證，當為三年。又據《長編》，元祐二年五月戊辰（十七），宋廷以向太后（1046～1111）弟溫州刺史、提舉萬壽觀向宗回知蔡州，向在元祐四年六月仍任知蔡州，高永亨徙知蔡州鈐轄，當在他的麾下。又考在元祐二年五月己巳（十八），宋廷以鄜延路鈐轄兼第一將呂真權發遣涇原路副總管，其時第一將缺，令經略司選官以聞。據此，疑高永亨在元祐二年五月前已調離延州。又趙卨在元祐三年三月自龍圖閣直學士陞樞密直學士時仍知延州，可知不喜高永亨的延帥乃趙卨。

〔註189〕劉跂：《學易集》，卷二〈送高將永亨〉，葉九上下。考詩中的文吏不知是否指趙卨，而說高永亨以驊騮之材捕鼠，大概指他徙往內地蔡州任鈐轄。

〔註190〕《長編》，卷四百四，元祐二年八月戊戌條，頁9840～9843；丙午至丁未條，頁9850～9851；卷四百六，元祐二年十月庚子條，頁9886。

〔註191〕《長編》，卷四百五，元祐二年九月己未條，頁9866；乙丑至丙寅條，頁9869

門縣，皇城使雄州刺史鄜延第五將米贊等戰死，趙卨令西路將劉安（？～1100後）、李儀（？～1091）等襲擊夏軍後方的洪州，斬擄五百餘眾，焚蕩族帳萬二千，終於教夏軍解圍而去。〔註 192〕教人感慨的是，這三場大戰，尤其在延州門戶的塞門縣一戰，高氏族人卻無一人參加立功雪恥。

元祐六年（1091）五月戊子（三十）趙卨卒於延州任上，宋廷隨即以范純粹調知延安府。〔註 193〕對在延州的高氏子弟而言，范純粹任延帥將會是他們受重用的機會。蓋是年十月，宋廷詔禁軍帥劉昌祚、姚麟及河東、陝西各路安撫使、總管及各知州、鈐轄奏舉大使臣有材武謀略或曾立戰功，勇於臨敵可以統眾的人二至五員以聞。〔註 194〕

元祐七年（1092）十月辛酉（十二），夏軍在梁太后（？～1099）領軍下，大舉攻圍環州及附近諸寨，七日才解圍而去。宋軍在環慶路經略安撫使

～9871；卷四百七，元祐二年十一月壬申條，頁 9903；卷四百八，元祐三年正月癸巳條，頁 9939～9940；卷四百二十四，元祐四年三月丁亥條，頁 10253。考夏軍進攻涇原，環慶路經略使范純粹得涇原報，重行策應之法，命時任環慶副總管的曲珍領兵自環州出兵，曲激勵士卒，晝夜疾馳，出境外三百餘里，往曲六律掌討蕩夏軍，斬一千二百級，俘老弱六百以還。夏人以此釋涇原之圍，議者以曲珍有功，故將曲珍厚賞。宋廷又獎勵此役有勞的權發遣涇原路經略司公事馬軍都虞候劉昌祚，將他擢為殿前都虞候，而權涇原路兵馬鈐轄皇城使張之諫，就擢為西上閤門使。按曲珍在元祐四年三月丙子（初五）卒，由熙河蘭會路副總管姚兕代為環慶路副總管。

〔註 192〕《長編》，卷四百九，元祐三年四月庚子條，頁 9976～9977；卷四百十，元祐三年五月己酉條，頁 9992；卷四百十一，元祐三年五月辛酉條，頁 10001～10002；辛未條，頁 10009；卷四百五十三，元祐五年十二月甲寅條，頁 10870；卷四百六十四，元祐六年八月癸丑條，頁 11091；卷五百十，元符二年五月辛亥條，頁 12139。考宋廷在五月己酉（初四）賞功，鄜延路第三及第六將及塞門寨守軍均有賞，但未見有高氏族人在受賞名單。有份立功的李儀為鄜延路都監兼第六將，他後來獲授皇城使，於元祐六年八月與副將許興出界與夏軍交戰而亡。又當時的鄜延路副總管是東上閤門使張守約，高永堅曾是他任環慶副總管的麾下，此役未見高永堅參預。張守約在是年五月徙為秦鳳路副總管，宋廷委永樂城另一敗將呂真繼任鄜延路副總管，另以六宅使王愍為鄜延路鈐轄。呂真在元祐四年七月更擢為捧日天武四廂都指揮使加衛州防禦使，仍任鄜延路副總管。到五年十二月，再擢為馬軍都虞候召入權管勾步軍司。呂真在元符二年五月致仕時，已官至安武軍留後。

〔註 193〕《長編》，卷四百五十八，元祐六年五月戊子條，頁 10972；卷四百五十九，元祐六年六月丙申條，頁 10982～10985；卷四百六十六，元祐六年九月戊子條，頁 11126；卷四百七十八，元祐七年十月乙丑條，頁 11387。按范純粹在元祐七年十月以母喪去職，由陝西轉運使李南公代知延州。

〔註 194〕《長編》，卷四百六十七，元祐六年十月癸亥條，頁 11148。

章楶（1027～1102）的指揮和協調下，由勇將環慶第七將皇城使折可適（1051
～1110）執行，打了一場亡友曾瑞龍（1960～2003）稱爲彈性戰略防禦之漂
亮勝仗，破敵於洪德城（今甘肅慶陽市環縣洪德鄉）。戰後賞功，折可適領
遙郡團練使擢環慶兵馬都監。在這場大戰，高氏族人似乎沒有參預。〔註 195〕
因夏軍戰敗，夏主乾順於元祐八年（1093）四月丁未（初一）遣使謝罪，獻
蘭州而請賜塞門寨，但宋廷不允。〔註 196〕

　　就在宋廷在防禦西夏佔得上風時，宣仁高太后在是年九月戊寅（初三）
崩，哲宗親政，他隨即罷退舊黨，復用新黨章惇、曾布（1036～1107）等秉
政，復用呂惠卿爲鄜延路經略使（按：呂在哲宗親政後一直任延帥不替）。
翌年改元紹聖，恢復神宗拓邊擴張政策。〔註 197〕在此新的環境氣氛下，高
氏子弟在紹聖時期，便稍被任用。

　　據《宋會要》的記載，高永亨在紹聖初年前已返回西疆，以皇城使、嘉
州刺史任權發遣熙河蘭岷路兵馬鈐轄。他的上司熙河經略使正是欣賞他的范
純粹。紹聖二年（1095）八月，因夏人要求在熙河一帶分劃地界，宋廷就派
遣高永亨和通判熙州王本與議。本來夏使到來之前已提供宋方箚目，宋廷以
爲可以成約；但夏使再來後忽然又悔約，以藉口拖延。哲宗大怒，是月庚午
（初七），下旨罷遣高永亨及王本往議疆界，並下令邊臣增武備，又命范純粹
乘機築汝遮寨。樞密院後來卻劾奏高永亨及王本二人在劃界事上遷延，而夏
人掠取物品，軍司並未申報，斥高永亨「申狀虛誕」。十一月乙巳（十三），
宋廷將二人貶責，高永亨還給降遙郡一官。〔註 198〕

　　高永亨是否犯了甚麼過錯被貶，據陳均（1174～1244）的說法，宋廷這

〔註 195〕《長編》，卷四百七十八，元祐七年十月辛酉條，頁 11383～11384；卷四百
　　　　七十九，元祐七年十二月丁卯條，頁 11403～11409。關於宋夏洪德城之戰的
　　　　始末，可參閱曾瑞龍：《拓邊西北——北宋中後期對夏戰爭研究》，第二章〈北
　　　　宋對外戰爭中的彈性戰略防禦：以宋夏洪德城戰役爲例〉，頁 45～77。

〔註 196〕《長編》，卷四百八十三，元祐八年四月丁未條，頁 11480。

〔註 197〕《皇宋十朝綱要校正》，卷十三〈哲宗〉，頁 359～361。關於哲宗親政後對外
　　　　政策的改變，可參閱曾瑞龍：《拓邊西北——北宋中後期對夏戰爭研究》，第
　　　　四章〈從妥協退讓到領土擴張：論宋哲宗朝對西夏外交政策的轉變與軍事戰
　　　　略的兼容性〉，頁 138～164。

〔註 198〕《皇宋十朝綱要校正》，卷十三〈哲宗〉，紹聖二年八月庚午至乙亥條，頁 364；
　　　　《宋會要輯稿》，第八冊，〈職官六十七‧黜降官四〉，頁 4854；第十五冊，〈兵
　　　　二十八‧備邊二〉，頁 9229。又原任熙河經略使的寶文閣待制的蔣之奇（1031
　　　　～1104）也被追究責任降一官。

時忽然罷熙河路劃界，因章惇、曾布方謀用兵，故勸哲宗罷劃界，而高永亨
就無端做了遷延劃界的代罪羊。據《長編》所記，曾布在元符二年（1099）
五月憶述，當日宋廷爭議應否罷熙河劃界時，知樞密院事韓忠彥（1038～
1109）堅持不肯，當曾布與之力爭時，韓忠彥說：「待捉了高永能後相度。」
而曾布就說：「若須待捉了鈐轄，實羞見天下人。」據說這時韓始屈服。《長
編》又記在元符三年（1100）正月，當哲宗逝世，徽宗繼位後，章惇因與曾
布爭權，在向太后（1046～1111）前舊事重提，指責當日曾布欲變邊事，要罷
熙河劃界。當時韓忠彥猶說：「待捉了高永能後商量」，曾布就說此時無面目
見天下人，韓才屈服。（按《長編》在高永能後注：永能乃本路鈐轄，亦商量
地界官），顯然是將高永亨訛作高永能）。參照《長編》這兩條記載，尋找罪
過把高永亨作罷劃界的代罪羊顯然是同知樞密院事的曾布，而非知樞密使事
韓忠彥。事實上韓也在翌年正月被罷樞，由曾布陞任知樞密院事。〔註199〕

　　高永亨兄弟的事跡在元符以後不詳，據王覿在大觀四年為高繼嵩撰寫神
道碑所言，他在徽宗初年還來得及認識「輕財重義，渾厚長者」的高永奇（繼
嵩第六子）及高永亨。到大觀二年應高氏第四代高洵撰寫神道碑時，永奇、
永亨已亡。高氏第四代較著名的就是推動營建高氏祖墳、在大觀二年出任皇
城使、晉州兵馬鈐轄的高洵。高洵在高繼嵩神道碑題稱姪孫，則他當是高繼
昇或高文岯次子之孫。王覿記他本任廣南鈐轄，後以族人未葬之事為念，請
得宋廷恩准，讓他徙任為高氏落戶的晉州兵馬鈐轄。因高氏族人在晉州頗眾，
故高洵得以為族人旅殯而未葬的六十人「聚族營辦，富者輸貲，貧者効力，
二年之間以畢其功。」〔註200〕惟高洵及其他高氏第四代、五代人物在大觀以
後的事功也失載於史乘。

　　綏州高氏的將業，在元符以後就只靠另一第三代人物高永年中興。

五、綏州高氏旁支高永年事蹟考述

　　名列《宋史‧忠義傳》、群書稱為「河東蕃官」的高永年，宋人沒有具言
其家世。從他的名字及來自河東的線索，筆者認為他當是綏州高氏的旁支，

〔註199〕《長編》，卷五百十，元符二年五月甲子條，頁12144～12145；卷五百二十，
　　　　元符三年正月乙未條，頁12386；陳均（編），許沛藻等（點校）：《皇朝編年
　　　　綱目備要》（北京：中華書局，2006年12月），下冊，卷二十四〈哲宗皇帝〉，
　　　　紹聖二年秋八月條，頁592；《宋史》，卷十八〈哲宗紀二〉，頁340～346。
〔註200〕〈高繼嵩神道碑〉，頁168。

很有可能是後來落戶河東石州、晉州的高繼昇或其不知名的高文岯次子的子姪，與落戶延州青澗城的高文玉孫高永能份屬族兄弟，而與上文提及來自河東的高永錫、高永翼，以至來歷不明的蕃官高永德、高永貴可能同屬一族。按高繼嵩墓誌銘稱「自領軍以下，枝分派別，散居於延安、綏德、平陽者，不知幾何人」，高永年人概就是來自高氏平陽（即晉州）的一枝。

　　高永年的事蹟，最早的記載是在元祐六年（1091）四月，他奉旨赴京奏報邊事，河東路經略使知太原府范純仁向宋廷稱許他粗知文理，請求給他換漢官的差遣；但宋廷以沒有前例，於是月辛亥（廿二），將高永年從如京副使特遷一官為莊宅副使，命他充任麟州阿爾族都巡檢，仍賜莊宅及賜錢五十貫。考《長編》在這裡只稱他為「河東路蕃官」，沒有提到他與高永能、高永亨等之關係。這年九月夏軍寇麟州和府州，攻圍城壁，高永年大概有份參戰。〔註201〕

　　高永年在元祐六年至紹聖年間的事蹟不詳，《宋史》本傳所記他第一個兵職為麟州都巡檢，當是在紹聖年間所授。哲宗君臣在紹聖末年及元符初年，一方面重奪夏人控制的宥州等地，並修復元祐年間棄守之米脂寨各城寨，又致力於重奪河湟以及青唐諸族所據之地，重用蕃官蕃將是宋廷的政策。如在紹聖四年（1097）六月，一直效忠宋廷的熙河路蕃官、東上閤門使、岷州一帶蕃部鈐轄包誠，在領兵出援涇原時戰歿後，宋廷便厚恤包誠子弟族人，並命其弟包海承襲其職。而在此役失律的蕃官折可適，宋廷也以人才難得而輕輕處分了事。折稍後復任為涇原路鈐轄。另外宋廷又重用蕃官熙河州部落子將權涇原路準備使喚李忠傑（？～1099 後）、河州部落子巡檢李世恭（？～1099）。高永年獲委用，也在理中。〔註202〕

〔註201〕《長編》，卷四百五十七，元祐六年四月辛亥條，頁 10944；卷四百六十五，元祐六年閏八月壬午條，頁 11115；卷四百六十六，元祐六年九月丁亥至壬辰條，頁 11126～11128；《宋史》，卷四百五十三〈忠義傳八・高永年〉，頁 13315。

〔註202〕《長編》，卷四百八十九，紹聖四年六月己酉條，頁 11605～11606；卷四百九十，紹聖四年八月丙戌條，頁 11623～11624；卷四百九十一，紹聖四年九月丁丑條，頁 11662～11666；卷四百九十八，元符元年五月庚午條，頁 11858；卷四百九十九，元符元年六月辛卯條，頁 11880；卷二百，元符元年七月甲寅條，頁 11906；卷五百四，元符元年十二月己卯條，頁 12008；卷五百六，元符二年二月戊寅條，頁 12051。宋廷在紹聖四年八月便派王愍破蕩宥州，燒毀族帳不可勝計。另在元符元年五月修復米脂寨，七月又在涇原路建好沒煙前後峽兩

　　是年十二月乙酉（初五），熙河蘭岷路經略判官直龍圖閣鍾傳，統領本路
及秦鳳路兵出師，丙戌（初六）便在白草原（今甘肅白銀市會寧縣郭城驛東
20 里有白草原，疑即此地）等處擊破夏軍。他報卜宋廷斬首四千，數百里間，
牛畜斬獲殆盡，而秦鳳路也奏稱獲千三百級，鈐轄首領十三級。在這場征戰
中，高永年即以崇儀使權都總領官，有份從征。鍾傳等所奏上的戰功，連支
持他們的章惇也懷疑誇大失實，一方面遣使賜銀合茶藥慰勞外，一方面催促
鍾傳等具功狀奏聞。翌年（元符元年，1098）正月丙寅（十七），宋廷賞功，
特除鍾傳集賢殿修撰、差權發遣熙河蘭岷路經略安撫都總管司公事兼知熙
州，並命他奏上從征將佐功狀。〔註203〕高永年的直屬上司熙河蘭岷路都監
知河州兼管勾洮西沿邊安撫司公事王瞻（？～1101），在是月癸酉（廿四）
任滿，宋廷就命他再任。〔註204〕不過，宋廷已陸續發現，鍾傳等有虛報戰
功之嫌。王瞻一方面貪功，又一方面想掩蓋較早前虛報戰功之事，是年八月，

〔註203〕　寨（即通峽寨，今寧夏固原市黑城鄉北莧麻河谷口）。又李忠傑乃天都山蕃部。
　　　　《長編》，卷四百九十三，紹聖四年十二月辛丑條，頁11715；卷四百九十四，
　　　　元符元年正月丙寅條，頁11732；卷五百七，元符二年三月乙丑條，頁12088；
　　　　《宋史》，卷三百四十八〈鍾傳傳〉，頁11037～11308。鍾傳是饒州樂平（今
　　　　江西景德鎮市樂平市）人，本為書生，用李憲之薦，任蘭州判官，後以過罷
　　　　官。章惇在紹聖中重新起用他，他入對時稱旨，哲宗命他幹當熙河涇原秦鳳
　　　　三路公事。夏人陷金明寨，渭帥毛漸出兵攻其沒煙寨，鍾傳合擊破之，又與
　　　　知熙州王文郁（？～1099）進築安西城。他後來又領兵二萬出其不意造河梁
　　　　助宋軍敗夾寇涇原靈平的夏軍，並作金城關（今甘肅蘭州市中山鐵橋以北，
　　　　白塔山下的居民區）。他是頗有武幹的文臣，而非徐禧之流紙上談兵。他的生
　　　　平事蹟尤其是在西邊之事功，可參閱曾瑞龍：《拓邊西北——北宋中後期對夏
　　　　戰爭研究》，附錄二〈蘭州堡寨群與涇原路戰線的聯接問題——鍾傳的淺井作
　　　　戰〉，頁257～286。關於取白草原之役的討論，見270～271。另紹聖期間宋
　　　　廷開邊之情況，可參閱米壽祺：〈紹聖開邊與章棻經營天都〉，《固原師專學
　　　　報》，1991年第4期，頁83～87。
〔註204〕　《長編》，卷二百四十七，熙寧六年九月癸未條，頁6024；卷四百九十四，
　　　　元符元年正月癸酉條，頁11736；《宋史》，卷三百五十〈王君萬傳附王瞻傳〉，
　　　　頁11069～11071。王瞻是秦州人，父王君萬（？～1080）隨王韶征河州，累
　　　　官至客省使副總管。王瞻為將家子，因李憲以進，元符元年正月積官至皇城
　　　　使榮州防禦使。又白草原即今何地？米壽祺前引文以會寧縣（即會州）郭城
　　　　東20里有白草原。惟定邊縣三邊文化研究會副主席在2009年7月29日
　　　　在陝北邊塞研討會之網站發表一文〈白草原界堠碑考略〉，稱此碑出土於
　　　　陝西榆林市定邊縣白馬崾嶮鄉接壤的甘肅省慶陽市華池縣某村秦長城遺
　　　　址上。考會寧縣在秦州（今甘肅天水市）西北，而華池縣在秦州之東北
　　　　方，按鍾傳及高永年等一日即能從秦州至白草原，從距離上而言似乎白
　　　　草原在會寧的機會較高。

就向權知熙州張詢說青唐人有叛其酋瞎征（？～1102）之意，說服張詢約西蕃首領起兵。事敗，宋廷令知慶州孫路（？～1104）徙知熙州兼熙河蘭會路經略使，查究此事。宋廷經累月的查究，確定鍾傳等大大虛報戰功之事實：所謂斬獲三千五百級，其實核實只有二百九十級。宋廷將兩案失職失實的文臣將校二十二人作出嚴厲處分：文臣鍾傳責授連州別駕、韶州（今廣東韶州市）安置；張詢責授歙州別駕、池州（今安徽池州市貴池區）安置；武臣熙河路鈐轄王舜臣追十官除名勒停留充涇原路效用，王瞻也追十一官免勒停權管勾河州及安撫司公事。另王韶子、熙河路經略司勾當公事禮賓副使王厚（1054～1106）降一官。至於高永年則被吏部劾他在出界回來，為了討好王瞻（防禦）及鍾傳（龍圖）等人，就虛報斬獲首級數目，加在他們名下。為此他被責降六官，由崇儀使降為文思副使。最後哲宗更將他從諸司副使的文思副使貶為大使臣的內殿崇班。〔註 205〕值得注意的是，高永年不久便追隨王瞻和王厚二人取青唐。〔註 206〕

　　王瞻想將功贖罪，他從叛逃至河州的蕃人處探知青唐內部的紛爭，就密劃取青唐之策。是年三月底，他派其客黃亨往京師將他的計劃獻給首相章惇。章接納他的計劃，並下其事予孫路處理。孫路同意王的計劃，先向宋廷請於喀羅川口作橋築城，以阻斷夏人與吐蕃相通。孫、王二人繼續鼓吹青唐可取，

〔註205〕　《宋史》，卷三百四十八〈鍾傳傳〉，頁 11037：卷三百五十〈王君萬傳附王瞻傳〉，頁 11070；《長編》，卷五百一，元符元年八月壬寅條，頁 11941～11945；卷五百三，元符元年十月庚辰條，頁 11974～11975；卷五百五，元符二年正月庚戌條，頁 12028：卷五百五，元符二年正月壬戌條，頁 12037～12038；卷五百六，元符二年二月庚辰條，頁 12052～12053，卷五百七，元符二年三月乙丑條，頁 12085～12089。考瞎征乃青唐政權第三代統治者阿里骨（1040～1096）子，紹聖三年（1096）九月繼位，翌年（紹聖四年）宋廷正式承認他的地位，授他河西節度使、邈川首領。宋廷在元符二年正月壬戌（十九）特授瞎征金紫光祿大夫，仍為西蕃邈川首領，以安其心。另外曾布亦在二月批評孫路在回奏王瞻結納青唐舉兵事上不曾分明奏報，建議稍後調走他。關於阿里骨及瞎征的生平事蹟，以及瞎征繼位前後的情況，最近期的研究，可參閱齊德舜：《唃廝囉家族世系史》（蘭州大學博士論文，2010 年 3 月），第八章第五節〈阿里骨去世，瞎征執政〉，頁 128～130；齊德舜：〈《宋史·阿里骨傳》箋證〉，《西藏研究》，2012 年第 2 期（2012 年 4 月），頁 28～36；〈《宋史·瞎征傳》箋證〉，《西藏研究》，2013 年第 3 期（2013 年 6 月），頁 17～26。

〔註206〕　關於王厚後來的軍旅生涯及他在元符及崇寧年間取青唐的戰功，最近期的研究可參見羅家祥：〈北宋晚期的政局演變與武將命運──以王厚軍事活動為例〉，《學術研究》，2011 年 11 期，頁 98～106。羅氏對王厚的將業推崇備至，認為他對宋廷開拓湟州鄯州之功甚大。

宋廷就命大開府庫以招徠羌人。〔註207〕

與高氏向有淵源的府州折氏大將折可適，在五月代爲熙河蘭會路鈐轄知西安州（即南牟會新城，今寧夏中衛市海原縣西安州古城）兼管勾沿邊安撫司，接替徙往秦鳳路的李沂，成爲高永年的直屬上司。〔註208〕

熙河路從五月己未（十二）開始興築的青南訥心城在六月己卯（初八）畢工。庚辰（初九），宋廷賜名會川城。丁亥（十六），熙河路經略使孫路又請在是年秋於古會州、巴寧會中間地形寬廣處再築城會州，並建打繩川、東北冷牟兩寨。孫路建功的雄心不遜於王瞻。而在是月，與瞎征世有冤仇的西蕃大酋、鬼章孫邊廝波結等，與鬼章妻桂摩及妻㝮，以及河南舊部族前往河州、岷州境上，向宋廷請以講朱城、一公城（崇寧二年改循化城，今甘肅甘南藏族自治州夏河縣甘加鄉斯柔村）等四城來降，並言瞎征已爲心牟欽氈等所囚廢，青唐此時可取。王瞻馬上具奏此新情況，並請宋廷速取青唐，以時機不可失。宋廷即命孫路措置此事，勿失機會。〔註209〕在熙河路邊臣的鼓動下，宋廷取青唐的信心進一步加強。

王瞻於七月壬子（十一）再上奏，稱已佔講朱城等九城堡，指講朱城正當青唐咽喉，而當標、一公等三城都是部族繁庶，地利要害之處，都宜修建城寨。這時宋廷只考慮應否扶植另一強豪溪巴溫取代瞎征。稍後孫路又奏西蕃大酋邊廝波結等已遣人呈送降表，願將大片土地及部族人戶及蕃兵六千一百獻予宋廷。〔註210〕

宋廷決定出師，令孫路駐河州，王瞻領河州兵爲先鋒，熙河總管王愍（？～1099後）領岷州及熙州軍馬策應。七月己未（十八）宋廷下詔後，宋軍在甲子（廿三）兵發河州，抵安鄉城。王瞻以先鋒自密章渡河，連夜過河，奪蕃部密氈之堡隘並斬之。丙寅（廿五）夜半即出兵，平明攻克重鎮邈川，並直接上捷書宋廷。這次王瞻攻取邈川，爲他立功的正是總領蕃兵的高永年。據群書所載，孫路一開始就不信任王瞻，就派王愍爲主將，而以王瞻爲副，欲使王愍監視王瞻。當二王抵羅格、隴朱黑城，接近邈川時，王瞻怕王愍會

〔註207〕《宋史》，卷三百五十〈王君萬傳附王瞻傳〉，頁11070；《長編》，卷五百七，
　　　　元符二年三月庚午條，頁12091～12092。
〔註208〕《長編》，卷五百十，元符二年五月甲辰至丙午條，頁12132～12133。
〔註209〕《長編》，卷五百十一，元符二年六月己卯至庚辰條，頁12160；丁亥條，頁
　　　　12163～12164；己亥條，頁12171～12173。
〔註210〕《長編》，卷五百十三，元符二年七月壬子條，頁12193～12195；丙寅條，
　　　　頁12202～12203。

分其功，就騙王愍說他會在翌日早晨食畢才出兵，王愍信以為真。他卻在是夜就突然發兵，平明入邈川，西蕃首領欽彪阿城以城降。王贍入城並據有府庫後，王愍過午才抵邈川。王贍將王愍安置於佛寺，又遣蕃將密下魯旺等三城，並直接送捷書予宋廷而不經孫路。王愍大怒，就向孫路奏報。孫路亦怒，八月初一（辛未），將王愍及大軍召還河州，並與之同返熙州，就以留卜工贍所部屯邈川。〔註211〕

　　因孫路、王愍與王贍爭功，差一點把留屯於邈川的王贍軍置於險境。是月乙亥（初五），宗哥城的大酋舍欽腳請求內附，王贍即派使臣王詠等將五十騎往宗哥城迎之。這時孫路又故意命王贍返河州督糧，當王詠等入宗哥城時，城內諸羌連結為亂，白晝搶劫倉庫，舍欽腳不能制止。王詠等登上宗哥城的子樓，一面拿去樓梯以自保一時，一面馳書告急。當時留守在邈川的經略司勾當公事王厚連忙與高永年商量，高永年就斷言：「此青唐成敗之機，勢不容緩。若待安撫（按：指王贍）還自河州，則無及矣。」高永年請親率千騎前往宗哥城接應，得到王厚的同意。於是高永年率蕃官、西蕃大酋李尊之孫李藺氈納支（？～1099）等赴宗哥，招撫原屬李尊之宗哥族人。己卯（初九），高永年的奇兵過省章峽，這時王詠才再派人求救，高永年部已在當日抵宗哥城。作亂的諸羌聞知高永年軍至，都越城遁去。高永年軍入城，收得糧食四萬餘斛。高永年隨即從宗哥城至邈川城置流星馬驛，並開省章峽路。乙酉（十五），王愍的大軍才出省章峽入宗哥城。這次高永年有勇有智地奪取宗哥城，就幫了剛返回邈川的王贍一大忙。王贍挾著這次勝利，就向宋廷訟告王愍。宋廷一面倒支持立功得地的王贍，丙戌（十六），以孫路措置邈川事乖錯，將他移知河南府，改命知慶州、寶文閣待制胡宗回（？～1109）知熙州。值得注意的是，此役的始末，當事人的高永年便留下一手的《元符隴右日錄》史料。〔註212〕

〔註211〕《長編》，卷五百十三，元符二年七月丙寅條，頁12203；卷五百十四，元符二年八月丙戌條，頁12217～12218；辛卯條，頁12223～12224；《宋史》，卷十八〈哲宗紀二〉，頁352；卷三百五十〈王君萬傳附王贍傳〉，頁11070～11071；四百五十三〉〈忠義傳八・高永年〉，頁13315。

〔註212〕《長編》，卷五百十四，元符二年八月丙戌條，頁12217～12220；辛卯條，頁12223～12224；《宋史》，卷三百二十二〈孫路傳〉，頁10688；卷三百五十〈王君萬傳附王贍傳〉，頁11071；卷四百五十三〈忠義傳八・高永年〉，頁13315。考孫路後來又向宋廷奏報，說是他命王贍派兵取宗哥城，又說是他派王愍率熙河、蕃漢將兵赴宗哥城接應，將取得宗哥城之功勞歸於自己；但樞臣曾布一直

當孫路尚未罷職前，他一再檄文促在宗哥城的王愍率軍入青唐。王愍起初輕敵，與諸將商議，想只以輕兵發青唐。老成持重而熟悉羌情的高永年進言：「青唐自廢其主，必有姦雄得眾心者。今雖通款，其眾未必悉從。須重兵以臨之，厚賂以結之，恩威並行乃可也。不然事必不濟。」高再說：「王瞻始末經營，今不預行，恐致後悔。」王愍總算採納高永年的忠言，沒有輕舉。壬辰（廿二），宋廷罷王愍都統領職，王尚未離開宗哥城時，大酋青歸論征結等四十九人來降。癸巳（廿三），失去青唐的瞎征帶其子及親信數十人往宗哥向王愍投降。因王瞻奏問取得宗哥城後應如何措置，宋廷在九月丙午（初七）就命新任熙河帥的胡宗回計議奏聞。戊申（初九），宋廷見瞎征死敵董氊（1032～1083，董是唃廝囉第三子）之姪隴拶（？～1108後，按：隴拶父爲溪巴溫）重佔青唐，另會州已收復，可以調動部隊，就接納曾布的建議，令王瞻率兵屯宗哥，以熙河第四將皇城使馬用誠守邈川，準備進攻青唐。起初王瞻還存觀望，不肯馬上進兵。當胡宗回向宋廷上奏，得到同意後，便嚴令王馬上出兵，並遣王的死敵王愍復至邈川，聲言會以王愍取代他。王瞻才在九月壬子（十三）令部將魏眞率千騎先據宗哥與青唐之間的安兒城。戊午（十九）宋廷一方出動大軍，一方面又令胡宗回以優厚條件向隴拶招降。剿撫並施下，隴拶在翌日（己未，二十）與諸族首領出降。王瞻入城後，檢查倉儲，僅餘糧二萬斛，珍幣亦多爲諸酋所侵。王瞻卻縱容部屬剽掠，又擅自分白金於部眾。宋廷在壬戌（廿三）再命王厚同王瞻管勾青唐招納事。〔註213〕

宋廷在閏九月癸酉（初四）以青唐城建爲鄯州（今青海西寧市），仍爲隴右節度，邈川城爲湟州（今青海海東地區樂都縣），宗哥城改龍支城，廓州（今青海黃南藏族自治洲尖扎縣北）爲寧塞城。鄯州、湟州及河南北新收復之城寨，並隸隴右節度，仍轄於熙河蘭會路。宋廷賞收復青唐之功，胡宗回特授

支持王瞻，不信孫路的奏報。本來章惇支持孫路，看到孫理虧，而哲宗也不滿孫，就反過頭來批評孫的不是。

〔註213〕《長編》，卷五百十四，元符二年八月壬辰至癸巳條，頁 12226～12227；卷五百十五，元符二年九月丙午至甲寅條，頁 12241～12245；戊午至壬戌條，頁 12247～12249；戊辰條，頁 12261；《宋史》，卷十八〈哲宗紀二〉，頁 353；卷三百五十〈王君萬傳附王瞻傳〉，頁 11071。據胡宗回的奏報，瞎征在七月庚午（廿九）離開青唐城，削髮爲僧。留下的青唐城只有心牟欽氊父子手下百餘人馬把守。到八月癸巳（廿三）瞎征來降時，青唐已無主領，其城已空。胡以王瞻及王愍並未乘機佔領青唐，才給心牟欽氊有機會奉隴拶重佔青唐。

寶文閣學士，王瞻亦以功特授四方館使、領榮州防禦使知鄯州，充隴右緣邊安撫使，而以种諤子种朴充熙河蘭會路鈐轄知河州、管勾洮西沿邊安撫司公事。初五（甲戌），王厚自內殿承制授東上閤門副使知湟州兼隴右沿邊同都巡檢使，而改授王瞻爲正任的忻州團練使仍兼熙河路鈐轄。〔註214〕

　　當宋廷沉醉於取得青唐的勝利時，卻不察青唐蕃部本無降宋之意。王瞻改名爲鄯州的青唐，在九月底，蕃酋心牟欽氊等已暗中集結羌人百餘於僞宮禁前密謀作叛。閏九月戊寅（初九），城內外的羌人相應，重奪青唐。王瞻雖遣部將蕃官李忠（？～1103）領輕騎二千夜入山南諸羌所在的冷穀平亂；但城內羌人遍滿四山，大呼小叫，晝夜不息。王瞻與部將王瑜分守東西城，面對攻城甚力的叛羌十餘萬，形勢甚爲危急。幸而越過南山往木敦穀討山南族帳的李忠，在解安兒城之圍後，及時回軍與羌人苦戰得勝，羌人大敗奔逃後，青唐之圍才解。辛巳（十二）王瞻將所囚之蕃部首領心牟欽氊等八人盡行誅滅。青唐圍雖解，但後患無窮。另青唐不遠的邈川也受到羌人數千以及來援之夏軍十餘萬的攻擊，敵軍砍斷炳靈寺橋並燒毀省章峽棧道，而城中守軍才二千四百餘人。幸而守將王愍激勵將士，奮力死守十六日。蘭州苗履（1060～1100後）、河州姚雄所率之秦鳳兵，及涇原李忠傑各路援兵在十月辛丑（初三）及時趕到，與羌兵激戰。羌兵不知宋軍虛實，引兵渡湟水而去，邈川才解圍。而宗哥城同時被圍，十日才得解。這次王瞻等僥倖得勝，保住新收復的邈川、宗哥、青唐等地，宋廷在十月甲辰（初六）賞功，詔青唐、邈川力戰有功士卒作三等賜絹。章惇、曾布均以王瞻等以孤軍破敵，能保城池，又能斬獲賊眾，功實不少。哲宗也以王愍功大，應復他管軍之職，並應加姚雄之功，並命熙河帥司奏上將佐功狀。〔註215〕

　　高永年在這場大戰中，據《長編》及《宋史》本傳所記，他率本部擊走城外的叛羌後，結陣還青唐增援。當羌兵攻城急時，他又將之擊退。當苗履、姚雄之援兵在十月辛丑（初三）趕至青唐時，王瞻在癸卯（初五）命苗履及姚雄共擊青唐嶮之羌酋綽爾結（一作籛羅結）。綽爾結曾在閏九月己丑（二十）大敗宋將李忠，而聚兵甚眾，聲言要再圍青唐。爲解除此威脅，王瞻於是命苗、姚二人進攻青唐嶮。甲午（廿五），苗履及姚雄率軍至青唐嶮，羌兵列陣

〔註214〕《長編》，卷五百十六，元符二年閏九月癸酉至甲戌條，頁 12267～12268。
〔註215〕《長編》，卷五百十六，元符二年閏九月壬辰條，頁 12286～12289；卷五百十七，元符二年十月癸卯至丁未條，頁 12296～12297；卷五百十七，元符二年十月己酉條，頁 12299；《皇朝編年綱目備要》，卷二十六，頁 673。

以待。苗履望見羌軍，命軍士藏弓於鞬，拔刀而入；但羌兵據巢穴殊死戰，苗麾下的悍將陳迪、王亨敗走。苗履奮力立馬不動，有穿青袍騎白馬的羌酋甚至突至苗履馬前，以劍擊苗，幸得帳前衛士王抌以弓格之，苗才無恙。羌軍更繞出苗軍後面，欲斷宋軍爲二。在此萬分危急之時，幸賴有份從征的高永年領勁騎，奮力向前，鏖戰數十合，將羌兵斷爲二，才將羌軍擊退。宋軍乘勝圍伊蘭鼐堡（《宋史》作溪蘭宗堡），但一時不能攻下。苗履以日暮，收軍結營於堡傍。羌兵在半夜棄堡逃走。宋軍在翌日（乙未，廿六）縱兵四掠，焚其族帳而還青唐，並分討宗哥城及山外之羌兵，同日班師河州。在此次大戰的關鍵時刻，又是高永年建立奇功，令宋軍反敗爲勝。有份參戰的高永年也將此役的過程記於他所撰的《元符隴右日錄》。〔註216〕

當曾布正憂慮「青唐去大河五百里，道路險隘，大兵還邈川，而青唐路復不通，朝廷進築城寨畢，方有休息之期，今復生此大患，如何保守，深爲朝廷憂之。青唐非數萬精兵不可守」時，諸蕃部不甘失去青唐，熟羌郎阿克章（一作郎阿章）便攻圍青唐諸城。胡宗回先後派遣河州都監王吉（？～1099）及開封府界第八將魏釗（？～1099）討之，均兵敗身死。因河州闕守，胡命時知鎮戎軍的种朴火速改知河州，連同苗履過河討蕩；但苗履以兵少不肯過河。种朴到河州才兩天，胡宗回就迫他出戰阿克章，十月己未（廿一），种朴率軍越過一公城，卻中羌人埋伏，爲羌人所殺。蕃官李蘭氈納支、李世恭亦戰死。宋軍慘敗，幸賴部將王舜臣以神箭功夫率部奮戰多時，連射殺羌人千餘，才令殘餘的宋軍脫險。种朴戰歿，熙河將士氣奪，無敢復言者。河州、岷州及諸城寨堡日虞羌人至，於是青唐道路再次不通。此時綽爾結、結牟彪廝雞等又共立溪巴溫第三子小隴拶（一作小隆贊，即錫羅薩勒、溪賒羅撒）爲主，據青唐峴，連結本敦谷、鼎凌宗、省章峽諸羌，聚眾抄掠諸城。〔註217〕

〔註216〕《長編》，卷五百十七，元符二年十月己酉至庚戌條，頁12299～12300；《皇宋十朝綱要校正》，卷十四〈哲宗〉，元符二年十月甲辰條，頁377；《宋史》，卷四百五十三〈忠義傳八・高永年〉，頁13316；李復（1052～1128後）：《潏水集》，文淵閣《四庫全書》本，卷六〈震雷記〉，葉二十二下；《皇朝編年綱目備要》，卷二十五，頁616。據高永年《隴右錄》所記，十月己酉（十一），苗、姚率兵返河州，庚戌（十二）經省章峽返熙州，並將隴拶帶回熙州。苗履又連上奏章請求放棄青唐而改守邈川。又據時任胡宗回熙河經略司機宜文字的李復所記，是年「十二月，王贍、高永年再破奇塔特城、布敦谷」。
〔註217〕《皇宋十朝綱要校正》，卷十四〈哲宗〉，元符二年十月己未條，頁377；《長

　　高永年雖勇，卻無法挽回青唐之危局。宋廷因种朴戰死，青唐危急，胡宗回即命王瞻及王厚速赴鄯州（青唐）與湟州（邈川）。因爲姚雄沒有積極援救河州，自一公城逃回的權知一公城趙吉、押通遠軍蕃兵王舜臣率部苦守河州四十日，因城中缺水及缺援，於十月戊辰（三十）放棄河州，率眾突圍，轉戰百里，上卒獲免才十二、三。他們沒有重蹈永樂城的慘禍已屬萬幸。〔註218〕

　　宋廷在十一月庚午（初二）收到种朴戰死的報告後，即命王瞻引兵返邈川。此時涇原路經略使上奏，具體分析繼續佔有青唐的失計。宋廷開始有放棄青唐，用府州折氏的處置方法，命來降的隴拶作書遣蕃僧往招諭溪巴溫，許以節度使，依舊管勾青唐部族。〔註219〕

　　是月癸未（十五），當宋廷尚未與青唐羌達成協議時，高永年又有新的任務。王瞻派他與第一副將王仲達率騎兵千人護送遼夏回鶻公主及董氈姊妹等從鄯州至湟州，往返凡八日，當時叛羌所在屯聚，梗塞道路，尤以省章峽最甚。高永年等護衛下，總算平安地將眾公主接回湟州。高永年曾建議將北控西夏，南接省章峽，西連宗哥城的鼐宗堡派重兵防守，以其形勢天險，足以捍屏道路，可以令省章峽道路無阻；然胡宗回至王瞻都不能採納高的正確意見。苗履大軍經過此地時也不知取之。鼐宗堡的叛羌多羅巴等又與郎阿章相爲犄角，乘河凍渡河，攻講朱城，數次出臈哥等城，趁機寇掠。戊子（二十），廓州大酋羅日準凌結等自安兒城據本敦谷。丙申（廿八），王厚從湟州派使臣邢玠護糧至龍支城。十二月戊戌（初一），邢玠還至省章峽，就給叛羌派人伏

<hr>

編》，卷五百十七，元符二年十月丙寅至己未條，頁 12301～12305；卷五百十八，元符二年十一月辛未條，頁 12318；卷五百二十，元符三年正月己巳條，頁 12354。關於种朴的軍旅生涯及其枉死於一公城外的討論，可參曾瑞龍：《拓邊西北──北宋中後期對夏戰爭研究》，第五章〈參謀作業與拓邊戰爭：种朴的軍事活動〉，頁 165～212。种朴戰死相關討論見頁 194～199。據曾氏的考證，种朴中伏，因誤信兩蕃僧的虛假情報所致。按高永年的《隴右錄》也記載此役經過。又大小隴拶在青唐政權崩潰前的作爲，可參見齊德舜：《唃廝囉家族世系史》，第九章〈隴拶、小隴拶繼立──唃廝囉政權的崩潰時期〉，頁 131～139。又考《長編》點校本以擁立小隴拶的人有嘉勒摩和巴桑濟，然據苗潤博自四庫《長編》底本的校證，「嘉勒摩」、「巴桑濟」其實是結牟彪廝雞一人，點校本誤作二人。參見苗潤博：〈《續資治通鑑長編》四庫底本之發現及其文獻價值〉，頁 235。

〔註218〕《長編》，卷五百十七，元符二年十月庚申條，頁 12305；戊辰條，頁 12313～12314。

〔註219〕《長編》，卷五百十八，元符二年十一月己巳至辛未條，頁 12317～12322；乙亥條，頁 12324～12326。

擊於省章峽隘險中而死。癸卯（初六），王瞻令李忠、郭勝統兵擊本敦谷叛羌不勝，李等只好在乙巳（初八）回師鄯州，羌勢益張。十餘天後，王瞻再遣李忠與高永年再度出兵，高勇冠三軍，單騎持矛，刺殺羌酋彪雞廝於萬眾之中，並斬其首。羌兵敗北，本敦谷的殘兵不能守，於半夜遁去，而與青唐峗的小隴拶合兵屯於乾谷峗（《宋史》作乾溝）。此役又賴高永年的奮戰奪回本敦谷。〔註220〕

宋廷決定以懷柔政策應付青唐蕃部。十二月癸丑（十六），下詔封隴拶為河西節度使差知鄯州軍州事，充西蕃都護，仍依府州折氏例，許世世承襲知鄯州，唃廝羅的長曾孫趙懷義就除廓州團練使同知湟州軍州事，實行以夷治夷。〔註221〕

元符三年（1100）正月己卯（十二），哲宗病逝，得年才二十五。在向太后的主持下，皇弟端王繼位，是為徽宗。向太后與徽宗均贊成曾布的意見，以隴拶主青唐，如府州折氏一樣，世世襲知鄯州，而放棄直接控制此地。〔註222〕

二月戊午（廿一），宋廷下詔王瞻棄鄯州，引兵歸湟州，因知悉把隴拶遣返青唐作主不服眾，於是論實際上控制青唐峗的溪巴溫或其子小隴拶依舊主青唐，許諾授他河西節度留後之職。但溪巴溫父子不領情，甲子（廿七），籛羅結等奉小隴拶擁眾三萬從乾谷峗進攻鄯州，王瞻閉城拒之，在高永年佐佑下，堅守十餘日不下。三月戊寅（十一），熙河路都監姚雄率援軍從河州趕至，與王瞻合擊叛羌，小隴拶等敗走，諸部散落保山谷。壬午（十五），姚雄、王瞻等依宋廷旨意，率宋軍撤離鄯州，放棄湟州，返回河州。高永年奉命率部殿後，防止蕃部追擊。甲申（十七），宋廷加封瞎征為懷遠節度使，乙酉（十八），引見瞎征與隴拶。四月丁巳（廿一），姚雄、王瞻、高永年大軍返抵河州。而省章峽以西，就由諸羌奉小隴拶入主。五月丁卯（初一），宋廷更將力主取青唐的王厚及王瞻重貶。轉運使李諲及秦希甫劾王瞻取湟州、鄯州時盜取二城財物，因此致羌變，又指責他殺心牟欽氈等人為了滅口。曾布力言瞻

〔註220〕《長編》，卷五百十八，元符二年十一月癸未條，頁12333，丙申條，頁12340；卷五百十九，元符二年十二月戊戌條，頁12342；乙巳至辛亥條，頁12347；己未條，頁 12351～12352；《宋史》，卷四百五十三〈忠義傳八‧高永年〉，頁13316。考《宋史》將李忠訛寫為「李克」，又將小隴拶誤作隴拶。
〔註221〕《長編》，卷五百十九，元符二年十二月癸丑條，頁12348～12349。
〔註222〕《長編》，卷五百二十，元符三年正月己卯條，頁 12356～12358；丙戌條，頁 12377～12378。

製造事端以生邊害,萬死不辜。總之將開邊的罪責通通推到二王頭上:王瞻貶右千牛衛將軍,安置房州(今湖北十堰市房縣),王厚監隨州稅。元符時期的開邊軍事行動,就此告終。〔註223〕

徽宗翌年改元建中靖國元年(1101),因舊黨的韓忠彥回朝執政,宋廷進一步以行動放棄青唐,三月丁丑(十六),以番酋趙懷德(即隴拶)知湟州,原湟州守臣官吏將佐悉追還內地,以姚雄為熙河路安撫使,由姚負責撤兵湟州。這次又是由高永年率部殿後。壬午(廿一),熙河又奏青唐諸族恨王瞻入骨,日圖報復,樞密院請賜王死。宋廷因再貶責王瞻及王厚:王瞻除名勒停,配昌化軍(即儋州,今海南儋州市西北舊儋縣),王行至鄧州穰縣(今河南南陽市鄧州市)自縊而死;而王厚則責授賀州別駕,安置郴州(今湖南郴州市)。〔註224〕

宋廷輕易放棄得來不易的鄯州與湟州,而又重貶王瞻與王厚,高永年等自然既失望而不甘心的。不過,宋廷對青唐的政策很快又改變。徽宗像他的父兄一樣,都是好大喜功,志在拓邊的人。當向太后在建中靖國元年正月甲戌(十三)崩後,徽宗用一年多的時間鞏固權力。翌年(1102)改元崇寧,表明崇奉神宗熙寧之政,五月庚申(初六)先將舊黨的韓忠彥罷相,閏六月壬戌(初九)再將擁立他有功、並將章惇除掉的新黨曾布罷相,七月戊子(初五)擢用尚書左丞蔡京(1047~1126)為相,執行他的新政,以興復熙寧、元豐、紹聖為事。侍御史錢遹即上言,乞除雪王瞻、王厚罪名,並追究當時議棄地者之罪。於是詔王厚敘皇城副使,王瞻追復供備庫副使。當日主張棄地的韓忠彥、曾布、安燾、李清臣、蔣之奇(1031~1104)、范純禮(1031~1106)、陳次升、都貺、錢景祥、秦希甫、龔夬、張庭堅、姚雄並貶責。徽宗君臣開始討論收復湟鄯之謀。知樞密院事蔡卞(1048~1117)以鄯湟可復,並極力推

〔註223〕《皇宋十朝綱要校正》,卷十四〈哲宗〉,元符三年二月戊午至五月丁卯條,頁378~379;《宋史》,卷三百五十〈王君萬傳附王瞻傳〉,頁11072;卷四百五十三〈忠義傳八·高永年〉,頁13316。

〔註224〕《皇宋十朝綱要校正》,卷十六〈徽宗〉,建中靖國元年三月丁丑至壬午條,頁431;《宋史》,卷十九〈徽宗紀一〉,頁358,361;卷三百五十〈王君萬傳附王瞻傳〉,頁11072;卷四百五十三〈忠義傳八·高永年〉,頁13316。關於王瞻的評價,晚清大名士李慈銘(1830~1894)在校讀《長編·哲宗紀》及《宋史》時,便稱許王瞻及王愍均是良將,而惜《宋史》不為二人立傳,認為應將二人事蹟附於王厚傳後。按李氏不察王瞻傳本來已附於其父王君萬傳後。參見李慈銘(著),由雲龍(1877~1961)(輯):《越縵堂讀書記》(北京:中華書局,1963年6月),上冊,頁385。

薦王厚可爲大將，時任知岷州的高永年可統兵。崇寧二年（1103）正月丁未（廿七），徽宗以剛復秩爲東上閤門副使並新知岢嵐軍的王厚權發遣河州兼洮西沿邊安撫司公事，權熙河蘭會路經略的高永年爲統制官。王厚當初欠內助而敗，這次學得聰明，就請徽宗派給他助手，徽宗就命親信內臣入內東頭供奉官童貫（1054～1126）同往。〔註225〕

　　高永年在這時就前往京師，把他在元符年間所撰的行軍紀錄《元符隴右錄》呈上宋廷，反對放棄湟鄯，那正合蔡京、蔡卞兄弟的心意，所以爲二蔡所用，委他作爲王厚的主要助手。〔註226〕

　　在宋廷準備再興師青唐時，羌酋多羅巴已擁立趙懷德之弟溪賒羅撒（即小隴拶），宋廷屬意的隴拶奔走河南。崇寧二年三月癸卯（廿四），宋廷爲統一事權，就命王厚權勾當熙河蘭會路經略司，童貫爲熙河蘭會路勾當公事。二人在三月癸卯（廿四）及四月己巳（廿一），先後抵達熙州。王厚吸取元符二年的教訓，他首先查探清楚這兩年的羌情，並且派部將僚屬前往羌人諸部安撫。他與童貫及高永年在熙州計議畢。於六月辛酉（十四），王厚分析利害，決定分兵兩路，他本人與童貫及蕃官新知熙州李忠、熙州將辛叔詹、河州將辛叔獻，親領大軍從南路出兵，出安鄉關，渡大河，直撲巴金嶺；而由高永年爲統制官，統權知蘭州姚師閔、管勾招納王瑞及將校劉仲武、潘逢、王用、王亨、党萬等，率蘭州、岷州、通遠軍蕃漢兵二萬人出北路的京玉關（在今

〔註225〕《皇宋十朝綱要校正》，卷十六〈徽宗〉，建中靖國元年正月甲戌條，頁430；崇寧元年五月庚申至七月戊子條，頁433～435；《皇朝編年綱目備要》，卷二十六，頁 673，675；《宋會要輯稿》，第十四冊，〈兵九·出師三〉〈青唐〉，頁8779；楊仲良（撰），李之亮（校點）：《皇宋通鑑長編紀事本末》（以下簡稱《長編紀事本末》）（哈爾濱：黑龍江人民出版社，2006年12月），卷一百三十九〈徽宗皇帝·收復湟州〉，頁2327～2328；《宋史》，卷三百四十九〈姚雄傳〉，頁11060；卷四百五十三〈忠義傳八·高永年〉，頁13316；卷四百七十二〈姦臣傳二·蔡卞〉，頁13370；據《長編紀事本末》所載，王厚在崇寧元年十二月戊午（初八）復秩爲東上閤門副使，他上奏分析取鄯州湟州的形勢，說：「恢復故地，當以恩信招納爲本，俟其頑悖不服，乃加誅，不過破蕩一二族，則皆定。以湟州舊治，人情浹洽，往則可得。鄯、廓須逾年再出，然後可定，此故地也。大河之南河源、積石之城，土廣人眾，隱然自成一國，亦宜以時撫有，大辟新疆。」徽宗大爲欣賞，賜對崇政殿，加他知河州兼洮河安撫。因熙河帥姚雄有異議，他就請遣童貫同往。據《皇朝編年綱目備要》所載，童貫向王厚傳達徽宗的旨意，要他速速進兵。

〔註226〕《宋史》，卷四百五十三〈忠義傳八·高永年〉，頁 13316。究竟是誰人建議高永年赴京上書，史所不載。

甘肅蘭州以西的河口對面的青石關）分道并進。王厚的大軍在甲子（十七）
抵安多關，往前攻擊巴金城（舊稱安川堡），與多羅巴激戰連日。翌日（乙丑，
十八）終於攻陷巴金城，多羅巴率眾逃去。高永年的北路大軍這時已出京土
關，乘勢收復通川堡及羅兀抹逋城。丙寅（十九），王厚軍抵瓦吹城（舊名寧
洮寨），而高永軍已進至把拶宗。羌人據把拶宗之險頑抗，高部將劉仲武及王
亨諭之不肯降，高永年率眾急攻之，奪其險，殺獲甚眾，羌人潰逃，遂克羅
瓦抹通城（舊名通湟寨）。戊辰（廿一），高永年率軍先至湟州，陣於城東坂
上。本來羌酋見高軍兵少，想在翌日出奇兵攻擊。但王厚的大軍在己巳（廿
二）趕到，兩軍合圍湟州。王厚命全軍急攻，終於在庚午（廿三）夜，宋軍
奪水門而入。辛未（廿四）清晨宋軍入湟州，溪巴溫及溪賒羅撒遁去，宋軍
收復湟州，此役宋軍攻城三日，斬首八百六十四，生擒四十一人，臨陣降者
一百八十三，前後招納湟州境內漆令等族大首領潘羅溪兼籛七百五十人，管
戶十萬。王厚命高永年假知州事，令其完其城守之。〔註227〕

　　徽宗收到捷報後，於七月壬午（初五）賞功，王厚擢為威州團練使知熙
州，童貫擢為皇城使、果州刺史依前熙河蘭會路勾當公事，而高永年也自皇
城副使超擢為四方館使、利州刺史，充熙河、秦鳳兩路兵馬都統制。高永年
從諸司副使的皇城副使超擢為橫班使臣的第四階的四方館使，可算是吐氣揚
眉，也一洗前恥。〔註228〕

　　八月己巳（廿三），王厚向宋廷奏報，大河之南的生羌，連接河州和岷州，
部族頑梗，若不先事安撫，據其要害，當宋軍向鄯州和廓州進兵時，說不定
他們會暗助叛羌，或在熙、河州界出沒而牽制宋軍行動，其害甚大。得到宋
廷同意後，王厚留其弟王端及部將王亨留守湟州，而與高永年率軍就近招納
宗哥、青唐一帶部族，安撫新降羌人，而命第九將劉仲武權領湟州事，代替
高永年的職務。王、高大軍繼續進軍，八月底，王厚從來賓城（今青海循化
撒拉族自治縣東黃河以北）濟河而南，部將党萬在己巳（廿三）克當標城，

〔註227〕《長編紀事本末》，卷一百三十九〈徽宗皇帝・收復湟州〉，頁 2329～2337；
　　　　《宋會要輯稿》，第十四冊，〈兵九・出師三〉〈青唐〉，頁 8779；《皇宋十朝
　　　　綱要校正》，卷十六〈徽宗〉，崇寧二年六月甲子至乙丑，頁 439～440；《皇
　　　　朝編年綱目備要》，卷二十七，頁 680。
〔註228〕《長編紀事本末》，卷一百三十九〈徽宗皇帝・收復湟州〉，頁 2339～2340；
　　　　《宋會要輯稿》，第十四冊，〈兵九・出師三〉〈青唐〉，頁 8779；《宋史》，卷
　　　　四百五十三〈忠義傳八・高永年〉，頁 13316。

辛未（廿五）克一公城，壬申（廿六）克南宗城（今青海海東地區樂都縣北乳酪河上源）。宋軍節節勝利；不過，羌人在乙亥（廿九）卻重奪來賓城。九月丙申（二十），王厚大軍至勝宗，大破羌兵，重築來賓城。宋廷稍後以一公城爲循化城，達南城爲大通城，當標城爲安強寨（安疆寨）。〔註229〕

王厚完成收復湟州及附近城寨的任務後，十月甲寅（初八）大軍返回熙州，他派童貫帶同投降的西蕃大首領车杓拶等赴京師，童貫在丙辰（初十）以勞遷成州團練使。當王厚以爲戰事告一段落時，桀驁不馴的郎阿章在是月丙子（三十）又領河南部族來寇新建好的來賓城和循化等城。是日勇將洮西安撫使李忠統兵從安強寨出兵援救。十一月甲申（初八）宋軍次懷羌城，乙酉（初九），宋軍行軍二十五里，至骨延嶺，距循化城尚五六里，與羌兵遇，三戰三敗，李忠與部將李士旦、辛叔詹、辛叔獻均負傷，李忠當晚還傷重而死。王厚、高永年意外地折李忠此一大將，大大打擊宋軍士氣。〔註230〕

宋廷在十二月癸酉（廿八），下詔另建熙河蘭會措置邊事司，命王厚及童貫負責措置邊事，仍兼領秦鳳路，方便調動節制兵將，作下一波的拓邊行動。〔註231〕

崇寧三年（1104）正月丁酉（廿二），王厚上奏宋廷，稱宗哥城首領結毡、廓州蕃僧、青丹谷首領阿丹等三人，均遣使表示願歸順。他認爲鄯州靠宗哥城及廓州爲屏障，如今二地願歸順，則青唐易取。三月壬辰（十九），童貫從京師返回熙州，他與王厚的意見一致，壬寅（廿九），王厚、童貫統大軍出節金平，以隴右都護的高永年爲統制，統諸路蕃漢兵隨行，以知蘭州張誠（按：群書有作張誠）爲同統制，任高永年的副將。王厚吸收元符二年的教訓，爲防止夏人援助青唐，於蘭州及湟州界侵擾而引致不測，也防止河南蕃部乘虛侵襲牽制宋軍，他就命將佈防兩面：知通遠軍潘逢權領湟州，知會州姚師閔權領蘭州，防禦夏軍；河州劉仲武統制兵將駐安強寨，興築甘朴堡，打通南川寨（今甘肅臨夏回族自治州臨夏縣新集鎮）、安強寨、大通城往來道路。宋軍於是無後顧之憂，專心西向進攻鄯州。〔註232〕

〔註229〕《皇宋十朝綱要校正》，卷十六〈徽宗〉，崇寧二年六月甲子至乙丑，頁440；《長編紀事本末》，卷一百三十九〈徽宗皇帝‧收復湟州〉，頁2342～2344。

〔註230〕《長編紀事本末》，卷一百三十九〈徽宗皇帝‧收復湟州〉，頁2345；《皇宋十朝綱要校正》，卷十六〈徽宗〉，崇寧二年十一月壬午條，頁441。

〔註231〕《長編紀事本末》，卷一百三十九〈徽宗皇帝‧收復湟州〉，頁2346。

〔註232〕《長編紀事本末》，卷一百四十〈徽宗皇帝‧收復鄯廓州〉，頁2348～2349；

　　四月庚戌（初七），王厚和童貫率大軍抵湟州。諸將因連戰皆捷，以為青唐易取；但王厚分析利害，以青唐諸羌用兵詭詐，要防範羌人出綏遠關，斷宋軍糧道，然後諸部合兵夾攻渴驢嶺、宗哥川間。他主張出奇兵分道而進，最後宋軍分兵三路：王厚與童貫率中軍，由綏遠關、渴驢嶺詣宗哥城，都統制高永年就以前軍由勝鐸谷沿宗河之北；張誠同招納官王端以其所部由汪田、丁零宗谷，沿宗河之南，三軍約期在壬子（初九）會師於宗哥川。辛亥（初八）夜，王厚軍宿於河之南鷁子隘之左，高永年軍宿於丁零宗谷口。壬子（初九），王厚、童貫派選鋒五將前行，中軍渡河而北，高永年軍之後，張誠軍亦夾河而行。日未出，宋軍抵青唐羌軍屯兵所在。青唐羌軍有五六萬人，已據地理列陣，並張疑兵於北山下，其勢甚銳。王厚見此，即命部將馮瓛統領所選之五將，與羌軍對陣，而命王亨統策選鋒在其後接應。擔任主將的高永年馳騎往前察視敵情，卻看不出羌軍的打算。王厚對童貫分析敵情，判斷羌軍以逸待勞，宋軍不可再遲緩行動，應該以中軍越過前軍，傍北山整陣而行，命選鋒急攻城以破敵。王厚軍既行，又發生一段小插曲：諜者報告青唐二酋溪賒羅撒與多羅巴對眾人說，張蓋者是王、童二人，命眾羌專擊之。童貫大概有點怕，就想召高永年查問羌人之勢。王厚不同意，但童貫堅持。高永年到來後，攬轡久之而不語。王厚即對高永年說：「兩軍相當，勝負在頃刻間。君為前軍將，久此可耶？」王厚的話說得高永年惶恐而去。高永年幸而遇上明白事理的主帥，才不致在此一觸即發的大戰失誤。〔註233〕

　　當羌軍與宋軍的選鋒對峙不動時，溪賒羅撒以精兵數十騎自衛，登上其軍北高阜之上，張黃蓋，列大旆以指揮羌兵。其北山下的疑兵望見王厚和童貫引中軍傍山前來奔衝。王厚即派游騎千餘登山，暗攻其背。羌兵察覺而遁逃，宋游騎追擊之，雙方短兵相接。高永年聽到王厚的中軍伐鼓大響，就按計劃指揮選鋒攻破敵陣，大軍從後乘之。敵軍被迫少卻。這時張誠以輕騎過河，搗破敵之中軍，奪取溪賒羅撒的大旆與黃蓋，登高而大呼已擒獲敵酋。宋軍大振，鼓聲震地。這時暴風忽從東南吹來，塵頭大作，羌軍視野大受影響。宋軍在鷁子隘乘機奮擊，自辰時至午時，大破敵軍，追北三十餘里。溪

　　　　　《宋會要輯稿》，第十四冊，〈兵九・出師三〉〈青唐〉，頁8779。
〔註233〕《長編紀事本末》，卷一百四十〈徽宗皇帝・收復鄯廓州〉，頁2349～2350；
　　　　　《宋會要輯稿》，第十四冊，〈兵九・出師三〉〈青唐〉，頁8779；《皇宋十朝綱要校正》，卷十六〈徽宗〉，崇寧三年四月庚戌條，頁443；《宋史》，卷三百二十八〈王韶傳附王厚傳〉，頁10583。

賒羅撒單騎奔宗哥城，城閉不納，只好奔青唐。高永年率諸將追擊，斬首四千餘級，降俘三千餘人。是日入宗哥城。宗哥城僞公主、前安化郡夫人瞎叱牟蘭氈等諸酋投降。當晚，宋軍合於河之南。翌日，勝宗首領欽廝雞率眾來降。甲寅（十一），王厚、童貫大軍入安兒城。乙卯（十二），王厚大軍到鄯州，軍於城外五里，此時溪賒羅撒母、龜茲公主前封齊安郡夫人的壽宜結牟及其酋李河溫率回紇、于闐諸部投降，鄯州平定。〔註234〕此役王厚指揮得宜，而高永年作爲戰將之首，臨陣率眾將奮勇擊敵，亦居功至偉。

宋廷隨即將鄯州建爲西寧州、隴右節度，置安撫使及都護，命高永年爲知軍州事兼領之。另在湟州置同安撫、同都護，以知軍州事王亨領之，作爲高永年的副手。王厚取得青唐後，派部將馮瓛統銳騎由州南青唐谷入溪蘭宗山，追擊溪賒羅撒，但給他逃脫青海上。因討其餘黨，撫定吹廝波部族。丙辰（十三），取林金城，首領阿奘等降，賜名寧西城。己未（十六），王厚率軍入廓州界，西番大首領洛施軍令結率眾降。辛酉（十八），王厚入廓州，命部將陳迪守之。至此，王厚等取得湟、鄯、廓州。宋廷在乙丑（廿二）賞功，王厚擢武勝軍留後充熙河蘭會經略安撫使兼知熙州，童貫自昭宣使擢景福殿使、襄州觀察使、依舊勾當內東門司，五月乙亥（初三）再晉延福宮使、定武軍留後。而戰功最高，多出謀策的高永年就遷賀州團練使知鄯州。〔註235〕

逃脫的溪賒羅撒並不甘心，有機會便合眾犯境。高永年在王厚、童貫班師後便負責新收復的西寧州（即鄯州）等防務。七月己亥（廿八），因溪賒羅撒入寇，高永年便命部將郭祖德率九軍擊之，宋軍至骨邾州，卻不見羌軍而還。崇寧四年閏二月辛卯（廿三），溪賒羅撒聯合西夏四監軍司之眾包圍西寧州外圍重鎮宣威城，高永年派知河州劉仲武爲統制，率兵五萬禦之。據《九朝編年備要》的記載，劉仲武主張持重，而高永年卻要出戰。三月丁未（初十），高永年親自率兵從西寧州往宣威城迎擊敵軍，行軍三十里而敵軍至，他

〔註234〕《長編紀事本末》，卷一百四十〈徽宗皇帝・收復鄯廓州〉，頁2350～2151；《宋會要輯稿》，第十四冊，〈兵九・出師三〉〈青唐〉，頁8779；《宋史》，卷三百二十八〈王韶傳附王厚傳〉，頁10583；卷四百五十三〈忠義傳八・高永年〉，頁13316。
〔註235〕《長編紀事本末》，卷一百四十〈徽宗皇帝・收復鄯廓州〉，頁2352～2354；《宋會要輯稿》，第十四冊，〈兵九・出師三〉〈青唐〉，頁8780；《東都事略》，卷一百四〈劉仲武傳〉，葉五上（頁1597）；《宋史》，卷四百五十三〈忠義傳八・高永年〉，頁13316；《皇宋十朝綱要校正》，卷十六〈徽宗〉，崇寧三年四月乙卯至乙丑條，頁443～444。

的帳下親兵，都是他當年招納的蕃部熟戶。高永年一時大意，沒有做好防備，竟給這些背叛的羌兵所執，送給羌酋多羅巴，宋軍失去主將就慘敗而逃。據載多羅巴恨高極深，以至取其心肝而食，並對部屬說：「此人奪我國，使吾宗族漂落無處所，不可不殺也。」宋廷聞高死訊，主事者卻以高永年信任降羌，坐受執縛，故贈恤不多。這時奉命應援的鍾傳軍，因部將折可適所率之軍隊遇雨失道，為夏軍所乘，而無功而還。高永年死後，真是將軍一去，大樹飄零，西寧州只餘弱兵四千，幸賴守將楊維忠（？～1119 後）以便宜發常平錢募死士堅守得保。因各處戍守被隔絕，廓州大首領洛施軍令結乘機叛去，而勇丁丹溪等六人在熙州亦叛去，並焚大通河橋，包圍廓州及懷和等寨，而溪賒羅撒又增兵四萬攻宣威城，又攻臨宗、塞門寨。四月，夏軍又乘機攻擊清平寨，賴劉仲武擊退之。宋軍一直備受羌人及夏人聯合攻擊，直至五月戊申（十二），宋將張誠、王亨引兵至宣威城，羌人才解圍而去。高永年的上司王厚這時竟不念他立之功多出於高的奮戰，反而上奏高永年「不稟約束，專用新羌，既坐受縛又不死」，請宋廷停給高的贈典。徽宗為高永年之死大為震怒，親書五路將帥從劉仲武以下十八人姓名，令給事中侯蒙（1054～1121）往秦州逮治，並罷王厚之職，聽逮於秦州。最後王厚坐逗遛不進，被降為鄆州防禦使，劉被重譴配置雷州（今廣東湛江市）牢城，劉幸得童貫為他說情，讓他留下自效。宋廷稍後又將原先主張放棄湟州而被貶的大將姚雄復用為權經略熙河、安輯復新邊使。﹝註236﹞高永年雖死，但徽宗並沒有一點放棄鄯湟之意，

<hr>

﹝註236﹞《東都事略》，卷一百三〈侯蒙傳〉，葉四上下（頁 1585～1586）；《宋史》，卷一百九十三〈兵志七〉，頁 4817；卷三百二十八〈王韶傳附王厚傳〉，頁 10584；卷三百四十八〈鍾傳傳〉，頁 11038；卷三百四十九〈姚雄傳〉，頁 11060；卷三百五十〈劉仲武傳〉，頁 11082；卷三百五十一〈侯蒙傳〉，頁 11113；卷三百五十三〈鄭僅傳〉，頁 11147；卷四百五十三〈忠義傳八・高永年〉，頁 13316；卷四百七十二〈姦臣傳二・蔡卞〉，頁 13730；卷四百八十六〈外國傳二・夏國下〉，頁 14019；《皇朝編年綱目備要》，卷二十七，頁 685；《皇宋十朝綱要校正》，卷十六〈徽宗〉，崇寧三年七月己亥至四年六月丙子條，頁 445～450；馬端臨（1254～1323）（撰），上海師範大學古籍研究所、華東師範大學古籍研究所（點校）：《文獻通考》（北京：中華書局，2011 年 9 月），卷一百五十三〈兵考五〉〈乞指揮种師中下統制將佐軍前自效奏〉，頁 4598。考《宋史・夏國傳》稱是夏人執高永年而去，當誤，另《宋史・鍾傳傳》僅說「會別將高永年沒於西，而折可適遇雨失道，為虜所乘，乃班師。」也沒詳記高永年死事。而《東都事略・劉仲武傳》及《宋史・劉仲武傳》就說劉仲武「到高永年西征，仲武欲持重固壘，永年易賊輕戰，遂大敗。仲武引咎自劾，坐流嶺南。」另又記徽宗後來召見劉仲武，勞問之後說：「高永年以不用卿言失律，僕哥之降，

青唐餘眾始終無法復國。〔註237〕

對於高永年之死，雖然宋廷不給予厚恤，也輕輕放過了失律的劉仲武等；但時人倒持公道，時任廓州安撫使劉法的幕僚黃友（1080～1126）便撰〈哀高永年戰沒〉七絕以悼之：

> 粉身碎骨事無難，祇爲君恩重泰山。風淡月明都護府，功名千古在人間。〔註238〕

後來也名列《宋史‧忠義傳》的黃友這首詩發生作用，因王厚奏功時既埋沒了高永年的功勞，又誇大他的過失，以致他的恤典太薄，故高永年子大感不平，就以黃友這首詩進呈徽宗，徽宗覽之惻然，就加贈諡典，諡「忠愍」，而黃友亦免省試登進士第。到宣和元年（1119）六月，王安中（1076～1134）奉旨撰寫《定功繼伐碑》時，也數度提到高永年的戰功，最後史官還把高永年納入《忠義傳》，還給他的公道。〔註239〕

河南綏定，卿力也。」將劉仲武的過失輕輕帶過，而批評高永年輕敵致敗。這只爲劉仲武脫責，不足取。又據《皇朝編年綱目備要》、《東都事略‧侯蒙傳》及《宋史‧侯蒙傳》所記，侯蒙至秦州時，劉仲武等十八人以囚服聽命，侯蒙對他們說：「君輩皆侯伯，無庸以獄吏辱君，第以實對。」大概因侯蒙尊重的態度，讓劉仲武願自劾罪過。侯蒙審訊的報告未上，徽宗已加他爲御史中丞。他隨即上謝表說：「漢武帝殺王恢，不如秦繆公赦孟明；子玉縊而晉侯喜，孔明亡而蜀國輕。今羌殺吾一都護，而使十八將縳之而死，是自艾其支體也。欲身不病，得乎？」徽宗覽奏而悟，就對劉仲武等釋之不問。因侯蒙及童貫的分別說情，劉仲武等才逃過嚴懲。不過，宋廷在靖康元年六月，河北路制置使劉韐（1067～1127）就上奏表示，當年高永年戰沒，一行將佐及中軍將、提轄等都未被軍法處置，才招致後來劉法及种師中（1059～1126）敗死。他大概認爲侯蒙放過劉仲武等人，沒有執行軍法用兵失主將，統制、將佐合行軍法爲非。另外當年的陝西各路的帥臣對於高永年戰死，又歸咎於較早前陝西都轉運使鄭僅建議將西邊闢田闢爲官田的做法，認爲此舉引致羌人怨畔。宋廷從之，罷籍闢田爲官莊之制。考群書對高永年之死記載之歧異，清人黃以周（1828～1899）等輯錄《續資治通鑑長編拾補》時，已參考群書作出考證。參見黃以周等（輯注），顧吉辰（點校）：《續資治通鑑長編拾補》（北京：中華書局，2004 年 1月），第二冊，卷二十四，徽宗崇寧三年九月丁酉條注，頁 824～825；卷二十五，徽宗崇寧四年三月己未條注，頁 838～839。

〔註237〕齊德舜的論文曾注意到高永年戰死的記載，他倒漏看了比《宋史‧高永年傳》更早的《皇朝編年綱目備要》的相關記載，他也論析了徽宗始終保有鄯州地區，沒有讓青唐餘眾奪回。參見齊德舜：《唃廝囉家族世系史》，第十章第一節〈唃廝囉政權崩潰後河湟地區的政治局勢〉，頁 140～142。

〔註238〕傅璇琮等編：《全宋詩》，第二十五冊（北京：北京大學出版社，1995 年 11月），卷一四四四〈黃友‧哀高永年戰沒〉，頁 16651。

〔註239〕王安中：《初寮集》，文淵閣《四庫全書》本，卷六〈定功繼伐碑〉，葉一上至

　　高永年是崇寧年間宋廷再取青唐的最大功臣，卻不幸戰死。因徽宗朝的《長編》散佚不全，高永年後人的情況就失載，為他雪冤的兒子的名字，他所得的恤典，以至他的子姪有否參戰均不詳；不過，高永年的名字卻因他所撰寫的《元符隴右日錄》而流傳，據其本傳所記，因他「略知文義，范純仁嘗令贄所著書詣闕，作《元符隴右錄》，不以棄湟鄯為是。」《宋史》的編者感嘆：「故蔡京用之，雖成功，然竟以此死云。」按是書只有與李燾同時的尤袤（1127～1202）的《遂初堂書目》有著錄，而修於元代的《文獻通考・經籍考》及《宋史・藝文志》均沒有著錄。〔註240〕考李燾編寫《長編》時曾大量採用是書，可知它在南宋中期尚存。《長編》引用它達二十條之多，李燾引用該書有時作《隴右日錄》，有時作《元符隴右錄》，有時作《隴右錄》。上起景祐三年（1036）十二月辛未（廿七），下迄元符二年十二月己未（廿二），它所記的史事，不限於元符年間取青唐的經過，而涵蓋青唐唃廝囉數代政權六十餘年的歷史，它的成書年代要比同樣記述青唐歷史的李遠《青唐錄》及汪藻（1079～1154）《青唐錄》早，而高永年直接參預哲宗至徽宗朝取青唐軍事行動的特殊地位身份更非李遠和汪藻可及。

　　李燾引用高永年書以考訂仁宗至神宗青唐事蹟共有六條，分別是景祐三年十二月辛未（廿七）、嘉祐三年五月壬午（十三）、九月乙亥（初七）、十月辛丑（初四），熙寧六年四月己亥（廿六）和元豐六年十月庚子（廿八）。〔註

十一上（有關高永年戰功見葉四上下）：《宋史》，卷四百五十二〈忠義傳七・黃友〉，頁13296；王明清（1127～1204後）：《揮麈錄》（上海：上海書店出版社，2001年8月），卷五〈武臣諡〉，頁109；按《宋史・忠義傳》當據宋人所修之國史而定，而非元人所選。黃友是溫州平陽人，少懷大志，入太學而投筆西遊，劉法一見而置於幕中。他後來出仕後，歷經方臘（？～1121）之亂及郭藥師燕山之叛，後來在靖康元年（1126）佐种師中救太原而戰死。

〔註240〕尤袤：《遂初堂書目》，文淵閣《四庫全書》本，〈本朝故事・隴右錄〉，葉二十六上。按尤袤沒有注明此書的作者，但把它列在《元祐分疆錄》、《元祐棄地復地本末》及《青唐錄》三書之後，它當是高永年所撰的《元符隴右日錄》無疑。考清初重修的《山西通志》反而著錄是書，題為「高永年《元符隴右錄》」，以他為山西人，故著錄其書名。參見儲大文（纂）：《山西通志》，文淵閣《四庫全書》本，卷一百七十五〈經籍・傳記〉，葉二十七上。

〔註241〕《長編》引用高書最早一條在景祐三年十二月辛未（廿七），李燾記載元昊行賄離間唃廝羅二子時，引用《元符隴右日錄》所云：「元昊既行賄，間廝羅二子，遂舉兵數犯宗哥，及破牦牛城，廝羅勢折，西徙青唐，不如元昊破牦牛前比矣。」另李燾在這裡又據高書考證歷精城在宗哥城西，而否定《聚米圖經》的說法。李燾對於高書所記瞎氈據有河州之說，與《聚米圖經》稱瞎氈

241）而採用高書以考訂元符年間之宋廷取青唐經過就有十四條，分別是元符二年三月庚午（廿七）、六月己亥（廿八）、八月丙戌（十六）、戊子（十八）、九月庚子（初一）、己未（二十）、閏九月癸酉（初四）、甲戌（初五）、丁亥（十八）、十月己酉（十一）、己未（廿一）、戊辰（三十）、十一月癸未（十五）及十二月己未（廿二）。我們看過李燾所引高書所記元符取青唐事之詳，以及他洞悉青唐諸酋內部恩怨關係之深，難怪高永年後來持此書詣闕見蔡京兄弟，就能說服二人支持他重奪青唐之議。〔註242〕

據犖沁城之說，誰是誰非，表示難以確定。李對唃廝囉在明道元年自邈川徙青唐之說，與高書所記不同，稱有待考證。李在是條共引用高書四次。第二條在嘉祐三年五月壬午（十三），對高書所記「磨氈角死，無子，遂絕。」質疑所記有誤，以磨實有子瞎撒欺丁繼其位。第三條在嘉祐三年九月乙亥（初七），據高書及汪藻《青唐錄》所載，而撰寫唃廝囉與契丹通婚之事。第四條在嘉祐三年十月辛丑（初四），該條有五處引用高書，首先指出國史本傳稱瞎吳叱爲木征母弟，與高書及汪書所記不同，誰是誰非，李燾表示仍要詳考。第二處是李燾據高書記瞎氈生子瞎吳叱。第三處是李燾據高書所記，以青唐族酋瞎藥乃現時岷州包順之兄。第四處是李據高書所記，武勝軍即今日的熙州。第五處所引用尤詳，稱：「高永年云：瞎氈舅李都克占與瞎藥爭班，瞎藥以妹妻木征，木征右瞎藥，都克占怒曰：爾以妻爲親，以父爲疏耶？」遂舉兵攻木征，木征徙居安鄉城，僞與都克占和，遂殺都克占。」李燾以高永年所云徙安鄉城，與本傳及汪藻《青唐錄》不同，兼不載還和州事，李認爲高說當考。李又對高永年所稱都克占即李遵子熙州蕃官李蘭氈納支叔父，與汪書所記以都克占爲提克星子轄智母恰陵之弟不同，他尚不確定誰是誰非。第五條在熙寧六年四月己亥（廿六），李燾記高書載有王韶上奏宋廷之戰報，載有破踏白城等城寨的月日，與《日錄》及本傳不同，李表示須詳考。第六條在元豐六年十月庚子（廿八），李燾記他撰寫阿里骨家世乃據《哲宗實錄·阿里骨傳》、汪藻《青唐錄》及高永年書增修而成。參見《長編》，卷一百十九，景祐三年十二月辛未條，頁2814～2815；卷一百八十七，嘉祐三年五月壬午條，頁4510；卷一百八十八，嘉祐三年九月乙亥條，頁4527；十月辛丑條，頁4529～4530；卷二百四十四，熙寧六年四月己亥條，頁5945；卷三百四十，元豐六年十月庚子條，頁8192。

〔註242〕《長編》採用高永年書以考訂元符取青唐經過的第一條在元符二年三月庚午（廿七），李燾指出《哲宗實錄》記錢羅巴往河州見王瞻，說其取青唐之事殊不詳，故他參取高、汪二書以及王犖《甲申雜記》增入。他又說高永年所錄比汪藻詳盡，而有抵牾處，他就存其同者。他又詳引高書云：「錢羅結來奔，見知河州王瞻，以青唐之亂告，言溪巴溫起，河南諸酋皆叛以應之，其相心牟欽氈等皆跋扈，欲爲亂，乘此可取。其後河南大酋邊廝波結以其眾降，並獻一公等四城，四城爲一公、當標、講朱、錯鑿也。邊廝波結，鬼章之孫。鬼章曾逐溪巴溫，又其叔阿蘇嘗手殺枸拶，世有仇怨，聞溪巴溫起，邊廝波結不自安，遂來歸，又言瞎征已因廢，青唐可取之狀。瞻以謂河湟自昔中土而久陷沒，瞎征受國爵

高永年是綏州蕃官高氏將門在北宋最後一位傑出的領軍人物，他有智有

命而首擅攻逼廢之，國中擾亂，自相誅殺，義當拯之。況北有強鄰謂夏國，西有吐蕃謂回鶻，及西域諸國，若爲他國所并，則邊患猶大。取亂侮亡，兼弱攻昧，此其時也。乃上其事，建言甚力，朝廷善其計，從之。命贍專撫其事。已而逐川諸酋术內閣，是時熙州方城會州，因中分其兵，詔大帥孫路駐河州，命贍統領河州軍馬爲先鋒，總管王愍統領熙岷軍馬策之，以撫納逐川諸羌，實元符「三」（應作二）年秋七月十八日也。」第二條在元符二年六月己亥（廿八），李燾注明據高、汪二書增修《實錄》所記六月丁酉二十六日不足之處，他再引用上一條高書所載王贍建言取青唐之事。第三條在元符二年八月丙戌（十六），李燾據高書考訂孫路在元符元年八月壬寅（廿七）自慶州改熙州，到二年閏九月丙子（初七）改瀛州。而有關孫路與王贍爭功的事，李燾注明據高、汪二書增修，但他考證高書稱孫路在八月庚辰（初十）始改任命當不確，他也據高書所記，斷定胡宗回到熙州乃是九月辛亥（十二），而王愍罷都統制實在八月辛卯（廿一）。第四條在元符二年八月戊子（十八），李燾據高書及汪書，考證青唐主欽氈因爲蘭氈所迫，乃移居至青唐新城之事。第五條在九月庚子（初一），李燾據高書增入夏國主乾順向宋廷的謝罪表，以《實錄》不載。他引述高書云：「九月，帥司以夏國主乾順所進表謄告諸將。自注云：王師既下青唐，夏國遽有是表，其自伐其功也。」第六條在元符二年九月己未（二十），李燾引用高書的記載，考證王贍入青唐後曾縱所部剽掠之書。李引高書云：「贍坐擅行給散，罰銅三十斤，此哲宗時事也。」第七條在閏九月癸酉（初四），李燾據高書所記，王贍在十月庚戌（十二）才授知鄯州，他質疑爲何王贍之任命如此遲滯。第八條在閏九月甲戌（初五），李燾同樣據高書所記，王厚在十二月己亥（初二）才受知湟州之任命，他引高書云：不知何故如此遲滯。另李燾亦據高書所記，考訂王贍是時特除忻州團練使。第九條在閏九月丁亥（十八），李燾據高書考證在是日河南叛羌鄘阿章舉兵圍一公城。第十條在十月己酉（十一），李燾引用高書以考訂高立殊功大破羌兵於青唐嵬之役的經過。李並引高書云：「十一日，苗、姚兵遽還河州，因以隴拶歸於熙州，苗公連章乞棄青唐守逐川。」第十一條在元符二年十月己未（廿一），李燾考述种朴戰死一公城之經過時，即據高書考證出小隆贊就是錫羅薩勒，亦即是小隴拶。另記高書將此事繫於十二月丁巳（二十）後。第十二條在元符二年十月戊辰（三十），李燾據高書考出棄城而逃的權知一公城趙吉官職爲供奉官，押通遠軍蕃兵將王舜臣官職爲侍禁。第十三條在十一月癸未（十五），李燾稱他據高書記王贍是日派高永年及王仲達帥騎兵千人護送遼夏諸公主自鄯州至湟州的經過。第十四條在元符二年十二月己未（廿二），李燾據高書考訂在元符二年十二月底，王贍命高永年及李忠出兵討蕩據本敦谷之羌兵，敗之，迫使他們與小隴拶合兵屯乾谷嵬之經過。參見《長編》，卷五百七，元符二年三月庚午條，頁12092～12093；卷五百十一，元符二年六月己亥條，頁12172～12173；卷五百十四，元符二年八月丙戌條，頁12217～12219；八月戊子條，頁12222；卷五百十五，元符二年九月庚子條，頁12234；九月己未條，頁12248；卷五百十六，元符二年閏九月癸酉條，頁12267；甲戌條，頁12268；丁亥條，頁12283；卷五百十七，元符二年十月己酉條，頁12299；己未條，頁12303～12305；戊辰條，頁13313～13314；卷五百十八，元符二年十一月癸未條，頁12333；卷五百十九，元符二年十二月己未條，頁12351～12352。

勇，徽宗收復青唐，他居功最多，卻不幸遭逢意外而亡身。他當然是宋廷的功臣，值得名列〈忠義傳〉，值得獲「忠愍」之謚號；但在青唐人眼中，他就是宋廷侵略他們，亡其國殺其民之罪魁禍首。宋廷從元符到崇寧兩度進軍青唐的行動，客觀而言，說不上是正義的戰爭。只是高氏一門盡忠宋廷，各為其主，就難苛求其有甚麼現代人的種族平等的意識。

六、南宋杭州高永能旌忠觀的傳說

綏州高氏到宋室南渡後，他的後人有否離開陝西及河東故土南遷，目前可見的史料有限，難以確定。有待他日詳考。值得注意的是，當年在永樂城戰死的高永能，到南宋後，以奉祀他及景思誼、程博古的旌忠觀為中心，衍生了他們化為神靈的若干傳說。以一敗軍之將成為民眾奉祀的神靈，當然最著名是三國時蜀漢大將關羽（？～220）所演成的關聖帝君。高永能三人自然從知名度到後世崇奉的程度遠不及關羽；但高永能以一個官位不算太高的西北蕃官之身，竟能在南宋之世，在都城杭州成為官民奉祀而香火甚盛的神靈，實是一個異數，個中原因值得我們細味。

杭州旌忠觀之建，據費袞所記，因北宋末年西北諸將來討方臘，據說禱之則靈，於是相與在杭州建廟。據說杭州的新廟初成，有匠人在廟庭喝醉，竟然身死。時人傳言常有三蛇出沒於廟中的殿廡，有時行於庭下，大的有尺許，鱗鬣齒爪俱備，通身小方勝如金色，其次的長八九寸，又其次的稍小，牠們從首至尾，而其背脊都有金線，身紋都相同，最小的尾稍禿而已。當天宇晴朗時，常遊戲於庭林花卉芭蕉間，或緣幡而上，後來才不見。人們都說牠們是陝西三龍王，也含蓄地說三龍是高永能、景思誼及程博古的化身。最大的一條當是高永能。費袞說高永能三人盡節而死，他們的英魄忠魂，就變幻飛潛，無所不可。〔註243〕

高永能三人得到進一步的加封，據黃由所記，約在高宗建炎四年（1130），因范汝為起事，辛企宗（？～1144後）在是年十一月庚戌（十一）奉命征討，軍「次於信上，遙伸懇啟，恍若有見」。當范在十二月丁酉（廿九）投降時，大概是辛上奏宋廷，說三神有靈，於是增封二人為感聖順正、惠聖順應、順聖威遠。到紹興初年，高宗以「大業甫濟，念列神之功，議所以尊顯之者」，禮部就以三神為最靈顯者上奏，於是高永能等三人又晉封王爵，高加封為威

〔註243〕費袞：《梁谿漫志》，卷十〈臨安旌忠廟〉，頁125。

烈王、景爲威顯王，程爲威惠王。〔註244〕

　　高永能等神靈「再顯神威」，是在紹興元年（1131）十月，陝西宣撫處置使張浚（1097～1164）與秦鳳帥吳玠（1093～1139），大戰金帥完顏宗弼（？～1148）於陝西時，據黃由所記，當宗弼正準備從陝西進攻四川時，張、吳二人在鳳翔府（今陝西寶雞巿鳳翔縣）與金兵對抗，情勢嚴峻，二人建高永能之祠以禱告。據《咸淳臨安志》所記，該祠初名「三聖廟」。黃由稱一日「雲厜晝暝，鳳翔雨微霈，而敵壁乃有大風揚拔之異。」風雲突然變色，金騎驚而遁走，於是宋軍乘機追擊而得勝。二人戰後合奏高等三神之威靈，於是又增封高爲忠烈靈應王、景爲忠顯昭應王、程爲忠惠順應王，並請賜額曰「旌忠」。於是三聖廟易名爲旌忠廟，但人們仍俗稱之爲「三聖廟」。據黃由及費袞所記，到紹興三年（1133），由張俊（1086～1154）倡議，楊存中（1102～1166）及郭仲荀（？～1145）等出資，於杭州踏道橋東立廟，旌忠廟乃從鳳翔徙至杭州。到紹興十九年（1149）楊存中奏請改賜觀額，於是旌忠廟最後改爲旌忠觀。〔註245〕吳玠爲德順軍（今寧夏固原市隆德縣城關）人，張俊是鳳翔成紀人，楊存中是代州人，都是西北人，宜乎他們尊敬同出於西北的前輩高永能。

　　高永能等再一次獲得加封是在紹興末年（當爲三十一年，1161）八月，孝宗繼位（1127～1194，1162～1189 在位）後敕議襃典時，高又獲加封爲忠烈靈應昭佑王，景爲忠顯昭應孚佑王，程爲忠惠順應孚濟王。〔註246〕

〔註244〕黃由：〈旌忠觀記〉，頁409；《宋史》，卷二十六〈高宗紀三〉，頁483～484。考黃由沒有具體說明辛企宗以偏師討魔賊在建炎中哪一年月，考諸《宋史‧高宗紀》，當是建炎四年十一月辛企宗討范汝爲，而范在十二月投降的一事。至於「次於信上」指何地？疑指信州（今江西上饒市信州區）。

〔註245〕費袞：《梁谿漫志》，卷十〈臨安旌忠廟〉，頁125；黃由：〈旌忠觀記〉，頁409～410；《皇宋十朝綱要校正》，卷二十一〈高宗〉，紹興元年十月癸酉至乙亥條，頁628；《皇宋通鑑長編紀事本末》，卷一百四十一〈徽宗皇帝‧討方賊〉，頁2379～2380；潘說友：《咸淳臨安志》，卷七十二〈祠祀二‧節義‧旌忠廟〉，葉一上下（頁4002）；卷七十五〈寺觀一‧旌忠觀〉，葉七上（頁4029）。考張浚及吳玠擊敗宗弼之事，在紹興元年十月。又《梁谿漫志》所記，「紹興初，張、楊、郭三大將建永樂三侯廟於臨安柴垜橋之東，賜額旌忠。」所記的大將郭氏，當指高宗初年殿帥，紹興三年遷檢校少保知明州，後累任東京同留守，在紹興十五年（1145）知鎮州卒的宿將郭仲荀。按郭仲荀曾參與平定方臘之役，他在那時已以高永能等有靈建祠以奉。據《咸淳臨安志》所記，旌忠廟成在紹興壬子（二年，1132），而改爲觀在己巳（十九年）。

〔註246〕黃由：〈旌忠觀記〉，頁410；《皇宋十朝綱要校正》，卷二十五〈高宗〉，紹興三十一年八月丙子至戊寅條，頁729。按黃由所云：「紹興末，阜陵復土，龍輴安濟，敕議襃典」，當是指紹興三十一年八月高宗禪位於孝宗（陵號爲阜

　　到慶元三年（1197）六月，寧宗（1168～1224，1195～1224 在位）又再改封高爲忠烈靈應孚澤王，景爲忠顯昭應孚濟王，程爲忠惠順應孚佑王。三人被尊爲「護國三聖」，廟仍爲旌忠廟。〔註247〕

　　嘉泰二年（1202）九月壬戌（廿一），寧宗以奉安光宗（1147～1200，1189～1194 在位）神御於景靈宮及萬壽觀事畢，這時浙江的士民以高等三神之靈應上奏，寧宗又加封高爲忠烈靈應孚澤昭佑王，景爲忠顯昭應孚濟廣佑王，程爲忠惠順應孚佑善利王。黃由評論高等三人能受此榮寵，「惟爾三神，克保於我國家，而累聖崇報既都，顯冊以彰靈德，又化血食而爲淨供，其所以寵賁顯融之者至矣哉」〔註248〕

　　關於杭州旌忠觀所在，黃由記本來在清冷橋北（按：費袞稱在柴垛橋之東踏道橋東，潛說友稱在踏道橋東）。當孝宗受禪時，想擴大供養太上皇高宗的德壽宮，於紹興三十二年（1162）就將原在清冷橋的旌忠觀收回，而將豐樂橋之東北的覺苑寺作爲旌忠觀的新址。但到嘉泰元年（辛酉，1201）春天，宮觀卻失火，一夕化爲灰燼。主持者陳元直目睹此慘況，就奮力籌募經費復修。得到當權的韓侂冑（1152～1207）請於朝廷，賜內帑錢五百萬，接著張俊與楊存中家人與巨室中所嚮慕三神的人，捐錢以佐復修之役。從是年夏開工，歷三年而畢功。重修的旌忠觀有屋四百楹，「巍殿修廊，臺門傑閣，雲齋琳館，下至於庖湢畢具。」土木之費共錢七千萬餘，規模更勝於前。〔註249〕

　　有訪古的人問黃由，祠有廟，始於夏代，而道有觀，從唐代開始，而好像旌忠觀這樣合廟爲觀，又始於何時？黃由以在熙寧中建爲表忠觀的杭州龍山祠，當是最早的；但他以爲表忠觀所祠的吳越錢氏的「歸覲之義」，與高永能等「勤王」不同，他認爲前者的「備恪之功」與後者的死事自異。他認爲祠宇荒穢，猶加以修葺，現時天下太平，戶口蕃庶，海嶽晏清，就應褒德報功，像高永能之旌忠觀，既見顯異，就應以文字記其始末。在這篇〈旌忠觀

　　　陵），而大赦天下之事。
〔註247〕《宋會要輯稿》，第二冊，〈禮二十一・諸神廟・旌忠廟〉，頁1107。
〔註248〕黃由：〈旌忠觀記〉，頁410；《宋史》，卷三十八〈寧宗紀二〉，頁732。按黃由云：「至嘉泰初，崇陵迨事」，當指嘉泰二年九月壬戌（廿一）奉安光宗及慈懿皇后神御於景靈宮及萬壽觀之事。
〔註249〕費袞：《梁谿漫志》，卷十〈臨安旌忠廟〉，頁125；黃由：〈旌忠觀記〉，頁410；《咸淳臨安志》，卷七十二〈祠祀二・節義・旌忠觀〉，葉一上下（頁4002）；卷七十五〈寺觀一・旌忠觀〉，葉七上（頁4029）。按黃由所稱的太師韓王，自是指擁立寧宗的韓侂冑。重修旌忠觀時，張、楊二人已死多年，當是其家人秉承二人生前修廟之願而協助重修旌忠觀。

記〉之末，他對高永能等三忠臣以銘表揚之：

> 莫愛於生，生或可棄。莫畏於死，死或莫避。猗歟三神，凜然同志，
> 戮力守城，膏身夷裔。沈沈英爽，與生不二。驚相循和，過攘寇對。
> 大勳既集，靈應益異。迺侈王封，以崇廟祀。比更鬱攸，芬爲牧地。
> 憑乃陰戚，作其圮墜。峨峨新宮，隆隆曩制。有雕其桷，有環其麗。
> 春秋奉嘗，中外瞻跂。詔爾銘詩，於千百世。〔註250〕

據《咸淳臨安志》所記，旌忠觀重修才五十年，到了理宗淳祐十二年（壬子，1252），道觀部份已三度給大火所燬，廟宇卻仍巍然存在。到了寶祐四年（丙辰，1256），才建屋六楹。〔註251〕

高永能等的旌忠觀，到了明代，據田汝成（1503～1557）的記載，改稱爲三忠祠，在杭州義和坊東，田說它舊名爲「旌忠廟」，即今時的覺苑寺。田介紹此廟的來歷說：

> 其神曰高永能、景思誼、程博古，宋元豐間同爲統軍，禦虜銀川戰
> 死，廟食於鳳翔和尚原。宣和間，方臘寇睦州，討捕者禱神而勝敵，
> 上其事始封爲侯。南渡後，張浚、吳玠總兵鳳翔，神屢以陰功助武。
> 朝議嘉之，加封王爵，建廟於望仙橋北，額曰「旌忠」，俗稱三聖廟，
> 今三聖橋是其所也。高宗將建德壽宮，徙置今所，廢覺苑寺以居之。
> 皇明宣德中重建覺苑寺，遂奉神爲寺土神。〔註252〕

田汝成這段介紹，明顯改寫自費袞、黃由及潛說友的相關記述，我們從他的記述得知，從明宣宗宣德中（約 1430～1435）開始，這座本來奉祠高永能等之道觀，又復爲佛寺，而三人不再是主神，而成爲重建的覺苑寺的土神。

到了清代，據《大清一統志》的記載，它仍沿用明代「三忠祠」之名，記它在仁和縣豐樂橋東，乃「祀宋高永能、景思誼、程博古，皆以元豐五年死事銀州。」〔註253〕它在清中葉似乎尚存。今天的情況如何，待考；不過，它受民眾奉祠的情況已不像南宋時之盛。

〔註250〕黃由：〈旌忠觀記〉，頁 410～411。
〔註251〕潛說友：《咸淳臨安志》，卷七十二〈祠祀二・節義・旌忠廟〉，葉一下（頁4002）；卷七十五〈寺觀一・旌忠觀〉，葉七上（頁 4029）。
〔註252〕田汝成：《西湖遊覽志》，文淵閣《四庫全書》本，卷十六〈南山分脈城內勝蹟・祠廟・三忠祠〉，葉八下至九上。
〔註253〕穆彰阿（1782～1856）等纂修：《大清一統志》，卷二百十七〈杭州府二・祠廟・三忠祠〉，葉二十五上。

　　高永能旌忠觀的出現以及他們三人成神的現像，是研究宋代民間信仰一個頗值得注意的個案。對杭州人而言，高永能三人都是西北人，他們殉難的地方都在西北，本來與杭州無涉，爲何他們會被杭州人祠奉而香火不衰？可以解釋的是，南宋是民間信仰興起的時代，因國家備受外族侵凌，本朝抵抗外族有功以及殉國的文臣武將，都能得到民眾尊崇，並建祠立廟，奉爲神靈。據楊俊峰的研究，在兩宋之際，宋廷就大規模下詔建立這些忠臣祠旌忠廟，這些祠廟官方色彩濃厚，通常由官方主動建祠，並往往獲賜有忠字的廟額，以褒顯祭祀對象的忠義之行。〔註254〕南宋眾多抗金將領來自西北，〔註255〕他們對於其同鄉前輩。而軍功顯著的，推崇備至，以至立廟祭祀，奉爲軍神，是理所當然的。而杭州的民眾，不論從中原南來的，還是土生的，於敵愾同仇的氣氛下，對於源於西北的高永能三人的旌忠觀，自然不會有畛域之見。這個歷宋元明清仍存的旌忠觀、三忠祠是否成爲凝聚南遷高氏族人的地點，有待更多譜牒史料發明了。

七、餘　論

　　綏州高氏蕃官將門從太宗時的高文岯，到徽宗時的高永年，事蹟可尋、姓名可考的歷經五代。從第一代的高文岯、高文玉兄弟，第二代的高繼昇、高繼嵩兄弟，第三代的高永能、高永亨、高永年等，第四代的高世亮、高世才、高世忠等，到第五代的高昌裔、高昌祚、高昌朝、高通、高洵等，他們一直忠心耿耿爲宋廷奮戰西北，而且父子兄弟相繼死於沙場，守節盡忠，名列《宋史・忠義傳》。從他們五代的名字排輩「文」、「繼」、「永」、「世」、「昌」可以看到，這一個宋人一直稱爲「蕃官」「蕃將」的高氏將門，其實早已自視爲與漢人無異的漢人將家，他們除與許多宋廷士大夫有親密的交往外，更知書識墨，甚至如高永年撰寫《元符隴右日錄》傳世。爲高繼嵩撰寫神道碑銘的王邁，論到高氏將門時云：

　　　　史氏謂三世爲將，道家所忌。東漢耿氏自況而下，累葉以功名自終，

〔註254〕楊俊峰：〈賜封與勸忠——兩宋之際的旌忠廟〉，《歷史人類學學刊》第十卷第二期（2012年10月），頁33～62。按楊氏此文沒有引用高永能等三人的旌忠觀例子。

〔註255〕李心傳（1167～1244）（撰），徐規（1920～2010）（點校）：《建炎以來朝野雜記》（北京：中華書局，2000年7月），下冊，乙集，卷十二〈渡江後名將皆西北人〉，頁687～688。李心傳即指出，南宋之抗金將領，全是西北人，特別是陝西人最多。其中韓世忠（1089～1151）還與高氏一樣是綏德軍（綏州）人。

其獨能隆於當時者，豈徒然哉？觀定國公保全綏州，以五縣之眾歸
於我朝，使其人去彼凶虐，復爲王民，方其迎拜鼓舞，樂趣皇化，
其功德被人者豈有窮邪？宜其後世爵祿未艾，天之報人，固其理也。

而在文末的銘，又大大讚揚源自綏州的高氏將門：

太河之西，高氏世顯。赫赫定武，蚩以才選。謀之具臧，勇於義戰。
帝用疇之，委茲方面。公之未來，犬戎遘難；公之既來，克除克翦。
稽首服從，威靈大顯。凡此武功，虎臣寒寒。定國勳賢，于何不善。
綏城之眾，免爾塗炭，豈惟其免，被爾冠冕。有施有報，其報必遠。
公子公孫，公侯袞袞。忠義有本，無忝履踐。〔註256〕

王遘受高氏族人所請而撰寫碑文，自然不免溢美之詞。不過，證諸史實，
這個與北宋相終始的綏州高氏蕃官將門，累世爲宋廷立功，而高永能、高永
年死事之烈，實在與我們熟悉的忠烈楊家將差可比擬，只是過去我們對之注
意不足而已。過去學人談到北宋高氏將門，只注意太宗、眞宗朝殿帥高瓊（935
～1006）起家的高氏外戚將門，而甚少注意此一綏州蕃官高氏將門。〔註257〕
青海民族大學碩士研究生高路玄在其撰寫於2013年研究北宋熙河開邊的論文
中，除了多次提及高永年在哲宗至徽宗朝開邊的功績外，更以「北宋名將高
永年赴援，被屬下出賣而死」來總結高氏的軍事生涯。這是宋史學界開始注
意高永年的少數事例。〔註258〕

已故的唐史研究前輩史家章群教授（1925～2000），曾撰有《唐代蕃將研
究》及《唐代蕃將研究續編》二巨著。〔註259〕另國內學者馬馳在1990年亦撰

〔註256〕〈高繼嵩神道碑〉，頁168～169。
〔註257〕當代學者曾注意由太宗、眞宗朝殿帥高瓊起家，到英宗時因高皇后而成爲外
戚的高氏將門。值得注意的是，高瓊諸子均以「繼」字排輩，而第五代又以
「世」字排輩，讓人錯誤以爲高繼昇兄弟與他們有關。有關的著作可參見高
路加：〈聲威顯赫的北宋高家將〉，《廣州師院學報》（社會科學版），1997年
第4期，頁34～42。
〔註258〕參見高路玄：《北宋熙河開邊研究》，青海民族大學碩士論文，2013年5月，
頁24，30，40，42。考高氏此一論文第二章第二、三節論析哲宗時期王愍及
王贍對青唐的攻略以及徽宗時期王厚與童貫佔領河湟地區（頁20～25），並
在第三章析論北宋開熙河於政治、經濟、軍事的影響（頁26～33）。他也注
意到宋廷授予知州重任予有功勳的蕃官如高永年。高氏此篇只有44頁之論
文，將來仍可以補充更多資料，深入研究。
〔註259〕章群《唐代蕃將研究》是他據其在香港大學的博士論文修訂而成，他據《冊府
元龜》及《資治通鑑》等書，製成「蕃將分類表」及「蕃將人數表」。章氏對

有《唐代蕃將》一書，論及唐代蕃將諸問題，他並撰文評論章氏《唐代蕃將研究》的觀點，而章氏稍後亦撰文反駁。馬氏在 2011 年再出版其書的修訂本，篇幅增加一倍有多。〔註 260〕參閱唐史名家的相關著作後，筆者經初步研究觀察，卻認爲唐代蕃將與宋代蕃將的涵義和作用並不相同。唐代統治者胡化甚深，整個唐代社會處於蕃化及漢化同步進行的民族融合狀態，唐蕃之別其實不大。所謂唐代蕃將，筆者認爲是宋人編次唐史時以他們所處華夷有別的時

唐代蕃將的定義，「第一，指來自當時存在的國家或部族，第二，兼指邊族蕃與西域胡，第三，包括有任何一種軍銜者。」章氏將蕃將分爲七類，分別是參與戰爭者、軍中推立或藩鎮世襲、羈縻州府刺史都督、國王或首領來朝來降、入爲宿衛、放還蕃者及其他。章書共著錄蕃將 2536 人，包括一部份南方的蠻族。其中西域胡主要爲昭武九姓，而邊族蕃指突厥、回紇、党項、吐谷渾等有部落組織的諸族。章書也指出唐代蕃將存在蕃將世家烏氏、契苾氏、渾氏等。另章氏指出「蕃將是唐代武力的一個重要部份，太宗之討吐谷渾，征高麗、討薛延陀，無役不有蕃將參加。」而唐代之蕃將已很大程度漢化，甚至通經學以儒學聞。參閱章群：《唐代蕃將研究》（臺北：聯經出版事業公司，1986 年 3 月），第二章〈蕃將總論〉，頁 35～117；第十章〈結論〉，頁 368～373；《唐代蕃將研究續編》（臺北：聯經出版事業公司，1990 年 9 月）。

〔註 260〕 馬馳在他 2011 年《唐代蕃將》修訂本的自序交待了他與章群在唐代蕃將問題上交鋒的始末。他述說早在 1987 年已撰好了他稱爲簡本（即 1990 年本）的《唐代蕃將》，但三秦出版社以章群一年前已出版的書與他的題材相近，就擱置了他的書稿之出版，他爲此撰寫了長達二萬言 48 頁、評論章群《唐代蕃將研究》的長文，以表明其書稿與章書的不同後，三秦出版社就在 1990 年 6 月出版了他的《唐代蕃將》簡本。他的評論文章中已提出他對唐朝蕃將的含義的不同看法，在其《唐代蕃將》第一章再提出所謂唐代蕃將，是「入朝、在蕃及兩者兼有的少數民族將領」，「唐代蕃將是指那些根據朝命在漢區蕃區（蕃州和屬國）任職的蕃人將領。簡言之即漢人以外的其他民族出身的唐朝將領。」。馬氏更提出李唐王室因其出身鮮卑，皇室人員胡化傾向很深，其實並未有華蕃之別，因此，「數以萬千計的入朝蕃將和在蕃蕃將，很少有帝國的棄兒感，他們大都能以國家主人翁的姿態，以自己的血肉之軀去參與唐朝的締造，發展和捍衛。」章群看到馬的評論文章後即撰文反駁，包括進一步闡釋唐代蕃將的含義。章氏並將馬馳的評論及其回應收在他在同年 9 月出版的《唐代蕃將研究續編》中。參見馬馳：〈評臺灣章氏《唐代蕃將研究》——兼論作者嘗試解答的諸問題〉；章群：〈關於拙著《唐代蕃將研究編》的評論——答馬馳先生〉，載著：《唐代蕃將研究續編》，頁 163～252；馬馳：《唐代蕃將》（1990 年版），〈前言〉，頁 1～2；第一章〈唐代蕃將的含義及分類〉，頁 1～5；第二章〈唐朝重用蕃將原因〉，頁 6～54；馬馳：《唐代蕃將》（西安：三秦出版社，2011 年 9 月），〈自序〉，頁 1～4；第一章〈唐代蕃將的含義及分類〉，頁 3～7；第二章〈唐朝重用蕃將原因〉，頁 9～31。按馬馳在修訂本中將舊著列爲上篇，觀點沒有甚麼改動，而增加七章共達 117 頁的個案研究。關於唐代蕃將的定義，筆者接受馬馳的說法，他比章群的兩本專著說得清楚及有說服力。

代而作出區分，歐陽修和宋祁所編撰的《新唐書》卷一一零〈諸夷蕃將傳〉，所作出的區分，其實是宋人的偏見（特別是極力主張任用土豪守邊的歐陽修），而非唐人的本意。正如在本文導言所說，宋代的蕃將只限於在西北族屬党項及吐蕃的人，而宋廷使用他們有特別的制度和政策，以達成既使用又控制的目標。綏州高氏蕃官將家本來和府州折氏、豐州王氏及金明李氏一樣，有可以世襲的地盤；但真宗放棄綏州後，高氏一支遷至河東的石州，落戶於晉州，另一支遷至延州青澗城後，他們雖然仍一直在西北為宋廷效命，與西夏及青唐作戰；但他們已不像府州折氏那樣有府州的根據地可以團結族人。高繼昇、高繼嵩一房落籍晉州，族人墓地也在晉州，高永能一房落戶青澗城，他死後也歸葬於該處，而祠廟也在延州；不過，高氏並未獲宋廷授予長期掌控該兩地的權力，這是與府州折氏有別的（豐州王氏及金明李氏一早衰敗不論）。當然，高氏族人仍然樂於為宋廷效命，五世不替，可以解釋的理由，是宋廷給予他們高氏族人許多優待，包括給予他們的子弟恩蔭武職出身。當他們立有戰功時，又不吝惜厚賞，高文岯、高繼嵩、高永能及高永年均官至橫班正使及防禦使、團練使。當他們戰死沙場上，宋廷又給以很厚的恩恤。這是宋廷對蕃官又控制又使用的手段的一個例證。

當代宋史研究者對宋代蕃兵研究大不乏人，〔註261〕惟對蕃將的研究，除了府州折氏外，暫時仍不算太多。本文希望拋磚引玉，未來有更多的相關研究，豐富我們對這方面的認識。

八、後　記

本文的首三節曾在 2015 年 7 月 6 日在陝西府谷縣舉行的「陝北歷史文化暨宋代府州折家將文化研討會」宣讀。會後蒙陝西師範大學李裕民教授賜告一些筆誤，已據之修正。

又本文二校後，筆者檢索曾布的《曾公遺錄》，其中卷七至九，從曾布的立場，記載元等二年四月至元符三年五月，宋廷的西北邊臣邊將，從鍾傳、孫路、王瞻、王厚至胡宗回等經營青唐之事甚祥，可與《長編》及《宋史》所載參補，惟該書未有提及高永年的事蹟及戰功。又該書將王瞻寫作「王贍」。

2015 年 12 月 16 日

〔註261〕有關這方面較近期的著作，可參閱趙炳林：《宋代蕃兵研究》（西北師範大學碩士論文，2005 年 4 月）。

北宋綏州高氏蕃官世系表

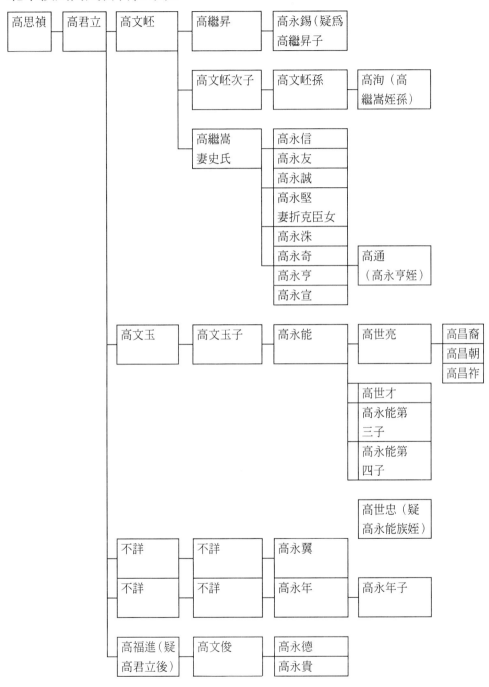

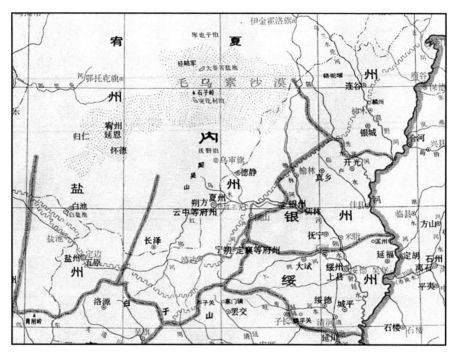

高氏蕃官將門的發祥地綏州及後來東徙的石州與清澗城，轉引自譚其驤
（主編）：《中國歷史地圖集》（北京：中國地圖出版社，1982 年 10 月），
第六冊《宋遼金時期》，〈西夏〉，頁 36～37。

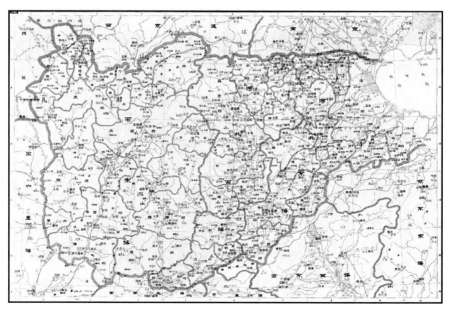

高繼昇、高繼嵩一房所遷徙至的河東石州及晉州，轉引自《中國歷史地圖
集》，第六冊《宋遼金時期》，〈河北東路　河北西路　河東路〉頁 16～17。

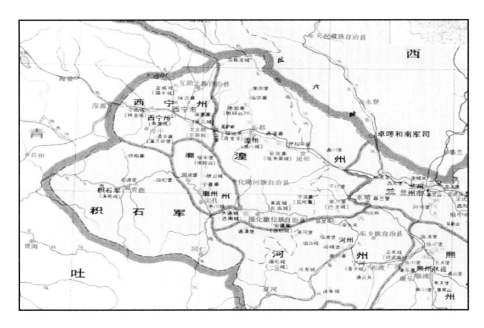

高永年在元符至崇寧年間奮戰的熙州、河州、湟州、廓州及西寧州（即
鄯州），轉引自《中國歷史地圖集》，第六冊，《宋遼金時期》〈秦鳳路〉，
頁 20～21。

相傳張俊、吳玠等曾於此建高永能等旌忠廟的陝西寶雞和尚原古戰場遺址